社会调查研究

（第二版）

周孝正　王朝中　主编

国家开放大学出版社·北京

图书在版编目（CIP）数据

社会调查研究／周孝正，王朝中主编．—2版．—北京：
国家开放大学出版社，2018.1（2021.7重印）

ISBN 978-7-304-07739-6

Ⅰ.①社…　Ⅱ.①周…②王…　Ⅲ.①社会调查—开放
教育—教材　Ⅳ.①C915

中国版本图书馆CIP数据核字（2017）第326544号

社会调查研究（第二版）

SHEHUI DIAOCHA YANJIU

周孝正　王朝中　主编

出版·发行：国家开放大学出版社

电话：营销中心 010-68180820　　　总编室 010-68182524

网址：http://www.crtvup.com.cn

地址：北京市海淀区西四环中路45号　　邮编：100039

经销：新华书店北京发行所

策划编辑：宋　莹	版式设计：黄　晓
责任编辑：李　嵩	责任校对：赵　洋
责任印制：赵连生	

印刷：北京京华铭诚工贸有限公司　　　印数：454001~500000

版本：2018年1月第2版　　　　　　　2021年7月第8次印刷

开本：787mm×1092mm　1/16　插页：12页　印张：19.5　字数：430千字

书号：ISBN 978-7-304-07739-6

定价：45.00元

前 言 ‖ Preface

　　光阴荏苒，不知不觉，《社会调查研究》自 2005 年 8 月出版至今已逾 12 载。在此期间，其先后印刷了 33 次，被众多学生和老师所肯定，也在社会上得到一定的认可，获得了全国高校出版社优秀畅销书二等奖。但是，与此同时，我们在从事教学和社会调查研究的工作中，也逐渐认识到书中的一些不足之处。而且，随着社会的飞速发展和社会调查研究学科的进步，它的一些内容亦显落伍。因此，本书的修订实属必然。

　　为了使学生更好地学习本门课程，更加充分地运用多种学习资源，国家开放大学出版社开发了《社会调查研究（第二版）》学习资源包。

　　学习资源包通过图、文、声、像、画全媒体展示学习内容，并将学习内容有机地集成到一起，使学生获得更及时、更多角度的阅读、视听、掌控、互动等体验。学习资源包不仅方便了学生在线或离线学习，还可以与远程教学平台结合起来，实现开放大学的泛在教学和学生的泛在学习。

　　这套学习资源包囊括全媒体数字教材、文字教材、形成性考核册及其他多种数字学习资源。其中，文字教材和形成性考核册以纸质形式出版；全媒体数字教材和其他数字学习资源，学生可以通过扫描文字教材上的二维码，登录"开放云书院"后下载获得。

　　本次修订在内容方面主要有以下几点：

　　第一，微调结构。将原书的导论和 12 章内容分成 5 个板块，设为 5 编。第一编基础知识，包括导论、第一章社会调查研究的内容体系；第二编前期准备，包括第二章前期工作、第三章概念的操作化与测量、第四章抽样；第三编资料收集，包括第五章文献法、第六章问卷法、第七章访谈法、第八章观察法、第九章实验法；第四编资料整理分析，包括第十章资料整理、第十一章资料分析；第五编调研总结，包括第十二章调查报告。这种设置对应了社会调查研究"准备—调查—分析—总结"的工作程序，体现了本书内容与社会调查研究实践逻辑的统一。

　　第二，析疑匡谬。第一版书中有某些重要概念和原理，由于解释不够明晰或不够充分，令人仍感费解，这次都做了进一步的阐释。例如，关于调查对象与调查（分析）单位及其关系的解析；如何选择测量指标和编制综合指标；对照组实验的必要性，等等。还有某些解释和描述稍嫌不当，也尽量予以修正。另外，第一版书中无论是字、词、句，还是数据、公式、计算，都存在一些技术性错误，凡所发现，均一一改过。

第三，吐故纳新。为了与时俱进，适应社会调查研究实践性和时效性强的特点，我们重新梳理了原书中引用的数据资料、实际例证、文字资料等，将其中年代较远者尽量换为近年来公开发表的新资料。

通过以上努力，我们希望《社会调查研究（第二版）》能够更好地满足广大学生和老师以及社会上其他人员的需要。

当然，我们也知道，本书仍有改进和提高的很大空间，其中肯定还存在着一些大大小小的缺点和问题，因此殷切希望各界人士随时批评指正。

本次修订由王朝中主要执笔。

王培欣先生和张靖非先生就本书修改提出了许多中肯的建议，并对书中的部分错讹做了厘正；国家开放大学出版社的宋莹女士和责任编辑李嵩为本书修订尽职尽责，谨此一并致谢。

修订者
2017 年 11 月

第一版前言 ‖ Preface

　　社会调查研究是人类认识世界、改造世界的一个重要手段。从根本意义上说，有了人类，就有了社会调查研究。但现代意义的社会调查研究则是17世纪以后逐步形成的。随着社会的进步，社会调查研究的内涵和外延不断丰富。特别是20世纪50年代以来，在现代化信息技术的推动下，社会调查研究的面貌日新月异。

　　我国在悠久的历史进程中，积累了大量社会调查研究的宝贵经验。但是在近几十年间，由于受极"左"思潮的影响，我国高等院校的社会学专业和科研机构的社会学研究曾被长期取缔，以致与其相辅相成的社会调查研究无论是在原理的探讨方面还是在新方法、新技术的使用方面，都一度远远落后于西方发达国家。1979年3月30日，邓小平指示："社会学要补课。"从此，我国恢复了社会学的教学与科研，开创了社会调查研究的新局面。在短短的二十几年中，我国已出版了数十部有关专著、教材和译著，世界上先进的社会调查研究理论、方法和技术被植入我国，并得到了广泛的应用，极大地促进了社会各个领域的进步。

　　综观我国社会调查研究的现状，我们一方面清楚地看到具有中国特色的社会调查研究体系已经初步形成，但另一方面也感到其中仍有许多尚待探讨、改进和完善之处。有鉴于此，本书在充分吸收和总结前人成果的基础上，作了一些探索。

　　第一，关于体例。一般来说，任何一部著作，都应当根据所述内容的内在逻辑谋篇布局。目前，我国有关社会调查研究的著述大多把全书依次分为基础知识、准备工作、调查方法、资料整理分析、调查总结等几个大的板块。这种体例安排是符合社会调查研究的内在逻辑的，因此，本书的体例在大框架上基本沿用了多数同类著述的做法：导论和第一章介绍有关社会调查研究的基础知识；第二章到第四章介绍社会调查研究准备阶段的各项工作；第五章到第九章依次介绍各种调查方法；第十章和第十一章介绍资料整理和资料分析；第十二章介绍调查总结（撰写调查报告）。但是，我们也发现，以往著作在每一板块的具体内容的体例安排上，存在一些不合逻辑之处，其中以具体调查方法的章节安排表现得最为突出。现有著作对每种调查方法基本都是专章论述，但各章的次序安排五花八门，无一定之规，看不出其中的逻辑关系。而实际上，社会调查研究的具体调查方法是有特定结构的，其中文献法、问卷法等主要属于间接调查；访谈法、观察法、实验法等主要属于直接调查。显然，科学的体例安排应将它们按直接、间接分为两个组团，而且文献法应排在各种调查方法之首，因为任何调查都是从文献调查开始的。因此，本书对论及具体调查方法的各章作了不同的安排：

第四章、第五章依次介绍文献法、问卷法等间接调查方法；第六章到第八章依次介绍访谈法、观察法、实验法等直接调查方法。

第二，关于内容。目前我国有关著述虽各有特点，但内容均大同小异。本书作为一部教材，其基本原则是尽可能采用成说，而不刻意标新立异，因此无论内容抑或观点乃至表达方式，皆以从众为主。但是，对于一些我们认为存在较大问题、必须纠偏的内容，则另外提出了自己的看法。例如，现有著作在介绍社会调查类型时，一般都把典型调查作为最高层次的调查类型，与全面调查、抽样调查、个案调查相提并论，这既不符合国际上的通说，也不科学。实际上，典型调查和个案调查应属一类，绝大多数个案调查都是典型调查。只不过我国的社会调查研究从马克思主义出发，强调通过个别现象认识一般规律，所以有典型调查的说法；西方国家的社会调查研究从人本主义、实证主义出发，强调就事论事，所以不承认有典型调查。另外，典型调查的作用其实很有限，绝不能夸大。再如，许多著作把抽样调查说成是一种调查方法，即收集资料的方法，这也是不科学、不严谨的。抽样调查和普查、个案调查一样，只是一种调查的类型或方式，其具体调查的方法，即收集资料的方法则是问卷法、访谈法、文献法等。严格地说，调查方法，或者说收集资料的方法是特指各种类型的调查所通用的一些方法，不能把调查方法与调查类型混为一谈。诸如此类的问题还有一些，作者均根据自己的理解，一一予以厘正。

除此以外，本书对一些近年来社会调查研究中出现的新的内容做了必要的补充。例如，互联网的普及和应用，使社会调查研究的方式方法产生了巨大的变化，但目前国内有关社会调查研究的著述中对此基本没有或很少涉及。为此，我们在一些章节中专门介绍了互联网在社会调查研究中的作用及其方法。

第三，关于文字表述。俗话说："是真佛只说家常话"。社会调查研究不应只是束之高阁的理论或只有少数人才能使用的技能，而应成为广大劳动者认识世界、改造世界的大众化工具。因此，编撰社会调查研究教材的第一要义就是便于大多数人阅读和掌握。目前，有少数著述未及消化就大量生搬国外有关书籍的内容，或者为显示学问高深而将本来十分简单的问题复杂化，使得其理论、概念的阐释和语言的表述佶屈聱牙，令人费解。这种做法非常不可取。本书则以服务于大众为己任，在消化、理解有关内容的基础上，努力使所有理论、概念的阐释明晰简洁，文字表述通俗易懂，并符合国人的一般阅读习惯。对于一些较难理解的问题，都尽可能举例说明。

尽管做了种种努力，但由于我们水平有限、时间仓促，所以本书肯定仍会存在许多缺陷，衷心希望有关专家和广大读者批评指正。

本书由周孝正、王朝中主要执笔。骞俊琦承担了第十章和第十一章初稿的大部分编写工作。李锋、刘琨、孟蕾、郑宝龙、蒋静参加了部分初稿的写作和资料收集工作。全书最后由周孝正、王朝中统改、定稿。

本书在写作过程中，得到了许多专家学者和同仁的鼎力相助。中国社会科学院李银河研究员和赵一红研究员、北京大学李琨教授和杨百揆研究员、中央广播电视大学任鹰教授组成的专家组参加了写作大纲的讨论和书稿的审定工作，为本书增色不少；中央广播电视大学文法部徐长威主任、该校行政管理教研室赵菊强主任和古小华先生自始至终关怀并支持我们的工作；中央广播电视大学教务处周延军副处长、刘其淑女士和刘宏欣女士给予我们许多具体指导；中央广播电视大学出版社来继文副编审和责任编辑钟和为此书的编辑出版尽心尽力。对他们的无私帮助，我们表示衷心的感谢。

周孝正　王朝中

2005 年 3 月

目 录 ‖ Contents

第四编　资料整理分析

第五编　调研总结

第一编
基础知识

导　　论

📖 内容提要

导论是对社会调查研究一些基本问题的介绍。它界定了社会调查研究概念的外延和内涵，阐释了社会调查研究的基本特征，指出了社会调查研究的目的及作用，说明了社会调查研究的对象，介绍了社会调查研究的沿革及发展趋势，以使大家对社会调查研究有一个初步的了解，为学习和掌握以后各章的内容打下基础。

📖 学习要求

1. 了解：社会调查研究的目的及作用；社会调查研究的发展过程。
2. 掌握：社会调查研究的概念；社会调查研究的特征；社会调查研究的对象。

第一节　社会调查研究的概念与基本特征

一、社会调查研究的概念

社会调查研究的概念是本书的核心概念，了解其内涵和外延对进行社会调查研究有着至关重要的意义。

目前，中外学界对社会调查研究的名称与含义的界定有所不同。

西方国家常用 Social Survey 一词，我国译为"社会调查"。此外，也有 Survey Method（调查方法）或 Survey Research（调查研究）的说法。国外一般将"Social Survey"概念的外延界定为"从研究总体中抽取出样本询问问题的方法"[①]，即抽样调查。国内学者的叫法则多种多样，如"社会调查""社会调查研究""调查方法""社会调查方法""社会调查研

---

① 米切尔. 新社会学辞典. 上海：上海译文出版社，1987：338.

究方法""社会研究方法"等。但无论使用哪种称谓，国内对其概念的外延的认识都比较统一，一般是将普遍调查、抽样调查和个案调查作为社会调查的主要方式，另外还有典型调查、重点调查等说法，与国外的社会调查仅指抽样调查有较大差别。

在社会调查研究概念内涵的界定上，国外一般认为"Social Survey 是对生活在特定地理、文化或行政区域中的人们的事实进行系统的收集。……（它）虽然常常包括说明性或描述性材料，但它一般是数量性的"[①]。可见，国外是将社会调查概念内涵界定为以定量为主的资料收集方法。

对这一问题，国内学者长期以来主要存在三种不同意见：

第一种意见反对将社会调查和研究合而为一，认为社会调查特指"运用有目的的设计的询问方法搜集社会资料的过程"[②]，即社会研究中的一种资料收集方法，这与国外概念的内涵很相似。

第二种意见在抽象层次上将社会调查研究看作人们认识社会的活动，认为社会调查研究是在"社会现象的经验材料的基础上，通过对资料的分析和综合来科学地阐明社会生活状况及社会发展规律的认识活动"[③]。这种定义方法并不将感性认识和理性认识分别贴上收集行为和分析行为的标签，而是肯定了社会调查研究从本质上是资料收集和分析的活动，是人们有目的、有计划的自觉的社会行为。

第三种意见认为"所谓社会调查是一种有目的、有计划、有步骤地通过社会现象的考查、了解、分析、研究，来认识社会生活的本质及其发展规律的一种自觉实践活动和认识活动"[④]。

尽管学界目前对此仍无定论，但有几点认识逐渐成为界定这一概念时多数人的共识：

第一，社会调查的客体是社会事物、社会现象、社会问题、社会状态、社会矛盾等社会事实。社会调查研究从本质上讲就是人们对社会事实的认识活动。虽然社会调查也是一种社会实践，其统计分析结果会起到指导实践、改造社会的作用，但社会调查研究本身并不能直接作用于社会实践。

第二，社会调查研究是一种有目的、有计划的自觉的认识活动，与人们日常对社会的一般观察和了解是有本质区别的。虽然从理论上说所有的社会事物与社会现象都可以成为社会调查研究的客体，但实际上只有那些对社会发展有现实意义的社会事物与社会现象才能进入社会调查研究的视野。

第三，社会调查研究过程中既有感性认识又有理性认识，但它是一个统一的复杂的过程，不能简单地将资料收集行为和资料分析行为割裂开来。在社会调查的整个过程中，无法区分出纯感性认识活动和纯理性认识活动，即使是资料收集行为也是建立在理性认识的指导之上的，如收集计划、收集步骤、收集手段的制定，都是一种理性认识活动。

① 米切尔. 新社会学辞典. 上海：上海译文出版社，1987：338.
② 迈克尔·曼. 国际社会学百科全书. 袁亚愚，徐小禾，译. 成都：四川人民出版社，1989：639.
③ 袁方. 社会调查原理与方法，北京：高等教育出版社，1990：1－2.
④ 唐晓阳. 社会调查研究实用教程. 上海：东方出版社，1991：3.

综上所述，我们主张，"社会调查""调查方法""社会调查方法""社会调查研究方法""社会研究方法"等和"社会调查研究"应是同一概念的不同称谓；社会调查研究的定义为：它是人们有计划、有目的地运用一定的手段和方法，对有关社会事实进行资料收集整理和分析研究，进而做出描述、解释和提出对策的社会实践活动和认识活动。

二、社会调查研究的基本特征

社会调查研究是社会科学的一个分支，有着几个重要的基本特征。

第一，专门性。首先在研究的理论层次上，社会调查研究作为一门独立的学科，有其特有的概念、基本原理、原则、公式等。其次在研究的方法层次上，具有独特的方法、工具和技术等。

第二，系统性。社会调查研究不是对社会情况的简单随意的了解，而是有着特定的内容及其程序，包括选择课题、设计研究方案、收集资料、整理与分析资料、解释调查结果以及检验调查结论等一系列专项工作。这些工作有机结合，依序进行，使社会调查研究形成完整的系统。

第三，客观性。社会调查研究是以真实、准确地反映事实为目的，以实地调查为主，力求直接从被调查者那里得到第一手资料，即使文献资料也要求真实可靠，由此而得出的结论就更为客观、科学。

第四，实证性。社会调查研究是建立在资料的收集与分析基础之上的，而资料来源于社会实践，所归纳出的结论和理论与资料所显示的结果相一致，也经得起实践检验。

第五，针对性。社会调查研究不是无病呻吟，而是为了解决社会实际问题。它所要了解的也往往不是调查对象的所有属性，而仅仅是某些特定内容。例如，对青少年犯罪案件，新闻记者着重从案发的时间、起因、造成的后果进行调查，并以向公众展示事件真实情况为目的；法律工作者则主要是从犯罪主体、客体、客观方面等角度调查分析案件，着重考虑案件发生后的解决措施；而社会学家所关注的不只是此事件的具体事实，而且着重研究案件的社会性，即个人与个人之间、群体与群体之间的共同行为及其关系，如青少年犯罪动因的社会基础、故意杀人罪的犯罪嫌疑人的犯罪心理等。

第二节 社会调查研究的调查者、调查对象及调查单位

一、调查者、调查对象、调查单位的概念

在社会调查研究中，实施调查的一方通常称为调查者，是社会调查主体，表明"由谁调查"。根据一项社会调查研究的目的和要求，调查者既可能是个人，也可能是团队或者组织、机构，一般包括项目的策划者、组织者、领导者与执行者等作用不同的成员。

调查对象是指社会调查研究中接受调查的一方，为社会调查客体，表明"向谁调查"。一项社会调查研究的目的、范围和内容，决定了如何选择调查对象。有些调查研究相对简单，调查对象就只是单一的个体，如通过实地观察了解某学校的环境卫生状况，某学校即唯一的调查对象。有些调查研究的内容尽管并不复杂，但涉及面较大，就需要以某一类众多个体集成的群体为调查对象，如某大学在校生恋爱观调查，该校的全部大学生即调查对象。至于那些内容复杂、牵扯较多的调查研究，因为需要来自多个渠道的信息，才能获得完整、真实、准确的调查结果，所以调查对象一般都是多元的，往往是既有个体，又有群体，而且不止一种。例如，调查某居民小区的治安状况，起码的做法是：收集小区介绍和相关文件等文献资料；实地观察并感受小区治安环境、设施条件等；对居民做问卷调查和访谈；向居委会、物业公司、街道办事处、派出所等机构咨询、了解有关情况。在此案例中，小区整体、小区居民、派出所等相关机构就是几个并存的不同调查对象。应当强调的是，现代社会的大多数现象和事物都错综复杂，因此就大多数调查研究而言，其都需要根据调查目的、范围、内容乃至调查方式方法等确定多元并且恰当的调查对象。

调查单位通常也叫作分析单位，是指社会调查研究中调查对象的基本单位，以及对调查所获资料进行分析研究的基本单位。有些学者把调查对象和调查单位定义为总体与个体的关系，这种说法看似正确，其实不够准确、全面。不可否认，的确有许多社会调查研究，其调查对象表达的是由众多基本单位（个体）集成的总体概念，而实际调查时却是分别面对一个个基本单位，调查的结果也是将多个个体各自的状况、特征聚集起来，说明调查对象的整体状况、特征。例如，前述某大学在校生恋爱观调查，调查对象即该校大学生，是总体概念，具体调查则要通过一个个大学生个体而完成，大学生个人即调查单位。但是，也有不少社会调查研究，其调查对象本身就是单一个体，而调查单位也是个体概念，自然就不存在总体与个体的关系。例如，前述通过实地观察了解某学校的环境卫生状况，调查对象是某一学校，调查单位也是单个社会组织。还有一些不止一个或一种调查对象的较复杂的社会调查研究，相应的调查单位也是多个或多种。例如，前述某居民小区治安状况调查，就存在几组不同的调查对象与调查单位，其中既有总体与个体的类型（小区全体居民与居民个人），又有二者同为个体的类型（某居民小区与社区个体；派出所与组织个体）。因此，在社会调查研究中，调查（分析）单位的呈现方式实际上是多样化的，调查者应当根据调查研究目的的需要和调查对象的复杂程度来选择调查（分析）单位。

二、调查对象及调查单位的类型

顾名思义，社会调查研究面对的就是现实社会。构成现实社会的首先是社会的基本要素，另外还有形形色色、种类繁多的社会事物和社会现象，它们是各个社会调查研究项目可选择的具体调查对象和调查（分析）单位。

（一）社会的基本要素

概括地说，任何社会都有三个基本要素：自然环境、人口和文化。

1. 自然环境

自然环境是指人类社会所处的地理位置所决定的物质条件，它包括地质地貌、气候水文、矿产植被等。人类社会是大自然的一个重要组成部分。自然环境作为人类生存的空间，在很大程度上决定或影响着人们的生活方式，影响着人类的物质文明和精神文明的发展及其形式。人类不可能脱离自然环境而生存，由自然界提供的物质资料的生产是人类赖以生存和发展的基础。

与此同时，人类活动也影响着自然环境。人类在自身发展的过程中，对自然的认识愈来愈深刻，改造客观自然界的主观能动性日益发挥。人类要生存和发展，势必要影响和改造自然，但是，这种活动只能是认识自然规律和利用自然规律。自然规律是不以人们的意志为转移的，既不能消灭，也不能违背。人类活动如果破坏了自然界的生态平衡，就等于破坏了人类自身存在和发展的基础。

总之，社会是人与自然界互相依存、互相影响的统一体。自然环境及其所包含的各种成分均是人们调查研究的对象。人与自然界之间的关系，或者说自然环境与社会之间的关系，是社会调查研究关注的重要问题之一。

2. 人口

人是社会的最基本要素，没有人，就没有人类社会，也就没有人类历史。人口状况和社会之间的相互影响，是社会调查研究重点关注的内容之一。

人口状况，一般分为人口构成和人口过程两个方面。人口构成包括人口的自然构成（如性别，年龄等）和社会构成（如民族、阶级、职业、教育，宗教、婚姻等）。人口过程则是指人口的变动趋势，它包括自然变动（如出生、死亡）和社会变动（如迁移等）。社会调查研究分析和研究人口对社会的影响，主要是看人口的数量、质量、密度等对社会发展的影响；社会调查研究分析和研究社会对人口的影响，则主要是看社会的经济，政治、文化等诸多方面对人口的构成和人口过程的影响。

在社会中，人总是生活于一定的人群共同体之中。所谓人群共同体，是指由某些共同活动联结起来的具有一定稳定性的人类集合体，包括阶级、阶层、政党、国家、军队、社会组织、社会团体、民族、社区、家庭、邻里等。社会调查研究对于人口问题，通常都要结合一定的人群共同体来研究。

3. 文化

文化是社会的另一个重要因素。广义的文化是指人类在社会的历史实践中所创造的一切成果，包括物质文化和精神文化两部分内容。物质文化体现人类改造客观世界的物质产品，精神文化则体现人类活动的意识形态产物，包括知识、信仰、艺术、道德、法律、风俗、习惯及影响人们行为方式和思维方式的观念等。狭义的文化专指精神文化。

社会调查研究所研究的文化主要就是狭义的文化，注重的是社会的一定文化背景对社会发展的影响。这种影响，主要指思想基础、理论基础、行为特征、组织形态、领导形态、控制形态、评价标准、综合特征、综合气氛等对社会发展的影响。

以上所述社会的三个基本要素及其所含各项内容，既可以直接作为社会调查研究的对象，也常常作为其他社会调查研究课题的背景资料，起到重要的辅助作用。

（二）调查单位

总的来说，社会中的一切具体事物、具体现象都能作为调查研究的对象，同时也能作为调查（分析）单位。这些调查对象及调查单位尽管纷繁复杂，但可以大致归纳为八类。

1. 个人

人是社会的主体，个人是社会的最基本因素，也是社会调查研究中最常用的调查（分析）单位。

个人都具有自然属性和社会属性。从自然属性来讲，个人是独立的能够自我实现新陈代谢的生命实体。从社会属性来讲，个人是社会中的一员，要接受既定的社会和社会关系的影响、教化或是训练，其思想意识和行为方式也会影响社会。

个人生活在社会中，其社会属性的形成是一种社会化的过程，也就是在特定的社会和文化环境中，学习和适应社会文化和行为模式的过程。影响个人社会化的因素是多方面的，包括社会文化、家庭、学校、社会地位、同乡、朋友、职业、单位、传播媒介等。社会调查研究十分注重从这些因素入手，研究个人社会化问题。例如，调查研究青少年犯罪问题，重要的就是了解、分析各种社会因素对其的影响。

除了个人社会化问题，社会调查研究还要分析个人的社会地位和社会角色。个人的社会地位是指由他的社会关系确定的在社会结构中的位置；社会角色是指围绕社会地位而形成的权利义务系统和行为模式，它们构成了个人在不同的社会环境、不同社会制度或不同文化中的具体特征，如学生、干部、家庭妇女、教师、企业家等，分别都有区别于他人的不同特征。社会调查研究在以个人为调查研究单位时，首先就要注意这些个人特征。

但是，社会调查研究一般并不停留在个人层面上，因为社会调查研究的主要目的是描述或解释由个人及其行为所组合构成的社会现象。将描述个体的特征结合起来加以抽象，就构成了群体或社会的整体形象。所以，大部分社会调查研究都是基于个人特征来描述、解释和说明由个人行为所构成的各种更大的社会现象。

2. 社会群体

社会群体是指具有某些共同特征的人群和因某些特定原因形成的人群，如家庭、妇女、儿童、学生、教师、军人、农民工、街坊以及各种非正式组织等。这类群体都是通过长期的、直接接触的相互作用而形成的，一般不是因目标而组合的。

家庭是社会中的基本群体单位，与社会生活息息相关，以血缘、感情为纽带联结而成。社会调查研究着重调查研究家庭职能的变化与社会的相互关系，通过家庭调查研究妇女、儿童、老人等问题，调查研究血缘关系、亲情关系在社会中的表现和作用等。

村落即自然村，这是中国广大农村地区最普遍的群体形式，村落成员世代定居，以土地为生，互相之间长期互助合作。村落的职能有：组织生产和生产、生活上的互助，对儿童、青少年的教育和社会化，思想交流和感情联络，稳定社会秩序等。这些都是社会调查研究所涉及的内容。

非正式组织是以感情为媒介发展起来的自然形成的无形组织。它产生于共同的社会背景或利益、爱好、观点等，如同乡群、朋友圈、同学群等。这是一种在社会各方面普遍存在的初级群体。群体成员往往思想统一、行动一致，因而在社会组织内和社会环境中，都产生着特别的影响。现代的管理理论很重视它对社会的影响和作用。所以，社会调查研究也把它作为重要的调查研究单位之一。

3. 社会组织

社会组织是高级的社会关系的结构形式和复杂的社会群体，是人们为了实现特定的目标，通过直接、间接的联系，按照一定原则而结成的社会共同体。社会组织是社会发展和健全的重要保障，是社会发展水平的标志之一。社会组织的具体形式纷繁，诸如工厂、商店、银行、政府、政党、军队、学校、报社、医院等，而且随着社会的发展日益增多，各种经济的、政治的、文化的组织构成了现实社会的主体。无论哪种形式的社会组织，都可以作为调查对象及单位。

社会组织有其共同的特征：第一，它具有固定的目标。第二，它具有更为复杂的社会关系，这种社会关系既有横向联系，又有纵向联系，并且有权力和职位层次、职能分工，结构、组织形式等。第三，它具有更严格的规范。社会组织不是靠约定俗成或道德修养来维系的，而是靠法律、法规、政策、纪律、规章、制度、原则等使之规范化。第四，它具有更稳定的结构。由于社会组织的目标具有稳定性、长期性，并按照一定的理论、组织原则，活动方式等而组成，所以它一旦形成，就不会轻易解体。

作为重要的社会现象，社会组织的存在形式、发展和完善，是有其社会历史背景的。反之，社会组织的形式、发展和完善，对社会的经济、政治、文化的发展，也起着重要的作用，是有效、科学地管理社会的基础和前提。所以，社会组织及其现状是社会调查研究的重要内容。

4. 阶级、阶层

人类社会自进入阶级社会之后，阶级和阶层就一直是社会中的焦点问题。所谓阶级，是指一些大的集团，它们在一定社会生产体系中所处的地位不同，在社会劳动组织中所起的作用不同，因而领得自己所分配的那份社会财富的方式和多寡也不同。所谓阶层，是指人们由于职业、经济地位和社会地位的差别而分成的若干层次。阶层是不断变化的，尤其是社会处于急剧变革之时，人们所属的阶层变动就愈大。具体到每一个阶级或阶层，如工人、农民，通常也都可以作为社会群体调查单位，但当我们是以阶级或阶层的视角进行调查研究时，其调查（分析）单位的说法与一般社会群体应有所区别。

阶级和阶层不但与每一个社会成员的生活直接相关，而且对社会结构、社会性质、社会变迁等具有决定作用。各阶级和阶层由于利益、欲望、态度、价值观念的差异，对社会进程的影响和作用也不尽相同。对社会阶级和阶层问题进行调查研究，有着极大的实践意义。例如，我国建立社会主义制度之后，社会阶级结构发生了根本性的变化，剥削阶级已经被消灭，但是工人、农民两大劳动者阶级依然存在，三大差别依然存在，各个阶层或集团的地位差别和不同利益要求依然存在，因此，通过社会调查研究，了解和认识各阶级、阶层的现状，对于建立社会的合理结构，对于在实践中协调各方面的利益，对于调动各方面建设社会主义现代化的积极性、主动性、创造性等，都具有极其重要的作用。

5. 民族

世界上许多国家都是多民族的国家。各民族大都具有自己特定的生产方式、生活方式和文化。如何使本国家的各民族和睦相处、协调发展，是一个非常重要的问题。社会调查研究把民族作为特定的对象，发掘它们的生产、生活方式和文化的特征，包括掌握的语言、文字，以及风俗、习惯、心理素质、行为方式等的特点，对处理好民族问题作用极大。尤其是我国，有 55 个少数民族，由于历史的原因，这些民族大都聚集在边远地区，经济、政治、文化方面均较落后。我国的民族政策是以加速发展少数民族地区的经济和文化事业，实现共同繁荣共同发展为目标。加强对少数民族社会的调查研究，有利于这一政策的具体落实，从而促进我们统一的、多民族的国家的发展。

6. 社区

社区是指由居住在一定地域内的人们所组成的社会共同体。社区的具体内容、具体形式千差万别，一般分为两大类：一类是农村社区；另一类是城市社区。农村社区是以农业为基础的、规模较小、结构简单的社区。城市社区则是以工商服务业为基础的、规模较大、结构复杂的社区。无论哪种社区，都应具有人口、自然环境、文化、设施和相应的群体组织系统，它的基础条件和结构能全面满足人们的各种需要，是一个基层社会，或者说，是一个社会的缩影。乡村、城市、区县、乡镇、居民小区等，都可能是这样的社区。

社会调查研究把社区作为对象，通常都是对社区作全面的区域性的调查研究。它不仅要对社区的构成要素、社区的特点和功能、社区的历史与变化、社区的地位，以及社区的发展趋势等诸多方面进行研究，而且要研究社区居民的生活状况、交往活动、文化活动、行为规范等，在此基础上确定社区的具体目标、发展策略和具体政策等。社区内容的丰富性，决定了社区调查研究往往具有多个或多种调查对象及调查单位。基层社区的研究还可以进一步拓展和上升到更大区域的研究，以促进全社会的协调发展。

7. 社会行为

社会行为即人类在社会中的行为，包括各种类型的社会活动、社会关系、社会制度等。例如，以历史和现代的各次冲突、武装冲突、局部战争、全面战争和世界大战为调查研究对象及单位，描述其各自特点和共同特征。又如，研究分析各个历史时期各个国家的政治制度、经济制度、国际关系、区域关系、家族关系、婚姻关系等。再如，研究离婚、自杀、犯罪、考试、罢工、游行、上访、交通事故、革命等社会行为。在对社会行为进行调查研究时，具体对象不是作为行为主体的个人，而是侧重描述各类行为本身的特征，如分析社会犯罪的规模、方式、影响等。

8. 社会产品

社会产品是指物化的人类行为的产物，如歌曲、电影、书籍、报刊、广告、服装、建筑物、交通工具、基础设施等，它们既可以作为个体型调查对象的研究单位，也可以作为群体型调查对象的研究单位。例如，研究者可以专门就一种报刊上的一则广告进行调查研究，分析其主题、内容、表现手法等特征；也可以对这种报刊上的所有广告做相同工作；还可以把调查研究扩大到多种报刊上。

需要指出的是，上述基本要素和调查单位，只是为调查者提供了一个选择的大概范围和线索。实际上，它们之中的每一类都包含着极为丰富的内容，可以细分出许许多多更具体的调查对象及调查（分析）单位。所以，当一项社会调查研究的课题确定后，调查者往往还要经过析毫剖厘、顺蔓摸瓜的努力，才能够从中选择出最为适当的调查对象及调查单位。

还要指出的是，在运用调查（分析）单位时，我们应避免发生两种最常见的错误：区群谬误与简约论。

区群谬误也称为层次谬误、生态谬误、体系错误或系统错误，是指在社会调查研究中，调查者用一种调查（分析）单位做资料收集与分析，却用另一种不同类别的或者较低层次的、较小的集群甚至个体调查（分析）单位做结论。换句话说，就是将不同类别相混淆，或者将群体的状态、特征直接生搬硬套于所属个体。例如，统计资料显示城市老旧社区的犯罪率比高档社区高，由此得出老旧社区的居民比高档社区的居民犯罪率高的结论，就形成了区群谬误。因为统计资料是以社区为调查（分析）单位收集来的，只能得出关于社区特征的结论，而不能得出关于社区居民（调查单位是个人）特征的结论。两种社区犯罪率不同，很可能与保安人员及设施是否齐备密切相关，与居民反而关系不大。如果真想得出居民与犯罪率之间的关系的结论，那就必须以居民为调查（分析）单位。

简约论也称为简化论、还原论，其表现形式与区群谬误正好相反，是用个体调查（分析）单位做资料收集与分析，却用集群乃至总体调查（分析）单位做结论，也就是以偏概全，以个别直接说明一般。例如，调查得知一户中国农民家庭（分析单位个人）生活困难，便做出中国农民（分析单位群体）尚未脱贫的结论，就犯了简约论错误。因为就中国农民总体而言，除了有一部分贫困户，更有千千万万农户已走上富裕之路。

总之，上述错误会导致调查研究结果的讹谬。因此，在社会调查研究中，我们一定要注意所采用的每一个调查（分析）单位要自始至终保持一致，也就是说，在收集资料、分析资料时采用的与最后做结论时采用的必须是同一个调查（分析）单位。

第三节　社会调查研究的目的与作用

一、社会调查研究的目的

（一）描述事实

社会调查研究的首要目的就是要准确地描述社会客观现实，即说明社会"什么样"或"怎么样"的问题。社会是纷繁复杂、不断变化的，人们要想了解其真实情况，就必须使用科学有效的方法去认识和描述社会现象。社会调查研究的第一步就是要按照调查目的的要求，运用科学手段和方法，在千变万化的现象中收集有关对象的信息，形成系统的资料，这是人们认识社会现象的基础。例如，要深入认识社会中的同性恋现象，就必须首先了解目前社会中同性恋现象的存在程度、同性恋者有何背景特征、他们在总体上有什么样的特点等情况，这些都需要有目的、有针对性地对同性恋者收集资料，从而形成真实而有系统的基础资料。在此基础上，社会调查者要运用一定的方法和手段对收集到的资料去伪存真、去粗取精，对调查对象进行客观、精确、多方面的系统描述，如描述同性恋者的年龄分布、文化程度分布、职业分布、相恋时间长短等情况，以及多种现象、多种因素的相互联系。但是由于历史时代、认识能力等主客观条件的限制，要求人们绝对准确地说明社会现象是不现实的。社会调查研究的任务应当是在相对确实、相对明晰、相对稳定的范围内正确认识社会现象，并且随着人们认识社会现象的条件和能力的不断完善，而不断提高这种认识。

（二）解释现象和探索本质

任何社会现象的发生都是有其原因的，社会调查研究不仅要回答社会现象"怎么样"与"什么样"的问题，还要解释社会现象，回答"是什么"与"为什么"的问题，即进一步揭示出其原因、本质和规律。这是因为社会现象虽然是多变的、个别的，但其背后总是隐藏着事物内在的、本质的、必然的联系，以及具有普遍性、可重复性和相对稳定性的东西。我们只有通过社会调查研究找出事物产生的原因、本质和发展规律，才能更为深刻地认识社会现象，实现从实践到理论的升华，从而更好地指导实践。

为了弄清调查对象的内部关系、外部联系，发展变化的过程，了解事物产生原因和本质规律，社会调查者必须在收集资料描述现象的基础上进行分析、提炼。在上述调查同性恋的例子中，我们通过社会调查研究不仅可以清楚地描述同性恋双方在文化程度、职业、爱好、心理等方面的特点，而且可以在此基础上探讨它们与同性恋行为发生之间的关系，并由此达到解释同性恋现象产生的原因和揭示其本质特征及其规律的目的。

（三）科学预测和对策研究

社会调查研究除了对社会现象进行基础性的认识和原因、本质分析外，往往还要对调查对象进行科学的预测和对策研究。

预测是建立在对社会现象准确描述和正确解释的基础上的，主要是指调查者运用各种预测方法，对调查对象内外相关的联系及发展趋势进行科学的估计和评价。预测研究的成果不仅能够让人们认识到调查对象的发展现状，还能让人们了解调查对象的未来发展趋势和前景。

以人才流动问题为例。尽管我国目前许多地方做不到人才自由流动，但是当调查者对人才流动的现状、特征等有了基本的认识，从不同角度分析了人才自由流动所需的条件和规律后，就能够依据社会环境中各种因素或条件发展变化的趋势，对未来社会中人才自由流动问题作一定的预测。比如，通过调查，调查者发现开放地区及经济发达地区人才流动比例较高，通过多角度分析，得出其主要原因是经济因素的活跃以及社会改革开放程度的提高，由此，就可以预测：随着我国经济的进一步发展和社会进一步改革开放，社会中人才自由流动问题将得到很好的解决。

预测是社会调查研究较为高级的任务，预测结果可以直接地运用到政策制定上。具体来说，通过对社会现象的预测分析，调查者可以设计一定的社会调控方案，或者针对目前的情况，提出政策、措施建议，供决策部门参考，从而使社会调查研究具有更大的实践指导意义。

二、社会调查研究的作用

（一）有利于正确认识社会现实

社会调查研究是一种有目的、有计划的自觉的认识活动。社会调查的直接目的就是了解社会真实情况，认识社会现象的本质及其发展规律。因此，它是人们认识社会的重要工具。

事物和社会现象是多层次、多方面的，也是不断发展变化、充满矛盾的，人们只有对社会实践的过程和结果进行系统、周密的调查和研究，才能对事物有全面了解，把握其属性，了解其本质，从而预测其发展趋势。科学社会理论的形成和发展，都是人们在社会实践的基础上进行大量调查研究的结果。人们常说："实践出真知"，但仅凭个别实践而忽视全面深入的调查研究，是不可能了解客观事物的本质和规律的。例如，人们通过切身体验和自觉不自觉的观察，认识到改革开放以来人民生活水平普遍得到提高，但仅凭个人所接触的事例是无法全面说明情况的，而通过社会调查研究就能够全面、系统、科学、客观地反映出人民生活水平提高的程度。同时，我们还可以按照需要从不同角度进行调查分析，如调查哪类人员生活水平提高幅度最大，哪类人员生活水平提高幅度较小，并找出原因，对症下药，达到全体人民共同富裕的目标。

（二）有助于正确制定政策和执行政策

社会调查研究不是形而上的，它产生于实践又作用于实践。社会调查研究的结果对正确制定政策和正确执行政策有着重要作用。

人们的社会活动大量地表现为计划、组织、指挥、协调、控制等管理过程。科学决策是科学管理的核心。科学决策的程序一般来说包括目标阶段、信息阶段、设计阶段、评估阶段、选择阶段、执行阶段和反馈阶段。所有这些阶段，都是建立在对信息的收集与处理之上的，都离不开社会调查研究。决策过程和管理过程，从本质上来说就是反复进行社会调查研究的过程，离开了科学的社会调查研究就没有科学的决策和管理。

正确地制定政策和执行政策，是科学决策和管理的具体体现，也是不断进行社会调查研究的过程。例如，我国建立和完善社会主义市场经济，实行多层次、全方位的对外开放等政策，就是在改革开放的实践中反复进行社会调查研究的结果。在实际社会生活中，社会调查研究在各级党、政府机关及企事业单位、社会团体政策方针制定的过程中也起到了重要作用，并为这些机构检验现有方针政策，使之更符合实际需要提供了有力依据。在正确执行政策的过程中，我们必须结合具体实际，要具体分析具体情况就必须进行深入的社会调查研究。如果不调查研究，不从实际出发，只满足于当"传声筒"，再好的政策也是不可能正确执行和落实的。

（三）能够提高人们认识、分析、综合问题的能力

认识、分析、综合问题的能力是人们进行社会活动应当具备的重要素质。社会调查研究作为一种科学认识世界的实践活动，能够提高人们的这些能力。进行社会调查研究的前提是人们发现社会中存在的问题，这就需要人们具备敏锐的洞察力，发现值得研究的问题，即具备发现问题的能力；而在进行社会调查研究的过程中，调查者不仅需要具备社会调查的学科知识以及了解与被调查对象有关的基本知识，更需要具备全面而深刻地分析问题、认识事物的本质及规律、得出客观而正确的结论，并提出指导实践的办法的能力；在对被调查对象进行数据收集、分析时，又要具备相应的统计分析能力；在调查报告的撰写中，除了要有基本的文字能力外，也需要调查者具有分析、综合问题的能力，等等。总之，社会调查研究是培养现代社会所需的开拓型人才的重要途径，对促进社会发展有重大意义。

第四节　社会调查研究的沿革

一、古代社会调查

作为人类的一种认识活动，社会调查研究萌芽于原始社会，在奴隶社会和封建社会逐渐成形并有了一定发展。

我国古代自奴隶制夏朝建立到清中叶，有大量关于社会调查的记载，如隋朝统一中国后曾"大索貌阅"，即详细检索全国人口数量，记录每个人的性别、年龄、体貌特征等，相当于一次人口普查。但是这些社会调查都十分原始，主要以适应统治阶级行政管理的需要为目的，未能形成科学系统的社会调查理论和方法。

古埃及、古巴比伦、古印度和古罗马也进行过许多社会调查活动，但是直到奴隶社会的科学中心转移到古希腊之后，才逐渐产生了以认识社会为目的的社会调查研究方法。古希腊人的主要贡献是提出了分析的方法和逻辑的方法。这些方法，被认为是现代社会调查研究方法的起源。

欧洲中世纪时期，英国的学者做了许多社会调查研究，写出了一些调查报告。例如，斯托用观察的方法进行调查，1598年写出了《伦敦调查》，书中描述了伦敦社区由中世纪向近代过渡的社会生活全貌。这些都对社会调查研究起到了开拓性的作用。

古代社会调查虽经历了几千年的发展，但从总体上看都属于社会调查研究的初期阶段，是人类使用一些方法认识世界的开始。其特点是主要为统治阶级行政管理服务，没有自觉的认识和系统的理论做指导，调查方法原始、简单、直观，没有专门的调查机构和调查人员，在调查者与调查对象（劳动人民）之间往往存在着对抗性矛盾。

二、近代社会调查

（一）近代西欧的社会调查

近代社会调查，是指早期资本主义时代的社会调查。近代社会调查产生于资产阶级革命后的西欧，发展于19世纪末20世纪初的美国。

在18—19世纪的西欧，随着资本主义的确立和迅速发展，资本主义生产方式的固有矛盾日益暴露，社会问题层出不穷。许多学者和社会活动家为了寻找医治社会的良方，进行了大量社会调查，并在此基础上逐渐形成了具有系统化、学科化特点的近代社会调查研究方法。许多西方学者认为，近代社会调查起源于对资本主义"社会病态"的探讨。这个时期，自然科学和哲学社会科学的发展为社会调查带来了诸多理论与方法上的支持。特别是英国哲学家培根的经验论，法国启蒙思想家孟德斯鸠、卢梭等的社会政治观点，法国社会学家孔德的实证主义，德国马克思、恩格斯的辩证唯物主义和历史唯物主义，更为各个阶级、各个派别的社会调查研究提供了系统化、学科化的理论基础和指导思想。当时，逐渐形成的日益广阔的国际市场也使得人们有可能在世界范围内对某些社会现象进行广泛调查和对比研究。

近代社会调查研究在最先进入工业化社会的英国开始得最早，有丰富的成果。其中较著名的有被马克思称为"政治经济学之父"和"统计学的创始人"的威廉·配第，他在《政治算术》一书中提出，对任何社会现象都应用数字、重量和尺度来说明并加以比较，是最早运用定量方法分析社会经济状况的人之一。统计学家、社会学家查尔斯·布思从1886年起，花了18年时间对伦敦各阶级的生活状况进行了调查，最后出版了17卷本的《伦敦人民的生活和劳动》，从而使他成为社区调查研究的先驱者之一。恩格斯曾长期深入到工厂和工人居住区进行实地调查，从亲身的观察和亲身的交往中直接研究了英国的无产阶级，写成了《英国工人阶级状况》一书。

法国的社会调查研究也很多。较著名的人物有曾长期担任法国财政大臣的柯尔柏，他当政期间，倡导和主持了一系列大规模社会调查，如1664年的法国社会概况调查、1665年的制造业调查以及不定期的人口状况调查。这些调查奠定了行政统计调查制度化的基础。

18世纪初开始，在英法的带动下，行政统计调查走向制度化。1801年，英法都开始了全国人口普查，英国还规定普查每十年一次。同年，法国建立了国家统计局。之后，欧洲各国纷纷效仿，相继开始人口普查和建立行政统计机构。

此外，18世纪下半叶和19世纪初，英法等国围绕着贫民、童工、工资、住房、疾病、死亡、自杀、卖淫、犯罪等社会问题进行过许多社会调查。影响较大的有法国黎伯莱的家庭调查，社会学家帕兰·杜卡特列进行的关于妓女问题的调查报告《巴黎城里的卖淫现象》等。这些调查，对改良资本主义社会制度的某些方面，都曾起过一定的推动作用。

这一时期，法籍比利时著名社会统计学家凯特勒和英国学者布思对社会调查研究方法做出了重要贡献，他们被称为"经验社会学之父"。凯特勒第一个将数理统计引入社会研究，对犯罪、自杀、婚姻等现象进行测量。布恩对英国伦敦的市民生活和社会概况进行了长达18年的深入的实地调查，写成了17卷本的《伦敦居民的生活和劳动》。在调查研究中，他综合运用了社会调查的各种方法，如参与观察、访谈、问卷、统计分组、图表制作等，其做法对后人有重大影响。

与英法相比，一向以重思辨著称的德国在近代社会调查研究方面开始得较晚，但也有突出的成果。例如，恩格尔在比较了法国的黎伯莱与凯特勒的研究之后提出了著名的"恩格尔定律"，即一个家庭收入越少，总支出中用来购买食物的费用所占的比例就越大。根据"恩格尔定律"得出的系数为"恩格尔系数"，可用公式表示为：恩格尔系数＝食用支出额/消费总支出，恩格尔系数至今沿用。著名社会学家马克斯·韦伯曾对产业工人的心理生理状况、劳动生产率及企业发展关系进行过调查。这一调查虽因工厂工人拒绝合作而未能完成，但该项调查的方法论本身就具有学术意义。后来，韦伯将调查总结成《关于工业劳动的心理生理问题》一书，作为经验研究的方法论导论。19世纪，马克思为剖析和改造资本主义社会，做了许多调查研究工作。他在《资本论》的写作过程中，收集了大量的世界各国的统计资料、档案文件和文献资料，并出色地运用各种分析方法从事实资料中抽象出理论。德国的这些工作后来居上，对现代调查研究的启发极大。

（二）近代美国的社会调查

美国一向保持着学术的经验性和实用性相结合的传统，因此在社会调查研究方面也有显著成果。美国不仅第一次将人口普查列入宪法，规定每十年一次，而且在1790年付诸实际，开近代以来世界之先。另外，美国还在20世纪初进行了两项全球闻名的大规模社会调查——匹兹堡调查和春田调查。

匹兹堡调查发生在 1907 年。当时，匹兹堡城的钢铁业正在飞速发展，随之出现了一系列工业化进程必然带来的社会问题。因此，该调查针对工资、劳动立法、工人家庭生活及女工等问题做了详细研究，后共汇集成六大册调查报告。这是美国第一次系统的大型社会调查。其后，另一个大型调查是"春田调查"（Spring Field Survey）。春田市位于美国南北中央，是一个典型的美国城市。这次调查是应当地居民的要求而展开的，旨在改善市内的公共事业。调查内容包括教育、工商业、市政管理、公共卫生、居住条件、娱乐场所、治安等，并针对调查结果提出了具体建议。结果不仅达到了改善公共事业的目的，而且还在大范围的宣传中使群众对该市有了新的了解，促使他们更积极地参与自己城市的市政建设。

总之，近代社会调查已突破了古代社会调查的原始性和局限性，形成了一套具有学科化性质的社会调查方法体系，在社会生活中发挥了重大作用，其特点主要表现为：为资产阶级服务，主要的社会调查方法是以实证主义为指导，重视事实的描述，而缺乏对社会现象本质及其规律的探索，唯有马克思和恩格斯是例外。

三、现代社会调查研究

（一）现代西方的社会调查研究

20 世纪 20 年代以后，社会调查研究的重心转移到美国。可以说，社会调查研究的科学化与美国的社会调查研究密切相关。

20 世纪初期，在美国的社会问题中，移民问题和城市问题很突出。芝加哥学派的社会学家托马斯、帕克等人就这些问题做出了具有开创性的研究。在移民问题的研究中，托马斯与美籍波兰学者兹南尼斯基选取了几百个样本，使用文献法和个案分析法，将移居美国的波兰农民与波兰本国的农民作了对照研究，并写成《欧洲和美国的波兰农民》一书。该书被认为是个案研究的经典范例之一。芝加哥学派还在布思的影响下，并借鉴人类学的方法，对城市的贫民、种族、区域特征等问题进行了实地研究，开创了"城市生态学"的研究领域。这种研究实际上是将人类学的社区研究运用到现代城市。

应经济、政治的需要，20 世纪二三十年代的美国出现了大量舆论调查和市场调查。这些新兴调查因竞争的激烈（产品竞争和候选人竞争等）而风行。于是，一些专职调查机构应运而生。最著名的民意测验机构则是 1935 年由乔治·盖洛普创办的"美国民意测验所"。它在进行民意调查时，采用分类抽样方法在全国抽取调查对象，然后通过当面交谈、电话访问、问卷调查等方式收集资料，经整理、汇总后予以公布。在 1936 年至 1976 年美国的 11 届总统选举前的民意测验中，它准确预测了 9 次。民意测验由于询问问题较少、内容集中，能较快反映大众民意，有较高的参考价值，因而第二次世界大战后在全世界许多国家得到了迅速发展。

与 19 世纪不同的是，现代的民意测验一般是在计算机的辅助下完成的，否则工作量单靠人工难以应付。近几十年来，计算机业迅猛发展，美国的舆论调查业也是一派兴旺。除盖洛普事务所外，还有哈里斯、赛林格等六七家全国性大型专业机构。据统计，美国1978年仅花在舆论调查业上的资金就多达40亿美元，可见其规模之大、范围之广。

我们今天所常用的社会统计调查以及变量关系分析方法的最后成熟，是同两位美国社会研究方法大师斯托弗及拉扎斯菲尔德分不开的。斯托弗所研制的研究设计、抽样方法、问卷设计以及分析逻辑等已成为目前广泛应用的社会统计调查研究的模式。拉扎斯菲尔德的主要贡献是，他在斯托弗等人的《美国士兵》研究的基础上，提出了社会统计分析的"详析模型"。

第二次世界大战以后，社会调查研究的数理化倾向日趋明显。抽样理论和统计检验的引入、社会测量法的推广、社会统计学和数理社会学的发展等，都进一步推动了社会调查研究向定量化进步，新的理论、方法和技术不断渗透其中。诸如，路径分析方法、决策论和计算机模拟方法、系统论、控制论以及网络分析技术等，都在很大程度上促进了社会调查研究的发展。

此外，在20世纪六七十年代以后，注重了解个人与社会行为的主观意义的研究方法也有所发展，如出现了现象学方法和民俗学方法。前者通过精细的观察与描述来揭示人的社会行动的实际产生过程；后者运用实地观察、主观理解和语言分析来了解个人之间的社会交往规则或方式。另外，历史社会学和比较社会学也开始兴起，它们强调要利用现代更丰富的文献资料，运用历史比较方法来研究当代社会的重大问题。

随着现代社会的演变，社会调查研究逐渐发展为五大类：①行政统计调查，主要是人口、资源等服务于国家行政管理的调查；②社会问题调查，主要是发现社会存在的各种问题并提出解决办法的调查；③民意调查，主要是对于民众舆论倾向的调查；④市场调查，主要是关于市场现状及其发展趋势的调查；⑤研究性调查，主要是专门为学术研究与政策研究服务的调查。这种专业的细分化促进了社会调查研究的不断进步。

（二）现代中国的社会调查

在中国，科学意义上的社会调查研究直到20世纪初才开始发展。这一方面是由于中国长期以来缺乏经验科学传统，没有一种科学逻辑作为方法论，同时也不注重发展科学的方法与技术手段；另一方面是由于在政治上，统治者的保守、僵化，加之连年战乱和封建割据等因素，社会调查研究在中国始终未建立起成熟的体系。

学术界早期的社会调查研究有许多是在外籍学者的指导下进行的，如1917年美籍教授狄特莫指导清华学生对北京西郊居民生活的调查，美籍传教士甘博、燕京大学教授步济时等人仿照美国"春田调查"所做的《北京——一个社会的调查》，以及1918—1919年上海沪江大学美籍教授古尔普两次率领学生到广东潮州凤凰村进行调查，并著有《华南乡村生活》一书等。这一时期，是西方社会调查研究的"输入"时期。它的特点是：社会调查大都由外籍人士进行或主持，运用的都是西方的调查方法，调查报告往往都用外文撰写，并在国外发表。一般来说，这些社会调查在中国的影响都比较小。

　　20 世纪二三十年代是中国学术界社会调查研究发展最迅速的时期，出现了第一个由中国人独立主持的社会调查：清华大学教授陈达带领学生对北平海淀居民和清华校工所做的生活状况调查。此后，学者们从了解中国国情入手，在社会、经济、政治等广泛领域进行了大量的社会调查。其中较著名的有：陈达的《社会调查的尝试》，李景汉的《北京郊外乡村家庭》及历时七年之久才完成的社区研究的杰作《定县社会概况调查》，陶孟和的《北平生活费用之分析》，严景耀的《中国的犯罪问题与社会变迁的关系》，吴文藻的《中国社区研究计划的商榷》，经济学家陈翰笙的《中国地主和农民》《工业资本和中国农民》，王同惠、费孝通的《花篮瑶社会组织的调查》，吴泽霖的《铲山黑苗生活调查》，费孝通的《江村经济》等。尤须一提的是，李景汉在调查中采用实地调查与统计调查相结合的方法，使用了随机抽样与分层抽样，并亲自设计了 314 个统计表格，初步建立了中国农村调查的统计指标体系。他还将这些调查的方法与经验概括于《实地社会调查方法》一书中，促进了 20 世纪 30 年代社会问题调查的广泛开展。在经济领域，陈翰笙于 1929 年 7 月至 1930 年 8 月领导的对无锡、广东、保定三地区的农村社会经济调查，是该时期最大规模的社会调查研究，对于全面和深入了解中国农村社会起了很大作用。费孝通对江苏省吴江县开弦弓村进行了深入的实地研究，并在两年后写出了《中国农民的生活》，即著名的《江村经济》，详尽描述了中国农民的消费、生产、分配和交易等体系，阐明了江村这一经济体系与特定地理环境以及社会结构的关系，被国际上誉为人类学发展史上的里程碑。

　　学术界社会调查研究发展的另一标志是，建立了专门从事社会调查研究的机构，其中有较大影响的是：陶孟和、李景汉主持的北京社会调查所（属中华教育文化基金会）、陈翰笙主持的南京社会科学研究所社会学组（属国立中央研究院）、陈达主持的清华大学国情普查研究所。

　　抗日战争前夕，中国的社会调查研究已发展得相当可观。据统计，当时全国平均每年完成的调查课题近千项。从抗日战争期间到中华人民共和国成立前夕，由于战乱频仍，社会调查研究极度萎缩，仅有个别地区（如西南地区）的个别项目面世。

　　20 世纪 20 年代以来，中国共产党人在其革命实践的过程中，对中国社会调查研究事业的发展做出了重大贡献。毛泽东本人就是社会调查研究的身体力行者，他的"没有调查就没有发言权""实事求是""走群众路线"等观点以及他所总结和倡导的"深入实际""召开座谈会""解剖麻雀""典型调查"等工作方法对于社会调查研究的普及起了很大的推动作用。毛泽东同志撰写了《中国社会各阶级的分析》《湖南农民运动考察报告》《寻乌调查》《长冈乡调查》等调查报告，以及《调查工作》（又名《反对本本主义》）、《实践论》《关于农村调查》等理论性文章。在他的倡导下，中国共产党人在 20 世纪 40 年代组织了对陕北地区的大规模的社会调查研究，写出了《绥德、米脂土地问题初步研究》《米脂县杨家沟调查》等大批调查报告。这些调查为认识中国社会、制定革命政策奠定了基础。

中华人民共和国成立后，我国社会调查事业的一个重要进展是建立了全国性的行政统计机构，从而大大提高了基本国情国力调查的能力，为国家的行政管理和经济建设提供了翔实的数据资料。另外，我国各个领域、各条战线上的政策性调查研究得到了广泛开展，我国各项政策和规章制度的出台，一般都要经过事先的调查研究。

不过，20世纪50年代以后，由于种种原因，学术性调查研究没有取得很大进展。值得一提的只是少数成果。例如，费孝通对"江村经济"的追踪调查，他于1957年、1980年重新对他1935年调查过的"江村"进行实地考察，为了解中国农村社会的历史演变提供了丰富资料。此外，社会调查研究在民族学、教育学、经济学等领域都有不同程度的发展。

1978年，中国共产党十一届三中全会以后，我国的社会调查研究得到了迅速的恢复和发展。党和国家领导人反复强调实事求是、调查研究的重要性，社会调查研究受到各部门、各单位、各方面人士越来越广泛的重视，各级党政领导机关或部门组织了许多大规模的社会调查，如全国规模的平反冤假错案调查，农业生产责任制调查，全国农业资源调查，工人阶级状况调查，第三次、第四次、第五次全国人口普查，全国工业普查，全国城镇房屋普查，全国残疾人抽样调查，全国第三产业调查，以及经济体制改革调查、社会主义精神文明建设调查等。

同时，我国的社会调查研究在理论和方法上，冲破了教条主义的束缚，逐渐从国外引进了一些现代社会调查理论和方法，越来越频繁地使用普查、抽样调查、问卷调查、民意测验等先进的调查方法和电子计算机等现代技术。

社会调查研究专门组织也有了很大发展。各级党政领导机关和科研单位、高等院校、企事业单位都建立或健全了各种各样的调研机构和咨询机构，加强了各种社会信息的收集、整理、储存和加工工作，从而使调查研究工作朝专业化、制度化、经常化方向迈进了一大步。

此外，全国各地还涌现出了数百家专业性民营调研机构，其中规模较大的约50家，大都集中在北京、上海和广州。20世纪末，我国调查行业总营业额约120亿元，其中国内客户占67%，国外客户占33%。经过20多年的发展，一个全国规模的多类型、多层次、多渠道的社会调查网络已经形成，对社会生活的各个方面发挥着巨大的作用。

四、社会调查研究的发展趋势

20世纪以来，特别是20世纪50年代以后，科学技术有了进一步的发展，经济、政治、社会、文化等方面也出现了新的现象，受其影响，社会调查研究也出现了一些新的发展趋势，主要体现在以下四个方面：

（一）研究的广泛化

现代社会中由于社会结构复杂，发展变化快，所产生的社会问题日趋增多，及时掌握社会信息已成为做好各类工作的重要条件。从主体来看，社会调查已经不再局限在小范围内，而是扩大到政府、企业、公司等各行各业；从涉及的领域来看，社会调查广泛出现在社会生活的各个领域，不再局限于局部的、典型的范围；从调查范围来看，特别是抽样调查，社会调查往往在整个地区、整个部门的范围内进行，有时还会跨地区、跨部门、跨学科进行调查。

（二）方法的科学化

现代社会调查的研究方法日趋程序化、规范化，借助了其他自然和人文学科的研究手段，逐渐形成一门方法性科学。一些社会学家在这方面做了比较突出的贡献，如法国著名社会学家迪尔凯姆创立的"研究假设—经验检验—理论结论"的实证程序，美国著名社会学家斯托福和拉扎斯菲尔德关于社会统计调查及变量关系分析方法的研究，都对调查方法的完善起到了很大作用。

（三）手段的现代化

以往的社会调查，以手工方式居多，常由调查者本人带一批助手亲自实地进行观察或访问，并用手工记录、整理、汇总、统计分析资料。随着现代科学技术的迅猛发展，社会调查的工具和手段也日趋先进和多样化。录音、录像、通信等工具的综合运用，使得社会调查的效率和质量大大提高。计算机的出现和网络的普及更使社会调查进入了一个崭新的发展阶段。用人工方式不易进行的大规模的抽样调查和普查以及各种复杂的统计分析，都可通过计算机的程序和软件的运用得到及时、准确的结果。此外，社会调查的程序、组织方式、标准化和规范化程度，以及问卷设计、调查方式、统计分析等，也都随之发生了很大变化。现代社会调查正朝着更为科学化的方向发展。

（四）研究的专业化

社会调查的广泛化、科学化和现代化向社会调查的人员与机构提出了专业化要求。调查人员不仅要掌握社会调查方面的专业知识，对于计算机、网络、统计分析等技术也要会运用，对于所调查领域的基本知识也应当知晓，人员专业化成为一种趋势。政府的行政调查机构功能更加完善，调查内容日益丰富、深入。此外，越来越多的营业性调研机构也日益涌现并不断壮大。例如，盖洛普的美国民意测验所已成为在20多个国家设有分支机构的著名跨国公司，此外还有兰德、斯坦福、哈里斯、赛林格等若干全国性的调研公司。在我国，一些专业性的社会调查公司也在不断出现，并且承担起多领域的社会调查任务，这些都将促进社会调查的专业化进程。

本章小结

社会调查研究是社会科学研究的一个组成部分，是人们有计划、有目的地运用一定的手段和方法，对有关社会事实进行资料收集整理和分析研究，进而做出描述、解释和提出对策的社会实践活动和认识活动。社会调查研究具有专门性、研究性、客观性、实证性和针对性等基本特征。社会调查研究的对象首先是社会的基本要素，主要是自然环境、人口和文化；另外还有形形色色、种类繁多的具体对象，主要是个人、初级社会群体、社会组织、阶级和阶层、民族、社区、社会产物等。社会调查的主要目的就是描述事实、解释现象和探索本质、科学预测和对策研究。在瞬息万变的当今社会，社会调查研究有利于正确认识社会现实，有助于正确制定政策和执行政策，能够提高人们认识、分析、综合问题的能力。社会调查研究萌芽于原始社会，在奴隶社会和封建社会逐渐成形并有了一定发展。近代社会调查已突破了古代社会调查的原始性和局限性，形成了一套具有学科化性质的社会调查方法体系，在社会生活中发挥了重大作用。20世纪以来，特别是20世纪50年代以后，科学技术有了进一步的发展，经济、政治、社会、文化等方面也出现了新的现象，受其影响社会调查研究出现了新的发展趋势，主要体现在研究的广泛化、方法的科学化和研究的专业化等方面。

思考题

1. 国内外社会调查研究概念的内涵和外延有何不同？
2. 社会调查研究的目的及作用是什么？
3. 社会调查研究的对象有哪些？
4. 社会调查研究有什么特点？
5. 简述近代社会调查的产生及其特点。
6. 现代中国的社会调查取得了哪些进步？还有哪些地方需要改进？

第一章　社会调查研究的内容体系

本章重点阐释了社会调查研究的基本理论和基本方法，介绍了社会调查研究的主要类型及其特征，明确了社会调查研究的基本程序和基本原则。这些内容构成了社会调查研究的内容体系。

📑 **学习要求**

1. 了解：描述型研究和解释型研究；横剖研究与纵贯研究；定性研究和定量研究。
2. 掌握：社会调查研究的基本理论和基本方法；普查、抽样调查和个案调查；社会调查研究的基本程序；社会调查研究的基本原则。

社会调查研究是一个由系统的理论和方法组成的完整的知识体系，其主要内容包括社会调查研究的基本理论、基本方法、基本类型、基本程序和基本原则等。

第一节　社会调查研究的理论与方法

一、基本理论

社会调查研究的基本理论是指社会调查研究的指导思想和社会调查研究所包含的一般概念、一般原理、基本原则和公式等。这些基本理论贯穿于任何一个具体的社会调查研究全过程之中。

构建社会调查研究理论的基础有二，即哲学原理和具体科学原理。

哲学原理是从世界观和方法论的高度对社会调查研究予以指导，决定着社会调查研究的方向。国外 17 世纪以后发展起来的具有现代意义的社会调查研究，曾先后出现了以人本主义、实证主义为理论基础的两种类型。人本主义发端于欧洲文艺复兴时期，由意大利文豪但丁、薄伽丘等人提出，很快成为资本主义革命的重要理论基础。建立在这种理论上的社会调查研究，强调人在社会活动中的核心地位，认为社会是由个人构成的，任何社会现象都可以还原为人的活动。因此，应从人的自然属性和个体行为、价值观念出发认识和解释社会现象，主张在微观层次上通过实地调查来直接了解具体的社会生活状况，而不追求对社会整体特征与规律的认知。实证主义由社会学鼻祖、法国大哲学家孔德创立，主张哲学就是现象研究，认为通过对客观现象的观察和归纳，就可以得到科学定律，发现事物的规律，因此反对通过理性去把握观察到的感性资料。建立在这种理论基础上的社会调查研究，主张了解、认识社会现象的目的是要说明社会整体的特征，强调研究者在收集社会事实时应坚持"价值中立"原则，避免人的理性因素对客观事实的干扰，纯粹用"实证的"事实，即经验事实或经验现象得出关于社会特征或规律的结论。目前，国外流行的社会调查研究主要以实证主义为理论基础。

我国的社会调查研究在充分吸收人本主义、实证主义合理因素的基础上，强调以马克思主义辩证唯物论与历史唯物论作为哲学理论基础，主张社会现象及社会事物是人的社会性的产物，社会调查研究不仅是对经验事实或经验现象的描述和记录，而且是一种了解社会、认识社会、揭示社会发展规律的手段或工具，要为人们能动地改造客观世界和主观世界服务。

具体科学原理是指逻辑学、心理学、统计学、社会学等学科的有关科学原理。社会调查研究常用的大量一般概念、一般原理、基本原则和公式等，都来自这些学科，它们的有机结合，形成了社会调查研究理论基础的一个重要组成部分，并突出地表现在方法和技术层面。

二、基本方法

所谓社会调查研究的基本方法，主要是指具体的操作方法，涉及社会调查研究的各个方面，如课题确定的方法；明确调查研究具体目的、对象、内容、类型的方法；调查研究方案设计和条件准备的方法；抽样的方法；各种收集资料的方法，包括文献法、问卷法、访谈法、观察法、实验法；调查资料整理、分析的方法；撰写调查报告的方法，等等。这些方法适用于所有的调查研究课题。其中，各种具体的资料收集方法是调查方法的核心内容，按照收集资料的形式，可大致分为两类，一类是直接调查方法，主要有：①访谈法，即调查者通过与调查对象交谈收集资料。②观察法，即调查者通过观察调查对象收集资料。③实验法，即调查者通过对调查对象的试验收集资料。另一类是间接调查方法，主要有：①文献法，即通过查阅文献收集关于调查对象的资料。②问卷法，即主要通过发放和回收由调查对象填答的问卷收集资料。当然，这样分类只是就它们操作的主要形式而言，实际上所谓直接与间接并不绝对。比如，访谈通常是面对面的直接形式，但有时也通过电话、网络进行，就使之成为间接调查方法；再如，调查者通过问卷向调查对象了解情况是间接形式，但如果调查对象是文盲或特殊残障人士，需要当面执卷问询并代填，就会成为直接调查形式。另外，这些资料收集方法的操作程序不同、特点不同，分别适用于不同的调查研究类型。访谈法、观察法适于定性研究，问卷法、实验法适于定量研究，文献法则两类研究都常用。然而，在实际调查中，对这些方法的使用，通常都是以一种为主，兼采它样。例如，目前最流行的抽样调查一般就是以问卷法为主，同时辅以其他各种不同的资料收集方法。

第二节　社会调查研究的类型

根据不同的要素，社会调查研究可以分为不同的类型。不同类型的社会调查研究在调查方法、适用范围方面具有不同的特点。在承担社会调查研究的课题时，社会调查人员应明确它的类型，以确定将要采用的调查方法，科学地完成任务。

一、描述型研究和解释型研究

社会调查研究按照其目的，可分为描述型研究和解释型研究。

（一）描述型研究

描述型研究的主要目的是描述情况及事件，也即对社会事实的状况、外部特征、发展过程进行客观描述的研究。在这类研究中，研究者一般没有或较少议论。但这并不意味着它仅限于对具体事实的表象描述，而是也会常常涉及对探讨事物存在的理由及其隐含问题的描述。描述应具有概括性，即不应片面、零散地反映情况，在进行一定的定量测量后，还应根据资料和数据的逻辑顺序进行归纳与概括。描述应当具有准确性，即对社会现象的各种特征做出准确的说明。较为典型的描述型研究就是人口普查，它是以准确描述某一行政区域人口的各种特征为目的的研究，人口的特征包括年龄、性别、婚姻状况、政治身份、生育状况、学历水平等。

（二）解释型研究

解释型研究以探讨社会现状之间的逻辑关系和规律为目的，研究分析为什么会是这样或那样。解释型研究也要求对客观事实进行描述，并且以此为依据进行分析，但与描述型研究的描述有根本的区别。解释型研究是通过理论抽象而进行的研究，一般是从理论假设出发，对原因与现象之间的逻辑关系做一假设，再通过观察、调查来检验假设；同时，努力通过表象发现其本质及规律。

假设发现北京市 2016 年大学会计专业应届毕业生存在就业阻滞问题，研究者想要进一步分析就业阻滞的原因和规律，就要根据现有的理论和经验材料，列出导致就业阻滞的原因，从中归纳为几个层次的原因，如个体层面的阻滞因素、企事业单位和劳动力市场方面的阻滞因素、宏观社会结构方面的阻滞因素等。个体层次的因素又包括：年龄因素、婚育状况因素、生源地域因素、健康因素、专业水平因素、心理和观念因素。研究者可以按照理论假设的要素去收集资料，分析出哪些是主要因素，哪些是次要因素，各个因素之间的关系，并进一步发现其中的必然性和规律性。如通过分析，发现影响北京市2016年会计专业应届毕业生就业的主要原因是企事业单位和劳动力市场方面的原因，而这其中，会计专业的劳动力市场已经饱和是产生这一结果的主要因素。而宏观社会结构因素与毕业生个体层面因素的影响是次要因素，但宏观社会结构因素又在一定程度上影响了企业和劳动力市场因素。研究者就此深入下去，便可以总结出影响会计专业毕业生就业问题的各种原因及其规律。

解释型研究不仅需要可靠的数据，还要使用统计分析技术来发现数据之间的关系，如果能够与之前的理论假设相吻合，就可以证明理论假设的正确性。

二、横剖研究和纵贯研究

社会调查研究依时序，可分为横剖研究与纵贯研究两种类型。

（一）横剖研究

横剖研究也称横向研究、截面研究，是指收集某一时点的有关资料，描述研究对象在这一横截面上的状况，或者分析在这一时点上不同变量间的关系的调查研究。人口普查、民意测验多采用这种方式。例如，对三峡库区不同年龄、不同性别、不同政治身份、不同职业的人在某一时间对政府出台的拆迁安置补偿办法的意见和态度的研究，就属于这一类型。这里所说的时点不是仅指某时、某日，相对较短的一段连续的时间也可称为时点。横剖研究不等同于静态研究，也可以进行动态分析，如上述例子中，也可以就这一时间内人们对政府行为的态度的前后变化进行调查。

横剖研究方式的优点是调查面广、数据格式较统一，便于反映在某一横截面上的总体情况，分析某一社会事实中不同部分的特点。但仅仅基于某个时点的社会调查难以反映深层次问题。这是因为时间因素在社会调查中起着举足轻重的作用，事件与状况的时间顺序在因果关系的确定中非常重要，社会调查的目标不仅是反映因果关系，还要反映因果过程，而因果过程是发生在一段较长时期内的，横剖研究仅仅依靠一个时点反映问题，所以应用范围相对较为狭窄，参考价值相对有限。

（二）纵贯研究

纵贯研究也称纵向研究、历时研究，是指对不同时点或某一段较长时间内的社会事实历史演化的研究，用以描述现象的变化和前后间的逻辑关系，以期了解其发展变化及规律性。纵贯研究至少要了解在某段时间内两个以上或多个时点的情况。

纵贯研究的主要形式包括以下几点：

一是趋势研究，即对某一社会事实随时间推移而变化的研究，旨在根据其变化规律，预测其将来。例如，某县对本地在改革开放前和当前的社会状况进行了总结，在此基础上制订了以后 10 年的发展规划，这就是典型的趋势研究。

二是同期群研究，又称为人口特征组研究，即对某一社会特殊群体在不同时点的情况进行调查、分析，揭示其规律的研究。例如，通过对北京市 1995 年、2005 年、2015 年三年企业职工就业情况的比较，来分析北京市企业职工就业的规律。这相当于对企业职工年就业情况进行了三次横向调查，但三次调查又在时间维度上形成纵向的调查结果，从而可以反映出变化规律。当然，这三次横向调查在调查设计上必须具有同样的内容，采用同样的测量方法，才能达到纵向比较的目的。

三是追踪研究，又称为同组研究，即对同一批研究对象随时间变化而变化的研究，是在一段时间内对特定研究对象进行间隔或不间隔的跟踪调查，以随时了解其情况和发展变化规律，如某工厂在 3 年期间对该厂新产品所做的市场跟踪调查等。

纵贯研究的优点是可以了解事物的发展变化过程，找出蕴于过程中的因果关系及其规律，研究的内容和结论比较深入。但纵贯研究较横向研究在时间与物资的花费上要多一些，因此调查范围一般不宜过大。

三、定性研究和定量研究

社会调查研究依据其性质，可分为定性研究和定量研究。

（一）定性研究

定性研究是以现有的文献资料或调查材料为依据，对某一社会现象运用演绎、归纳、比较、分类、矛盾分析等方法，以判断事物性质为目的的社会调查研究。例如，对大学生综合素质的调查研究，对国家对外关系政策发展演变的调查研究，都可作为定性研究。

定性研究是从纷繁复杂的事物中探寻其本质特征和要素，在调查方式上多通过大量个案调查获得资料，得出结论，所得出的结论多具有概括性或概貌性。但定性研究只能向人们展示被调查事物的基本性质，若想了解具体事物的状况还需进行更为细化的调查。例如，对某县农民负担的定性研究，只能反映某县农民负担的基本性质，而不能通过数量指标对农民的每项负担做具体程度的说明。此外，定性研究由于缺乏精确数据的支持，势必会出现可比性较差的问题。

定性研究的特点决定了它一般用于对社会结构和社会关系的研究、对历史问题的研究、探索性研究或者是对难以定量的问题的研究。

（二）定量研究

社会现象不仅具有质的规定性，还有量的规定性。有些社会调查研究是要直接说明事物是什么，而有的社会调查研究则要说明事物有多少，通过量的研究来了解事物的性质，或者通过量的分析了解某一社会现象各要素之间量的关系，说明其发展规律。定量研究就是运用概率、统计原理对社会现象的数量特征、数量关系和事物发展过程中的数量变化等方面进行的研究。

在收集资料方面，定量研究强调如果不能进行普查，则应当运用抽样技术选择样本；在对样本进行调查研究时，定量研究必须有一定结构，能对调查过程、调查方法和调查技术实施严格控制，对调查结果能够进行量化。

定量研究具有科学性、客观性的特点，调查结果更为细化。但有些社会现象或问题无法进行定量研究，有些社会现象也只能进行粗略的定量研究，精确程度不高，而且任何社会调查研究说到底，都会或多或少地涉及社会事实的性质及规律，因此，定性研究与定量研究往往分不开。一些社会调查研究就是从定性出发，经过量化过程，再返回到定性。定性研究与定量研究相结合，有助于我们更加深入、准确地认识社会现象和社会事物。

四、普查、抽样调查和个案调查

社会调查研究依调查对象的范围，可分为全面调查和非全面调查两大类。全面调查即普查。非全面调查则分为抽样调查和个案调查两类。

（一）普查

普查是普遍调查或全面调查的简称，是指对研究对象的全体进行无一例外的逐个调查。它是最全面、最准确的调查类型，其目的是把握某一时期、一定范围内的社会现象的总体情况。普查一般适用于宏观调查，如国情、国力调查，或某一行业部门的全面调查，通过对所有相关对象逐个进行调查，为政府部门决策提供依据。

普查又分为一次性普查和常规性普查（经常性普查）。例如，我国于1953年、1964年、1982年、1990年、2000年、2010年分别进行的六次全国人口普查和中国音乐研究所于1960年对湖南民间音乐的普查就属于一次性普查；国家统计局系统的经常性统计则属于常规性普查。

普查涉及范围广、对象多，具有时间性强、调查全面的特点。普查资料的标准化程度很高，易于统计汇总和分类比较。调查结论概括性高，具有普遍性，能够较精确地反映总体的基本情况、一般特征和性质。但普查往往是对调查对象最一般、最基本的描述，调查内容较缺乏深度。此外，普查规模大，人力、物力、财力消耗巨大。所以，除国家统计部门和政府其他机构外，一般的社会调查研究很少采用普查的方法。

（二）抽样调查

20世纪初期，抽样方法逐渐发展起来，与问卷法、统计分析结合在一起，形成抽样调查，成为现代社会调查研究的主要标志。抽样调查是非全面调查的一种，是从调查对象的总体中，按照一定的方式选出一部分个体作为样本，通过对样本的调查来推论总体状况，也就是用部分反映整体。例如，要对全国大学生的恋爱观进行了解，由于客观条件所限，不可能对全国的每一名大学生都进行调查，研究者只需从全国的大学生中，随机抽取一部分人或主观选取有代表性的一些人进行调查即可。抽样调查分为概率和非概率两大类，前者是客观抽样，后者是主观抽样。在我国社会实践中，调查者常常使用一种重点调查的方式，即在调查对象的全部单位中选择一部分所谓的重点单位进行调查。例如，调查我国轿车工业某方面状况，就可以一汽、二汽、上汽、长安汽车、广本等大型企业为调查对象。我国许多学者把重点调查同普查、抽样调查和个案调查并列，作为一种独特的社会调查研究类型。但严格来说，尽管重点调查的对象是客观形成的重点单位，可它们毕竟是从调查对象的总体中主观选取的若干个体，所以重点调查实际上是非概率抽样调查的一种特殊形式。

与普查相比，抽样调查具有以下优点：

第一，人力、物力、财力花费少于普查。抽样调查的样本量远远少于普查，相应地工作量就小得多，投入的人力、物力、财力就会减少。

第二，应用范围较广。普查一般用于宏观调查，而且局限在统计部门和政府部门，而抽样调查的适用范围就广泛得多，社会各个领域的课题研究都能够方便、灵活地使用抽样调查。一些易损易耗的产品质量调查，产品经过检验后，就会失去原有的形态和功能，所以不可能对所有产品都进行检查。而抽样调查的方法就可以解决这一问题，如检查灯泡的寿命，只需随机抽取一部分灯泡进行检测，即可推论出总体情况。

第三，时间短，但准确性也有保证。抽样调查较普查可以较为迅速地获得数据资料，调查准备、调查实施、资料输入、资料分析花费的时间都较少，能够迅速提供相关信息。一般来讲，普查对每一个个体都进行调查，所反映的状况最为准确，而抽样调查难免会存在一定的抽样误差。但调查者经过科学选取样本、科学收集资料和科学统计分析，完全可以将抽样误差控制在允许的范围内，调查结果也能做到准确、可靠。

第四，调查项目多，收集信息丰富。普查由于规模宏大，涉及的调查项目有限，又多为一般性的，因此收集到的信息比较少，也不够深入。例如，第一次人口普查仅有 6 个调查项目，即使第四次人口普查也只有 23 个项目。抽样调查可以突破这一局限性，在调查项目设计上，可以设计的多一些、面广一些，问题内容也不仅仅是一些客观资料的统计，可以有关于人们行为、态度、意见方面的内容，有利于获得更好地分析结果，起到较好的指导作用。

但是，抽样调查也有一定的局限性：

第一，对于调查总体尚不清楚、不明晰的调查对象，如正在形成中的新生事物，以及各种隐秘社会现象（如贪污、吸毒、赌博、卖淫等），就很难进行抽样调查。

第二，同个案调查比较，抽样调查的样本单位一般较多，往往会影响调查的深度，因此用于定量研究非常适宜，用于定性研究则要非常慎重，一般只有在抽样问卷的基础上，再用其他调查方法获取必要的资料，经过深入分析研究后，才能做出较为准确的定性结论。

第三，抽样调查常用的统计分析需要一定的数学知识和计算机使用能力。这就使得在这些方面有所欠缺的调查者，很难使用这种调查类型。

（三）个案调查

个案一词源于医学和心理学研究，即具体的一份病例和案例。医学中的个案研究是指对病例中的案主做详尽的临床检查，判明病理，分析病因，并提出治疗方案。社会调查研究借助这一技术，从研究对象中选取一个或几个个体（如某个个人、家庭、物品、群体、组织等）进行深入、细致的调查，形成社会调查研究中的个案调查类型。其调查目的不是描述调查对象大量样本或总体的特征，而是仅针对具体调查对象个体进行研究，以了解其特征。

个案调查是一种定性研究方法，调查方式多样化，多采用访谈、观察等方式。个案调查的对象少，调查者与调查对象可以进行深入的接触，对于调查对象的历史、现状、社会文化背景、内部关系等可以进行综合的、分层次的了解，得到的资料丰富、生动、细致，因此适用于对事件、人物和个别问题的深入研究。时下很多新闻媒体针对某个社会热点、焦点问题的深度报道就可以视为一种个案研究。

学者普遍认为，个案不能说明总体情况，个案调查的结果不能直接用来推论总体。因为总体的特征，是扬弃个体之间的差异和聚集个体之间的共同点的结果，所以只有综合许多个案调查的结果，才能反映总体的特征。这种观点毫无疑问是正确的。但是，不能将之绝对化。由于任何个案之中都包含着一定的总体的本质因素，含量越高，对总体的代表性就越强。因此，如果个案调查所选择的对象的特征与总体极为相似，也不能否定其说明总体的可能。例如，马克思的《资本论》主要通过对当时资本主义的"领头羊"——英国的大量调查研究，揭示出资本主义的本质特征和规律，可以说就是用个体说明总体。再如，我国在革命和建设的过程中，长期使用着一种通过个案说明总体性质的调查方式，并赋予它一个特殊称谓，即典型调查。它是在对调查对象进行初步分析的基础上，有意识地选择一个或几个具有代表性的典型单位，作深入、细致的调查研究，以认识调查对象的总体状况。毛泽东同志形象地称其为"解剖麻雀"，认为它是通过个别认识一般的行之有效的方式。人们经常通过对先进典型的调查研究，说明事物的前进方向和发展规律；通过对中间典型的调查研究，反映事物的普遍特征；通过对后进典型的调查研究，指出事物的缺陷，总结其中的教训[①]。

然而必须强调指出，上述通过个案调查说明总体特征的成功案例不仅稀少，而且必须具备一个前提：只有在事先就对总体状况有足够了解，才能够发现与总体同质性极强的个案，才可能达到这一目的。马克思的成功在于对全世界各资本主义国家的多年深入研究，毛泽东同志的成功在于对中国国情的整体把握。这种对社会总体的认识高度实际上极难企及。社会

---

① 目前，我国许多学者把典型调查作为与个案调查并列的另一种单独的调查类型。这种观点其实是不恰当的。因为从中外社会调查研究的实践看，绝大多数个案调查既不是信手拈来，也不是无的放矢，而都是在对调查对象整体情况有一定了解的基础上，选择特定的、具有一定的典型性的个案进行调查研究，所以实际上所谓典型调查就是个案调查。把典型调查拔高成独立的调查类型，既不符合国际上的通说，也完全多此一举。

事物的多姿多彩、错综复杂，决定了人们很难发现能充分代表总体的个体。特别是我国，地域辽阔，民族众多，各地政治、经济、文化的背景差异很大，发展很不平衡，就更难形成真正有代表性的典型。况且，即使客观存在这种典型，调查者能否发现它们，也是个问题。因为它不仅要求调查者必须对总体的情况有全面、深入的了解，而且要求调查者必须具备很好的辩证唯物主义理论修养和深厚的专业知识水平，而这一点也是很难做到的。个案调查的主观性相当强，其调查对象是人们事先根据自己的判断挑选出来的，其主观意志势必掺入其中。调查者的立场、观点不同，选择的个案也不同；对事物的认识程度不同，选择的个案对总体的代表性也不同。因此，用以直接推论总体性质的个案调查的客观真实性往往得不到保证。所以，一般情况下，尽量不要试图用个案调查的结论推论总体特征。如果确需如此，那么在选取典型前，一定要对有关事物和现象有较全面和相当深入的了解，通过综合分析，反复对比研究，从总体中选出最具代表性的个体。在选择时，必须实事求是，保证典型的真实性和客观性，绝不能先入为主，人为地树立"典型"。

以上从不同的角度介绍了社会调查研究的不同类型。在实际的社会调查研究中，调查者往往不是单纯地应用某一种类型，而是几种类型的综合，可能既有描述性，又具解释性；既有定性研究，又有定量研究。这都需要调查者根据自己的调查目的和调查内容，做出适当的选择。普查、抽样调查和个案调查的比较如表 1－1 所示。

表 1－1　普查、抽样调查和个案调查比较表

类型	能否对总体进行定性判断	能否对总体进行定量判断	对调查对象研究是否深入	调查所需人力、物力、财力、时间	适用度
普查	能	能	不深入	非常多	不强
抽样调查	能	能	较深入	较多	强
个案调查	有限	不能	深入	较少	较强

第三节　社会调查研究的程序和原则

社会调查研究作为一种科学而系统的认识活动，需要采用符合人类认识与思维规律的、具有严密逻辑结构的特有程序。同时，为了系统地、正确地认识客观事物并揭示其运动的规律，寻求正确的工作对策和工作方法，调查者在社会调查研究中还必须遵循一定的原则。

一、社会调查研究的一般程序

一般而言，社会调查研究可以分为四个阶段，即准备阶段、调查阶段、分析阶段与总结阶段。

（一）准备阶段

准备阶段，也称为设计阶段，包括三方面工作：确定课题；设计调查方案；具体准备。

确定课题是社会调查研究的第一步，是整个活动的起点，决定了整个活动的方向与目标。题目的确定直接影响到社会调查研究的质量优劣。所以，调查者应高度重视这一工作。

要确定调查研究课题，主要应做好以下三方面的工作：一是依据社会实践的需要和主客观条件，从大量的社会现象、社会事物中恰当地选择出有社会价值、有现实意义、有可操作性的课题；二是进行探索性研究，确定并具体化已选择的课题，明确调查的目的、对象、范围、内容，以及选取调查对象的样本的方法（如果是抽样调查）；三是在探索性研究的基础上，提出研究概念、命题和假设，并对其操作化，使之成为可测量的具体的社会指标。

以上工作完成后，即应设计调查方案，将已明确的调查的目的、对象、范围、内容、指标、方式、方法、时间、组织与领导、人财物保证等，并书面记录下来。

最后，还要做一些具体准备工作。一是调查队伍的组织，包括调查人员的选择、组织、培训；二是工具方面的准备，如使用问卷法时信息收集的工具——问卷的准备，使用测量法时量表的准备，使用访谈法时记录纸或录音设备的准备等；三是抽取调查对象的样本（如果是抽样调查）。

好的开始是成功的一半。准备阶段的工作做得深入、扎实，不仅可以保证社会调查研究具有理论和现实意义，而且可以避免人力、物力、财力和时间的浪费，更好地达到社会调查研究的目的。

（二）调查阶段

调查阶段是社会调查研究方案的执行阶段，主要是按照调查研究方案中所确立的调查计划、调查方式及方法进行资料的收集，具体贯彻调查设计。不同调查方法的调查过程不同，调查的结果也会因客观条件的不同而有较大差异，但无论如何，调查者都需要注意以下几点：一是要注意协调好与被调查单位的关系，尽量减少对他们的影响，并争取得到他们的支持与配合；二是注意与调查对象的关系，在调查对象自愿参加的基础上，以不会对他们造成伤害为前提，充分尊重他们的隐私，尽可能取得被调查对象的信任，获得真实可靠的第一手资料；三是要认真做好观察、访问的记录，把握问题的脉络，将收集的资料及时整理，做到边收集边审核分类，并使其系统化。

由于事物的复杂性和现实社会的变化，调查设计往往与社会现实存在着差距，这就需要调查者能够发挥灵活性与主动性，根据实际情况及时进行修正。调查阶段是人力、物力投入最多的阶段，也是遇到实际问题最多的阶段，应加强对调查工作的管理与合理安排，争取以最少的人力、物力和最短的时间，获得最大的成效。

（三）分析阶段

分析阶段也称研究阶段，这一阶段是指在实地调查完成后，调查者对所收集的资料进行整理和分析的过程。正如棉花被采集后要经过多道加工程序，才能转换成服装一样，社会调查所收集的资料只有经过必要的加工和处理，才能成为最终的科学的结论。

对所收集资料的整理，主要是对文字与数字资料进行去粗取精、去伪存真的审核，从而保证资料的有效性；对资料进行汇总、分类（分组）、汇编或制作统计图表，使之条理化、系统化，为分析研究做准备。对于资料的分析，主要是运用一定的原理和方法，解析调查资料所反映的社会现象的性质或者数量关系，并进一步做出理论的分析与概括，探讨事物的本质和发展规律，得出调查研究的结论。研究阶段是社会调查研究由感性认识到理性认识的阶段，其结果应能解答实际中的问题，为实践提供理论依据。

（四）总结阶段

总结阶段是社会调查的最后阶段，这一阶段的任务主要是总结调查工作、评估调查结果和撰写调查报告。总结调查工作，包括总结此次工作的优缺点，经验教训，为以后的工作提供正反两方面的指导。评估社会调查的结果，不仅要从学术层面来反映，还要分析调查的社会价值。从学术方面来看，应当主要论述社会调查所提供的资料，数据分析使用的方法、理论观点，并做出客观的评价。从调查的社会价值方面，要以调查结论对实际工作的指导作用为核心，对社会调查结论的采用率、转引率做出客观的评估。调查报告是以文字、图表等形式系统、集中、规范地反映调查情况，体现出社会调查研究的结果，即对社会领域中的某一理论问题或应用问题表明认识、进行解答、提出解决问题的对策。除了一些特大型的社会调查研究，一般的调查研究常常不做专门的总结工作，撰写并提交调查报告即为总结。

社会调查的四个阶段是由实践到认识，再由认识到实践的全过程。这一科学的程序，既符合客观事物发展的规律，又符合人们的认识规律，是一个严密的整体，缺一不可。

二、社会调查研究的基本原则

社会调查研究必须遵循的原则概括起来主要有客观性原则、科学性原则、系统性原则、理论与实践相结合原则、伦理道德原则。

（一）客观性原则

客观性原则是指在社会调查中，资料的收集、分析以及结论的得出都应排除研究者的主观因素的干扰。正如马克思所说："我们想把我们的全部叙述都建立在事实的基础上，并且竭力做到只是概括地表明这些事实"①。社会科学的研究不像自然科学那样容易找到衡量事物正误的统一标准,人们对统一事物的判断往往因价值标准的不同而不同,不同的人可以选择不同的对象进行调查,甚至不同的人选择同一对象进行调查,其结论也可能会是不同的甚至相反的,这种不同有时很难区分对与错,只能说掺入个人主观成分越少的社会调查研究得出的结论越客观,其可信度也越高,指导实践的价值也越大。所以,研究者应当做到从事实出发,坚持唯物主义实事求是的态度,而不能从虚构的事实、抽象的定义、主观的愿望出发;在调查研究中,应保持"价值中立",客观地观察,客观地研究,客观地得出结论。特别要注意坚持独立思考,排除一切脱离实际的外来观念(哪怕是权威人士观点的干扰),以免出现对研究客体的歪曲。具体来讲,在调查研究中坚持客观性原则,应当做到:

第一,从具体情况出发。从宏观层次上讲,就是从我国基本国情出发;从微观层次上讲,就是从每一个个体的具体情况出发。"情况"是客观存在的,不会因人而异,要做到不"唯上"、不"唯书"、不"唯众"、不"唯己",只"唯实"。研究者不能根据自己的好恶去看待社会现象,也不能根据自己的某种目的需要去调查社会现象,更不能捏造事实,或者是根据研究者的某些想象,来描述所谓的事实。

第二,事物是运动变化的,研究者应注意观察,认识事物的差别和变化,把握事物所处的具体时间、空间和其他条件,及时调整调查设计,在调查中将事物的发展变化反映出来。

第三,具体问题具体分析。研究者应当注意研究和认识社会现象的特殊性,采取不同的形式解决不同的问题,不能"一刀切"。

(二)科学性原则

科学性原则是指研究及其结论的实证性和逻辑性,科学就是建立在系统的经验观察和正确的逻辑推理之上的。科学结论所依据的事实应当是全面的,具有内在逻辑联系的,而不应当是偶然的或个别的,所以要求社会调查研究必须借助各种自然科学和社会科学的有关研究成果建立起规律性的体系,应当做到:不能凭空臆造研究成果,要用数据、资料说话;调查的资料必须能够有效地说明调查者所要说明的观点,而不是以局部的、零散的材料去说明整体情况;调查结论与调查资料之间要有严密的逻辑性,调查所得出的观点要自然地从调查资料中推导出,而不能前后矛盾;客观事实只有一个,结论也应当是可信的、唯一的,即在特定的时间、空间对同一调查对象进行调查时,结论是相同的。

具体来讲,怎样才能将科学性原则贯彻到具体的社会调查中呢?

第一,如果社会调查的范围较大,调查对象的差异较大,又要对总体做出认知,调查者就必须采取全面调查或抽样调查的方法。如若采取抽样调查的方法,必须严格地按照科学的原则抽取样本。

---

① 马克思,恩格斯. 马克思恩格斯全集:第1卷. 中共中央马克思恩格斯列宁斯大林著作编译局,编译. 北京:人民出版社,1995.

第二，如果用个案材料来说明观点，要考虑个案材料在总体中的代表性，在对调查资料论证时，必须说明选择这样的个案材料而不选择其他材料的原因。

第三，如果用数据资料可以说明观点时，要考虑尽量采用定量研究。运用定量研究时，最好结合定性研究，经过定量分析，能够探寻社会现象与社会事物的性质与规律。

（三）系统性原则

系统是指由互相联系、互相作用的若干要素按一定方式组合而成、具有特定功能的有机整体。整体由要素构成，每个要素各有其特殊本质，构成系统的复杂性。要素既影响整体的性质，又受到整体性质的影响。现代哲学的研究证明，系统性是任何事物存在的必然特性，但是它的形式在不同条件下又丰富多彩，呈现出多种状态。系统作为事物存在的普遍方式，要求人们在认识社会的时候，要从系统的角度出发，适应对象的特点。社会调查研究在坚持客观性和科学性原则的基础上，也要适应社会现象具有的系统性、整体性的特点，贯彻系统性原则，把调查对象放在一个系统、一个整体中去分析了解其内在规律和本质。具体来讲，在调查研究中坚持系统性原则，应当循着"要素→结构→整体特性→外部环境→发展变化"的线索进行社会调查，以得出全面、系统的研究结果。应当做到：

第一，在社会调查中贯彻系统性原则，首先要研究系统的结构要素。系统是由要素组成的，离开要素系统就无从谈起。这是认识社会现象的基础与起点。

第二，要素在系统中不是杂乱无章地排列的，是按照一定的排列组合方式组成的，即具有结构性。系统的性质与特征不仅受到要素性质的影响，要素间的结构同样起着关键作用，同样的要素会因结构的不同，组成不同性质的系统。因此，在社会调查中对结构的认识，是其中心环节。

第三，要注重系统的整体性。除了构成要素及其结构外，系统的总体联系、总体控制与协调决定着系统的整体性与整体功能。社会调查中，不论是对研究对象的要素或是它们之间的联系，还是对研究对象的功能和内在机制的考察，都不能抛开研究对象整体这一基本点。从确定调查课题、选择调查方案、收集资料，直到研究分析、得出结论，都应从系统整体性出发。

第四，要注重研究系统的外部环境。任何系统都不是孤立、封闭的，而是与外界环境有着密切联系，只有与外界不断进行物质、能量、信息的交换，才能保持自身的平衡与稳定。社会调查既要了解系统的内部运行环节，也要把握系统与外部环境平衡的机制，探寻系统与外部环境之间的关系。

第五，事物是发展变化的，社会调查中要把系统作为一个发展的动态过程来看，并且注意其层次性和顺序，从事物发展的层次与顺序中认识社会现象的本质及发展规律。

（四）理论与实践相结合原则

社会调查研究的过程就是理论与实践相结合的过程，实践的需要提出了社会调查的任务，促使人们去进行社会调查，调查所形成的理论又需要放到实践中去检验，并指导实践。

只有理论与实践相互结合的社会调查，才能真正达到发现事物本质、正确预测和提出对策的目的。

社会调查研究中的理论与实践相统一，是指在科学理论指导下对实践的认知，以及在此基础上进行的理论抽象过程。社会调查研究不只是单纯的、割裂的实践或研究，在调查研究的过程中，诸如资料的收集、统计、分析过程都需要理论的指导，缺少了理论的指导，调查研究会变得杂乱无序，没有意义；同样，缺少实践或经不起实践检验的理论只是僵死的、无生命力的教条，只能被束之高阁，毫无意义。

具体而言，在社会调查研究中坚持理论与实践相结合的原则，必须防止只重现象或只重理论这两种倾向。有的社会调查报告中有着大量的数据和事例，但缺少分析，达不到认识事物本质的目的；有的则只注重引经据典，用理论抽象地进行议论，而忽视事物的实际情况。这些都不是科学的社会调查。

此外，还要注意的是，社会调查研究的理论与实践的统一不是在静止状态中，而是在动态中实现的。实践是一个生动发展、永无止境的过程。与蓬勃向前的实践相适应，理论也必须不断从实践中总结新经验，提炼新观点，开拓新境界。社会调查研究正是在这个过程中不断发展、不断完善，显示其旺盛生命力的。

（五）伦理道德原则

伦理道德原则是社会调查研究中非常重要而又经常被很多研究者忽略的原则。所谓伦理（ethics）通常和道德（morality）通用，其定义依《韦氏新世界辞典》（*Webster's New World Dictionary*）所说，就是"与特定职业或群体相一致的行为标准"。社会中的任何一个职业都有其特有的、从业者必须遵循的伦理道德原则，社会调查研究也不例外。社会调查需要涉及调查者与被调查者之间的商谈与交往，有些调查课题本身就存在涉及人身性的问题，有时还会和其他社会活动的基本原则有冲突，社会调查研究的伦理道德规则往往就是从这些矛盾性中产生的。伦理道德原则的贯彻，不仅可以使被调查者的人格尊严得到尊重，还能使调查更加人性化，达到更好的调查效果。社会调查研究的伦理道德原则主要体现在以下方面：

1. 调查者与被调查者的关系

调查者与调查对象是社会调查中的两个主角，调查对象在两者关系中往往扮演被动角色，面对调查者已做好充分准备的调查，二者的关系是不平衡的。在社会调查中，会涉及调查对象是否自愿接受调查，以及接受调查是否会受到伤害的问题。所以，调查者要做到以下几点：

第一，调查对象自愿参与。社会调查经常要介入个人生活，有时某些问题还会涉及被调查者的隐私，所以调查对象经常会拒绝参与。对此，调查者应尽可能从正面说服调查对象接受调查。有些调查者想出多种让调查对象不得不参与的办法，如某教师为完成自己论文中的某项数据统计，以完成调查问卷为条件发放自己所授课程的期末考试资料，致使学生不得不去完成调查。再如，在某些实验观察中，要测试调查对象到底要到何种程度才会放弃自己原来的看法，而去接受他人的观点，调查者故意隐瞒自己的身份，混入其中扮演误导者的角色。上述情景中，调查者从调查对象那里可以获得较为真实的数据材料，但该类做法同时又有违调查对象自愿参与的伦理道德原则，应尽量避免。

第二，不伤害参与者。无论调查对象是否自愿参加社会调查，调查的过程、调查的结果都不能对他们造成伤害。在社会调查中，尊重调查对象的人格尊严是极为重要的。有些调查主题本身就是关于调查对象隐私方面的，如夫妻性生活方面的问题、个人婚外恋的经历等，不侵害调查对象的人格就要为调查对象保守秘密，不公开调查结果。不仅如此，更重要的是在社会调查的过程中要体现出人性化关怀。例如，在进行访谈时，为避免被访者回忆自己亲历感情受到的伤害而引起不愉快的心理感受，访问者可采用迂回的方法，从其他问题入手，逐渐引导被访者切入主题；在问卷调查中，多采用匿名制和自主答卷的方法，等等，以便将对调查对象的伤害彻底消除或控制在最小程度。

2. 调查者本身的职业操守

调查者本身应当具备一些必备的素质，除高度的敬业精神，高度的社会责任感，坚持理性、客观、实证的精神，掌握高超的调查研究技术之外，还必须注重提高自己的诚实、守信、关心他人、与人为善等道德修养。这种素质的训练是一个长期的过程，是一个从理论到实践的过程，是一个贯穿调查过程始终的过程。只有具备了高水准的职业道德，才能提高调查研究的质量。

▣ 本章小结

社会调查研究是一个由系统的理论和方法组成的完整的知识体系，其主要内容包括社会调查研究的基本理论和基本方法、基本类型、基本程序和基本原则等。

社会调查研究的基本理论是指社会调查研究的指导思想和有关社会调查研究对象、目的、方法的一般概念、一般原理、基本原则和公式等。这些基本理论贯穿于任何一个具体的社会调查研究全过程之中。它们的基础有二，即哲学原理和具体科学原理。

社会调查研究的基本方法是指认识方法之外的具体操作方法，其中包括：课题确定的方法；明确调查研究具体目的、对象、内容、类型的方法；调查研究方案设计和条件准备的方法；抽样的方法；各种收集资料的方法；调查资料整理、分析的方法；撰写调查报告的方法，等等。

根据不同的要素（目的、时序、范围、性质等），社会调查研究可以分为不同的类型。按照目的，可分为描述型研究和解释型研究；依时序，可分为横剖研究与纵贯研究；依调查的性质，可分为定性研究和定量研究；依调查对象的范围，可分为全面调查和非全面调查两大类，全面调查即普查，非全面调查则分为抽样调查和个案调查两类。不同类型的社会调查研究在调查方式、方法、适用范围上具有不同的特点。

一般而言，社会调查研究可以分为四个阶段，即准备阶段、调查阶段、分析阶段与总结阶段，各阶段都有其具体工作内容。

社会调查研究有一些必须遵循的原则，概括起来主要有客观性原则、科学性原则、系统性原则、理论与实践相结合原则、伦理道德原则。

以上内容对全书起着提纲挈领的作用，掌握了它们，在其后的学习中就可以事半功倍。

思考题

1. 社会调查研究理论的基础是什么？
2. 社会调查研究的基本方法涉及哪些方面？其核心内容是什么？
3. 社会调查研究分为哪几类？各有何种功能及特点？
4. 请简述社会调查研究的基本程序及其内容。
5. 怎样理解社会调查研究中的基本原则？

第二编

前期准备

第二章　前期工作

本章提要

社会调查研究前期工作即社会调查研究准备阶段的工作，包括选择、确定课题，提出概念、命题、假设，对概念操作化和确定测量方法，进行探索性研究，制定调查研究方案，抽取调查样本，以及人、财、物方面的准备等。做好这些工作，对完成社会调查研究意义重大。在这一阶段须解决"研究什么""为什么研究"和具体设想"怎样实现"等问题。本章将帮助学习者建立起对社会调查研究前期各项工作的基本认识，了解它们的一般性内容和操作方法，以利于在现实工作中掌握和运用。

学习要求

1. 了解：社会调查研究准备阶段的工作内容；方案设计可行性研究的方法；明确方案设计中应该注意的问题。

2. 掌握：课题选择的原则和方法；概念、变量、命题、假设的定义与类型；探索性研究的目的与方法；调查研究方案的主要内容。

社会调查研究的前期工作即准备阶段需要做的各项工作，包括选择和确定调查研究课题，提出概念、命题、假设，对概念操作化和确定测量方法，进行探索性研究，制定调查研究方案，抽取调查样本，以及人、财、物方面的准备等内容，在社会调查研究中具有重要的意义。

第一节　调查研究课题的选择

课题的选择是社会调查研究的出发点，决定着调查研究的目标和方向。好的选题，是调查研究成功的首要条件。爱因斯坦说："提出一个问题，往往比解决一个问题更重要。因为解决问题也许仅是数学或者是实际上的技能而已。而提出新的问题、新的可能性，从新的角度去看旧的问题，却需要有创造性的想象力，而且标志着科学的真正进步。"①

社会调查研究课题的产生，或由上级部门指定，或由委托单位提出，或由调查者根据其兴趣自选，但无论出自何方，都必须根据理论和实际的需要以及现实可行性而定。

一、理论意义

从理论的角度看，课题应有助于促进当前理论和科学的发展，最好是学科核心领域的前沿性专题和公认的重大理论问题。学科基础研究、发展研究和应用研究的新课题、热门课题、空白课题、有争议的疑难问题等，也都具有一定的理论意义和研究价值。其中要特别注意能够提出创造性、启发性、独特性的新思想。具体来说，我们可以从这样几个角度来考虑：提出新的创造性理论；重新验证已被证明的理论的正确性；对某一理论作补充论证；证明某一理论的新的适用性；质疑、否定或部分否定原有理论；对社会实践进行理论上的总结和解答，等等。

二、实用价值

社会调查研究不可能也不应该脱离实践，必须以现实社会生活为素材和活动空间。因此，调查研究课题要紧密结合社会发展的客观需要，能够解决社会实际问题，对社会实践有较大的促进作用，或者对社会长期可持续发展能够产生一定影响。诸如制定政策，了解事物的基本状况、存在的问题及发展趋势，制定规划和计划，对工作进行总结和评价等，都可以作为调查研究的课题。

课题最好与当前社会发展和变化中出现的重大问题或关注热点相关，即重点考虑时代要求解决的实际问题。比如，随着我国经济、政治、文化体制改革的深入，不断出现许多新的社会问题，这就要求社会调查研究的课题能够具有前瞻性或敏感性，增加人们对现实世界的认识，帮助人们了解、熟悉、理解和掌握不断变化中的各种新现象、新问题及其发展规律。这样的调查研究课题不仅有较大实用价值，而且容易得到人们的支持和有关机构的重视。但也要切忌盲目追逐社会热点，以那些社会上虽然炒得很热、但没有任何理论和实际价值的问题作为自己的研究切入点和研究视角。

有些问题虽然不是现实问题，却能适应当前人们的某种迫切需求，也是有实用价值的课题。例如，关于某些历史问题的调查研究，能够满足科研人员的需要，也应进入我们的视野。

---

① 爱因斯坦，英费尔德. 物理学的进化. 周肇威，译. 上海：上海科学技术出版社，1962：66.

三、可行性

一是要选择调查研究可以解答的课题。例如，"住房以多大面积最好？"这样的问题涉及主观的价值判断，无法对它作客观检验，通常由哲学思辨和社会权威来解答，调查研究无法做出科学回答，就不能作为社会调查研究的课题。

二是要根据调查研究者的主客观条件来选题。在客观条件方面，诸如调查对象的选择、研究经费和物资、时间协调、资料提供、人员配合、被访者协作等，应考虑能否获取比较可靠的保证，能否得到社会和有关部门的重视和支持，调查的范围和内容是否适当等。在主观条件方面，应考虑调查研究力量是否足够，调查研究者的生活经历、知识结构、理论水平、研究经验、组织能力、精力、兴趣、时间、可用资源，甚至语言、性别等各方面条件如何，有无想象力、创造力以及对感兴趣的领域的酷爱和献身精神等。总之，调查研究课题应根据调查研究者的现实力量、各方面条件的成熟程度、社会配合、社会环境等种种因素来确定。对于理论基础和实践经验有所欠缺的调查研究者来说，选题应与调查研究者过去的生活环境、社会阅历、所学专业等相符，以便能够恰如其分地发挥其作用。选题还应该考虑先从简单、具体开始，以小见大，"小题大做""小题深做"，以后再逐步扩大和深入。

在选题时，最好能够有专家指导，尽量使课题向导师和所在单位的研究强项靠拢，以便从学术积累、研究成果、文献资料、相关理论和研究方法经验等方面为调查研究者提供更好的条件。

第二节 概念、命题、假设的提出

完成了课题的选择，只是明确了社会调查研究的基本方向。课题要能够真正成立，还要完成理论的构建，也就是需要有一系列观点的支持。这些观点具体由概念和变量、命题和假设等理论要素联系而成。

一、概念和变量

（一）概念

概念是反映事物的本质属性的思维形式，也就是类似事物或现象的属性在人们主观上的反映。人们在社会实践中，从某类事物或现象中概括出共同的本质属性，对这种共同属性的表述就是概念。例如，人们常用"粮食"的概念，但它并不是特指某一品种的具体特点，而是指从小麦、水稻、谷子、高粱等所有品种中抽象出的共同属性。

社会调查研究中的概念一般包括三个部分：定义、内容、状况。概念的定义也称为内涵，是对某种社会事物特征和本质属性的表述。概念的内容和状况也称为外延，内容是指具有概念所反映的本质属性的一切对象，状况则是表明概念所包含的所有对象的发展程度。这三个部分，或者说概念的内涵与外延互相联系，不可分割，构成了完整的概念体系。例如，关于我国民办高校发展的现状这一调查研究课题，其中主要概念是"民办高校"，所以，首先必须清楚"民办高校"的定义是指"民间社会力量举办的高等教育院校"，不能把民办高校与公办高校混淆在一起；然后要明确"民办高校"这个概念所包括的内容，如投资规模、教学设施、图书资料、师资、教学管理、教学质量等；还要知道民办高校的发展程度，如学校数量、在校生人数等。

各类问题都有自己的概念体系，包括核心概念和一般概念，后者服务于前者，受前者制约。社会调查研究的课题一般就是核心概念，具体的理论观点则是支持它的一般概念。

无论是核心概念还是一般概念，都可划分为具体概念和抽象概念两种。具体概念也叫实体概念，是指可直接观察到的事物，如工厂、农村、儿童、游行、战争、音像、报刊等。抽象概念也叫非实体概念，是指无法直接观察到的事物，如素质、文化、意识、动机、社会关系、社会地位、教育水平等。这些具体概念和抽象概念，就构成了每一个社会调查研究的理论支撑的基础。

（二）变量

变量一词来自于数学，本指不固定的值、可改变的数。人们将其引申到社会调查研究之中，另行定义为说明社会事物或现象某种特征的概念。所以，变量可以说是概念的另一种称谓。

社会调查研究所涉及的大多数概念都是变量。但并不是所有的概念都是变量，只有可变动的概念才能称作变量。例如，"中国"这一概念的内涵和外延都是唯一的、不可改变的，就不是变量；而"中国人""中国经济"包含许多可变因素，则属于变量。

变量常常用数值表现，表现变量的数值即变量值。例如，某一机关干部人数为800人，另一机关干部人数为1 000人，其中干部人数这个概念是一个变量，800人或1 000人，则是变量值。社会调查研究中所运用的变量值与数学中的变量值有所不同，它可以是对某些非数字化内容的人为取值，如对银行降息的态度有赞成、反对、说不好等三种态度，即三个变量，因统计需要，人们分别赋以它们数字1、2、3，即为三个变量值。

如同概念中一个大概念可以包括若干不同层次的小概念一样，一个大的、复杂的变量也包括若干不同层次、不同方面的小变量和变量值。具体到社会调查研究，它所面对的每一个复杂的社会现象都可以说是一个大的变量，而其中所包括的多层次、多方面内容则是许多不同的小的变量。

变量反映了概念的可变性，说明了社会现象在规模、质量、重量、速度等方面的变化状况和程度差异，具有明确性和可观测性。社会调查研究需要定量化地精确描述社会现象和事物的状况，变量和变量值就是定量研究中必须使用的重要概念。

1. 变量类型

社会调查研究经常涉及的变量有以下类型：

（1）离散变量、连续变量。

离散变量是按一定标准把事物分为两类或多类，各个类别只反映质的区别，而不反映量的差异。其中只能在两种状态中变动的变量也叫二分变量，如生死、婚否、有无工作、是否成年等。可以在两种以上状态中变动的变量则叫多元变量，如国籍、宗教、企业性质等。

连续变量是指用一组数值直接表示出同一类事物的量的变化，如学历、智商、年龄、成绩等。连续变量不反映事物质的变化。

（2）自变量、因变量、中间变量。

自变量是指能够影响其他变量，又不受外界因素的影响而自身产生变化的变量，如"性别""年龄"等。这类变量，通常反映的是事物的基本自然状况。因变量是指不能影响其他变量，而又受外界因素影响而变化的变量。在自变量和因变量之间，存在一定的因果关系，自变量是因，因变量是果；自变量是最初变化的量，因变量是由于自变量变动而变动的量。例如，人们对于某项政策的认知程度就是一个因变量，要受到不同人的年龄、性别、职业等自变量的影响。又如，劳动生产率是一个因变量，其高低要受工人素质这一自变量的影响。不过，在社会调查研究中，自变量和因变量并不严格固定，它们往往根据调查者的研究需要而定。在观察两个变量之间的因果关系时，调查者用 A 变量来刺激 B 变量，A 变量即自变量，B 变量即因变量；调查者用 B 变量来刺激 A 变量，B 变量则成为自变量，A 变量则成为因变量。例如，在关于股份制改造对企业效益提高的作用的调查研究中，股份制改造是自变量，企业效益是因变量；而在企业效益提高呼唤股份制改造的调查研究中，企业效益成为自变量，股份制改造则成为因变量。

所谓中间变量是介于自变量和因变量中间的变量。例如，某人经常无精打采，这是一个因变量，其原因是身体不好，而身体不好又有缺乏锻炼和疾病侵袭两方面原因，身体不好在这里就是一个中间变量。

在社会调查研究中，运用自变量、因变量、中间变量这些概念，研究分析三者之间的关系，可以更好地认识事物的发展变化规律。所以，我们应当对它们有足够的重视。

（3）定类变量、定序变量、定距变量、定比变量。

定类变量、定序变量、定距变量、定比变量是对社会现象进行测量时常用的四种变量概念，其中定类变量属于定性变量，而后三种变量都属于定量变量。掌握它们，有助于社会调查研究对社会现象和事物做出更清晰的描述。

定类变量是指变量的数值即变量值只有类别属性之分，而没有大小、优劣之别。在社会调查研究中，只涉及事物类型划分的变量都属于定类变量。例如，企业职工的性别、工作性质等只说明类别不同，无大小、优劣之别，就是定类变量。

定序变量是指变量的变量值，除了有类别属性之分外，还有等级或次序的区别。凡涉及等级或次序上的区别的变量均为定序变量。例如，高校教师分为教授、副教授、讲师、助教等。再如，对某种产品质量的市场调查，可划分为优、良、中、差、劣。

定距变量是指变量的变量值，除了具有类别、次序区别之外，还有同标准化的距离的区别。在对社会现象的调查研究中，凡是可以用固定标准测量的、可以划分出距离的变量，均属于定距变量。例如，我国国家环保局制定了各种生产型企业的不同的环保标准，就是定距变量。

定比变量是指变量的变量值除具有定类、定序、定距等特征外，在变量取值中还有一个以零为最终参照系的变量。在社会调查研究中，凡是可以进行包括零在内的数字运算的变量，均属于定比变量。例如，"销售额"，本月未卖出一件产品，即为零；下月卖出若干，即在零的基础上表现出增加值，"零"便作为变量之一。

2. 变量间的相互关系

社会调查研究不仅要了解变量的类型，更重要的是了解变量间的相互关系，从而达到发现社会发展变化的规律性的目的。

变量间的相互关系是指两个或两个以上变量之间相联系的性质，主要有以下两种类型：

（1）因果关系。

因果关系是指在两个有关系的变量中，因为一个变量的变化而引起另一个变量的变化。例如，汽车尾气的排放会导致空气污染。又如，通货膨胀使人们生活水平下降。确定这种关系，应注意三点：第一，在两个变量中，只能一个是因，另一个是果，而不能互为因果。例如，我们可以说汽车尾气的排放使空气污染，却不能说空气污染使汽车尾气排放。第二，原因变量一定出现在结果变量之前。例如，先有通货膨胀，才有人们生活水平下降。第三，两者之间的变化关系是必然的，否则就不是因果关系。例如，学历高可能收入会高，但并不一定，如果是"书呆子"，没人会付他高薪。所以，学历高和收入高之间，就不是因果关系。

社会现象的因果关系十分复杂，有一因一果、一果多因、一因多果以及多因多果等，如空气污染的原因就不仅仅是汽车尾气的排放一种。在社会调查研究中，调查者应注意区别事物之间因果关系的类型，对一果多因、一因多果以及多因多果等复杂的因果关系要仔细分析，逐一明确，这样才能清楚地认识社会现象和事物发展变化的规律。

（2）相关关系。

相关关系是指变量的变化之间存在着非因果关系的一定联系和一定关系。例如，学历高和收入高之间，虽然不是因果关系，但也有一定关系，这就可以说是相关关系。再如，工人失业与企业自动化程度提高有一定关系，但它们是相关关系而不是因果关系，因为工人可以转行从事其他工作。社会调查研究运用相关这一概念，其目的是了解社会现象和事物之间关系的密切程度，从中探寻其规律性。

变量之间的相关关系从变化的方向来看，可以分为正相关与负相关；从变化的表现形式来看，可以分为直线相关和曲线相关。

当一个变量的数值发生变化时，另一个变量的数值也随之发生同方向的变化，这种相关关系是正相关，也叫直接相关。例如，随着干部素质的提高，政府的管理水平也相应提高，这就是正相关。当一个变量的数值发生变化时，另一个变量的数值随之发生反方向的变化，这种相关关系是负相关，也叫逆相关。例如，工人的劳动技能越高，产品的差错率就越低，这就是负相关。在社会调查研究中，掌握变量关系的正相关与负相关的概念，有利于了解社会现象和事物的发展方向以及趋势。

当一个变量的数值发生变动（增加或减少），另一个变量的数值随之发生大致均等的变动时，这种关系称为直线相关；当一个变量的数值发生变动，另一个变量的数值随之发生不均等的变动时，这种关系称为曲线相关。例如，学生学习成绩随着用功的程度稳步上升，用功的程度和学习成绩之间的关系近似一条直线，就是直线相关。又如，当物价上涨时，工资的增加或增加幅度往往与之不同步，在工资增加与物价上涨之间表现为一种曲线关系，这就是曲线相关。

在社会调查研究中，分清事物变量之间的关系是因果关系还是相关关系以及确定它们的类型非常关键，这不仅是认识社会现象和事物的本质和规律的前提条件，而且是制定政策、解决问题的重要依据。

二、命题与假设

（一）命题

命题是关于事物的一个或多个概念及其关系的表述，它通过这种表述，使各种社会现象和事物联系起来。社会调查研究中的命题一般就表现为观点或逻辑上的判断。社会上普遍存在的公理、定理、经验概括、假设等都属于命题。

命题可分为单变量命题、双变量命题、多变量命题三种类型。单变量命题是对一个概念的表述，直接指出社会现象和事物的性质或直接说明在一定时空范围内存在着什么社会现象或结果。例如，社会存在着贫富悬殊的现象；学校是读书育人的地方，像这类的命题就是单变量命题。双变量命题是对两个变量之间关系的表述，前述反映变量之间因果关系和相关关系的表述都是双变量命题，如沉迷网络导致身体变坏。多变量命题是对多个变量之间关系的表述，如学校教育质量提高有教学设施完善、教学手段先进、教学管理严格、图书资料增加、师资理论雄厚等多方面原因；煤矿工人死难事故的直接原因是瓦斯爆炸，深层次原因则包括管理不善、设施不全、设备老化等，这些都是一种多变量的命题。

（二）假设

在各种命题中，公理、定理、经验概括等都属于已经得到调查研究资料证实，也就是得到实践证明的命题。假设则是未经调查研究资料证实的命题。可以说，提出假设是社会调查研究的重要一环和重要任务之一。

假设通常是陈述两个社会现象和事物之间的因果关系或相关关系。例如，对于某少年犯罪案，我们在深入了解案情之前，根据一般规律，假定"犯罪原因与罪犯家庭状况有关"，这就是一个有待调查研究资料证实的相关关系假设。

假设可由理论演绎得到，或由经验观察得到。科学的假设不是纯粹主观的猜想，而是建立在对客观事实有一定了解的基础上，以一定的科学理论为指导，并且必须能够被实践证实或证伪。所以，客观性、科学性、可检验性是社会调查研究假设的基本要求。像"人可以长生不老"之类的假设，既无现实科学理论和客观经验事实的支持，又无通过实践证实或证伪的可能，就不是科学的假设。

一般来说，假设的陈述方式有下面三种：第一种是函数式：$y=f(x)$，即 y 是 x 的函数，若 x 发生变化，则 y 也随之发生变化，反之亦然。自然科学中经常使用这种形式。第二种是条件式，即"如果 A，则 B"，说明 A 和 B 是相关关系或者是因果关系，如"如果不施肥，庄稼就长不好"。第三种是差异式，即"A 和 B 有（无）差异"，如"干部和工人平均收入无差异"。社会调查研究中多使用第二种和第三种陈述方式。

假设在社会调查研究中有重要作用。第一，假设是整个调查研究方案的理论框架的主要内容之一。调查研究的各个步骤，包括调查对象、范围、内容、方法、过程等，都会涉及假设。第二，假设指引资料的收集。研究者可以根据假设有侧重地、有选择地寻找、发现、观察、记录所研究的事物，避免盲目行动和浪费资源。第三，假设通往客观真理。调查研究是通过收集资料，以客观事实检验假设，原假设可能被证实也可能被证伪，但是更多情况下是被修改、补充和完善，知识和认识将越来越接近客观真实，直到发现和发展真理。

综上所述，命题或假设不是仅仅表述了调查研究的主要观点或概念，更重要的作用在于它们是调查研究的具体出发点，决定了调查研究的方向，决定了调查研究的内容和收集资料的范围，甚至决定了资料的收集方法。所以，调查者对待命题或假设的提出，必须极为认真。

第三节　探索性研究

课题、概念（变量）、命题（假设）提出后，只是形成了社会调查研究的一个框架，对此还应当有一个确认的过程。这是因为它们的提出，往往根据的是既有的理论知识和对社会事物的初步观察与思考，所以很可能具有一定的片面性、表面性和不确定性。同时，对社会调查研究的许多其他问题也应有所考虑。为此，调查者通常要围绕它们，进行先期的试探性的初步研究，即所谓的探索性研究。

一、探索性研究的作用

进行探索性研究主要是为了解决以下问题：

第一，确定社会调查研究的课题。调查者通过探索性研究，不仅可以不断深化和细化对于最初选题的认识，而且可以对其予以必要的修正，从而最终确定社会调查研究的课题。

第二，明确社会调查研究的目的。在探索性研究中，调查者要根据课题的特点，明确究竟所要调查的是哪一种社会现象或社会事物，主要是对调查对象做客观描述，还是进行解释和探索本质和规律，或是做出预测和提出对策，等等。

第三，明确社会调查研究的对象。从总体来说的调查对象一般已由社会调查研究的课题予以明确。所以在探索性研究中，需要明确的主要就是调查单位（分析单位），即具体指出调查单位究竟是农民、工人、学生、政府官员、私营企业主或其他特定的个人，是家庭等群体，是国有企业、农村、大学、城市、国家等社会组织，是战争、游行等社会现象，还是电影、唱片、文学作品等社会产物，或者是其他任何与社会有关并可以观察的事物。

第四，明确社会调查研究的内容和范围。这可以说就是使调查研究的目的具体化，即明确究竟要解决哪些具体问题，达到哪些具体目标，这就需要把总目的（课题）分解为若干部分、若干要素，然后对各个部分或要素进行调查研究，并将其结果综合。例如，我国在公务员制度试点过程中，为了实现职位分类的目的，对"职位"进行分解，确定为难易程度、责任轻重、所需资格条件三个部分，又进一步将"难易程度"分解为工作复杂性、工作依据、工作所需智能、接触人员范围的目的等要素；将"责任轻重"分解为职权及范围、所受监督指导、工作结果的影响范围与程度、所予监督指导等要素；将"任职资格条件"分解为任职年限、学历等要素，然后分别进行调查。对这些部分和要素的了解、认识，就是在认识职位这一总目的之下的具体目的。

社会现象和事物通常包含许多属性和特征，以最主要的调查对象"个人"为例，大致概括为三种：状态、取向和行为。其状态是指年龄、性别、身高、体重、出生地、婚姻状况、文化程度、职业、收入、智商、情商等；其取向是一种主观变量，如态度、观念、信仰、动机、偏好、成见、个性特征、倾向性等，还可以被具体表述成政治思想激进的或保守的、信仰宗教或无神论的、迷信或科学的、男权主义或女权主义的等；其行为是一种外显变量，包括可以直接观察到的各种社会行为和社会活动，如升学、就业、转换职业、参加选举、参加政党、参军、结婚、离婚等。一个调查研究课题应当明确需要面对的是其中哪些具体的方面和内容，并将其编制成一系列调查指标。这项工作一般是通过对先期设定的概念（变量）的具体化和操作化来完成的（其具体内容与方法比较复杂，我们将在后文做专章介绍）。此外，还有范围的确定，即根据调查研究的目的、内容以及现实可行性，确定所需时间、空间的范围及调查对象的规模究竟有多大。

第五，确定社会调查研究的观点。这就是在概念与变量、命题和假设做的具体化和操作化的基础上，提出关于课题的更加精确和符合需要的主要论点，从而基本完成社会调查研究的理论建构。

第六，确定社会调查研究的方式、方法。这就是根据调查研究的课题、目的、对象、内容和范围，确定其调查方式是普查，还是抽样调查，或是个案调查；是描述型研究，还是解释型研究，或是预测型研究；是定性研究，还是定量研究等。确定其所采用的调查方法是问卷法，还是访谈法，还是其他方法或多种方法并用。

二、探索性研究的方法

探索性研究的方法主要有以下三种：

（一）查阅文献

文献可以提供丰富的相关资料，对研究者有很大帮助。应尽可能地搜索、阅读、分析各种有关文献，包括该领域已有的调查研究报告。从原则上说，查阅文献越广泛越好、越全面越理想。这样做是因为：

第一，将研究建立在前人成果的基础上，不但能保证高的起点，还能避免盲目的调查和重复性的研究，有利于选择新的研究角度和手段，填补原有研究中的空白，纠正其中的不足。

第二，可以广泛了解相关的各种理论观点、研究方法和设计方案，便于调查者借鉴其中的有用成分，避免其中的错误。

第三，通过浏览与研究对象相关的历史、文化、经济、政治、社会、自然环境等方面的背景资料，可以从中筛选大量有价值信息，有利于制定详细周密的设计方案和日后的研究分析。

（二）咨询

文献记录的是业已发生的事物，通常属于过去的知识，而社会中正在发生和变化着的"活事实"永远来不及记载。为此，需要向正在体验现实的时代见证人进行咨询。

熟悉这一研究题目的人往往会给出一定的建议，帮助研究者掌握研究课题的背景和现状，确定调查对象、调查内容和范围。咨询对象的范围要尽可能广，应包括曾经接触过相关问题的研究人员、政府部门的工作人员、所调查地区的主管人员和掌握第一手资料的当事人。比如，要研究大学毕业生的就业状况，可询问教育部门专家、人事部门工作人员、研究该问题的学者、政策研究人员、学校主管学生就业的领导、就业办的老师、班主任，甚至还可以是以报道这方面问题见长的记者等。咨询对象的社会地位、知识结构、生活经历、思维方式、观察视角、价值取向不同，各有其经验和想法，他们的意见往往都是很宝贵的。

（三）实地考察

到现场去直接接触调查对象，亲自体验和观察，增加感性认识，发现调查研究中可能遇到的问题，对于确定研究课题和选择调查方式是很有作用的。比如，在进行女工问题研究的大规模问卷调查之前，调查者应到工厂观察女工生活和工作环境，应该创造机会与女工交谈，争取多开一些开座谈会，以了解她们的不同想法。

在实际工作中，上述三种方式往往交叉使用，而以查阅文献最为重要和常用。这些工作进行得越深入、细致，后续的调查研究工作就越顺利。因此，对于探索性研究，应该予以足够的重视。

在社会调查研究中，探索性研究绝不是可有可无的。如同建造楼房必须打好基础一样，探索性研究就是社会调查研究的基础。只有做好这项工作，才能保证社会调查研究的质量。

第四节　制定总体方案

通过探索性研究，对有关问题基本心中有数之后，调查者即可以着手制定社会调查研究的总体方案。总体方案是关于调查研究具体程序和操作方式、方法以及必要条件的详细规划，相当于一项建筑工程的设计图和施工方案，其至关重要。

一、方案内容

社会调查研究总体方案通常包括以下内容：

（一）调查研究课题、目的和基本观点

在课题方面，要说明调查研究课题的名称、产生过程以及这一课题的性质，要特别说明课题是侧重于理论还是应用，是作为学术探讨，还是要描述、解释现象或提出预测和对策。

在目的方面，要具体说明调查研究要解决哪些问题，解决到什么程度，意义何在。

在基本观点方面，主要是说明调查研究的命题和假设是什么。

（二）调查研究对象、内容和范围

要说明调查对象有哪些，调查（分析）单位是什么；需要通过这些单位来调查哪些项目和指标，对资料的系统性和精确性有何要求；调查在什么地区进行、在多大范围内进行；调查对象的时间跨度有多大。

（三）调查研究方式和方法

要说明选取哪种调查方式（个案调查、抽样调查、普查）。如果采用抽样调查，需要有抽样方案，说明样本规模、结构及抽样方法，抽样调查中各种具体问题如何解决等（抽样是一项内容复杂、技术性很强的专门工作，对此我们将在后文做专章介绍）。

要说明采用什么调查方法（文献法、实验法、问卷法、观察法、访谈法）收集资料。如果是综合采用多种方法，则需要说明何为主、何为辅。

要说明资料整理、分析方法，包括所采用的资料整理、分析的主要类型（如文献资料整理或数据资料整理；定量分析、定性分析和理论分析）以及具体操作方法（如相关分析、回归分析、辩证分析、比较分析等）。

（四）调查研究时间与步骤安排

首先，要确定调查研究的总的期限。一般来说，调查研究的时间要服从调查课题和内容的需要，但是也有例外，当调查只能在某一固定时段进行，错过时机就会降低调查的价值时，调查内容就要服从时间的要求，也许有必要调整调查课题和内容。

其次，要排出具体的进度表，标明调查研究中每一个具体步骤的所需时间，以控制调查研究计划的进程。

（五）组织领导与人员安排

要确定社会调查研究的组织形式，一般根据调查的内容和范围，可选用调查委员会、领导小组、办公室、课题组等不同组织形式。必要时，还可在其下细分具体部门或小组。

要明确调查研究的领导和工作人员。凡是涉及多学科或部门的，应该有有关学科的专家和有关部门的领导参加，以保证调查的科学性和顺利进行。

选择调查人员，应该依据以下标准：

第一，具有较高的政治思想水平和理论水平。

第二，有较强的社会责任感和使命感，能够满腔热情地进行调查研究工作。

第三，具备课题本身所需要的文化知识和专业知识。

第四，掌握社会调查研究的基础知识和基本理论、基本方法、基本技能，最好具有一定的调查研究经验。

第五，具备社会调查研究所需要的综合素质，如较好的观察力、洞察力、社会交往能力、应变能力、语言表达能力、文字表达能力等。

要有对调查研究人员的培训计划，其中应该包括培训目的、培训内容、培训方式方法、模拟调查训练等。有时还需编制指导手册。

（六）经费预算和物质保证

从国家组织的大型调查到自费的小型调查，都必须提供经费预算和计划。在经费预算中，须详列各项用途，如调研人员差旅费、交通费、加班费、协作人员劳务费、办公用品费、器材购置或租赁费、场地租赁费、问卷印刷费等，并且要计算出具体数目。经费使用要有一定的制度，大型调查研究的现金出纳，应指派专人负责并予以监督。

社会调查研究方案还要明确所需的物质保证，主要是调查工具、技术设备以及资料整理与分析设备，如交通工具、录音和录像设备，实验仪器，计算机等。

需要说明的是，尽管所有社会调查研究的总体方案都必须涵盖以上内容，但其具体表现形式因课题性质不同会有所区别，其中尤以定性研究和定量研究之间的区别较为明显。关于它们的不同设计形式，可参见以下示例：

（一）定量研究方案

1. 题目　××××调查研究

目的　通过对影响××××的各种因素的分析，建立能解释××××一般模式的理论模型。这一研究既具有理论意义，也具有应用价值，但比较来说，研究者更注重理论性／应用性。

理论构架（理论假设）

影响……的主要因素有N类：××××。其中A、B等n种因素起独立的影响。（如历史因素、政策因素、地理、语言文化、居住特点、人口迁移、经济活动等）

研究假设　通过对…因素的具体化和经验推演，筛选出n个影响××××的自变量：（1）××××，（2）××××，……，（n）××××。将它们与因变量（××××）联系起来，建立了n组陈述变量间关系的研究假设。将这些假设联系起来，就构成了一个解释××××的因果模型。

2. 研究设计类型　解释性研究、截面研究、抽样调查

研究方法　以统计调查为主，结合实地研究、文献分析等方法。

具体方法　采用问卷法收集数据资料、利用计算机进行统计分析（相关分析、回归分析和路径分析）。还需结合现场观察、深度访谈、文献收集等方法。

3. 分析单位　主要是个人／家庭／社区

如果抽样单位层次与分析单位不同，要说明。辅助的分析单位有××××和××××政策等。

研究内容　分析单位的主要特征变量，各组的因变量特征，个体或群体所在社区的历史与现状，政策的历史变化等。

4. 抽样方案

研究总体　××××

选点　非概率抽样方法——根据××××特征，选择n个有典型意义的××××（区县／学校），再从中选出n个有代表性的××××（乡／系），在每个中选择n个××××（村／班），以这n个××××（村／班）中的n个户／人来代表调查研究总体。被调查的单位是主观选择的。第二阶段的抽样是从n个户／人中采取概率抽样的方法抽取x个户／人。

5. 设计调查问卷

基本问卷——调查基本情况和各项特征：年龄、性别、受教育程度、职业、婚姻史、配偶情况、生育史、语言能力、社会交往、个人收入、对……态度。每一方面都设置一个或几个问题来了解。这是对因果模型中涉及分析单位的自变量的测量。

辅助问卷——了解相关的情况。

还可以设计描述各级抽样层次的基本情况的调查表或调查提纲。

6. 调查时间 正式调查是在××××年××月——××××年××月

调查场所 直接进入家庭访问。集中分发和填写问卷对被调查者文化程度要求相对较高。更重要的是通过问卷以外的无结构访谈和现场观察可以获得更多的信息和感性材料。

调查计划

在正式调查前进行文献考察和实地考察，走访相关部门。在问卷初稿设计好之后，进行"试调查"，以修订问卷。

正式调查每天访问××人/户（调查组有××人，每人访问××人），计划××天完成。

除发放问卷的××××（村/班）之外，还需考虑其他××××（村/班）的概况。

××××年××月——××××年××月进行资料整理和计算机处理，××××年××月——××××年××月结合资料分析和撰写研究报告。整个研究过程从准备阶段到完成报告大约多长时间。

7. 研究经费 ××××基金"××××课题"经费

8. 物质手段 主要考虑计算机处理资料的问题。所使用计算机的来源，统计软件使用SPSS/SAS，是否需要掌握和开发某些统计程序。

（二）定性研究方案

1. 研究题目 ××××研究

研究目的

通过对××××的观察和访问建立一种"××××"的理论。这一研究对于人们认识××××行为的产生过程有普遍的理论意义。

理论设想

在研究之前，没有明确的研究假设和理论概念，有待于研究之后形成。

2. 研究设计类型 描述性研究、纵贯研究（追踪研究）、个案调查

研究方法

实地研究，通过无结构访问和长期观察来收集资料，运用"列举归纳"和理解法来整理和分析资料。

3. 分析单位 个人

研究内容 个人经历、生活方式、态度、过程、变化等。

4. 抽样方案

非概率抽样之××××（如滚雪球式：研究者以认识的××××为首批调查对象，然后通过他们再介绍更多的××××）。一共调查n个人。

5. 访问提纲

结构式访谈（列出预先设计好的主要问题进行询问、交谈）或非结构式访谈（根据研究内容进行询问、交谈）。

做详细的访谈记录或录音。

6. 调查计划

时间、场所计划　在第一次访问之后间隔几个月或半年后再进行访问，共访问两到三次。调查时间约××××。

由被访者选择他们认为合适的时间、地点接受访问。

人员计划　课题组共几人，明确每人所负责任。

7. 研究经费和物质手段（略）

二、方案设计应注意的问题

（一）实用性

调查方案必须全面考虑课题的需要和调查人员的主客观条件，一切从实际出发，做到切实可行。比如，调查员数量、调查时间和经费很大程度上决定调查对象数量、调查地域的范围。经费充足、调查人员多、时间长，才有条件多调查一些对象，扩大调查地域范围，反之就应该缩小调查范围、减少调查对象。再如，复杂的、难度较大的调查研究在选择调查人员时，必须以综合素质强、理论水平和专业水平高、有一定社会调查研究实践经验的人作为骨干，否则调查方案就难以落实。

（二）系统性

调查方案一定要完整、严密，对调查研究的所有环节和具体步骤以及具体办法都不能有所遗漏，而且要充分考虑到它们之间相互联系和相互衔接的问题，做到环环相扣、浑然一体。

（三）时效性

在瞬息万变的现代社会中，所有的调查研究都有很强的时效性。尤其是应用性课题，往往是具有前瞻性才能体现其社会价值，如果情况已经发生重大变化，其价值就将大打折扣。当然，这并不是说调查研究周期越短越好，有些基础性研究课题甚至需要持久、深入、反复的调查才能得出有力的结论。但是，所有的调查研究都应有时间观念和讲求效率，则是一个重要原则。

（四）经济性

为了避免浪费资源、节约人力、物力、财力、时间，研究设计应该以"必须和够用"为原则，力求以最小的成本投入获得最大的收益产出。比如，能够通过文献资料解决的问题，就可以不用现场调查；能够用小样本抽样调查就不用大样本；能够就地取材就不要舍近求远，等等。

（五）弹性

任何调查方案都是事前的设计，与客观现实之间很可能存在一定的距离。所以，研究方案的设计，对可能出现的困难和问题都是尽可能有所预计，并有相应的解决办法。但即便如此，有些问题也难以避免，因此，应该为各项工作预留调整的空间。这种弹性有助于现实的操作。对一些重大的、复杂的研究课题，往往还需要设计出若干备选方案，以便随着形势的变化及时调整。调查方案的这种弹性在现实操作中，往往会起到意想不到的效用。

三、方案的可行性研究

社会调查研究方案出台后，应对其可行性进行分析研究。

可行性研究主要就是运用社会调查研究的原理，依照社会调查研究过程的逻辑，从方法的技术性角度对已经完成的方案设计的整体和每个细节的可靠性和有效性加以评估，并通过反复衡量加以修正，使之更加完善和利于实施。否则，一旦将不甚完善的设计投入到实际调查中，就可能会导致不理想的结果，甚至导致调查失败。

可行性研究不是对方案设计的简单补充，因为方案设计所关注的问题是怎样去实施调查研究，而可行性研究关心的则是方案设计是怎样产生的，其设计是否合理有效。

可行性研究的常用方法大致有三种：

第一种为逻辑分析，即用理论的逻辑方法检验研究设计的可行性，主要适用于对命题和假设、变量和指标进行检验，对其他方面作用则有限。

第二种为经验判断，即用以往人们的实践经验来判断研究设计的可行性，是否适用于所有方面。但是由于社会生活不断变化，而人们往往只能通过以往的经验判断自己比较熟悉的事物和现象，每个人的阅历又总是有限的，所以这种方法有一定的局限性。

第三种为试调查，即通过小规模的实地调查来检验方案设计的可行性，并根据试调查的结果修正和完善原方案。这是对方案设计进行可行性研究的最基本方法。尤其在大型的调查实施之前，试调查必不可少。

试调查的主要目的是检验调查方案的可行性，而不是收集资料或其他，这一点要特别明确。在试调查中还需要注意以下问题：

第一，方案设计者应亲自参加，并选择有经验的调查员作为骨干，以利于及时发现设计中的问题，积累和总结实际经验。同时，也要选择若干缺乏经验的调查员参加，以便发现他们在调查过程中可能发生的种种问题，通过培训加以解决。

第二，选取的调查对象要兼顾各种类型，但数量不宜太多，应选择代表性较强者。

第三，试调查是一种试验，所以可以灵活机动，采用多种调查的方式、方法，从中寻找最佳途径，根据实际情况对原方案设计做出修改和调整。

第四，在比较复杂的调查研究课题中，往往有不同的方案备选，也有多个试点单位可供比较。在试调查中，可以多个方案同时分别进行，做多点对比，也可以交叉采用不同方案进行对比。

第五，试调查基本结束后，要认真分析和总结试调查结果，逐一评价优劣长短，并据此修改和完善原方案，使其真正成为切实可行的行动指南。

当然，在现实社会生活中，往往"计划赶不上变化"，当一些调查研究真正进入运行阶段时，调查者也许还会发现原来的设计不完全符合实际或者难以实施，这就需要继续修改或调整设计方案，并做新的评估。

本章小结

社会调查研究的准备阶段需要做许多工作，包括提出概念、命题、假设，对概念操作化和确定测量方法，进行探索性研究，制定调查研究方案，抽取调查样本，以及人、财、物方面的准备等内容，对完成社会调查研究具有重要的意义。

课题的选择是社会调查研究的出发点，决定着调查研究的目标和方向。社会调查研究课题的产生，或由上级部门指定，或由委托单位提出，或由调查者根据其兴趣自选，但无论出自何方，都必须根据理论和实际的需要以及现实可行性而定。

课题要能够真正成立，还要完成理论的构建，也就是需要有一系列观点的支持。这些观点由若干理论要素联系而成，具体表现为概念、变量、命题和假设。其中，变量是社会调查研究中非常重要的因素。

课题、概念、命题和假设提出后，还应当有一个确认的过程。为此，调查者通常要围绕它们，进行先期的试探性的初步研究，即所谓探索性研究。其作用是：确定社会调查研究的课题；明确社会调查研究的目的；确定社会调查研究的观点；明确社会调查研究的对象；明确社会调查研究的内容和范围；确定社会调查研究的方式、方法。探索性研究的方法主要有三种：查阅文献、咨询、实地考察。

在探索性研究的基础上，调查者即可以制定社会调查研究的总体方案。总体方案是关于调查研究具体程序和操作方式、方法以及必要条件的详细规划，包括的内容主要有：调查研究课题、目的和基本观点；调查研究对象、内容和范围；调查研究方式和方法；调查研究时间与步骤安排；组织领导与人员安排；经费预算和物质保证。设计方案应注意实用性、系统性、经济性和弹性。社会调查研究方案出台后，应对其可行性进行分析研究。其常用方法大致有逻辑分析、经验判断和试调查。

🔖 **思考题**

1. 应当怎样选择社会调查研究课题？
2. 概念与变量的含义是什么？变量有哪些类型？
3. 命题和假设的含义是什么？它们有哪些类型？
4. 简述探索性研究的目的和方法。
5. 社会调查研究方案应包括哪些内容？
6. 社会调查研究方案设计应注意哪些问题？
7. 如何进行社会调查研究方案的可行性研究？

第三章　概念的操作化与测量

▣ 本章提要

在社会调查研究准备阶段必须完成的重要工作之一，就是明确所提出概念的定义，分清概念（包括命题和假设）的层次，将抽象概念一步步化解为具体的和可操作、可测量的指标，并在此基础上确定测量的方式、方法。本章重点阐述概念具体化和操作化的过程和方法，介绍对已操作化的概念（社会指标）的主要测量方法，同时说明如何检验测量的信度和效度等问题。

▣ 学习要求

1. 了解：选择测量方法需注意的问题；影响测量的信度和效度的因素。
2. 掌握：概念的具体化和操作化的含义及方法；社会测量的概念及测量层次；测量的信度和效度的概念、检验方法以及相互关系。

在社会调查研究的准备阶段，调查者需要做的重要工作之一就是对提出的概念进行具体化和操作化，选定调查研究的指标，以明确调查研究的范围和具体内容，并且确定测量指标的方式、方法。这项工作主要是在探索性研究的基础上完成的。

第一节　概念的具体化和操作化

社会生活中使用的概念与自然科学的概念不同。由于它们都是人们通过对感性认识的抽象和概括而得到的，所以开始往往是模糊的或含义不清的，并且概念一般都具有综合性，由一些低层次的亚概念、子概念组合而成。一个概念越抽象，它所包含的信息就越多，也就越难把握。相反，概念层次越低，抽象程度就越低，所包含的信息也就越少，比较容易把握。抽象概念相对于具体概念难把握得多。诸如"生活方式""态度""权力""自由""民主"

58

等抽象概念，如果不对它们进行确切定义和具体化，就无法对社会现象和事物进行观察和度量。所以，社会调查研究必须解决的重要问题之一，就是明确所提出概念的定义，分清概念（包括命题和假设）的层次和方面，即概念的维度，并将抽象概念一步步化解为具体的和可测量的指标，以实现社会调查研究的定量化。这一过程就叫作概念的具体化和操作化。目前，人们大都按照美国著名社会学家拉扎斯菲尔德的主张，将这一过程分为四个阶段：概念的形成—概念的界定—选择测量指标—编制综合指标。

一、概念的形成

概念是在日常生活中通过感性认识和互相交流形成的。概念本身并不是客观实体，而只是人们思维的产物。它是抽象的，无法直接观察的。比如说"爱心"，什么是爱心？我们无法用我们的感觉和知觉来直接解释这个概念，因为它看不见、摸不着。可是，假如我们看见某人给养老院的老人送东西，给失学儿童捐款，帮助残疾人，那么我们便会在头脑中有个共同的表述：爱心。"爱心"这个概念就是在大量对类似现象的感知中逐渐抽象其共同特征而成的。

概念在形成之初，通常缺乏确切的定义，人们只是对某些事实达成了基本共识，只是根据自己的经验观察或经历大致了解这些概念的意思，以至于对同一概念的理解常常是因人而异和含混不清的。

二、概念的界定

社会调查研究最初提出的许多概念，特别是假设所涉及的概念，往往是比较粗糙的概念，其中潜藏着大量不同的成分，如果在调查中使用这些概念，不同的人会得出不同的结论，根据这种概念收集来的资料也会有某些实质性的差异。因此，在社会调查研究中，我们必须通过反复斟酌，对这种概念进行某种澄清，并对其内涵和外延加以界定，才能使之成为社会中通用的概念。

界定概念的方式有两种，即抽象定义和操作定义。

（一）抽象定义

抽象定义是对一个概念的内涵，也就是一个概念的性质和特征所做的概括说明。在社会调查研究中，抽象定义的作用主要是明确在何种含义上使用某一概念。

抽象定义有直接定义法和间接定义法之分。直接定义法就是通过直接描述事物的本质而对概念下定义。凡是与可以直接观察到事物的相对应的概念，都可以用直接定义法。例如，"未成年人是指身心发育尚未成熟的人"。间接定义法则是针对那些抽象程度较高、所含变量较多、无法直接观察的概念，我们可以找出概念所含变量的共同特征，通过这些特征间接地给出定义。例如，"国际组织"有政府间国际组织和民间国际组织、政治性国际组织和专业性国际组织、世界性国际组织和区域性国际组织等，根据它们共同的性质和特征，我们可以将这一概念的抽象定义表述为：国际组织是跨国界的多国联合机构。

在界定概念时，最好能直接采用一个现成的、公认的确切定义。如果现有定义多有歧义，则可以在现有定义的基础上创造出一个新的定义。例如，对于"社区"的概念，学者们曾经提出94种不同的定义，后来社会学家贝尔和纽科拜通过分析，发现这些定义绝大部分都包含三项基本元素——地域、共同的纽带、社会互动。于是，据此概括出新的定义，为世人所公认，流行至今。有时，人们对同一概念会从不同角度分别给出定义，这就需要我们根据具体社会调查研究的要求，从中选择最适合的定义。

（二）操作定义

社会中的概念通常是以抽象定义的形式出现的，但在社会调查研究中，概念越抽象就越难把握和度量，这就要将抽象定义转化为操作定义。所谓操作定义就是通过一些具体的、可测量的变量和指标对概念所做的说明，主要是说明概念包含了多大范围、多少维度和多少具体内容。尽管抽象定义与操作定义都是对同一事物或现象的定义，但前者是以抽象概念定义，后者则是以具体的、可感知的指标定义，也就是把抽概念从抽象层次下降到经验层次，分解为一些具体的、可测量的指标，这些指标一般都是与概念中的变量相对应的。这一过程也可视为概念的操作化过程。例如，"煤炭质量"这一概念就是个抽象概念，具体来说，煤炭质量由12个基本指标（变量）来表示，其中有7个常用指标（变量），如果用这7个或12个指标定义煤炭质量，就是操作定义。换句话说，"煤炭质量"这一概念，经过操作化，可以表示为：煤炭质量＝水分＋灰分＋热量＋硫含量＋挥发分＋固定碳＋焦渣特性（7指标定义），只有通过这些指标，我们才能对"煤炭质量"有所测量并把握。再如，"未成年人"的抽象定义是"身心发育尚未成熟的人"，操作定义则为"17岁以下的人"。

三、选择测量指标

概念的操作化的核心目的就是寻找一定的、能够明显区分的测量指标来说明概念的属性，其中每一项指标反映概念的某一内容即某一变量。寻找测量指标可以综合采用经验的办法和理性的办法。经验的办法是研究者通过对概念的大致理解，提出若干指标，再从中筛选出适宜者；理性的办法是通过大量查阅文献，明确概念的各项内容（变量），根据这些变量列出备选的指标，再从中筛选出适宜者。

对于简单的概念来说，选择测量指标并非难事。例如，"失业""性别""文化程度""婚姻状况"等概念，只有一个或几个变量，可以较快确定相应的测量指标。再如，前述抽象定义演化为操作定义的过程，实际上也就是一种通过概念的操作化寻找测量指标的过程，每一个操作定义中所包含的说明抽象定义的各个变量，就是各个测量指标。但是，由于社会调查研究面对的多为较复杂和层次较多的概念，往往需要大量的调查指标才能说明问题，如在智商测验中，是将"智商"分解为十几个方面，每一方面又分解为多项内容，最后形成几百个指标用以测量。像这样的工作绝不可能一蹴而就，而是要在操作定义的基础上，进一步连续进行概念的操作化，找到多方面的、多层级的测量指标。具体做法是先将最上层的一个总概念（抽象概念）化解为若干概念，通常说法是由一级指标衍生出二级指标；再将第二层的若干概念分别化解出若干概念，即由二级指标再衍生出三级指标。以此类推，可以不断操作化到四级、五级……直至满足需要。目前最常见的是三级指标体系，一般调查即主要根据三级指标设计问卷的问题，或由三级指标展开形成四级指标，四级指标基本就是直接面对调查对象的具体问题。例如，对于"父母对子女的帮助"这一复杂概念，我们可以通过具体化和操作化，最终形成如图 3-1 所示的指标：

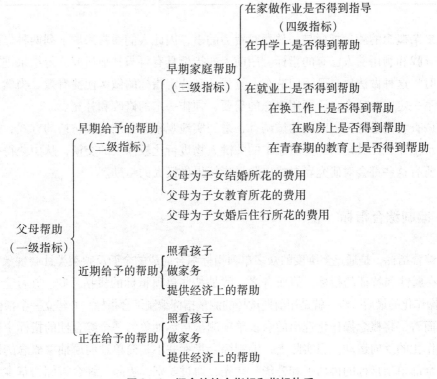

图 3-1　概念的综合指标和指标体系

概念操作化后形成的指标群可以有多种表现形式，以上示例属于框图式。常用的还有文字排列和表格等形式。例如，图 3-1 的部分内容可用文字排列呈现：

父母帮助（一级指标）

一、早期给予的帮助（二级指标）

（一）早期家庭帮助（三级指标）

1. 在家做作业是否得到指导（四级指标）

2. 在升学上是否得到帮助

……

也可用表格呈现，如表 3 - 1 所示：

表 3 - 1　概念的综合指标和指标体系表

一级指标	二级指标	三级指标	四级指标
父母帮助	早期给予的帮助	早期家庭帮助	在家做作业是否得到指导
	……	……	在升学上是否得到帮助
			……

寻找复杂概念的测量指标是一件费时费力的事，因此人们通常采取下列两种做法：

一是寻找和利用前人已有的指标。用前人的指标具有可与其他研究所得结果进行比较的优点，同时，这种做法比自己闭门造车、寻找一套特定指标的做法便捷有效。当然，许多前人的指标不一定完全适合自己所用概念的需要，须作一定的修改和补充。

二是调查者先进行一段时间的试调查，采用实地观察和非结构式访谈的方式，进行资料收集的初步工作，尤其是与调查对象中的关键人物进行比较深入的交谈，从中获得一些问题的答案。所有这些都会对研究者寻找出测量指标提供极大的帮助。

四、编制综合指标

所谓综合指标，是通过多维度的众多单项指标综合而成的全面反映某类社会现象或社会事物总体内在属性和特征的指标，简而言之，就是某些单项指标的概括反映。在社会调查研究中，概念操作化的最后一步，就是用前期选择的测量指标编制综合指标，并建立一个指标体系。

从表面看，将概念操作化选出的众多单项测量指标抽象为一个综合性的指标个体，很像是概念操作化的反向运动。但实际上，编制综合指标并不是简单地向原抽象概念的回归，而是对既有全部单项指标的再加工和升华。首先，通过甄别，去除与综合指标的基本含义不太相符的单项指标。其次，在保留的指标群中去除与其他指标不太相关或重复的单项指标。再次，测定各单项指标在未来综合指标中的权重，即地位和作用。最后，运用一定的方法对重新梳理后的各具体指标进行汇总、归纳、计算，将其抽象为一个反映总体内在属性和特征的综合指标个体。在这一环节，常用的方法有三种：一是类型法，即根据需要将所有单项指标重新排列组合和交叉分类，建立新类型，抽象出一个新指标；二是指数法，以特定公式综合各单项指标，概括出一个新指标；三是量表法，以具有结构强度和顺序的复合测量方法，综合测定各单项指标，生成一个新指标。

在最终确定了各单项指标并形成综合指标之后，即可据此建立一个指标体系。所谓指标体系，是相互联系的多个指标所构成的具有内在结构的有机整体。由于指标体系一般反映的都是复杂的社会现象与社会事物，因此多有层次，即有多级指标。其中，一级指标往往就是综合指标。在许多调查研究中，概念的操作化完成得比较理想，只需对选出的测量指标稍加整理，对指标的层级与各级指标的名称及指标值进行确认，就可以形成具有综合指标的一个指标体系。

指标体系通常用表格呈现。以下为两个形式有所不同的示例（如表3-2、表3-3所示）：

表3-2　2015中国民办大学排行榜评价指标体系

序号	一级指标	二级指标	三级指标	指标权重
1	办学设施	投入资金	1. 固定资产总值	2.62%
		硬件设施	2. 学校占地面积	1.01%
			3. 教学科研用建筑面积	4.70%
			4. 教学科研用生均建筑面积	7.05%
		软件设施	5. 图书馆藏书量	4.23%
			6. 图书馆生均藏书	7.15%
			7. 教学仪器设备价值	5.43%
2	人才培养	培养数量	8. 全日制在校学生人数	5.14%
		培养质量	9. 近三年毕业生平均就业率	3.34%
			10. 学生获国家级、省部级大学生竞赛奖励	3.21%
			11. 创业人才（中国各大富豪榜、大学创业富豪榜等上榜毕业生）	2.52%
		师资力量	12. 专任教师总数	7.24%
			13. 专任教师师生比	5.76%
			14. 专任教授、副教授数	4.93%
			15. 专任教授、副教授占专任教师比例	5.04%
			16. 国家级、部省级教学名师或团队、自然科学和社科基金项目获得者	3.01%
		学科建设	17. 学历教育本科专业数	6.45%
			18. 学历教育专科专业数	3.34%
			19. 国家级、部省级重点学科、重点建设专业、精品课程和教学成果奖等	4.20%

续表

序号	一级指标	二级指标	三级指标	指标权重
3	综合声誉	学校声誉	20. 国家声誉（高考录取批次，学士学位授权资格、办学条件评估等）	3.02%
			21. 社会声誉（新闻媒体报道数等）	4.86%
			22. 人均学费（人均学费等）	3.63%
			23. 本地生源比例（专业本地生源比）	2.12%

（资料出处："中国校友会网大学评价课题组"编制；引自"中国校友会网"）

表 3-3 循环经济发展评价指标体系（2017 年版）

分类	指 标	单位
综合指标	主要资源产出率	元/吨
	主要废弃物循环利用率	%
专项指标	能源产出率	万元/吨标煤
	水资源产出率	元/吨
	建设用地产出率	万元/公顷
	农作物秸秆综合利用率	%
	一般工业固体废物综合利用率	%
	规模以上工业企业重复用水率	%
	主要再生资源回收率	%
	城市餐厨废弃物资源化处理率	%
	城市建筑垃圾资源化处理率	%
	城市再生水利用率	%
	资源循环利用产业总产值	亿元
参考指标	工业固体废物处置量	亿吨
	工业废水排放量	亿吨
	城镇生活垃圾填埋处理量	亿吨
	重点污染物排放量（分别计算）	亿吨

（转自：中华人民共和国国家发展和改革委员会发改环资〔2016〕2749 号文件附件 1）

综合指标和指标体系的确立，标志着概念操作化的最后完成，为调查研究提供了明确的范围和具体内容，因此具有极为重要的作用。

第二节 测量与测量层次

通过概念的操作化确定的调查研究指标，为人们有效地观测与度量社会现象提供了前提条件，解决了"测量什么"的问题。在此基础上，还应进一步确定主要的测量方法，即明确"怎样测量"的问题。

一、社会测量的概念

社会调查研究中的测量，是指对所确定的调查指标进行有效的观测与度量的方法。具体来说，它是运用一定的测量工具，根据一定的测量规则，对调查研究对象的特征（变量）进行观测与度量并赋予一定数值的过程。测量是使社会调查研究定量化的重要手段，可以说，社会调查研究中定量分析的过程，实际上就是对各项调查研究指标进行测量的过程。例如，我们要就人们对流行歌曲的兴趣作定量研究，就可以制定规则：按照兴趣的大小而分别赋予数字 1~5，兴趣最大者数字为 5，兴趣最小者数字为 1，介于最大和最小之间者按程度不同分别赋予数字 2、3、4，然后据此设计问卷（量表）来进行测量并统计结果。

社会测量有四个要件：测量工具，主要是调查问卷（量表）；测量规则，即测量所依据的标准和规定；测量对象，即社会现象的属性与特征；测量数值，即赋予测量结果的数字或符号。其中，确定测量规则是测量中最基本的和难度较大的工作。可直接观察到的、具体概念的变量的测量规则比较简单易为，而一些抽象概念的变量的测量规则就比较复杂难定，需要反复斟酌。有效的测量规则必须符合三个条件：

第一，准确性。准确性是指所赋予的数字或符号能够真实、可靠、准确地反映测量对象在属性和特征上的差异。例如，许多城市对驾驶员交通违法的处罚实行 12 分制，根据违法程度的不同，分别扣 1~12 分不等，12 分扣满，即取消驾驶员资格，这实际上就是一个能够准确反映测量对象属性差异的有效测量规则。

第二，完整性。完整性是指测量规则能够涵盖测量对象的变量的各种状态。例如，上述处罚驾驶员交通违法的 12 分制，如果各个分值不能分别对应从最轻微到最严重的各种违法行为，也就是说如果 12 分制不能包括所有的违法行为，那么它就不是一个有效的测量规则。

第三，互斥性。互斥性是指每一个测量对象的属性和特征只能以一个数字或符号来表示，各个变量的取值之间互相排斥，绝不兼容。例如，在调查企业时，如果把大型企业、中型企业、小型企业、国营企业、民营企业、三资企业等作为并列的测量对象，分别以一个数字或符号来表示，就违反了互斥性原则，因为大、中、小企业和国营、民营、三资企业之间可以兼容。这类测量规则就不是有效的测量规则。

需要说明的是，即使严格按要求操作，社会测量和自然科学中的测量也不能同日而语。社会测量受人为因素影响较大，所以有时不够客观、可靠。同时，由于社会测量不像自然科学测量那样直接，所以标准化和精确化程度较低，模糊性较高。但是尽管如此，社会测量对于社会调查研究来说仍然有着重要的意义，因为只有对复杂多变的社会现象作量化研究，才能更清楚地认识其本质和规律。而没有社会测量，就没有社会定量分析，也就没有现代意义上的社会调查研究。

二、测量层次

在日常生活中，人们用温度计来测量体温，用血压计来测量血压。同样，在社会调查研究中，我们也需要使用不同的测量尺度对不同的变量进行测量。由于社会现象具有各种不同的性质和特征，因而对它们的测量也就具有不同的层次和标准。美国心理学家史蒂文斯于1951年创立了被广泛采用的测量层次分类法，他将测量按照由低到高的顺序，分成四个层次，即定类测量、定序测量、定距测量和定比测量。这四个测量层次分别对应于概念中的四种变量，即定类变量、定序变量、定距变量和定比变量。

（一）定类测量

定类测量也称类别测量、分类测量或定名测量，是对测量对象的性质或类型的测量。它在本质上是一种分类方法，即将研究对象的不同属性或特征加以区分，确定其类别，并标以不同的名称或符号，如"男性、女性""工人、农民、教师、干部""未婚者、已婚者、离婚者"等。

在定类测量中，所分的类别必须具有互斥性，即每一个测量对象都会在我们的分类体系中占据一个类别，且仅仅只占据一个类别；类别之间相互排斥，互不交叉、重叠。

定类测量只是一种定性的测量，丝毫不反映测量对象本身的数量状况，其数学性质只有等于或不等于。尽管测量对象所分的类别也要被赋予一定的数字，如将工人记为1，农民记为2，干部记为3等，但这种数字仅用于区分而不能用于计算。正是由于定类测量仅有单一的分类功能，所以它在四种测量中层次最低。

但是，对任何一门科学来说，分类都是基础。而在社会调查研究中，所涉及的大量变量都是定类变量，分类更是最基本的目标和最经常性的操作。定性研究固然主要使用定类测量，即便是定量研究，虽然更多地使用其他三种层次的测量，但也都把分类作为最起码的操作。因此，定类测量实际上是最基础和最重要的测量方法。

（二）定序测量

定序测量也称等级测量或顺序测量，是对测量对象的等级或顺序的测量。在社会调查研究中，凡是具有大小、多少、上下、高低、强弱、先后等差异性变量的社会现象都可以用于定序测量，如人们的社会地位、生活水平、住房条件、文化程度、工作能力等。

　　与定类测量比较，定序测量要高一个层次，所得到的信息更多。定序测量不仅能够像定类测量一样，将不同的事物区分为不同的类别，还可以针对测量对象的某种特征，按照某种逻辑顺序或标准将它们区分为强度、程度或等级不同的序列。比如，我们可以将文化程度区分为由低到高的等级排列：文盲、半文盲、小学、初中、高中、专科、本科、硕士、博士等；将住房条件区分为由小到大的等级排列：30平方米、50平方米、80平方米、100平方米、130平方米等；将人们对某措施的满意度按照强弱排列：非常满意、满意、比较满意、一般、不满意、很不满意等。

　　通常研究者为了更好地进行统计分析，总是将这种有高低、大小、强弱不同的序列转化成大小不等的数字。比如，将"文盲与半文盲""小学毕业""初中毕业""高中或中专毕业""大专毕业及以上"等类别，分别赋予数字"1""2""3""4""5"。这种数字是一种表示"大""小"的符号，具有数量差别的含义，它所指示的测量结果可以用数学符号"<"或">"来表示，并可用于频率分布、比例关系等定量统计。但它并非用来进行数学运算的"数字"，还不能做加减运算，不能测量出不同等级的测量对象之间的具体数量差距。

　　定序测量的具体方法有很多种，最直接和最常用的是等第顺序法。它是由调查对象对一组测量对象依照某种属性由高到低或由多到少按次序进行排列的方法。例如，某空调厂商想知道消费者对A、B、C、D、E五种类型的空调机的评价，于是请十个用户作为调查对象，让他们按制冷效果的好坏来评定空调机质量的高低，最好的为第1等，最差的为第5等，结果如表3-4所示。

表3-4　五种空调机制冷效果的评定等级

被调查者	空调机类型				
	A	B	C	D	E
1	4	3	1	2	5
2	4	3	1	2	5
3	3	4	1	2	5
4	3	4	1	2	5
5	2	3	1	4	5
6	4	2	1	3	5
7	5	3	1	2	4
8	5	4	1	2	3
9	4	3	2	1	5
10	4	3	1	2	5
总值	38	32	11	22	47
评定等级	4	3	1	2	5

　　还有一种比较常用的定序测量方法是配对比较法。它是由调查对象将全部测量对象都进行所有可能的配对比较，然后排列出测量对象的大小或多少的顺序的方法。例如，上例中的五种空调机，让每个调查对象将每两种做一次比较，确定哪一种制冷效果好，这五种中每两种比较一次共需要十次，然后排列出五种空调机的好坏顺序。配对比较法是定序测量中较完全的一种程序，它能够更准确地定出测量对象的各个等级。

（三）定距测量

　　定距测量也称为等距测量或区间测量，是对测量对象之间的间隔距离或数量差别的测量。它兼有定类测量和定序测量的特征，不仅能够将社会现象或事物区分为不同的类别、不同的等级，而且可以确定它们相互之间不同等级的间隔距离和数量差别。例如，我们对哈尔滨、北京与上海的温度做定距测量，结果发现哈尔滨的温度为 0 摄氏度，北京的温度为 5 摄氏度，上海的温度为 10 摄氏度。在这一测量中，不仅可以得到定类测量的测量结果（哈尔滨、北京、上海的气温不同），而且可以得到定序测量的测量结果（上海的气温 > 北京的气温 > 哈尔滨的气温），还可以得到定距测量的测量结果（上海的气温比北京的气温高出 5 摄氏度，比哈尔滨的气温高出 10 摄氏度）。

　　定距测量要求测量标准上的间距能够代表所测量对象的量的间距。也就是说，定距测量的每一等级之间的间距是相等的，它可以用来相加或相减。例如，某一定距测量的等级序列是：

$$\begin{array}{ccccc} a & b & c & d & e \\ \hline 1 & 2 & 3 & 4 & 5 \end{array}$$

　　a 到 b 的间隔为 2－1＝1，b 到 e 的间隔为 5－2＝3，把这两个间隔相加（1＋3＝4），就等于 a 到 e 的间隔（5－1＝4），由此我们可以知道 e 比 a 高 4 个等级。

　　但必须注意，这并不意味着 e 的属性比 a 的属性高 4 倍，因为在定距测量标准上没有绝对的零点，所以定距测量中的数字可以相加或相减，却不能相乘或相除。以上述哈尔滨、北京、上海的气温为例，北京的温度 5 摄氏度与上海的温度 10 摄氏度之间的差距等于哈尔滨的温度 0 摄氏度与北京的温度 5 摄氏度之间的差距，但是并不能说上海的气温比哈尔滨的气温高 2 倍，因为温度的 0 摄氏度是主观规定的，它并不表示没有温度。

　　定距测量的结果相互之间可以进行加减运算，就使得我们不仅可以说明测量对象的等级，而且还能说明这一等级比那一等级高出多少数量单位。比如，测量人的智商（Intelligence Quotient，IQ），如果测得张三的智商为 135，李四的智商为 120，那么，135－120＝15，由此可以说张三的智商比李四高 15。这一点在社会调查研究的定量研究中有重要作用。

（四）定比测量

　　定比测量也称等比测量或比例测量，是对测量对象之间的比例或比率关系的测量。它除了具有上述三种测量的全部功能之外，还具有一个绝对的零点（有实际意义的零点）。它测量所得到的数据既能进行加减运算，又能进行乘除运算，其测量结果一般用百分比来表示，但有时也可表现为绝对数。在社会调查研究中，对人们的收入、年龄、出生率、性别比、离婚率、城市的人口密度等所进行的测量都是定比测量的测量。例如，测得张三的收入为 480 元，李四为 240 元，那么，480/240 = 2，由此可知，张三的收入是李四的收入的两倍或李四的收入是张三的 1/2（比率）；两人收入相差 480 - 240 = 240 元（绝对数）。

是否具有实际意义的零点（绝对零点）存在，是定比测量与定距测量的核心区别。一个社会变量能否以定比尺度测量，首先必须检验零在其中是否可以成立，即变量值是否可以一无所有。例如，上述对张三和李四收入的测算就是建立在收入可以为零的前提下的。

定比测量是测量中数量化程度最高的层次，定比测量中的数字不仅都可以进行加减乘除运算，而且运算的结果都具有实在的意义，可用于各种统计分析。

在上述四种测量层次中，高层次的测量具有低层次测量的所有特征和功能，即它不仅可以测量低层次测量所无法测量的内容，而且可以测量低层次测量能够测量的内容；同时，高层次的测量还可以直接作为低层次测量使用，可以说，高层次测量也必然是低层次测量。比如，定序测量具有定类测量的分类功能，且可以作为事实上的定类测量使用；定比测量具有其他三种测量的所有功能，且可以直接作为这三种测量使用。相反，低层次测量是决不能作为高层次测量使用的。在社会调查研究中，明确这一点十分重要。因为在对社会现象进行测量时，有一个重要的规则：尽可能使用高层次的测量，即凡是能够用定比测量的，就一定不要用其他测量。因为高层次测量所包含的信息更多，且高层次测量的结果很容易转化为低层次的测量结果，反之则不行。另外，在后期对调查资料的整理和统计分析中，也需要根据不同测量层次所具有的特性采用不同的统计方法。

四种测量层次的具体比较和兼容关系如表 3 - 5 所示。

表 3 - 5　四种测量层次的比较、分析表

类　型	特　点	功　能	数学性质	适用统计方法
定类测量	分类符号	分类	= , ≠	百分比，平方检验，列联相关系数
定序测量	分类符号 等级顺序	分类 可排列等级顺序	> , <	中位数，四分位差，等级相关，非参数检验
定距测量	分类符号 等级顺序 相等单位的差值	分类 排列等级顺序 确定、比较差值	+ , -	算术平均值，方差，积差相关，复相关，参数检验
定比测量	分类符号 等级顺序 相等单位的差值 有绝对零点	分类 排列等级顺序 确定、比较差值 确定、比较比例和比率	+ , - × , ÷	算术平均值，方差，积差相关，复相关，参数检验，几何平均值

三、测量层次的选择

在社会调查研究中怎样选择测量层次，取决于测量的目的和测量对象的特征。具体来说，在选择测量层次时，需要注意以下问题：

第一，要"量体裁衣"，根据测量对象的特征选择测量层次。我们强调在测量时要尽可能选择高层次测量方法，并不是说每次测量所选的测量层次越高越好。实际上，社会现象大多只能以定类或定序的尺度测量，如果强行使用定距或定比尺度进行测量，反而会造成混乱和谬误。例如，对"成年人与未成年人"这一对变量，只能做定类测量，如果非要对它们进一步排列年龄等级顺序，确定和比较各年龄等级的差值，计算其比例和比率，就会变成一个笑话。所以，在社会调查研究中，要慎重使用定距或定比测量，只有那些数量化特征明显、可以做较多数学运算的测量对象才适于用之。同时，在使用时一定要注意计算的合理性和可能出现的偏差。

第二，要根据研究条件选择适当的测量层次。高层次测量可能获得更多、更精确的信息，但调查和分析的工作量也更大，而低层次测量则相反。因此，如果人、财、物等主观条件和客观条件不允许，在能够基本满足调查研究课题要求的前提下，即使测量对象符合要求，也不能选择高层次测量。

第三，要根据调查研究对准确度的要求和实现它的可能性来选择测量层次。一个变量可能适合用各种尺度来测量，但选择何种测量层次取决于调查研究所要求的精确度。例如，对于"企业"，有些研究只需区分盈利或亏损，这时可用定类测量；有些研究需要将盈利或亏损企业分开档次，则应用定序；有些研究需要精确测量各类企业盈利或亏损的具体差额、比例或比率，则必须用定距或定比测量。另外，有些涉及个人隐私或社会敏感问题的调查研究，虽然对准确度的要求很高，而且理论上也符合测量要求，但实际上不太可能获得精确数据，如企业的避税等，我们就应该注意灵活、变通，不能用高层次测量就退而求其次。

第四，用较低层次测量收集的资料不能用较高层次测量的数学运算来处理，反之则可以。因此，多数社会调查研究尽管只需要对调查资料做一些简单的运算和分析，也应该在有条件时尽量运用高层次测量，收集更多、更精确的信息。这看上去有些浪费，但为今后做补充分析或进一步深化研究预留了足够的空间，还是很是有必要的。

测量层次的选择与运用，通常是在设计问卷（量表）或调查提纲的过程之中。一个社会调查研究项目，一般不会仅仅使用一种测量层次。针对多维度的调查指标，往往需要交叉使用几种不同的测量层次。这一点应引起调查研究者的注意。

第三节　测量的信度与效度

为了保证测量的质量，在确定测量方法后，需要对测量的信度和效度进行检验。

一、信度及其检验

信度是指测量的可靠性。这种可靠性一是指测量方法的可靠，二是指测量结果的可靠。所谓可靠，是指用同一个测量工具，对同一事物进行反复多次测量，其结果应该始终一致。例如，用一架磅秤去称某一件物体，称了几次的结果都是相同的重量，则可以说测量工具及测量结果信度很高；若几次的结果不同，则说明测量工具及测量结果信度很低。

检验测量的信度，通常有以下几种方法：

（一）再测法

再测法指用同一种测量工具和方法，对同一调查对象，前后两次施测。比较两次测量所得结果，求出的相关系数，叫作再测信度。因为它能反映两次测量结果有无变动，也就是测量所得分数的稳定程度，故又称稳定性系数。一般来说，相关系数在0.8以上的测量，就是可靠的测量。

采用再测法时，应注意以下几个问题：

第一，两次测量的时间间隔要适当。时间太短，第一次的回答历历在目，第二次测量可能会受练习和记忆功能的干扰而形同虚设；时间太长，容易受调查对象自身条件的变化（如升迁使社会地位变化，通过学习提高素质等）的影响，降低再测的稳定性。所以，人们一般把两次测量的间隔时间定在几周到半年之间。

第二，再测法适用于测验项目多的速度测验，而不适用于项目少的难度测验。这是因为调查对象难以记住前者的测验内容，所以对第二次测验影响较小。

第三，应设法调动调查对象再测的积极性。对于第二次测量，调查对象易失去兴趣，采取不合作的态度，从而影响第二次测量的质量，所以提高调查对象的再测积极性十分重要。

再测法简便易行，因此是一种最普遍、最常用的信度检验方法。

（二）复本法

复本法是指对同一组调查对象同时或连续使用量表的正本和复本进行测量，复本的项目陈述与正本不同，但测量的是同一内容，即在概念、题量、形式和难度方面都一致，类似于用两套同质、同量、不同题目的试卷让学生同时作答。根据调查对象在两个等值测验中的结果计算出的相关系数叫作复本信度，因为它反映的是两个测验之间的等值程度，因此又叫等值性系数。其计算方法与再测法相同。

在用复本法检验测量的信度时，两个等值测验可以连续施测，也可以相距一段较短时间分两次施测。

复本法能够消减再测法的缺点，但在采用此法时一定要注意：一是正本和复本必须同质、同量。二是两次测量的时间选择要适当，若同时进行，要注意调查对象可能因测量太相似而疲倦的问题；若连续进行，则要注意避免间隔时间太长。

复本法的检验结果比再测法的准确度高，也得到广泛应用，但它本身也有一定的局限性：它只能减少而不能完全排除练习和记忆功能的影响；对于许多测量来说，建立复本有一定难度。

（三）分半法

再测法和复本法都必须经过两次测试，但是有的测量或者无法制作复本，或者由于种种原因不可能再测一次，对此，有时可以采用分半法检验信度。

分半法是按正常的程度实施测量，然后将全部项目分成相等的两半，分别统计。根据各人在这两半测验的分数计算出的相关系数叫作分半信度。

要计算分半信度，关键的问题是如何将测量分成两半。一个测量可以采用多种不同的方法分半，但是在大多数情况下，分为前半部分和后半部分是不可取的，因为前后两部分项目在类型和难度上往往不同，而且受练习、疲劳等各种因素的影响也不同。通常采用奇偶分半法，即按奇偶数将项目一分为二，分别计算。但遇到有关联的项目或解决同一问题的项目时，应将其归在同一半，否则会高估信度的值。另外，要注意当量表中存在任选题时，不宜采用分半法。

二、效度及其检验

效度指的是测量的有效性，即一个测量准确的程度。一个测量无论其信度有多高，若效度很低也是无用的。如果能正确地测量出所要测的东西，这就是高效度的测量。

测量的效度包括两方面内容：第一，测量方法的效度，主要表现为测量指标与所测量变量之间的相关程度。第二，测量结果的效度，主要表现为测量结果与变量值的相关程度。如果它们均一致或接近，则测量的效度较高，否则就较低。比如，用尺子量布，1 米长的布一定是 1 米长，否则，这把尺子就缺乏准确性，或者说缺乏效度。又比如，测量学生的成绩，如果一张考试试卷只有填充题、选择题之类，不能反映学生的全部学习情况，或者测验结果远远低于或高于学生的实际水平，那么这种测量就是不准确的，也就是缺乏效度的。

测量的效度又有两层含义，即内在效度和外在效度。前者是指一项测量的方法、资料和结论对该测量本身的有效性；后者则特指一项测量的结论在普遍应用时的有效性。对测量效度的检验很重要的是对内在效度和外在效度的检验。

检验效度的方法因研究问题的侧重点不同而有很多种类，目前被广泛采用的是美国心理学家弗兰士和米希尔提出的分类方法，他们将效度分为内容效度、效标效度和构想效度三种。

（一）内容效度

内容效度也称表面效度或逻辑效度，是指测量目标与测量内容之间的适合性与相符性。例如，教师在讲授了一段课程之后就要进行考试，而试卷不可能包含所有内容，只能从中选出一个代表性样本来测试，这部分测试内容是否足以反映学生学习该课程的全面情况，就属于内容效度问题：能反映，内容效度就高；否则就低。

如图 3 - 2 所示，内容效度就是测量通过 a 得到的结果是否能代表 A，也就是说，实际测量工具 a 是否体现了 A 的主要特征，能体现，内容效度就高；否则就低。

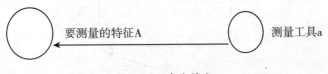

要测量的特征A　　　　　　　　测量工具a

图 3 - 2　内容效度

一个测量要具备较好的内容效度必须满足两个条件：一是确定好内容范围，并使测量的全部项目均在此范围内。所谓内容范围可以是具体知识或技能，也可以是某些复杂的行为。二是测量项目应是已界定的内容范围的代表性样本。换句话说，就是选出的项目能包含所测的内容范围的主要方面，并且使各部分项目所占比例适当。具体做法是对内容范围进行系统分析，将该范围划分为具体纲目，并对每个纲目做适当加权，然后根据权重，从每个纲目中随机取样。

（二）效标效度

效标效度又称准则效度、实证效度、统计效度、预测效度或标准关联效度，是指用不同的几种测量方式或不同的指标对同一变量进行测量，并将其中的一种方式作为准则（效标），用其他的方式或指标与这个准则做比较，如果其他方式或指标也有效，那么这个测量即具备效标效度。它们的相关关系如图 3 - 3 所示，其中 x 是变量，用 x_1 和 x_2 表示两种工具测量。用 x_1 作为准则，x_1 和 x_2 有关联，如果有同等的效果，x_2 也具有同等的效度。

例如，在测量某机关的干部性别时，我们用"检查证件"和"当面验看"两种办法分别测量。而"检查证件"通常是最有效的，可作为准则。如果两种测量的结果基本相同，我们则认为"当面验看"也具有效标效度。

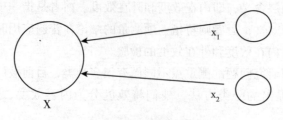

图 3 - 3　效标效度

（三）构想效度

构想效度也称结构效度、建构效度或理论效度，是指测量工具反映概念和命题的内部结构的程度。它一般是通过测量结果与理论假设相比较来检验的。如果用某一测量工具对某一命题（概念）测量的结果与该命题变量之间在理论上的关系相一致，那么这一测量就具有构想效度。

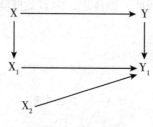

图 3 - 4　构想效度

如图 3 - 4 所示，变量 X、Y 在理论上有关系，如果测量 X 的指标 X_1 与测量 Y 的指标 Y_1 也有关系，并且我们用 X_2 取代 X_1 并复测整个理论时得出了与使用 X_1 时同样的结果，那么新的测量 X_2 具有构想效度，反之则没有。

确定构想效度的基本步骤是，首先从某一理论出发，提出关于特质的假设，然后设计和编制测量并施测，最后对测量的结果采用相关分析或因素分析等方法进行分析，验证其与理论假设的相符程度。

例如，我们要测量工作满意度，设立了 5 个指标。从现有的理论看，工作满意度和同事之间的关系满意度有关，工作满意度较高的人，与同事之间的关系较好；如果我们再用 4 个指标来测量同事之间的人际关系，那么在工作满意度和同事间人际关系这两组指标之间的相关系数就表示结构效度的存在。再比如，美国社会学家在 1970 年建立了一组测量爱情的指标与一组测量喜欢的指标，让一群调查对象同时回答了关于爱情和喜欢的问卷，在关于喜欢的问题上，调查对象对他们约会对象的喜欢程度略高于他们对朋友的喜欢程度；但是在关于爱情的问卷中，调查对象对他们约会对象的爱情程度则大大超过了他们对朋友的爱情程度，因此，美国社会学家区分了喜欢与爱情的不同，并借助喜欢这个概念测量了爱情这个概念的效度。

构想效度存在一些明显的缺点，主要是有些构想概念模糊，缺乏一致的准则；确定效度时没有明确的操作步骤；没有单一的数量指标来描述有效程度，等等。所以，构想效度是一个有争议的概念，有人称赞它反映了效度的本质，但也有人批评它实证性不够。但总的来说，构想效度促使研究者把着眼点放在提出假设、检验假设上，使得测量成为理论研究的重要工具，而不再只是实际决策的辅助工具，从而使测量有了更广阔的发展前景。

三、信度和效度的关系

信度和效度之间的关系，可以用一句话来概括：信度是效度的必要条件而非充分条件。

信度是效度的必要条件，是指一个测量要有效度就必须有信度，信度是效度的必要前提条件，不可信就不可能正确。信度不是效度的充分条件，是指有了信度，却不一定有效度。可信的测量未必有效，而有效的测量必定可信，效度是信度的目标和归宿。任何科学的测量，都是效度和信度的辩证统一。

具体来说，社会测量中信度和效度关系的表现形式有三种：

第一种，可信且有效。可信且有效的测量是优秀的测量，是社会调查研究所追求的境界。它的测量工具和测量结果，既可以真实地反映被测对象现存的客观属性和特征，也可以有效地实现测量所要达到的目的。

第二种，可信但无效。这类测量在社会调查研究中时常出现。它的测量工具和测量结果可以真实地反映被测对象现存的客观属性和特征，所以是可信的；但它不能有效地实现测量所要达到的目的，所以是缺乏效度的。例如，某单位评选先进工作者，所设计的考察指标只有"遵纪守法""积极参加社会活动""能够很好地完成工作任务"三项，这三个测量项目反映的是先进工作者的真实属性和特征，因此是有信度的，但根据它们所得的测量结果却不能有效地达到评优的特定目的，因为"先进工作者"是一个综合社会指标，包含许多方面的内容，这三个测量项目显然并不足以证明某人是否先进，所以，这是一个可信但无效的测量。对于这类社会测量，我们必须进行调整，使测量目的和测量工具完全一致。

第三种，不可信且无效。这种情况在社会调查研究中是要绝对避免的。如果出现这类测量，则说明测量的设计是不能成立的，也就是说，它是缺乏信度的，而一个不可信的测量工具是不可能有任何效用的。例如，1936年美国总统大选时，美国的《文摘》进行了一次民意测验，测验结果显示兰登将在总统竞选中战胜罗斯福。但最后恰恰是罗斯福以压倒性的优势当选为美国总统。《文摘》的民意测验以完全失败告终。之所以如此，是因为调查者漠视了"民意应当是全体选民的意愿"这一基本事实，测验仅仅以电话号码簿和汽车登记册上的人员为调查对象，而漏掉了那些没有汽车、没有电话的广大贫困人群。很显然，该项民意测验就是一次既无信度又无效度的社会测量。

四、影响信度和效度的因素

影响测量信度和效度的因素很多，其中有些因素的影响较为普遍且明显，有些因素的影响却不易察觉。一般来说，对测量的信度和效度影响较大的因素有：

第一，调查者的问题。测量是人的一种主观行为，如果调查者不是以客观事实为依据，而是从为我所用出发去设计测量工具，就必然使测量走上歧途，而这种缺乏信度的测量也必然不会有效度。另外，调查者的工作作风如果不认真、深入，也会导致测量方案设计不周密，出现漏洞，如测量的指导语和陈述不清晰、不严谨，试题的编制不符合测量目的，试题难度不合适，试题的编排不合理，问题及其答案数量过少，评分标准不客观，记分错误等，从而降低测量的信度和效度。

第二，调查对象的问题。每一项测量都有其适用范围，并不能覆盖各种社会群体，所以，如果调查对象样本选择不当，必然影响测量的信度和效度，前述 1936 年美国《文摘》民意测验即为一例。此外，调查对象对调查的兴趣、动机、情绪乃至身体状况以及调查时的环境等，都关系到他们对调查采取何种态度，也会间接影响测量的信度和效度。

第三，测量的长度。测量的长度主要指测量的项目数量。长度适中对保证测量的信度和效度很重要。测量的项目数量过小，就无法保证取样的代表性，不能反映调查对象的真实态度，同时在每个项目上的随机误差也难以消解；测量的项目过多，会造成调查对象的不耐烦、不专注和不认真，从而影响测量的信度和效度。

第四，测量的难度。测量的难度适中对保证测量的信度和效度也有作用。测量题目太容易，就无法细致区分调查对象的态度差异，从而降低信度和效度；测量题目过难，调查对象可能凭猜测作答，从而也会降低信度和效度。

总之，在社会调查研究中，我们应当对信度和效度问题予以高度重视，排除各种可能对信度和效度有害的外来因素，调整和改进不利于信度和效度的测量手段。只有这样，才能保证社会调查研究的质量。

📖 本章小结

社会调查研究必须解决的重要问题之一，就是明确所提出概念的定义，分清概念（包括命题和假设）的层次，并将抽象概念一步步化解为具体的和可操作的指标，而且最理想的目标是将概念化解为可测量的指标，以实现社会调查研究的定量化。这一过程就叫作概念的具体化和操作化。这一过程大致分为四个阶段：概念的形成—概念的界定—选择测量指标—编制综合指标。

概念的操作化和各项调查研究指标的确定，实际上是明确了"测量什么"的问题。在此基础上，我们还应进一步确定主要的测量方法，即明确"怎样测量"的问题。社会调查研究中的测量，是指对所确定的调查指标进行有效的观测与度量的方法。它是运用一定的测量工具，根据一定的测量规则，对调查研究对象的特征（变量）进行观测与度量并赋予一定数值的过程。社会调查研究中定量分析的过程，实际上就是对各项调查研究指标进行测量的过程。社会测量有四个要件：测量工具、测量规则、测量对象和测量数值。其中，确定测量规则是测量中最基本的和难度较大的工作。有效的测量规则必须符合三个条件：准确性、完整性和互斥性。测量按照由低到高的顺序，分成四个层次，即定类测量、定序测量、定距测量和定比测量。这四种测量层次分别对应于概念中的四种变量，即定类变量、定序变量、定距变量和定比变量。

在选择测量层次时，需要注意：①要"量体裁衣"，根据测量对象的特征选择测量层次。②要根据研究条件选择适当的测量层次。③要根据调查研究对准确度的要求和实现它的可能性来选择测量层次。④用较低层次测量收集的资料不能用较高层次测量的数学运算来处理，反之则可以。

为了保证测量的质量，在确定测量方法时，还应当确定对测量信度和效度的检验方法。信度是指测量的可靠性。这种可靠性一是指测量方法的可靠，二是指测量结果的可靠。检验测量的信度，通常有再测法、复本法和分半法等方法。效度指的是测量的有效性，即一个测量准确测量的程度，包括两方面内容：一是测量方法的效度，二是测量结果的效度。检验效度的方法目前被广泛采用的是内容效度、构想效度和效标效度三种。信度和效度之间的关系，可以用一句话来概括：信度是效度的必要条件而非充分条件。其表现形式有三种：①可信且有效；②可信但无效；③不可信且无效。

影响测量信度和效度的因素很多，其中影响较大的因素有：①调查者的问题；②被调查者的问题；③测量的长度；④测量的难度。

▣ 思考题

1. 什么是概念的具体化和操作化？为什么要进行这项工作？
2. 概念的具体化和操作化有哪些步骤？其核心内容是什么？
3. 什么是社会测量？有效的测量规则必须符合哪些条件？
4. 简述社会测量的层次及其内容。
5. 什么是测量的信度和效度？怎样检验它们？
6. 测量的信度和效度是什么关系？
7. 影响测量信度和效度的主要因素有哪些？

第四章 抽 样

本章提要

抽样是抽样调查的必要前提，通常是在社会调查研究的准备阶段要完成的一项重要工作。本章提出了抽样的基本概念和基本术语，阐释了抽样在社会调查研究中的作用，重点介绍了不同种类的概率抽样和非概率抽样的方法，特别说明了每一种方法的适用范围和操作程序，并对它们做了简要评价，以便于调查研究者在具体调查中恰当地选取使用。同时，为了更好地应用抽样方法，还简要介绍了样本规模和抽样误差问题。

学习要求

1. 了解：抽样的概念和基本术语；样本规模和抽样误差。
2. 掌握：抽样的作用和特点；概率抽样和非概率抽样的类型及应用。

当今社会最主要和最常用的调查类型是抽样调查，它的前提条件就是抽样。因此，抽样通常是在社会调查研究的准备阶段需要完成的一项重要工作。抽样是否科学、是否适用，直接关系着抽样调查的成败。所以，掌握正确的抽样方法是社会调查研究必备的重要技能。

第一节 抽样概述

一、抽样的概念和基本术语

（一）抽样的概念

抽样指的是从组成某个总体的所有元素，也就是所有最基本单位中，按照一定的方式选择或抽取一部分元素的过程和方法，或者说是从总体中按照一定方式选择或抽取样本的过程和方法。比如，从某企业全部 3 000 名工人所构成的工人总体中，按照一定方式抽取 200 名工人构成的样本的过程；或者从某社区 1 000 户家庭构成的居民总体中，按照一定的方式抽取一个由 100 户家庭构成的样本的过程，都叫作抽样。

抽样存在的必要性缘于总体本身所具有的异质性。如果某个总体中的每一个成员在所有方面都相同，即具有百分之百的同质性，那么抽样也就没有必要了，因为只要了解了一个个体的性质和特征，就等于了解了总体的性质和特征。但是，现实中的任何总体都不具备这种情况，相反，它们都存在程度不同的异质性，即它们所包含的个体之间总是千差万别的。抽样中的总体通常就是社会中由许许多多个人所组成的各种各样的社会群体，而现实社会中从来没有两个完全相同的人。因此，要反映总体的性质和特征，只有通过一定数量个体成员构成的样本才有可能。

抽样存在的合理性是由辩证唯物主义个别与一般的理论和建立在概率论基础上的大数定律和中心极限定律决定的。这些理论与定律证明，尽管总体所包含的每一个个体都不能完全地反映总体的性质和特征，却都具有不同程度的总体的性质和特征的因素，一定数量的这种个体因素的集合，就可以反映和说明总体的性质和特征。正因为如此，抽样成为一种通过部分个体反映总体的性质和特征的有效方法。

（二）抽样的基本术语

在抽样中，有一些常用的基本术语，其主要包括：

1. 总体

总体是构成事物的所有元素，也就是最基本单位的集合。在社会调查研究中，最常见的总体是一些社会群体，而个人便是构成这类总体的元素。比如，当我们对某品牌电视机的消费者进行调查研究时，这类消费者的集合就是总体，而每一个消费者便是构成总体的元素。

2. 样本

样本是从总体中按照一定方式抽取出的一部分元素的集合。一个样本是总体的一个子集。比如，从某省总数为 10 万人的消费者总体中，按照一定方式抽取出 3 000 名居民进行调查，这 3 000 名居民就构成该总体的一个样本。在社会调查研究中，资料的收集工作是通过样本来完成的。样本的调查结果往往被用来推论和说明总体。

3. 抽样元素

抽样元素指的是构成总体的每一个最基本单位，也称"抽样分子"或"个体"。社会调查研究中最常用的抽样元素是单个的人，但也可以是家庭、学校、企业、商店等。例如，相对于全国所有汽车企业这个总体来说，某汽车厂就是抽样元素。

4. 抽样单位

抽样单位是一次直接的抽样所使用的基本单位。抽样单位与抽样元素有时是相同的，有时又是不同的。比如，上面所举的例子中，单个的消费者既是构成 10 万消费者这一总体的元素，又是我们从总体中一次直接抽取出 3 000 名消费者的样本时所用的抽样单位；但是，当我们从这一总体中一次直接抽取的不是个人，而是 30 个小组（每组 100 人），并以这 30 个小组作为我们的样本时，抽样单位（小组）与抽样元素（消费者）就不是一个概念了。

5. 抽样框

抽样框又称作抽样范围，指的是一次直接抽样时总体中所有抽样单位的名单。比如，从一个工厂的全体工人中，抽取 1 000 名工人作为样本。那么，这个工厂全体工人的名单就是这次抽样的抽样框；如果是从这个工厂的所有车间中抽取部分车间的工人作为调查的样本，那么，此时的抽样框就不再是全厂工人的名单，而是全厂所有车间的名单了。因为，此时的抽样单位已不再是单个工人，而且单个的车间了。

6. 参数值

参数值也称为总体值，是关于总体中某一变量的综合描述，或者总体中所有元素的某种特征的综合数量表现。在统计中，最常见的参数值是某一变量的平均值。比如，某市下岗工人的平均年龄，就是关于某市全部下岗工人这一总体在年龄这一变量上的综合描述。需要说明的是，总体值只有通过对总体中的每一个元素都进行调查或测量才能得到。

7. 统计值

统计值也称为样本值，是关于样本中某一变量的综合描述，或者说是样本中所有元素的某种特征的综合数量表现。样本值是从样本的所有元素中计算出来的，它是相应的总体值的估计量。比如，从某市下岗工人中抽取 1 000 人作为样本，所算出的他们的平均年龄，既是关于某市下岗工人样本在年龄这一变量上的综合描述，也是对全部下岗工人的平均年龄的估计量。抽样的目的之一，就是要通过这些样本值去估计和推断各种总体值。由于从一个相同的总体中可以根据不同的抽样设计得到若干个不同的样本，所以从每一个样本中所得到的估计量，都只是总体的许多个可能的估计量中的一个。抽样设计的目标，就是尽可能使所抽取的样本的估计量接近总体的参数值。

8. 抽样误差

抽样误差是用样本统计值去估计总体参数值时所出现的误差。这种误差是因为抽样本身的特点而引起的。由于无论采取什么样的抽样方式，所抽取的样本有多大，都无法涵盖总体，所以抽样误差是不可避免的。但是，抽样误差的大小是可以在样本设计中事先进行控制的。

除此以外，抽样中还存在另一种误差，即在记录、填答、汇总等工作中因误抄、误算等人为过失和违反抽样原则而造成的误差。它们和这里所说的抽样误差并不是一个概念。

二、抽样的作用

抽样调查是人们"由部分认识整体"的重要途径，而抽样作为其中的一个关键环节，其基本作用在于向人们提供一种实现"由部分认识总体"这一目标的手段。实际上，抽样早就在人们的日常活动中发挥着作用，早就被人们自觉或不自觉地运用着。比如，农民在买种子时，往往先从一大袋种子中随手抓一把看看，便知道这批种子的质量好不好；医生只要从病人身上抽取很少的一点儿血液，便可以了解病人全部血液的各方面状况。但是，抽样进入社会调查研究领域，是近代数理统计理论迅速发展的结果。第二次世界大战之后，它随着计算机技术的突飞猛进而得到大力推广，普遍应用于社会的各个方面。

在社会调查研究中，抽样主要解决的是调查对象的选取问题，即如何从总体中选出一部分对象作为总体的代表的问题。一项社会调查研究若能采用普查的方式，对总体的全部元素都进行了了解，那当然最好，但实际上绝大多数调查研究常常会因为条件限制，而不得不在庞大的总体与有限的时间、人力、经费之间寻求平衡。以现代统计学和概率论为基础的现代抽样理论，以及不断发展、不断完善的各种抽样方法，正好适应了社会调查研究的发展和应用的需要，成为架在研究者十分有限的人力、财力和时间与庞杂广阔、纷繁多变的社会之间的一座桥梁。有了它的帮助，研究者可以方便地通过较小的部分认识很大的整体。正是因为如此，抽样才与问卷方法、计算机技术、统计分析方法相结合，形成了社会调查研究的抽样调查类型，在现代社会中大放异彩。

关于抽样的作用，有两个相关的问题需要特别明确：

第一，抽样和抽样调查不能混为一谈。抽样只是抽样调查的前提和一部分，只解决抽样调查过程中的选取调查对象这一个问题，抽样调查的其他所有问题都是靠另外的方法来解决的。

第二，抽样只是抽取样本的方法，而不是调查方法或者资料收集方法。再进一步说，即使是抽样调查，也不能定义为一种调查方法或者资料收集方法。抽样调查和普查、个案调查一样，只能说是调查的类型或者方式，它们所使用的具体调查方法或者资料收集方法就是各种类型的调查研究所通用的问卷法、访谈法、观察法、实验法、文献法等。目前，我国许多调查报告经常有"采用抽样调查的方法收集资料"之类的语言，一些教科书甚至直接将抽样调查定义为收集资料的方法，这些说法严格说来都是不确切的。

三、抽样的类型

根据具体方法的不同，人们把抽样分为概率抽样与非概率抽样两大类。这是两种有着本质区别的抽样类型。概率抽样是依据概率论的基本原理，按照随机原则进行的抽样，因而它能够避免抽样过程中的人为误差，保证样本的代表性；而非概率抽样则主要是依据研究者的主观意愿、判断或是否方便等因素来抽取对象，它不考虑抽样中的等概率原则，因而可能产生较大的误差，难以保证样本的代表性。

概率抽样与非概率抽样又各自包括了许多具体类型。其主要类型可如图 4 - 1 所示。

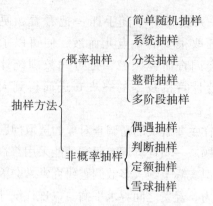

图 4 - 1　抽样的主要类型

关于这些抽样类型的原理及内容，我们将在本章稍后部分具体介绍。

四、抽样的程序

虽然不同的抽样方法具有不同的操作要求，但它们通常都要经历这样几个步骤：

（一）界定总体

界定总体就是在具体抽样前，明确从中抽取样本的总体的范围与界限。这首先是由抽样的目的所决定的。因为抽样虽然只实施于总体中的一部分个体，但其目的是描述和认识总体的状况与特征，发现总体中存在的规律性，因此必须事先明确总体的范围与界限；其次，界定总体也是保证抽样效果的前提条件。要有效地进行抽样，必须事先了解和掌握总体的结构及主要内容，并依据研究的目的明确总体的范围，抽样的样本必须取自明确界定后的总体。否则，即使采用严格的抽样方法，也可能抽取出对总体缺乏代表性的样本来。例如，我们要对某市企业职工劳动合同执行状况做抽样调查，首先就要明确总体是该市所有企业的所有职工，包括合同工、临时工和农民工，如果只把总体界定为部分企业或某类职工，则从中抽取的样本是无法反映某市企业职工劳动合同执行的总体状况与特征的。

（二）决定抽样方法

各种不同的抽样方法都有自身的特点和适用范围。因此，我们在具体实施抽样之前，应依据调查研究的目的、界定的总体范围、计划的样本规模和量化精确程度来决定具体采用哪种抽样方法。应注意，凡是要求从数量上推断总体的抽样调查，都必须采用随机抽样。

（三）设计抽样方案

设计抽样方案即在上述工作完成的基础上，根据调查研究的目的、调查总体、抽样方法、样本规模、抽样误差等有关问题制定各项目标和操作的具体方案，为抽样工作的顺利进行提供基础。进行抽样设计时所应当遵循的四条原则包括：一是目的性原则；二是可测性原则；三是可行性原则；四是经济性原则。

目的性原则是指在进行抽样方案设计时，要以课题研究的总体方案和研究的目标为依据。以研究的问题为出发点，从最有利于研究资料的获取，以及最符合研究的目的等因素来考虑抽样方案和抽样方法的设计。可行性原则是指抽样设计要符合主客观条件，切实可行。可测性原则是指抽样设计能够从样本自身计算出有效的估计值或者抽样变动的近似值。经济性原则主要指的是抽样方案的设计要考虑尽可能最大限度地发挥研究的可得资源的效力，这种资源主要包括研究的经费、时间、人力等。

（四）制定抽样框

制定抽样框就是依据已经明确界定的总体范围，收集总体中全部抽样单位的名单，并统一编号。例如，如果我们要在某单位进行一项在职女职工家务负担的抽样调查，那么，第一步是要先对总体进行界定，明确总体范围是该单位在职的女性职工，而将所有不符合上述界定的人排除在总体之外。然后，要收集或编制一份该单位所有在职女职工的完整的、既无重复又无遗漏的人员名单，即抽样框，以备下一步抽取样本之用。

当抽样是分阶段、分层次进行时，各阶段和层次实际上就构成了总体之下的子总体，应当再分别建立抽样框。比如，为了解某省农民的生活状况，需要从全省 100 个县中抽取 20 个县，再从每个抽中的县中抽取 5 个乡，最后从每个抽中的乡中抽取 30 个农户进行调查，那么，就要分别收集并编制全省所有县的名单、每个抽中的县里所有乡的名单，以及每个抽中的乡里所有农户的名单，形成三个不同层次的抽样框。

（五）实际抽取样本

实际抽取样本就是在上述几个步骤的基础上，严格按照所选定的抽样方法，从抽样框中抽取一个个抽样单位，构成样本。抽样工作一般在实地调查之前就已完成，但当研究的总体规模较大，或抽样是采取多阶段方式进行时，就得一边抽取样本一边开始实地调查了。比如，我们要在某市一个企业中抽取 200 名职工进行工作满意度调查，而这个企业的职工总数不是很大，并且很容易得到全部职工的花名册，就可以事先从这份花名册中（抽样框中）抽取出 200 名职工的名单作为样本，待一切准备工作就绪，正式开始调查时，再按图索骥，对这 200 名职工进行调查。但是，如果是从该市所有企业中抽取 1 000 名职工进行工作满意度调查，那么由于职工数量实在太大，名单难以一下子全部得到，我们就需要采取多阶段抽样的方法，而且要到了实地（该市）后边抽样、边调查。

（六）样本评估

样本评估就是对样本的质量和代表性进行检验，其目的是防止因样本的偏差过大而导致的失误。评估样本的基本方法是：将样本的重要特征及其分布情况与总体的同类指标进行对比。若二者之间的差别很小，则样本的质量较高，代表性较大；否则样本的质量和代表性就较低。例如，如果我们从一个有 4 000 名职工的企业中抽取 200 名职工作为样本，并且统计出样本中男职工占 76%，女职工占 24%；本地职工占 67%，外地职工占 33%。同时，我们从企业有关部门那里得到下列统计资料；男职工占职工总数的 78%，女职工占 22%；本地职工占 64%，外地职工占 36%。两相对比，不难发现二者之间的差距很小，它说明样本的质量和代表性较高，能够较好地反映和体现总体的情况。这样的样本就可以放心地用于抽样调查了。

第二节 概率抽样

概率抽样又称随机抽样或等概率抽样，是指总体中每一个成员都有同等的进入样本的可能性，即每一个成员的被抽概率相等，而且任何个体之间彼此被抽取的机会是独立的。概率抽样以概率理论为依据，通过随机化的机械操作程序取得样本，所以能避免抽样过程中的人为因素的影响，保证样本的客观性。虽然随机样本一般不会与总体完全一致，但它所依据的是大数定律，而且能计算和控制抽样误差，因此可以正确地说明样本的统计值在多大程度上适合于总体，根据样本调查的结果可以从数量上推断总体，也可在一定程度上说明总体的性质、特征。正因为如此，现实生活中绝大多数抽样调查都采用概率抽样的方法来抽取样本。

概率抽样依照具体抽样方法的不同，分为以下类型：

一、简单随机抽样

（一）简单随机抽样的概念和方法

简单随机抽样又称纯随机抽样，是指在特定总体的所有单位中直接抽取 n 个组成样本。它是一种等概率抽样和元素抽样方法，最直观地体现了抽样的基本原理。简单随机抽样是最基本的概率抽样，其他概率抽样都以它为基础，可以说是由它派生而来的。

简单随机抽样对总体中所有个体完全按照随机原则抽取样本，即抽样时是不对所有个体进行任何分组排列的，抽取样本的数量是事先设定的，是从总体中逐个进行抽取的，从而使总体中任何个体都同样有被抽取的平等机会。为此，必须保证抽样框的合理性和充分性，既不能让某些个体重复进入抽样框而增加被抽机会，也不能让某些个体遗漏而失去被抽机会，否则就破坏了随机原则。

简单随机抽样分为重复抽样和不重复抽样两类。在重复抽样中，已被选中的个体仍放回总体中，因此在同一样本中，某一个体就有可能不止一次地出现。在不重复抽样中，被选为样本的个体不再放回总体，因此在同一个样本中，每一个体只能出现一次。当总体足够大时，不重复抽样与重复抽样相差很小，所以在大规模社会调查中，通常不使用重复抽样。

常用的简单随机抽样方法有直接抽样法、抽签法和随机数表法。

直接抽样法是指不对总体的各单位做任何处理，直接从中随机抽取样本的方法。例如，工厂的检验员从生产线上随手抽取若干产品进行检验，调查者在居民小区随意到几户家庭进行调查等。

抽签法也叫抓阄法，是事先编制抽样框，将总体的所有单位都编号，分别写在一张张纸条上，放入一个容器中摇晃均匀，从中任意一个个抽取，直到抽够所需数量为止。这种方法简便易行，应用较多，但当总体规模和的样本数量较大、工作量繁重时，则不适宜采用。

随机数表法是用随机数表来抽样的方法，适用于总体规模稍大的抽样。随机数表是一种由数字 0~9 组成的特殊的数码表格，所有数码不是顺序而是随机排列的。它一般用计算机生成，生成原则是保证表中每个位置上的数码都有出现的同等可能。目前，社会上流行着从 1 000 个数码到 15 000 个数码的各种随机数表。用随机数表抽样的具体做法是：首先，根据总体的所有单位的名单编制抽样框。其次，将抽样框中的所有单位按顺序编号。再次，根据总体规模选用随机数表，如 1 000 个单位以下用 3 位数表，10 000 个单位以下用 4 位数表，或者在大的随机数表中选定与之相应的数码范围。接着，从选定的随机数表或随机数表数码范围中，按照任意确定的原则（位置任意、方向任意），逐个抽取与所定的样本数等量的数码。最后，根据抽出的随机数表数码，从抽样框中抽取数码与之相同的单位，最终形成样本。

（二）简单随机抽样的评价

简单随机抽样没有人为因素的干扰，简单易行，是概率抽样的理想类型。但是它也有很大局限性。

第一，这种抽样方法，在总体同质性较高时，用起来比较准确、有效，但在总体异质性较高时，则不适用。这是因为当构成总体的个体差异较大时，用简单随机抽样方法抽出的样本由于在总体中的分布不一定均匀，所以很可能误差较大，不能很好地说明总体的性质和特征。例如，调查高校教职工生活状况，就不能用简单随机抽样。因为高校教职工包括教师、教辅、干部、职工等不同群体，彼此之间生活状况差异很大，如果用简单随机抽样，有可能使样本偏于某一群体，这就不能反映高校教职工总体的真实状况。

第二，当总体所含个体数目太多时，采用这种抽样方式不仅费时、费力、费钱，而且很难操作。例如，要采用简单随机抽样方法，从北京市全体驾驶员中抽取 1 000 人作为样本，就需收集全市 1 000 多万驾驶员的名单，制成抽样框，仅此一项便工作量巨大，其他工作则更难进行。因此，一般认为简单随机抽样仅适用于总体所包括的单位较少，又比较集中的情况，如检验超市中某商品质量时的抽样，检查某大学教师的教学水平时的抽样等。不过，从发展的角度看，简单随机抽样的这个缺陷是很可能得到消除的。随着当今社会计算机技术的飞速发展，特别是网络技术的日新月异，所有的信息都可以不再受时间、空间的限制，在互联网上融会贯通；过去烦琐、艰巨的概率排列组合与计算工作，也可以通过计算机在瞬间完成，所以我们可以相信，简单随机抽样将越来越不受总体规模的制约。

二、系统抽样

（一）系统抽样的概念和方法

系统抽样也称等距抽样或机械抽样，是按一定的间隔距离抽取样本的方法。其做法是先编制抽样框，将总体的所有单位都按一定标志排列编号；再用总体的单位数除以样本的单位数，求得抽样间距；然后，在第一个抽样间距内随机抽出第一个样本单位，作为抽样的起点；接着，按照抽样间距依次抽取样本单位，直到抽足样本的单位数为止。例如，某企业有3 000 名工人，我们要从中抽取 100 人作为样本，具体做法就是：先收集 3 000 名工人的名单，顺序编号为 1～3 000，制成抽样框；再用总体的单位数 3 000 除以样本的单位数 100，得出抽样间距 30；然后，在第一个抽样间距 1～30 内随机抽出第一个样本单位，假定是 10；最后，按照抽样间距依次抽取样本单位，即 40、70、100……直到抽足 100 个样本单位为止。若抽到最后第 3 000 号仍不足所需样本时，可再回头累积抽取。

采用系统抽样必须注意一个问题：总体单位的排列不能呈有规律分布的状态，否则会使系统抽样产生很大误差，降低样本的代表性。例如，以部队的战士为抽样样本，战士的名单一般是以班为单位排列的，十人一班，第一名是班长，最后一名是副班长，若抽样间距也是10，则样本或均由班长（正、副）组成，或均由战士组成，就没有了代表性。因此，在使用系统抽样时一定要认真考察总体的排列情形和抽样距离之间的关系，如原有的排列次序影响抽样的话，就应当打乱原排列次序或改用其他抽样方法。

（二）系统抽样的评价

同简单随机抽样相比，系统抽样有明显的优点。

第一，当总体规模较大时，系统抽样比简单随机抽样中的随机数表法易于实施，工作量较少。它不需要反复使用随机数字表抽取个体，而只需按间隔等距抽取即可。

第二，系统抽样的样本不是任意抽取，而是按照间隔等距抽取，所以在总体中的分布更均匀，抽样误差一般也要小于简单随机抽样，也就是说精度更高，代表性更强。

系统抽样的局限性与简单随机抽样一样，也是仅适用于同质性较高的总体。而且当总体内不同类别个体的数量相差过于悬殊时，采用此法所抽出的样本代表性可能更差。例如，以部队全体指战员为抽样总体，而部队内战士多、干部少，如果用系统抽样按照间隔等距抽取样本，则可能很少抽中或完全抽不中干部。

三、分类抽样

（一）分类抽样的概念和方法

为了克服简单随机抽样与系统抽样等类型的缺点，解决异质性程度较高的总体的抽样问题，人们使用了分类抽样的方法。所谓分类抽样也叫类型抽样或分层抽样，就是先将总体的所有单位依照不同特征分为若干个子总体（类），然后从每一类中按简单随机抽样或系统随机抽样的办法抽取一个子样本（分类样本），再将它们集合为总体样本。

按照确定分层样本数量的不同方式，分类抽样分为比例分类抽样和非比例分类抽样两种。比例分类抽样是指分类样本在总体样本中所占比例与该类所有单位在总体中所占比例相同；非比例分类抽样则比例不同。例如，我们要调查某企业员工的生活待遇问题，决定从全部 2 000 员工中抽取 200 人作为样本，由于企业员工中既有管理人员，又有技术人员，还有工人，而且三者数量和状况差异太大，因此就需要采用分类抽样的方法。首先，将所有管理人员、技术人员和工人划分为三个子总体（类），假定管理人员共 100 人，技术人员共 200 人，工人共 1 700 人。然后，若按比例分类抽样方法，则应分别抽取 10 人、20 人、170 人。如果我们还需要重点了解管理人员和技术人员的情况，而且又认为 10 人、20 人太少，不足以说明问题时，则可以采用非比例分类抽样方法，假定每类抽取 30 人，从而使管理人员和技术人员被抽概率大大提高，特征更加明显。

分类抽样建立在两个假定之上：①只要类型划分较细，那么同一个类型中的每一个个体都是同质的，所以样本可以准确地反映总体的质。②只要类型划分合理，且分配给各类的名额符合总体中各类人员的分布，那么，样本就可以准确地反映总体的量。这两个假定在理论上是成立的，但在实际过程中只有分类标准科学并符合客观实际才能实现。由于分类通常都是人们的主观行为，所以必须对总体单位的所有特征及其包含的所有因素有充分的了解，才能保证分类的准确性和样本的精确度，这对那些自然形成的、特征鲜明的个体类型来说问题不大，如不同国家、不同省市、个人的年龄、性别、教育、职业等，但对于复杂的个体类型来说，则有一定难度。因此，在进行分类抽样时，调查者要尽可能地考虑到那些有可能影响变量的各种因素，根据其不同特征来对总体进行分类，并弄清它们在总体中所占的比例，然后依据这种划分以及各类成员的比例去选择样本单位，使样本中的成员在上述各种因素、各种特征方面的构成和在样本的比例尽量接近总体。一般来说，人们对复杂事物都是按照多种标准作多种分类或综合分类。例如，研究城镇居民消费结构的变化，既可按行业分类，又可按行业和职业交叉分类，还可按行业、职业与性别、年龄等标准综合分类等。在符合客观实际的前提下，分类数目应尽可能多，分类越细越多，则样本的代表性则越好。无论怎样分类，其结果都要努力做到同类单位之间同质性最大，不同类单位之间异质性最大，而且不能重复归类、互相交叉或有所遗漏，各类单位数量之和必须与总体单位数相等。

（二）分类抽样的评价

分类抽样有着突出的优点：

第一，分类抽样能够克服简单随机抽样和系统抽样的缺点，适用于总体内个体数目较多、结构较复杂、内部差异较大的情况。它通过分类把同质性较大的单位集合为一个类型，把异质性较大的单位区分为不同类型，这样就减少了抽样误差，尤其是按比例分类抽样方法抽出的样本，实际上就等于总体的缩影，从而可以大大加强样本的代表性。

第二，精确度较高。由于分类抽样可以将一个内部差异很大的总体分解成一些内部比较相似的子总体，综合每一子总体内抽出的小样本就能较好地代表总体，所以在样本数相同的情况下，分类抽样比简单随机抽样的精确度高。从另一角度说，在同样的精确度要求下，分类抽样的样本规模较小，从而可以节约抽样成本。

第三，便于对不同层面的问题进行探索。分类抽样不仅可以了解总体情形，而且可以将每一类看作一个总体，进行专项研究。此外，对总体的各类单位还可以采用不同的抽样方法，如对在职职工采用系统抽样方法，对离退休职工采用简单随机抽样方法等，这就能够更准确、深刻地反映调查对象的本质特征。

第四，便于分工，使工作效率提高。因为分类抽样可以把每一类看作一个相对独立的总体，所以可以由不同的人分别进行抽样工作，大大加快工作进度。

分类抽样的缺点是，如何分类通常由人们主观判定，因此要求调查者具备较高的素质与能力，并且必须事先对总体各单位的情况有较多的了解，而它们在实际工作中有时难以完全实现，这就有可能影响分层的科学性和精确性。

四、整群抽样

（一）整群抽样的概念和方法

整群抽样又称聚类抽样或集体抽样，是将总体按照某种标准划分为一些群体，每一个群体为一个抽样单位，再用随机的方法从这些群体中抽取若干群体，并将所抽出群体中的所有个体集合为总体的样本。例如，某大型企业有 5 个分厂、30 个车间、12 000 名工人，如果采取整群抽样方法调查该企业工人收入状况，其具体做法就是：首先，将工人按照车间分为30 个群体，并把每一个车间看作一个抽样单位；然后，用随机的方法从 30 个车间中抽取若干个（如 6 个）作为样本；最后，将这 6 个车间的全部工人集合为总体样本。

整群抽样分为等规模整群抽样和不等规模整群抽样，前者总体内所有群体的规模都大致相同，后者总体内各群体规模则不等，在社会调查研究中以后一种情况居多。这种差异如果较大，就会对抽样成本预算与精确度测算以及实地调查工作造成不利影响，同时还容易产生抽样误差。为了解决这一问题，人们往往采用概率与元素的规模大小成比例的抽样方法，简称 PPS（Probability Proportionate to Size）抽样，也叫作比例抽样，就是根据每个群体所包含的最终抽样单位的规模来决定各自抽取样本的比例大小，规模大则抽取样本比例相对小，规模小则抽取样本比例相对大，从而保证每个群体中的最终抽样单位都具有被抽中的同等机会。例如，在上述某企业工人收入状况调查中，发现抽取的 30 个群体（车间）中，样本规模（工人数）分别从 100 人到 600 人不等，其差异会影响调查质量，因此用 PPS 抽样方法，提高 100 人车间的抽样比例，并按不同比例减少其他人多的车间的抽样数，形成最终总体样本。

（二）整群抽样的适用性

整群抽样与分类抽样都是将总体分为一些子群，但分类抽样中所有子群均要抽取一个样本，总体样本是各分类样本的集合，即总体样本在各类中均有分布。整群抽样则不然，它是抽取若干子群，并将这些子群的全部个体集合为总体样本，因此，总体样本只分布在部分子群之中。在分类抽样中，类与类差异明显，类内个体则基本同质，所以由各分类样本集合而成的总体样本能较好地代表总体。整群抽样则不一定是按特征不同分类，而且由于仅抽取某几个子群作为总体的代表，一旦子群之间差异较大，那么抽出的几个子群就有可能出偏而无法代表总体。例如，要调查某县农民的平均收入，将农户按照自然村分为个 60 个子群，由于该县自然村既有在县城附近的，又有在平原的，还有在山区的，三者之间的农民收入相去甚远，因此，如果用整群抽样方法抽取 10 个子群，而抽到的仅仅是其中一种或两种自然村类型，那么显然这个样本是无法代表全县农民的收入水平的。所以，整群抽样对于个体单位之间界限不清的总体，能够充分发挥其作用，却并不适用于总体单位界限分明的情况。对于后者，一般还是以采用分类抽样等方法为宜。

另外，整群抽样对于所含子群总数较少的总体也不大适用，因为若总体所含子群总数较少，则所抽取的样本群数也必然较少，这样会导致样本过于集中，有可能降低样本的代表性。所以，当面对这种情况时，也应当考虑采用分类抽样或其他抽样方法。

（三）整群抽样的评价

整群抽样的优点在于：它可以通过转化抽样单位扩大抽样的应用性，降低成本，提高效率。例如，在一个几百万乃至上千万人口的大城市里进行抽样调查，如果以个人为抽样单位，则需要建立一个几百万乃至上千万人口的巨大抽样框，这在实际中很难操作。即使能做到，从时间、人力和费用方面考虑也极不经济。此时，使用整群抽样就是一个很好的选择。我们可以把城市居民委员会作为抽样单位，即将抽样单位由个人转换成群体，这样编制抽样框就会省时、省力和节约费用。正因为如此，在许多社会调查研究中，人们即使有总体的抽样框，但为了节约和提高效率，也会采用整群抽样。

整群抽样的最大缺点是样本分布不均匀，样本的代表性较差，因此与其他抽样方法相比，在样本数相同时，其抽样误差较大。另外，对整群样本的资料分析，如统计推断、假设检验等，也比前面几种抽样方法复杂。

五、多阶段抽样

（一）多阶段抽样的概念和方法

多阶段抽样又称多级抽样或分段抽样，就是把从总体中抽取样本的过程分成两个或多个阶段进行的抽样方法。它是在总体内个体单位数量较大，而彼此间的差异不太大时，先将总体各单位按一定标志分成若干群体，作为抽样的第一阶段单位，并依照随机原则，从中抽出若干群体作为第一阶段样本；然后，将第一阶段样本又分成若干小群体，作为抽样的第二阶段单位，从中抽出若干群体作为第二阶段样本，依此类推，可以有第三阶段、第四阶段……直到满足需要为止。最末阶段抽出的样本单位的集合，就是最终形成的总体样本。一般在抽取前阶段样本时采用分类抽样或等距抽样，抽取后阶段样本时用整群抽样或简单随机抽样。例如，我们要进行一次全国农村家庭平均收入水平的调查，可先将县作为抽样单位，进行第一阶段抽样，选出一部分县。接着，以乡为抽样单位，从所选出的县中抽取一部分乡，这是第二阶段抽样。此前均采用分类抽样方法。然后，再以村为抽样单位，从所选出的乡中随意抽取一部分村，做第三阶段抽样。最后，以家庭为抽样单位做第四阶段抽样，从已选出的村中随意抽取家庭样本，集合成为总体样本。

在进行多阶段抽样时，应该注意处理好两个关系：一是群体规模与抽样概率的关系。在多阶段抽样过程中，每一阶段都要划分若干群体作为抽样单位（如上例中的县、乡、村），而每一群体包含的最终抽样单位（如上例中的家庭）数量往往相差甚远，所以群体规模越小（即小县、小乡、小村），其最终抽样单位（家庭）被抽中的概率就越高；群体规模越大（大县、大乡、大村），其最终抽样单位（家庭）被抽中的概率就越低，这就违背了概率抽样的基本原则。对于这个问题，人们通常也像在整群抽样中一样，采用 PPS 抽样方法来保证每个群体（县）中的最终抽样单位（家庭）都具有被抽中的同等机会。二是群体规模与抽样成本、效率和抽样误差的关系。在多阶段抽样过程中，如果从提高样本代表性、减少抽样误差的角度考虑，抽取样本的群体（如县、乡、村等）应该尽可能多一些。但是，如果从提高效率、降低成本的角度考虑，抽取样本的群体则应该尽可能少一些。因此，应该从实际需要和现实可能出发，在这些问题之间寻求一个平衡点，努力做到多方兼顾。

（二）多阶段抽样的评价

多阶段抽样把全部抽样过程分为若干阶段，分阶段抽取样本，最主要的作用就在于缩小总体范围，提高抽样效率，降低抽样成本。

在进行大规模社会调查时，如果抽样单位只是一级，如在全国范围内进行以单个工人为抽样单位的抽样调查，则编制抽样框将极为困难，而且样本的分布极其分散，所需的调查费用与人力、物力巨大。多阶段抽样采用从高级抽样单位到低级抽样单位逐段抽样的方法，能够较好地解决这些问题，如它可以先从各省、市、自治区抽取一部分企业，作为第一阶段样本，再从中抽取一部分车间，作为第二阶段样本，最后从中抽取一部分工人，集合为总体样本。这样，原本艰巨复杂的抽样工作就变得简单易行。因此，多阶段抽样的最大优点就是可以达到以最小的人、财、物消耗和最短的时间获得最佳调查效果的目的，特别适用于调查范围大、单位多、情况复杂的调查对象。此外，多阶段抽样由于在各阶段抽样时可根据具体情况灵活选用不同的抽样方法，所以能够综合各种抽样方法的优点，有利于提高样本质量。

多阶段抽样的不足之处是抽样误差较大。由于每次抽样都必然产生误差，所以抽样阶段越多则抽样误差就越大。因此，为了降低抽样误差的程度，除非必要，否则应尽量减少分段。

第三节 非概率抽样

非概率抽样又称为不等概率抽样或非随机抽样，就是调查者根据自己的方便或主观判断抽取样本的方法。它不是严格按随机抽样原则来抽取样本，所以失去了大数定律的存在基础，也就无法确定抽样误差，无法正确地说明样本的统计值在多大程度上适合于总体。虽然样本调查的结果也可在一定程度上反映总体的性质、特征，但不能用来推论和说明总体的属性与特征。

非概率抽样的具体方法很多，其中常用的有以下几种：

一、偶遇抽样

偶遇抽样又叫自然抽样、方便抽样或便利抽样，是调查者将在一定时间、一定环境里所能遇见到或接触到的人作为样本的方法，也就是调查者根据自己的方便，任意将偶然遇到的人或者选择那些离自己最近的、最容易找到的人作为样本。例如，在车站码头向候车人做调查；在街头拦住过往行人做调查；在商店门口、展览大厅、电影院等公众场所向进出往来的顾客、观众做调查；在本单位向同事做调查，等等。另外，在有些调查研究中，人们不一定愿意接受调查，这时调查者为方便起见，常常是将那些自愿被调查的人作为样本。

偶遇抽样的优点是方便省力，缺点是没有保证使总体中的每一个成员都具有同等的被抽中的机会，那些最先被碰到的、最容易见到的、最方便找的对象具有比其他对象大得多的被抽中概率，所以样本有很大的偶然性，代表性差，不能依赖偶遇抽样得到的样本来推论总体。偶遇抽样常用于探索性研究中的试调查。

二、判断抽样

判断抽样又叫主观抽样、目标抽样或立意抽样，是调查者根据研究的目标和自己主观的分析，来选择和确定样本的方法。它又可分为印象判断抽样和经验判断抽样两种。印象判断抽样，就是纯粹凭借调查者的主观印象来选取样本；经验判断抽样，就是根据调查者以往的经验和对调查对象的了解来选取样本。

判断抽样省略了编制抽样框等前期程序，直接抽取样本，可以节约人力、物力和财力，大大提高工作效率。但是，这并不等于说在社会调查研究中应当尽可能地、无条件地采用该方法。由于判断抽样是调查者依据主观判断抽取样本，所以能否采用判断抽样，主要取决于调查者的主观条件和调查的总体规模。在总体规模较小、调查所涉及的范围较窄的情况下，如果调查者对总体的情况比较熟悉，分析判断能力较强，调查研究方法与技术十分熟练，经验比较丰富，判断抽样就能够达到既节约又效果好的目的。例如，陆青华的《丹江口水库移民生活满意度的调查》① 以 1978 年前因丹江口水库工程而迁出的移民为调查对象，着重了解他们的生活状况以及对移民生活的满意程度，希望通过对移民们生活中这一敏感而又关键的问题的把握，为改善移民工作提供一些有价值的参考意见。这次调查以湖北的宜城市和荆门市部分乡镇的移民为总体，采用判断抽样方法选取调查对象。由于该项调查的指导者王茂福教授对宜城一带较熟悉，且得到荆门地区移民局的热情支持，所以采用判断抽样方法选取样本，取得了较好的效果。

但是，由于判断抽样完全依赖于调查者对总体的了解程度和判断能力，所以样本的客观性无法确定，样本在总体中的分布不一定均匀，有可能出现较大误差，代表性如何也难以判断。因此，在调查的总体规模较大或调查者的主观条件不够时，一般不会采用判断抽样。有时，即使调查的总体规模较大，却因调查者的时间和设备有限而无法进行概率抽样，尽管也用判断抽样，但无法保证调查研究的质量，而且根据其样本所调查的结果只能说明某些具体问题，却不能用来推论总体。

在社会调查研究中，调查者也会出于一些特殊的目的而选用判断抽样。比如，在问卷设计阶段，为检验问题设计的是否得当，常有意选择一些观点分歧较大的人作为调查对象；又如，研究者专找那些与总体平均水平有较大偏离者作为调查对象，以明确使他们发生偏离的原因，等等。这类判断抽样的作用在于发现问题、提出假设，而不在于对总体做出说明。

三、定额抽样

定额抽样又叫配额抽样，是先根据总体各个组成部分所包含的抽样单位的比例分配样本数额，然后由调查者在各个组成部分内根据配额的多少采用主观的抽样方法抽取样本。例如，假设某高校有 2 000 名学生，其中男生占 60%，女生占 40%；文科学生和理科学生各占 50%；一年级学生占 40%，二年级、三年级、四年级学生分别占 30%、20% 和 10%。现要用定额抽样方法依上述三个变量抽取一个规模为 100 人的样本，依据总体的构成和样本规模，我们可得到如表 4 - 1 所示的定额表：

---

① 陆青华. 丹江口水库移民生活满意度的调查. 社会杂志，2002（6）：10 - 12.

表 4 - 1　定额表　　　　　　　　　　　　　　　　　　　　单位：人

男生（60）								女生（40）							
文科（30）				理科（30）				文科（20）				理科（20）			
年级 一	二	三	四	一	二	三	四	一	二	三	四	一	二	三	四
人数 12	9	6	3	12	9	6	3	8	6	4	2	8	6	4	2

　　根据表中定额数，我们就可以分别抽出样本单位，并把它们集合为总体样本。

　　定额抽样与概率抽样中的分类抽样都是依据某些特征对总体进行分类，但二者的目的不同，抽样方法也不同。定额抽样注重的是样本与总体在结构比例上的表面一致性，目的在于抽出一个总体的"形似物"，各类间的异质性与同类中的同质性不一定高，其抽样方法是通过主观的分析判断在配额中选择样本；而分类抽样注重的则是样本与总体在本质特征上的内部一致性，目的在于抽出一个总体的"神似物"，各类之间迥然有异，同类之中个体间却基本一致，其抽样方法则是按照概率随机的原则在配额中选择样本。

　　定额抽样方法的缺点很明显。由于它注重的是样本与总体在结构比例上的表面一致性，而且是从方便出发进行主观的抽样，所以往往照顾不到总体单位之间的差异性。对于那些单位众多、错综复杂、情况不断更新的调查总体而言，定额抽样的样本很可能出现较大的误差，因此，根据定额抽样样本调查的结果一般不能推论总体。定额抽样通常用于检验理论、说明关系、比较不同等。

四、滚雪球抽样

　　滚雪球抽样是一种形象的、比喻的说法，它是指先找少量的、甚至个别的调查对象进行访问，然后通过他们再去寻找新的调查对象，依次类推，就像滚雪球一样越来越大，直至达到调查目的为止。

　　滚雪球抽样适用于总体的个体信息不充分或难以获得，不能使用其他抽样方法抽取样本的调查研究。对于诸如球迷、歌迷、戏迷、收藏家、同性恋者、乞丐、吸毒者等群体的调查尤为适用。例如，对吸毒者的调查，由于总体单位的私密性和排外性极强，根本无法使用前述各种抽样方法抽取样本，因而只能利用吸毒者之间的关系，采取滚雪球方式抽选样本进行调查。如果总体不大，有时用不了几次就会接近饱和状况，即后来的调查对象再介绍的都是已经调查过的人，从而能够得到很好的调查效果。

　　滚雪球抽样用于某一特殊群体的调查往往可以收到奇效。但是，当总体规模较大、各单位间差异较大时，有许多个体就无法找到，很难兼顾各种类型。有时，调查对象会出于某种考虑故意漏掉一些重要个体。这都可能导致抽样样本产生误差，因此不能用以说明总体状况。

五、非概率抽样的评价

非概率抽样不是按照概率随机的原则，而是根据人们的主观经验和便利条件来抽取样本，每个个体进入样本的概率是未知的，无法说明样本是否重现了总体的结构。所以，其样本的代表性往往较小，误差有时相当大并且无法估计，用这样的样本推论总体是不可靠的。

但是，非概率抽样也有其优势：一是在很多情况下，严格的随机抽样无法进行或没有必要。例如，在人流涌动的车站、商店、广场、街道等许多场合，不允许调查者从容地随机抽样；对诸如吸毒者之类的特殊社会群体无法确定调查总体，也就无法随机抽取样本；有时调查的目的只是要对总体做最一般的了解和接触或做某些片面的研究，没必要采用随机抽样；调查对象规模大且不断流动，无法获得稳定、准确的抽样框；由于调查者的时间、人力、物力不足，无力进行随机抽样；等等。在这些情况下，就只能采用非概率抽样。二是随机抽样为了保证概率原则，对抽样的操作过程要求严格，实施起来比较麻烦，费时、费财、费力，而非概率抽样操作便捷，省钱、省时、省力，统计上也远较概率抽样简单，因此如果调查的目的允许，而且调查者对调查总体有较好的了解，那么采用非概率抽样就不失为一种更好的选择。

第四节　样本规模

样本规模又称为样本容量、样本大小，指的是样本中所含个体单位的数量多少。样本规模不仅影响其代表性，而且还直接影响调查的时间、费用、人力、物力等。样本规模越大意味着各种消耗就越大，同时可能受到的限制和障碍也就越多。因此，从抽样的可行性和简便性考虑，样本规模越小越好。但样本规模过小，就会降低对总体的代表性，加大抽样误差。人们不可能鱼与熊掌兼得，只能在二者之间寻求最佳平衡点。因此，如何确定样本规模成为社会调查研究中的一个难题和一项重要工作。

统计学中通常以30为界，把样本分为大样本（30个单位以上）和小样本（30个单位及其以下）。这是因为当样本规模大于30时，其平均值的分布将接近于正态分布，许多统计学的公式就可以运用，也可以用样本的资料对总体进行推论。但是，30个单位的样本对于社会调查研究来说常常不够。根据许多专家的看法，社会调查研究中的样本规模至少不能少于100个单位。因为在社会研究中，研究者不仅仅需要以样本整体为单位来计算平均数、标准差、相关系数等统计量，更需要将样本中的单位按照不同的指标划分为不同的类别，进而分析不同类别之间的差别，分析不同变量之间的关系。所以，要保证所划分出的每个子类别中都有一定数量的单位，就必须使整个样本的规模维持一定的量。

具体每一个社会调查研究究竟应当选择多大规模的样本，主要取决于以下几点：

一、总体规模

根据抽样原理，样本规模与总体规模越接近，样本值与总体值就越一致，抽样误差就越小，样本的代表性也越强。因此，在一定的精确度要求下，一般来说，总体规模越大，所需要的样本规模也越大。但是，当总体规模大到一定程度以后，样本规模的加大就不是那么必要了。据专家测算，规模在 10 000 个单位以上的总体，样本规模对抽样误差的影响已很小。因此，对于 10 000 个单位以下的总体来说，样本规模应尽可能大；而对于那些超大型的总体，则可以按照一两万个单位的总体规模来确定样本规模，以避免不必要的浪费。

二、抽样的精确性

在抽样中，样本规模越小，样本值越偏离于总体值，抽样误差就越大，样本反映总体各类参数的精确度也就越差。因此，抽样中的一项重要任务就是通过对样本规模的控制而减少样本值与总体值的偏离，提高样本的代表性和精确度。从理论上说，样本的精确度越高越好，但相应的样本规模也要越来越大，而样本的精确度并不是随意增加一点儿样本单位就可以提高的。据测算，样本的允许误差要减少 1/2，样本规模就要增加到原来的 4 倍；要减少 2/3，样本规模就要扩大为原来的 9 倍，这对于比较小的总体来说，尚可操作，因为样本规模的很小的增加，便会带来精确性方面很明显的增加。比如，当样本规模从 100 增加到 156 时（仅仅增加了 56 个单位），抽样误差就由 10% 下降到 8%。但对于比较大的样本来说却难以实施。比如，允许抽样误差在 2% 时，样本规模为 2 500 个单位；要使抽样误差从 2% 下降到 1%，则需要再增加 7 500 个单位。这就意味着调查者的时间和人力、财力、物力的消耗也要增加好几倍。而对于大多数社会调查研究来说，实际上并不要求太高的精确度。因此，调查者应当根据必要性和可能性，适当地确定样本精确度，决不能因一味追求精确度的提高而拼命扩大样本规模，否则将导致巨大的浪费。

三、总体异质性程度

总体的异质性程度对样本规模的影响也十分明显。要达到同样的精确度，在同质性较高的总体中抽样时，样本规模可以小一些；在异质性较高的总体中，样本规模则应该大一些。这是因为同质性程度越高，表明总体在各种变量上的分布越集中，波动性越小，同样规模的样本对总体的反映就越准确；而异质性程度越高，则表明总体在各种变量上的分布越分散，波动性越大，同样规模的样本对总体的反映就会越差。比如，当总体中的个体在消费上的差别比较小，或者说分布比较集中时，所抽取的样本中人均消费值的随机波动就很小，而抽样误差也就会很小。因此，为了提高了样本反映总体的精确度，人们通常用分类抽样的方法将总体划分为不同的类别或层次，让这些不同类别或层次在样本中都有代表，并使得抽样误差中基本不存在类与类之间的误差成分，而只存在类内各单位之间的误差成分，其效果相当于缩小了总体的异质性程度和单位分布的不均匀状态。

四、调查者所拥有的经费、人力、物力和时间

确定样本规模的大小要注意调查者所拥有的经费、人力、物力和时间因素。尽管从样本的代表性、抽样的精确性考虑，样本规模应尽可能大，但一般调查的经费、人力、物力和时间总是有限的。样本规模的大小必须与之相匹配，否则或抽样无力完成，或根据抽样结果所做的调查研究无力进行。

本章小结

社会调查研究的理想状况是能对整个总体做无一遗漏的全面调查，但是就绝大多数调查研究而言，由于受各方面条件所限，这显然是难以实现的。因此，抽样调查成为社会调查研究中的主要类型。抽样调查的前提条件就是抽样。抽样是否科学、是否适用，直接关系着抽样调查的成败。

要正确理解抽样，必须明确一些基本概念，主要包括"总体""样本""抽样单位""抽样框""抽样""参数值""统计值""抽样误差"等。

在社会调查研究中，抽样主要解决的是调查对象的选取问题，即如何从总体中选出一部分对象作为总体的代表的问题。抽样和抽样调查不能混为一谈。抽样只是抽取样本的方法，而不是调查方法或者资料收集方法。

根据抽取对象的具体方式，抽样可以归纳为概率抽样与非概率抽样两大类。这是两种有着本质区别的抽样类型。概率抽样是依据概率论的基本原理，按照随机原则进行的抽样，因而它能够避免抽样过程中的人为误差，保证样本的代表性；而非概率抽样则主要是依据研究者的主观意愿、判断或是否方便等因素来抽取对象，它不考虑抽样中的等概率原则，因而往往产生较大的误差，难以保证样本的代表性。概率抽样与非概率抽样又各自包括了许多具体类型，各有其特点、适用范围和具体操作方法。

虽然抽样方法各有不同，但基本程序大体一致，即：界定总体；决定抽样方法；设计抽样方案；制定抽样框；实际抽取样本；样本评估。

在抽样时，还要注意样本规模问题。从抽样的可行性和简便性考虑，样本规模越小越好；但样本规模过小，就会加大抽样误差，降低对总体的代表性。所以，应综合考虑总体的规模，样本精确度要求，总体的异质性程度，调查者所拥有的经费、人力、物力和时间等因素，来确定最合适的样本规模。

思考题

1. 什么是抽样？抽样有哪些基本术语？

2. 如何理解抽样的作用？

3. 抽样应当怎样进行？

4. 对于不同的总体和样本情况，如何选择不同的概率抽样开展调查研究工作？

5. 分析几种非概率抽样的特点和应用情况。

6. 在社会调查中，如何确定样本规模？

第三编
资料收集

第五章 文 献 法

🔲 本章提要

　　文献法是进行社会调查研究经常用到的方法。几乎在所有的社会调查研究前，我们都要对该研究领域过去的成果即文献进行梳理和占有，以形成我们研究工作的基础；在社会调查研究中，应当注意收集有关的文献资料，摘取所需成分做进一步的分析。本章将说明文献及文献法的概念和特点，详细介绍一些主要的文献调查方法，如文献的检索和摘录等，以及独特的文献分析方法，如定性分析、定量分析等，并且对文献法做出简要的评价，以便学习者较全面地掌握文献法的相关知识和基本技能。

🔲 学习要求

　　1. 了解：文献的特性和类别；当前文献的特点；文献法的显著特点及其在社会调查研究中的特殊地位；收集文献的基本要求；文献法的优点和缺点。
　　2. 掌握：文献法的概念及其在社会调查研究中的特殊地位；文献法的基本步骤；检索文献的主要方法；收集文献的主要途径和一般方法；文献信息摘录的基本步骤和方法；文献定性分析和文献定量分析的基本方法，理解二者的关系。

第一节　文献和文献法

一、文献的概念、种类和特点

　　所谓文献最早是指历史典籍，后来又泛指社会中记载信息的一切书面文字材料。在现代信息技术飞速发展的今天，文献被赋予了更广泛的含义和内容，人们把利用各类物质载体所记录并用以交流、传播的一切文字、图表、数字、符号、音频、视频等知识信息资料统称为文献。任何文献都必须具备三个特性：第一，必须有知识内容的表现。没有知识内容的物

100

体，如空白纸张、空白光碟等就不是文献。第二，必须有一定的客观物质载体。仅仅存在于人们头脑中或口头相传的知识就不能称为文献。第三，必须有人类的记录行为。如果只是客观存在的事物，但没有被人们记录下来，也不能称为文献。

文献是人类知识的结晶，是人类积累知识的重要宝库。从认识论看，一切真知都是从直接经验发源的。但是，任何人都不可能靠直接经验了解一切，所以事实上多数的认识都是通过间接经验获得的，而间接经验主要就是各种文献。任何新的知识成果也都是在前人成果（主要体现为文献）的基础之上诞生和发展起来的，文献能超越时间和空间的限制，使人们极大地拓宽视野，了解古今中外的各种事物。因此，它是人们获取知识和认识世界的重要依据。

根据不同的标准，文献可以做许多不同的分类。

根据物质载体的不同，文献从古到今有甲骨文献、铜器文献、竹木简牍文献、布帛文献、纸张文献，以及胶卷文献、磁带文献、光盘文献、磁盘文献、网络文献等。其中，纸张文献一千几百年来一直居于主导地位，但是20世纪以来，先后出现的胶卷、磁带、光盘、磁盘、网络等新型物质载体文献逐渐占据了越来越重要的地位。

根据记录手段的不同，文献可分为手工型文献、印刷型文献、感光型文献、录制型文献、电子型文献等。手工型文献是指用手工刻、铸、写的文献，如甲骨文、铜器铭文、竹简、帛书以及手书的各种手稿、信札、日记、原始记录等。印刷型文献是指印刷在一定物质载体（主要是纸张）之上的文献，包括木印、石印、铅印、油印、胶印、复印等，其中大量和主要的是报刊、书籍等。感光型文献是指以感光材料为物质载体，运用照相、摄影等光学技术记录下来的各种文字、图片、资料等。录制型文献是指运用录音、录像等现代技术记录下来的各种录音带、录像带、光盘等。电子型是以数字形式将信息存储在磁盘、磁带、光盘或网络等介质上，并通过计算机或网络进行阅读的文献。随着人类科学技术的不断发展，这种基于新技术手段的文献类型还会越来越多。

根据文献加工层次的不同，或者说根据文献作者与文献的相关程度的不同，文献可分为零次文献、一次文献、二次文献和三次文献。零次文献一般是指未经再加工或未公开于社会的最原始的资料，如信件、手稿、日记、笔记、回忆录、自传、适时记录和会议记录等，以及在现场拍摄、录制的照片、胶卷、录音带、录像带等。一次文献是作者根据自己的亲身经历、工作或研究成果而写成的文章或加工制作的音频、视频作品，其特点是内容有独创性，含有前所未有的发明创造，或者一些新的见解与理论，是科学技术有所前进的标志。一次文献是对知识的第一次加工，是信息的基础，也叫信息源。一次文献包括：期刊论文、研究报告、会议记录整理、专利说明书、学位论文、调查报告以及音像作品等。二次文献是指他人对零次文献和一次文献进行收集、分析、整理并进行再加工而成的文献，包括各种文字材料和经过剪接后的录音带、纪录片及其目录、索引、文摘等。三次文献是科技人员在二次文献的基础上，对文献进行阅读、分析、归纳、整理和推理，再加以概括、论述，重新组织、加工提炼成文字，可供人们了解某一学科或专题的进展，了解其过去、现在和预测未来的发展趋势的文献。三次文献包括：综述、评论、述评、进展、动态、年鉴、专著、指南等。三次文献一般是由专家写成，水平较高、专业性强。也有一种简明的分类方法，即把零次文献和一次文献称作原始文献、直接文献或第一手文献，是指由社会事件或行为的直接参与或接触者撰写或录制的文献；而把二次文献和三次文献称作间接文献、第二手文献或次级文献，它不是由事件的直接参与或接触者撰写或录制的，而是在第一手文献的基础上再加工而成的各类文献。一般来说，第一手文献比第二手文献的信度高，因为后者是在多次加工的基础上，甚至掺杂了作者带有主观因素的分析和感受之后撰制而成的，信度自然受损。所以，研究者在使用文献之前，要注意资料的类别，要考察文献的信度和效度。

按照资料来源的不同，文献可分为个人文献、社会组织文献、大众传播媒介文献和官方文献。个人文献是指个人写的日记、信件、自传、回忆录等。社会组织的文献是指各种企事业单位、各种社会团体（如同乡会、同学会、同业协会以及各种宗族、宗教组织等）的规章制度、统计报表、总结报告、族规家谱、教义教条等。大众传播媒介文献是指各种书籍、报纸、杂志、广播影视、网络内容等。官方文献是指各种法律、法规、文件、会议记录、统计资料等。

此外，按照学科领域的不同，文献可分为社会科学文献（又可分为经济学文献、政治学文献、社会学文献等）、自然科学文献（又可分为物理学文献、化学文献、生物学文献等等）；按照出版发行方式的不同，文献可分为公开出版发行文献和内部印发文献；按照保密等级的不同，可分为公开文献、内部文献、秘密文献、绝密文献等。根据不同标准还有一些其他分类方法，但上述分类是最主要的分类。

20世纪以来，特别是第二次世界大战之后，在科学技术高速发展的推动下，世界范围内的文献出现了许多新的特点：

第一，数量急剧增加。据苏联学者统计，15世纪后50年内全世界出版的图书仅为3万种，16世纪为25万种，19世纪为700万种，20世纪为2 500万种。20世纪以来，图书给读者提供的信息约等于过去3 000年人类各种读物所提供的信息总和。这种现象被人们称为"信息爆炸"。

第二，类型日益丰富。随着科学技术的发展，文献的物质载体和记录方式越来越多样化。就物质载体而言，除目前最为普遍的纸张外，感光材料、磁性材料、热敏材料、半导体晶片以及其他金属材料都已陆续成为记载文献的物质载体。就记录方式而言，除目前最一般的手工方式、印刷方式外，摄影、录制、光刻、数码等新型记录方式相继出现并日益占据重要地位。

第三，速度快，失效快，寿命短。近几十年间，作为第一生产力的科学技术发展迅猛，从而导致社会各个领域的内容及其知识更新极快，大量新文献不断涌现，却又很快落伍，被更新的文献所取代。

第四，内容重复交叉。由于知识更新速度加快，在同一时期人们的研究课题及其成果雷同的概率很高，所发表的文献也就难免"撞车"。美国情报科学学会曾经对1 588种社会科学期刊进行调查，发现有1 201种期刊刊登的文章出现重复，占76%。许多类似文献竞相发表，许多类似图书也一版再版。有人称这种现象为"情报污染"。

　　第五，质量良莠不齐。由于当代社会发展迅速，人们的生活节奏极快，也由于某些功利的原因，许多文献未经深思熟虑和严格审查就匆忙发表，结果在汗牛充栋的文献中，虽不乏精粹之作，但同时也泥沙俱下，有大量所谓"垃圾文献"充斥其中。

　　此外，人类全球化的趋势使文献的语种增多；文献的多样化和急剧增加使其分布异常分散；文献大量涌现但发表的渠道却不足使文献的公开化严重滞后，也是当代文献的一些重要发展趋势。

　　当代文献的这些特点，一方面为人们提供了丰厚的知识基础，有利于人们更加深入、全面地认识社会，但另一方面也加大了人们通过文献认识社会的难度。它要求人们必须多渠道地、广泛地、及时地收集文献，并花费大的气力沙里淘金、去粗取精、去伪存真，才能获得真知灼见。

二、文献法的概念、特点和基本步骤

　　文献法也称历史文献法，就是收集和分析研究各种现存的有关文献资料，从中选取信息，以达到某种调查研究目的的方法。它所要解决的是如何在浩如烟海的文献群中选取适用于课题的资料，并对这些资料做出恰当分析和使用的问题。文献法有三个显著特点：一是历史性。它主要不是对正在发生的社会情况的调查，而是对社会过去曾经发生过的事情和已经获得的知识进行的调查。二是间接性。它所面对的主要是各种间接的文献资料，而不直接介入有关事件，也不直接接触有关事件的当事人和文献的记录、编撰者。三是无反应性。它所接触的是无知无觉的物（文献），而不是有情绪、有思想的人，在调查过程中没有任何调查对象的心理或行为因素的影响。

　　在社会调查研究中，文献法具有特殊的地位。

　　首先，它是最基础和用途最广泛的收集资料的方法。任何社会调查研究前期的课题的选择、确定和探索性研究以及方案设计，都必须先从文献调查入手，以使调查目的更为明确和有意义，使调查内容更为系统、全面和新颖。即使进入了具体调查阶段，也往往仍然需要进行文献调查。利用它可以收集到其他方法难以收集到或者没必要用其他方法收集的资料，如某地区的自然概况、历史沿革、统计数据等。在采用其他方法进行调查的过程中，以及在调查后期对收集的资料做整理、分析和传写调查报告时，人们也常常需要利用文献提供必要的佐证和补充。另外，有些社会调查研究由于人、财、物或某些客观条件所限，而只能以文献法作为基本的收集资料的手段。总之，文献法对于所有的社会调查研究来说，都是必不可少的。

　　其次，文献法并不仅仅是一种重要的收集资料的方法，它还是一种独特的和专门的研究方法，这是它与其他调查方法之间最显著的区别。诸如，问卷法、测量法、访谈法、观察法、实验法等，主要功能就是收集资料，对它们收集到的资料的整理、分析和研究则是用一些通用的专门方法来完成的。文献法却不然，它可以独立完成某些课题从收集资料到分析研究的全过程。那些旨在再现或分析历史现象的课题，如分析民国时期社会各阶层的生活状况等，或者是研究不可能重演的现实社会的某些事件，如战争、犯罪等，以及时间跨度大的纵贯性课题，如中华人民共和国成立以来农村基层组织的变迁等，只能依靠文献法来完成。

文献法长期以来一直是以手工操作为主。20 世纪 50 年代以后，人们开始采用电子计算机等现代技术和设备来处理、贮存和利用文献，从而极大地提高了文献调查的效率。然而，无论使用的手段如何，其基本步骤都大体一致：包括文献收集、摘录信息、文献分析三个环节。在文献法独立或主要担纲的调查研究中，这些环节缺一不可；而在其他调查方法为主的调查研究中，文献法一般特指前两个环节，文献资料的整理、分析是和其他调查后资料的整理、分析一并进行的。

所谓文献收集有广义与狭义之分。广义的文献收集是指将文献按照一定方式收集、存储起来，并按照用户需求查找出有关文献或文献中包含的信息内容的过程，它包括文献的检索、收集、存储等过程。狭义的文献收集则不包括存储。社会调查研究中文献法所使用的是狭义的文献收集概念。

所谓摘录信息是指从检索出的文献中摘取并记录与调查课题有关的信息的过程。

所谓文献分析是指对文献中的某些特定内容进行分析和研究，来了解其中所反映的社会现象、社会事物及其本质、规律，或者文献作者和有关人员的思想、感情、态度和行为，以及文献的外在表现形式及其内涵，并进而达到说明调查研究课题的目的。

第二节　文献的收集

文献法的实施是从文献收集开始的。只有广泛收集文献，对所需要的文献资料做到心中有数，才能保证文献法的顺利进行。在文献收集的过程中，我们必须遵循一些基本要求，掌握一定方法。

一、文献收集的基本要求

文献收集的基本要求大致如下：

第一，取其精华。按照传统说法，收集文献应尽可能做到全面无遗。但是，在当代文献数量激增、分布广泛、质量良莠不齐的情况下，已不一定刻意求全，而应以求精为上。1980 年 8 月在丹麦哥本哈根召开的国际文献联合会第 40 届年会上，美国文献学家布里伯格提出应当用"以少胜多"的情报收集原则来取代以往"多多益善"或"百分之百"的收集方法，是非常正确的。在众多大同小异的文献中，精选出若干代表性之作，对于大多数课题来说已经能够解决问题。

第二，有的放矢。收集文献必须具有较强的针对性，应攻其一点，不及其余；切忌眉毛胡子一把抓，不管对课题有无关系都网罗其中。如果所收集文献中夹杂了太多对完成调查课题无关的成分，那么不仅会浪费人力、物力、财力，而且会大大降低调查研究的信度和效度。这是收集文献的最基本要求。

第三，内容丰富。就完成某一调查课题而言，收集文献的涉及面要尽可能宽，种类要尽可能丰富。无论是过去的还是现在的、正面的还是反面的、国内的还是国外的、专题的还是综合性的、本学科的还是相关学科的，等等，只要和本调查课题有关，都应千方百计地进行收集。

第四，形式多样。有人在文献调查中，只注意收集文字材料，这显然是不对的。我们既要收集各种印刷型文献，也要收集声、像、网络等类型的文献；既要注意公开出版物，也要注意未公开或内部的资料等。总之，收集的范围应囊括与调查课题有关的所有形式的文献。

第五，系统连贯。从所收集文献的内在结构看，要注意其系统性，不能有明显的漏项或弱项。所收集的文献在时序上也要尽可能保证一定的连续性和累积性，不能时断时续。必须明确一点：残缺不全的资料是不能用来说明任何问题的。

第六，注重时效。在"信息爆炸"的今天，对有关调查课题的各种新资料、新信息必须反应敏捷，做到及时了解、及时收集、及时研究、及时利用，否则调查研究就缺乏时效性，调查成果也就失去了实用价值。另外，应该按照调查课题的时间跨度来决定收集文献的时间跨度。许多课题并不需要追根溯源，如要调查我国目前落实九年制义务教育的情况，就应重点收集近年来的文献，而没有必要细究十几年以前中国基础教育的情况（少量背景资料除外）。这样可以事半功倍，既能节省时间和精力，也能较快地了解到与调查课题有关的各类问题的最新动态。

总而言之，只有满足了上述基本要求，文献的收集工作才能圆满完成，后续的摘录信息、文献分析等工作也才能有一个坚实可靠的基础。

二、文献收集的方法

（一）文献检索

在文献收集的实际过程中，首先应当知道在哪里才能找到所需的文献，或者说，如何才能发现这些文献的具体存在位置，否则所谓收集文献就只是一句空话。而要做到这一点，就必须掌握检索文献的方法。

总的来说，我们可以将文献分为未公开发表的文献和公开发表的文献两大类进行检索。未公开发表的文献主要有个人写的日记、信件、自传、回忆录等文献，以及政府部门、企事业单位、社会团体的内部文件、规章制度、统计报表、总结报告，宗族的族规、家谱，宗教组织的教义、教规等。这部分文献相对数量较少，查找的办法也比较单一，我们只能根据已知的线索或主观判断，向个人咨询或到有关单位查找。公开发表的文献包括所有的各种类型的正式出版物和仅在互联网上发表的文献，是文献的主体，数量十分庞大，必须充分利用现有的图书情报资料和网络资源，到专门的图书情报机构（图书馆、情报所等）或者上网去查找。其检索方法也相对复杂，往往需要借助一些专门的文献检索工具。我们需要着重掌握的也就是检索这部分文献的方法。

1. 人工文献检索

迄今为止，人工文献检索仍然是查找公开发表的文献的主要方法。这种方法主要借助两类工具，即有关机构编制出版的文献检索工具和图书情报机构（主要是图书馆）编制的目录。

（1）有关机构编制出版的文献检索工具。按著录形式，其可分为目录、索引、文摘和全文等几种形式。

目录是对图书或其他单独出版的资料名称的记载，通常以图书、期刊作为报道单元，依一定次序编排而成。按照职能划分，有出版发行目录、资料来源目录等；按收录文献种类划分，有图书目录、报刊目录、标准目录、专利目录等。例如，《全国总书目》《全国新书目》《全国中文期刊联合目录》《中文科技资料目录》《中国学位论文通报》等。

索引是著录一篇篇内容上独立的文献的外部特征，包括文献篇名、著者、著者单位、原文出处、语种、专利号、合同号等，并分类编排而成。例如，《全国报刊索引》《人民日报索引》《中国人民大学复印资料索引》《中国专利索引》，以及美国的《科学引文索引》（Science Citation Index，SCI）《社会科学引文索引》（Social Science Citation Index，SSCI）等。

文摘除了描述文献的外部特征之外，还对文献的内容特征作较深入的报道，即带有文献的摘要。文摘型检索工具比索引和目录型检索工具揭示文献内容要深，因此它所报道的速度相对较慢。例如，《新华文摘》《报刊文摘》《中国专利分类文摘》《世界专利文摘周报》（World Patent Abstracts Journal，WPAJ）《国际学位论文摘要》，以及英国的《科学文摘》（Science Abstracts，SA）、俄罗斯的《文摘杂志》（Реферативный журнал，Р. ж.）、日本的《科学技术文献速报》（简称《速报》）等。

全文型检索工具不仅能获取文献的题录信息，还能得到文献的原文内容。例如，《中国期刊网全文专题数据库》《中国人民大学报刊复印资料》等。

在上述检索工具的指引下，我们可以很快查找到所需要文献的有关信息，并可以顺蔓摸瓜，到图书馆等地进一步找到具体文献，从中获得所需内容。

（2）图书情报机构（主要是图书馆）编制的目录。由于目前世上绝大部分文献都收藏在图书馆，因此图书馆仍然是人们最为常用的检索途径，不仅可以提供文献的线索，更可以成为获取文献具体内容的直接通道。特别是哪怕人们通过其他途径了解到存在某种文献后，最终往往还是要到图书情报机构去查询各种目录才能一睹"芳颜"。

各级各类图书馆都有自己的馆藏目录，它一般只列出原文献的题目、作者、出处（包括原书刊名称、出版单位、出版年份、卷名、期次、页码）及文种等。目录的种类很多，目前我国图书馆仍普遍采用卡片式目录，大致有分类目录、书名目录、著者目录和主题目录四种。

分类目录，是根据图书内容的学科特点，按照图书情况机构所采用的分类法编制起来的目录。调查者通过分类目录查找文献，可以按类求索，较快地查找到同类学科的有关文献。

书名目录，是按照图书名称排列起来的目录。调查者如果知道书名，就可以在最短时间内查找到所需的文献。

著者目录，即按照著作者的姓名排列的目录，同一作者的著作集中在一起，便于了解某一作者著述的全貌。

主题目录，也叫标题目录，即按照图书的主要标题排列的目录。它把各种著作、文章中有关某一主题的文献资料集中在同一主题词下，它可以帮助调查者迅速找到某学科、某专题比较全面的文献。当既不知道所需文献的分类，又不知道书名或著者，而又想查找有关文献资料时，就可根据调查所涉及的学科、专题去查阅主题目录。

上述各种目录，在内部排列顺序上又有不同的方法。中文图书有：①音序法，即以文献标题首字的发音，按照汉语拼音字母的顺序依次排列的编目方法。熟悉汉语拼音的人可用此法。②笔画法，即按照首字笔画多少结合笔顺加以排列的方法。不熟悉汉语拼音的人可用此法。③部首法，即依首字形体及偏旁构造排列的方法。外文图书中，西文与俄文目录是按原文字母顺序排列的，日文目录是按 50 音图顺序排列的，其他语种目录也各有自己特有的排列方法。掌握了这些具体方法，查找文献就会变得十分方便。

2. 计算机文献检索

计算机用于信息检索的研究始于 20 世纪 50 年代初。60 年代中期，人们主要利用单台计算机的输入、输出装置进行过期文献的追溯检索和新文献的主题检索，提供脱机检索服务。70 年代初，计算机检索进入联机检索阶段，单台贮存信息的主机可通过通信线路联接多个检索终端，利用分时技术，多个用户可以同时与主机"对话"，即检索文献。目前，我国多数图书情报机构建立的可在计算机上阅读的机读检索工具（磁带式目录）即属此类。进入 80 年代以后，计算机信息检索进入"信息—计算机—卫星通信"三位一体的新阶段，即国际联机信息检索阶段，使信息、文献不受地区、国家限制而真正实现全世界信息资源共享的目的。到了 80 年代末、90 年代初，用光盘制成的数据库取代了一部分联机检索的市场。特别是计算机信息检索已逐渐发展成计算机网络（互联网）检索系统。互联网上提供联机信息检索服务的数据库现在已从文献型逐步过渡到数值型和事实型数据库，而且全文型数据库也开始不断增加；数据库内容的存贮形式向多媒体方向发展，从单纯的字符模式过渡到图文并茂的图形方式，在不久的将来，还会提供大量实时的声音和动画的文献存储模式。

目前，计算机文献检索更重要的就是指利用互联网的文献检索。在互联网上查找文献，主要有两种方式：一是登录专门网站检索。目前，国内外绝大多数图书情报机构、政府部门、学校、科研机构、大众传媒机构、企事业单位都有自己的网站，其中建有各种数据库。只要按照其网址上网登录，即可从容查找有关信息。即使不知道其网址，但只要按其中文或外文名称登录，一般也可以达到目的。例如，北京图书馆等已有专门的网站，并且建立了数字图书馆，人们只要上网登录，即可检索有关文献目录，甚至可以直接阅读到有关文献。再如，要查找我国国情资料，就可以登录"中国统计网"。二是利用大型门户网站的搜索引擎查找。例如，著名的"google"和"百度"网站，人们就常用其搜索引擎检索文献，具体操作办法主要是主题概念（文献名称或主题词）检索。在检索过程中，如果检索提问式只有一个主题概念，那么计算机就直接根据这个主题概念所对应的提问特征标识在数据库中的倒排文档中进行搜索、类比、匹配，得到相对应的文献特征标识后，再根据该标识后的文献存取号，在顺排文档中找到相对应的文献，即是所需要的检索结果；如果检索提问式是带有逻辑运算的多个主题概念的复杂检索式，那么计算机就会首先在数据库的倒排文档中找到这些主题概念所对应的文献特征标识，再根据逻辑运算符的要求，对这些文献特征标识后的记录存取号集合进行比较、匹配、取舍，实现多个文献特征标识的逻辑运算，运算结果得到符合要求的记录存取号，根据这些存取号在顺排文档中找到的相应记录（文献），即是最后的检索结果。用户可根据计算机输出的检索结果的反馈信息来修改检索策略（检索提问式），以期得到最满意的结果。

计算机文献查找法使用起来非常便捷，而且可以找到大量并未公开出版、只在网上公开发表的个人文献、官方文献和机构文献。但是，目前许多网络资源尚在建设过程之中，文献还不系统、完全，如国家图书馆所建数字图书馆，经过十几年的努力建设，文献转化的数字资源也只有全部馆藏文献的百分之十几。许多机构由于种种原因，未把全部文献在网上发表，所以这种方法虽然很重要，目前却还不能取代其他文献检索方法。这一点是需要引起特别注意的。

在上述主要文献检索方法之外，还有一种简便的参考文献查找法，也称追溯查找法，即根据作者在文章、专著中所开列的参考文献目录，或在文章、专著中所引用的文献名目，追踪查找有关文献资料的方法。具体做法是：从已经掌握的文献资料开始，根据文献中所开列的参考文献目录和所引用、介绍的文献名目，直接去查找较早一些的文献；再利用较早文献中所开列的参考文献目录和所引用、所介绍的文献名目，去查找更早一些的文献。如此一步一步地扩大查找范围，直到查找出比较完整的文献资料为止。

用参考文献查找法，查找的文献比较集中，省时、省力，而且往往能及时捕捉到一些最新的研究成果。因为相对于一次文献而言，任何检索工具总具有一定的滞后性。因此，这种方法虽然不如用检索工具查找法所得的文献那样全面和广泛，但仍很有效。

另外，在实际工作中，往往将上述几种方法交叉采用，叫作综合查找法，也叫循环查找法或分段查找法，即将检索工具查找法、计算机查找法和参考文献查找法结合起来，循环查找。具体来说，可以先采用检索工具查找法和计算机查找法查找出有用的文献资料，然后再根据这些文献中所开列、引用的参考文献名目，去查找更早一些文献；也可以先采用参考文献查找法，查找出更早一些的文献，然后再采用检索工具查找法和计算机查找法，去扩大查找文献的范围，如此分阶段地交替使用两种查找文献方法，直到满足需要为止。

总而言之，我们查找文献要尽可能以检索工具查找法为主。参考文献查找法和综合查找法较适合于在缺乏检索工具或图书情报机构较少的部门或地区使用。计算机查找法在目前则仍是其他查找法的重要补充。

（二）收集文献的主要途径和一般方法

当我们能够灵活、熟练地使用上述文献检索方法发现所需文献的存身之处时，其后的收集文献就变成一件顺其自然、非常简单的事情了。目前，收集文献的渠道主要有个人、机构和互联网三种。我们应该针对文献的不同来源和出版、收藏情况，采取不同的方法，通过这三种途径进行文献收集。

一般来说，对于未公开发表的文献，若属于个人收藏品，如个人写的日记、信件、自传、回忆录等文献，可以根据线索主动联系，在征得文献主人同意的前提下，采取租、借、复印等办法收集；若是机构收藏品，如企事业单位、社会团体的规章制度、统计报表、总结报告，宗族的族规、家谱，宗教组织的教义、教规等文献，或者官方不宜公开的各种规章制度、文件、统计数据等内部资料，则可按照一定程序和规定，采取向有关单位直接索取、文献交换、复印复制、租借等方法收集，某些特别的历史档案则可到专门的档案管理机构去采取借阅、复印等方式收集。此外，在某些特殊情况下，还可通过上级主管部门下达指令采用征集、调拨等方式收集。

对于公开发表的文献，若是正式出版发行的各种书籍、刊物、磁带、光盘等文献资料，可到图书情报机构和可能收藏这类文献的单位、读者那里去借阅，或者从互联网上的有关数据库中下载，当然也可以直接购买。另外，对那些虽未正式出版发行，但已在互联网上公开发表的文献，如个人撰写的各种文章，大众传媒机构因版面不够或其他原因未刊印的稿件，政府部门的官方网站、社会组织和企事业单位的网站中发布的各种信息、文章、统计资料等，可以通过网上下载或复制的方式来收集。

第三节 文献信息的摘录

在通过检索发现并收集到文献之后，下一步的工作就是摘取与调查课题有关的信息。

一、摘取信息的基本步骤

摘取信息一般有以下步骤：

（一）浏览

浏览，就是在文献收集告一段落后，应将收集到的文献资料全部阅读一遍（包括对音像文献的视听），以对它们有个初步认识，即大致了解文献的内容，初步判明文献的价值。

浏览的关键是速度要快。据统计，一般人的阅读速度是平均每分钟300～400字，而浏览的速度则要求快得多，争取做到几十分钟翻完一本数十万字的书。为此，应注意几点：第一，要粗读而不要精读，即所谓"一目十行"或"草草一听"，只求迅速了解文献的大概内容、基本思路和主要精华所在，而不去反复揣摩其意。第二，只读"干货"而去除"水分"，即只注意文献的筋骨脉络、主要观点和有关数据，跳过那些无关紧要的过渡段落、引文和推理过程等。第三，全神贯注，思维敏捷，即浏览时精神一定要高度集中，同时大脑要不停顿地高速运转，眼睛看到哪里，耳朵听到哪里，大脑就想到哪里。第四，抓住重点，迅速突破。在浏览的过程中，不能始终保持一种频率做全文通读，而要先以文献的重点部分作为切入点，并相对多投入一些时间、精力。浏览书籍要重点关注该书的著者、提要、目录、前言（或序）、后记（或跋），以及注释、图表、参考文献、索引等，浏览论文或其他体例的文献则要重点关注它的篇幅、大小标题、主要观点、论证和数据等。只要抓住了这些重点，就能尽快了解文献的概况，并对文献价值做出初步的估计，对文献其他部分的浏览速度也可以大大加快。

（二）筛选

筛选就是在浏览的基础上，根据调查课题的需要，从所收集的文献中选出可用部分。筛选时应当注意以下几点：

第一，必须注重文献的质量，或者说文献的信度和效度，即文献的可靠性和有用性。一般来说，公开出版发行的各类文献、在互联网上公开发表的官方机构和社会正式组织的文献、未公开出版发行的官方机构和社会正式组织的内部资料质量比较有保证，只要根据需要从中筛选出不同层面的文献即可。而未公开出版发行的个人文献和在互联网上公开发表的个人文献则要慎重对待。因为这部分文献当中固然有许多极富价值的内容，但也往往由于作者的某种动机和社会价值取向，而导致某些文献有事实的失真或观点的偏颇；有的文献内容不是原始资料，却又不说明转引出处，因此并不具有实际使用价值。所以，在筛选这部分文献时，一定要仔细甄别，做到去伪存真、正本清源、选优汰劣。

第二，要注重所选文献的代表性。应通过反复比较，从时间的角度，选出不同时期的代表作，尤其要选用那些最先论述某一问题的原始文献和最近论述这一问题的新作；从内容的角度，选出阐述不同事实或不同观点的代表作。在筛选时，要特别注意那些一流出版单位编辑出版的文献和权威作者的文献。总之，要选取那些最能说明问题的、上乘的文献。

第三，在筛选时，应从应用的角度，区分文献的层次。可以把全部文献预设为必用、应用、备用、不用等几个部分，先从大量文献中筛选出备用文献，剔除不用部分，再从备用文献中筛选出应用文献，最后从应用文献中筛选出必用文献；也可反向操作，从选取必用文献一步步扩大范围到选取备用文献，最后所剩下的就是不用的文献。这种层次的区分，对于文献的使用，具有很大的实际意义。

对决定不用的文献，也不要轻易抛弃。因为在其后的调查研究过程中，往往会突然发现其中存在着原来被忽视而实际上却非常有用的资料。

（三）精读

精读就是对于筛选出的可用文献要认真、仔细地阅读，同时着重在理解、联想、评价等方面下功夫。文献越重要，下的功夫也要越大，那些必用和应用文献往往需要反复地阅读、思考。在精读时，不但要认真理解文献所阐述的观点，详细了解文献所引用的事实，而且要把它们与其他文献联系起来进行反复对比和研究，还要对文献所引用的事实和阐述的思想同调查课题之间的关系做出客观判断和全面评价。在此基础上，要进一步明确对于调查研究课题有价值的信息。

（四）记录

记录就是把在精读中确认的有价值信息记录下来，供进一步分析研究之用。记录信息最基本的要求就是及时，最好精读与记录同步进行，边看边记、边听边记，或者是读一部分记一部分。如果记录太滞后，不仅会事倍功半，而且容易丢掉在精读中常有的一瞬间产生的思想火花。

二、记录信息的主要方法

长期以来，文献的主体一直是各种印刷文献，因此传统的记录信息方法主要是印刷文献的记录方法，主要有以下几种：

（一）标记

标记就是直接在书上做记号。记号有许多种，常用的几种标记方法如下：

着重号　……　表示关键性的字词

直　线　——　表示比较重要的内容

曲　线　～～～　表示特别重要的内容

夹　线　——　定义或经典论述

惊叹号　！　对某些内容表示欣赏

问　号　？　对某些观点表示疑问

三角号　△　揭示一段文字中并列的几个观点

双圈号　○○　表示一段重要内容的结束

此外，还可根据自己的习惯做标记，如√、□、×等。

这种方法可边读边记，简便、省时。

（二）批注

批注就是在图书、期刊正文上面的空白边（称"书眉"或"天头"）或正文下面的空白边（称"地脚"），注上简单的订误、校文、音注、心得、体会、评语或疑问等。这种记录形式和标记一样，可随读随写，相对简便。

（三）抄录

抄录就是把文献中有价值的信息原封不动地照抄下来。一般做法是把信息抄录在卡片上，一条信息资料一张卡片，有的也抄录在活页纸或专用笔记本上。抄录时，一定要注明出处（作者、书名或篇名、卷次、页码、出版单位，出版日期等），否则会影响以后的使用。还要注明抄录信息的主题，以便于问题的归类。另外，有人习惯于在抄录信息的卡片上批注，简要说明自己的看法，这种做法有利于对抄录信息的进一步分析和研究，很值得提倡。

（四）编制纲要

编制纲要就是把整本书或整篇文章的框架结构、基本观点、主要事实和数据，用概括的语句和条目的形式依次记载下来。这种做法便于掌握全书或全文的内容和逻辑结构，加深对原文献思想脉络的认识。它实际上就是文献的缩写，已具有了加工、整理性质。在编制纲要时，必须注意不能打乱原文的结构和逻辑顺序，也不能曲解原意和任意发挥，否则这一工作就没有任何意义了。

（五）撰写札记

撰写札记就是阅读文献后，将心得、感想、批评、疑点、意见等敷衍成文。札记是一种最高级的记录形式，实际上已带有初步研究的性质。

现代社会，科学技术的发展使文献的外延不断扩大，除印刷文献之外，还先后出现了音像、光盘、磁盘、网络文献等。同时，传统的记录信息的方法也随之发生了一些重大的变化。除了标记、批注和札记仍然常用之外，手工的抄录、制作卡片和编制纲要等已逐渐退出历史舞台，取而代之的是高效的计算机操作和简便易行的复印、扫描、网上下载等方法。人们可以利用种种现代技术，将所收集的文献先存入计算机，再任意进行摘录、各种编排和其他处理。这些现代方法使人们节省了大量的时间和精力，极大地促进了当代社会调查研究的发展。

第四节　文献分析

专门的文献分析是在主要依靠文献资料说明问题的社会调查研究中的一项至关重要的工作。文献分析有两大类，即文献定性分析和文献定量分析。

一、文献定性分析

文献定性分析是通过对文献内容的分析，来揭示文献所反映事物的性质、本质特征及其发展规律的方法，也就是说，它探讨的是文献"讲什么"。这是目前最常用的一种文献分析方法。其特点是侧重对文献的个案研究，不太考虑所用文献资料的样本大小与完整程度；注重对文献内容的含义和深层解释，不太强调文献的外在形式、表面内容和量化构建；关注文献作者的动机与影响效果，不太在意内容的表达方式。

文献定性分析的步骤如下：

第一步，整理资料。主要就是将所摘录的文献资料按问题的不同分别归类，排出大致的顺序，并加以编号。在这一过程中要注意继续鉴别文献资料的真伪，进一步保证其可靠性。

第二步，分析和明确文献资料与调查研究主题的关系。对于初步整理好的文献资料，先要仔细地、反复地推敲，理清文献资料内在的逻辑关系，从中归纳出一个个精准的概念，并进一步由概念演绎成推理，即形成基本观点。然后，要认真思考这些基本观点及其所反映的内容与调查研究主题的关系，明确其说明主题的要义所在及其逻辑层次和逻辑顺序，形成课题的理论架构。必须强调的是，这一步骤是文献定性分析的重中之重，绝不能一蹴而就，而是要经过"资料—观点—主题"再"主题—观点—资料"的多次反复才能真正做好。

第三步，最终确定调查研究课题所需文献资料的内容及其用途。在这一步骤中，要根据课题的理论架构，对原定文献资料做进一步的筛选，通过反复比较，判断其应用价值的大小，最终确定其中必用的成分，舍弃无用部分，并明确如何使用选定资料，或主要依靠它们直接得出调查研究结论，或以之辅助其他调查方法所获资料得出调查研究结论。

二、文献定量分析

文献的定量分析是对各种文献的显性内容进行客观的、系统的和定量的描述。所谓"显性内容"是指各种文献外在的、表面的内容，如它们的文字，装帧、形状和其他表现形式，而不是它们的所含内容，也就是说，它注重的不是文献"讲什么"，而是文献"如何讲"。"进行客观的、系统的描述"是说文献定量分析要求研究者根据预先设定的计划，采取特定的步骤对文献内容进行如实的描述。而"定量的描述"是说明这种分析方法的基本性质是定量，它的作用主要在于通过文献的某一现象的出现频次、所占比重、所居位置等说明某些社会问题。

文献定量分析方法的程序和基本方法大致如下：

（一）抽样

定量分析从样本抽样开始。抽样对象的总体是所有有关调查研究课题的文献。抽样可采用各种方法，较常用的是简单随机抽样和分类（分层）抽样以及分阶段抽样。一般首先是名称抽样，如从所有报刊或电视台中抽取若干种。其次是单位抽样，如从所抽报刊的所有期号中抽取若干期号，从所抽电视台的所有时段中抽取若干时段。最后是内容抽样，如从所抽期号或时段中抽取某些方面的内容，还可以在时间、地点、规模、颜色、频率等其他概念层次上进行抽样，形成最终样本。

（二）确定记录单位

记录单位亦称文献观察单位，是具体记录的计量单位。文献的主题、项目、人物、词组、概念、句子、段落等都可以作为记录单位。确定记录单位的过程实际上就等于归类的过程，必须遵循穷尽性和互斥性原则，即有关资料都应当囊括，而且资料之间不能交叉或混淆，只能分别归于其中某一类。因此，记录单位要通过对文献认真、反复的斟酌，根据发掘出的文献具体内容的各个共同因素而确定。例如，我国社会调查专家风笑天以 1952—1956 年、1961—1965 年、1978—1981 年、1986—1989 年总共 208 期《中国妇女》杂志中 316 篇人物通讯报道的 325 位女主人公为抽样样本，根据提炼出的一些共同因素所设的记录单位有年龄、文化程度、政治面貌、行业、职业、劳模状况、主要事迹等项。①

（三）编录

编录就是为所确定的各个记录单位制定或赋予数字符号（数值），并将这些数值按一定顺序排列，制成编录单，以便于量化分析和统计。表 5 - 1 就是一份节选的关于电影中人物的编码单：

表 5 - 1 关于电影中人物的编码单

电影名称＿＿＿＿＿＿＿＿＿＿＿ 电影编号＿＿＿＿＿＿

人物姓名＿＿＿＿＿＿＿＿＿＿＿

人物描述＿＿＿＿＿＿＿＿＿＿＿

1. 居住国	5. 年龄
（1）中国	（1）儿童
（2）外国	（2）少年
（3）不详	（3）青年
2. 国籍	（4）中年
＿＿＿＿＿＿＿＿	（5）老年
3. 民族	（6）年龄变化
（1）汉族	（7）不详
（2）少数民族（＿＿＿＿＿族）	6. 角色
（3）其他（说明）	（1）正面主角
4. 性别	（2）反面主角
（1）男	（3）正面配角
（2）女	（4）反面配角
（3）不详	（5）一般角色

---

① 风笑天. 变迁中的女性形象：对《中国妇女》杂志的内容分析. 社会杂志, 1992 (7)：13 - 19.

（四）计量分析

在记录单位确定和编码完成后，就可以进入定量分析最重要的分析环节了。分析的方法主要有四种：

1. 计词法

计词法是最简单、最常用的方法，主要用于以单词、主题、类型为记录单位的情况。具体做法是统计这些单词或代表主题、类型的关键词在各个样本中出现的频数和比例，然后进行比较。例如，我们可以设定一组关于青少年犯罪的单词，抽选10家报刊的法制专栏作为样本总体，进行统计，若某报刊这些单词出现的频数和比例为0，则说明对该问题漠不关心；若频数和比例较低，则说明关注不够；若频数和比例较高，则说明比较重视。再如，为了说明大众传媒机构关注第三者插足问题的不同角度，我们可以设两组词，一组词全部与法制观念有关，另一组词全部与道德观念有关，所选样本总体是两家电视台全年的有关节目，然后计算这两组词在节目中出现的频数及比例，这样就不难发现两家电视台在对待第三者插足问题上，哪家更注重法制观念，哪家更注重道德观念。

2. 概念组分析法

在有些文献分析中，以单词作为记录单位过于简单，以主题、类型作为记录单位又嫌笼统，就可以使用概念组分析法。它是将与分析内容有关的关键词分成小组，每组代表一个概念，同时也是理论假设中的一个变量。这种方法的记录单位仍是单词，并依此计算频数和百分比，但分析时的变量都是概念组。例如，理论假设：在社会经济下降、经济犯罪率较高时期，人们往往把经济犯罪问题与社会价值取向相联系；在社会经济发展、经济犯罪率较高时期，人们往往把经济犯罪问题与经济本身相联系。为了证明这一点，我们可以将"经济犯罪""经济""社会价值"三个变量定义为如表5-2所示的概念组：

表5-2　概念组

经济犯罪	经 济	社会价值
贪污	收入提高	社会公德
行贿受贿	通货膨胀	传统观念
经济诈骗	收入减少	法纪约束
走私	物价稳定	家庭影响
偷税漏税	商品丰富	个人修养

分析的方法就是收集上述两个时期内五年间（或更长）登载在主要报刊上的有关文章，以文章为分析单位计算单词的出现次数。由于分析时的变量是概念组，所以当某个词出现时就算其概念组出现了一次，分析时只看出现的总次数即可。如果根据计量结果得知，在经济下降时期，多数文章把经济犯罪与社会价值相联系；在经济上升时期，多数文章把经济犯罪与经济本身相联系，则前面的理论假设成立。

3. 空间分析法

空间分析法常用于对大众传播媒介类文献的分析，是通过计量某一内容在多篇文献构成的样本总体中所占的篇幅、位置等，分析它在文献中所处的地位。例如，统计某内容是在电视、广播的黄金时段还是在其他时段播出，长度多少；是在报纸的头版还是在其他版发表，居于版面的哪一位置；是在刊物的哪一位置，篇幅多大等，其结果就可以说明该内容重要与否。

4. 语义强度分析法

上述三种方法一般适用于说明事物的量的区别，而在有些需要表示事物质的差异程度或人们态度的强弱程度的分析中，却难以胜任。这时，需要采用语义强度分析法。它是按记录单位的质的不同差异程度给以相应的加权数，根据其统计结果，可以说明文献及其所代表的人们对某一问题的看法。

语义强度分析，首先是根据词汇的语义分出词汇的"强度"层级，再分别给以加权数。例如："热爱"比"爱"的强度高；"爱"又比"喜欢"的强度高，如果设"喜欢"的加权数为"＋1"，则"爱"为"＋2"，"热爱"为"＋3"，这种方法可以将许多文献分析引向深入。例如，在调查中通过其他分析方法发现，对某一事物持肯定态度的人和持否定态度的人旗鼓相当，为了知道人们更加具体的看法，就可以采用语义强度分析法，对"肯定"和"否定"做进一步的程度分析。如果持否定态度的人是"不满意"，而持肯定态度的人是"支持"，则表明了虽然持两种看法的人数大致相当，但是在具体态度上还是有程度差别的。

文献的定量分析方法在当前非常时兴，甚至有人认为只有它才称得上真正的文献分析。这种说法虽然在一定程度上反映了文献分析方法的现状，但有失偏颇。实际上，文献的定性分析不可能被取代。无论怎样，人们利用文献，大多都是以记载的内容说明某些问题，这就决定了文献定性分析的重要地位。而且人们在进行文献调查时，也经常是两种分析方法兼而用之，也就是说，同一课题既包含有定量的文献分析，也包含有定性的文献分析，二者相互依存、相互渗透、相互结合、相互补充，这才是文献分析的正确途径和发展方向。

第五节　文献法的评价

由于资料的来源不同，形式不同，收集和分析资料的方法不同，使得文献调查方法具有许多区别于其他调查方法的特点，并由此形成了文献法的优点和缺点。

一、文献法的优点

第一，文献法具有间接性、无反应性的特点。各种形式的文献研究都不需要直接同人打交道，而只是面对那些业已存在的文字材料、数据资料以及其他形式的信息材料。所以，在整个调查研究过程中，调查对象不会因调查者的影响而违背初衷，调查者也不会因调查对象不配合而束手束脚。虽然收集资料的工作有可能因为调查者的主观因素而产生偏差，但问题不会出自文献资料本身。

第二，文献法的费用较低，效率却较高。进行一项文献调查的费用虽然依所分析的文献类型、分布状况和获取文献的难易程度等而有所不同，但是，它一般不需要太多的调查人员，也不需要特定的仪器、设备，也没有什么社会性活动。因此，总的来说，它比进行一项其他类型的调查所需费用要少得多。而且，由于它基本不受时间、空间的限制，可以较快收集到很大的样本，所以效率较高。尤其在信息技术日益发达的今天，其效率是其他调查方法所无法相比的。

第三，文献法可以研究那些年代久远及无法再现或接触不到的调查对象，如历史事件、犯罪事实等，都不可能重演，其事实是以各种不同的文献形式记录和描述下来的。利用文献法，人们可以对它们进行深度回顾式的调查研究，而其他的社会调查方法对此是无能为力的。

第四，文献法适用于时间跨度大的纵贯剖析或趋势分析。由于其他调查方法所面对的都是现实的情景，所以往往难于用来进行此类研究，即使对近几十年来某一事物的发展变化情况，也会因许多调查对象年事已高、记忆力减退等原因，而导致调查结果不理想。文献法则不同，它可以充分利用既有的有关文献资料完成这项工作。

第五，文献法成功的概率较高。其他调查方法一旦设计不周或准备不足即可能失败，需要推倒重来。这不仅会造成极大的浪费和贻误战机，还常常因为主客观条件的变化而无法实现。文献法却不存在这类问题，即便在调查过程中发现有不妥之处，对收集文献进行调整，甚至重新收集文献都十分便捷，尤其在计算机技术非常发达的今天，其优势更加明显。

二、文献法的缺点

文献法的缺点如下：

第一，难以判断和把握文献的价值及质量。由于文献绝大多数都是由调查研究者之外的其他人编制而成，其形成过程无法根据调查研究的需要加以控制，所以无论是个人的日记、信件，还是大众传媒上的各种文献，乃至官方的统计资料，都可能因为作者的偏见以及形成文献过程中的客观限制，影响到文献资料的准确性、全面性和客观性。这不仅使文献的鉴别、选择和分析工作艰巨难行，而且很可能影响调查研究的信度和效度。

第二，对于一项专门的调查研究来说，既有的文献往往不够系统、完全，无法充分说明问题。特别是历史性文献，通常都支离破碎。如果调查研究的是现实问题，当然可以通过其他调查方法收集足够的资料来完成任务。但如果课题涉及的是无法再现的社会事实，就不可能通过其他途径补充资料，那么调查研究的最终结果是无法达标的。

第三，有些文献资料很难获得，而且往往是越有价值的文献越难收集。例如，图书馆所藏的孤本、善本和原始影音资料一般人无法接触；涉及个人隐私的日记、私人的信件，往往不便公之于众；某些政府机构、社会组织的文件、决议、记录、统计数字等，也常常属于不允许公开的内部机密。因此，对于某些特定的社会研究来说，其往往会缺乏最有力的文献资料的足够支持。

第四，许多文献资料由于并非为调查研究课题的需要而编制，因此缺乏标准化的形式，难于编录和分析。报纸、杂志等文献的形式相对固定，编纂和分析起来还比较容易；但是，其他类型的文献内容庞杂，长度、语言、表现手法等形式五花八门，因此，编录起来非常困难，也不易进行必要的对比分析和研究。

⽥ 本章小结

在现代信息技术飞速发展的今天，文献是指利用各类物质载体所记录并用以交流传播的一切文字、图表、数字、符号、音频、视频等知识信息资料。文献的特性包括：必须有知识内容的表现；必须有一定的客观物质载体；必须有人类的记录行为。根据不同的标准，文献可以做许多不同的分类。当代文献的特点包括：数量急剧增加；类型日益丰富；速度快，失效快，寿命短；内容重复交叉；质量良莠不齐。

文献法是收集和分析研究各种有关文献资料，从中选取信息，以达到某种调查研究目的的方法。它有三个显著特点：历史性、间接性和无反应性。在社会调查研究中，文献法具有特殊的地位：首先，它是最基础和用途最广泛的收集资料的方法；其次，文献法并不仅仅是一种重要的收集资料的方法，它还是一种独特的和专门的研究方法，这是它与其他调查方法之间最显著的区别。文献法的基本步骤包括文献收集、摘录信息、文献分析三个环节。在文献法独立或主要担纲的调查研究中，这些环节缺一不可；而在其他调查方法为主的调查研究中，文献法一般特指前两个环节，文献资料的整理、分析是和其他调查后资料的整理、分析一并进行的。

文献法的实施是从文献收集开始的。收集文献的基本要求大致有：取其精华；有的放矢；内容丰富；形式多样；系统连贯；注重时效。收集文献首先必须掌握检索文献的方法，其中人工文献检索仍然是查找公开发表的文献的主要方法，另外，计算机文献检索和参考文献查找法也是重要的方法。收集文献的渠道主要有个人、机构和互联网三种。我们应该针对文献的不同来源和出版、收藏情况，采取不同的方法，通过这三种途径进行文献收集。

在通过检索发现并收集到文献之后，下一步的工作就是摘取与调查与课题有关的信息。其步骤主要是：浏览；筛选；精读；记录。现代社会，科学技术的发展使文献的外延不断扩大，同时，传统的记录信息的方法也随之发生了一些重大的变化，这些都极大地促进了当代社会调查研究的发展。

专门的文献分析是在主要依靠文献资料说明问题的社会调查研究中的一项至关重要的工作。文献分析有两大类，即文献定性分析和文献定量分析。文献定性分析是通过对文献内容的分析，来揭示文献所反映事物的性质、本质特征及其发展规律的方法。文献的定量分析也叫内容分析，是对各种文献的明显内容进行客观的、系统的和定量的描述。人们在进行文献调查时，应当是、也经常是两种分析方法相互结合、相互补充，这是文献分析的正确途径和发展方向。

文献法具有突出的优点：调查对象不会因调查者的影响而发生变化，也不会因调查对象不配合而对收集资料产生影响；费用较低，效率却较高；可以研究那些年代久远及无法再现或接触不到的调查对象；适用于时间跨度大的纵贯剖析或趋势分析；成功的概率较高。文献法的缺点包括：许多文献的价值难以判断，质量难以把握；对于一项专门的调查研究来说，既有的文献往往不够系统、完全；有些文献资料很难获得；许多文献资料缺乏标准化的形式，难于编录和分析。

思考题

1. 什么是文献？它有哪些特点？分为哪些类型？请举例说明。
2. 什么是文献法？为什么说它在社会调查研究中有特殊的地位？
3. 应该怎样收集文献？
4. 文献信息的摘录工作应当如何进行？
5. 什么是文献定性分析？怎样进行文献定性分析？
6. 什么是文献定量分析？怎样进行文献定量分析？
7. 文献定性分析和定量分析是什么关系？
8. 你如何评价文献法？

第六章 问 卷 法

🔖 **本章提要**

本章介绍了问卷法的概念和特点；说明了问卷的基本结构，并详细描述了问卷每一部分的具体内容；同时介绍了量表这种特殊类型的问卷；对问卷法的实施步骤和实施原则也作了明确的阐释；还评价了问卷法的优缺点。通过学习这些内容，社会调查者可以初步掌握的问卷调查的基本方法和技能。

🔖 **学习要求**

1. 了解：问卷法的种类；问卷设计中应该注意的问题；问卷法的优缺点。
2. 掌握：问卷法的概念及特点；问卷的基本结构；问卷中问答的种类、结构；设计问题和答案的方法及原则；问卷设计的一般程序；量表的概念和类型。

第一节 问卷法的概念及特点

问卷法也称问卷调查法，它是调查者运用统一设计的问卷向被选取的调查对象了解情况或征询意见的调查方法。其中，问卷是社会调查研究中收集资料的一种工具，它的形式是一份精心设计的问题表格，用以测量人们的特征、行为和态度，以及社会事物、社会现象的有关情况。根据问卷分发和回收形式的不同，问卷法分为直接发送法（访谈发送法）和间接发送法（报刊发送法、电话发送法、网络发送法和邮政发送法）；根据问卷填答者的不同，则分为自填式和代填式两种。前面"概念的操作化与测量"一章中讲到的"量表"也是一种问卷。问卷法在社会调查研究中发挥着重要的作用，现代社会最常用的抽样调查使用的主要调查方法就是问卷法。美国著名社会学家艾尔·巴比说过："问卷是社会调查的支柱。"英国著名社会学家莫泽也说过："社会调查十有八九是采用问卷方法进行的。"

问卷法有以下主要特点：

第一，标准化，即按照统一设计的有一定结构的问卷进行调查。

第二，大多是间接调查，就是调查者不与调查对象直接见面，而由调查对象自己填写；但也可以是直接调查。

第三，一般是书面调查，即调查者用书面提出问题，调查对象也用书面回答问题。

第四，常用于抽样调查，即调查对象是通过概率或非概率抽样方法选取而来，同时调查对象一般比较多。

第五，特别适用于定量调查，即通过样本统计量推断总体，但也常作为定性调查的手段之一。

问卷法虽然在社会调查中应用广泛，但它并非万能的工具，而是具有一定的适用性：

第一，大规模的抽样调查和定量分析。在社会调查研究中，问卷法通常与大规模的抽样调查以及资料的定量分析相联系。许多社会调查都是"抽样—问卷—定量分析"三者的结合体，这也是现代社会调查研究中最为常见，也是最重要的方式。它与观察法、实验法、访谈法、文献法等有着明显的区别。

第二，成分单一的被调查总体。问卷法的适用性通常会受到调查对象总体构成情况的影响。在单一成分的总体中，由于人们的社会背景相同或相似的因素较多，问卷设计相对容易。比较而言，在成分较为复杂的总体中，人们社会背景中各种因素差异较大，要设计一份适合每一类人的问卷就非常困难。因此，问卷法在成分单一的总体中更为适用，如学生、教师、士兵等。

第二节　问卷的基本结构

一份调查问卷除了必须有能够反映调查内容的标题外，通常还要包括以下几个部分：封面信、指导语、问题和答案、编码和其他内容。

一、封面信

我们先看下面一封封面信：

亲爱的同学：

　　你好！

　　为了使你在网上快乐地学习，并给你的课余生活增添一分轻松和愉悦，将我校学生活动搞得有声有色，我校教学服务中心委托信息管理系草拟了校园网使用情况调查。我们从学校各系中抽取部分同学作为各系代表，希望你能如实、认真地填写。本调查无须填写姓名，答案也没有正确与错误之分。请你根据实际情况，在每题的答案中选择一项打钩（如没有特殊说明，每题都只有一个答案）。

　　衷心感谢你的支持与合作！

某某大学信息管理系

2004 年 5 月

联系电话：

负责人：

从以上的封面信中，我们不难看出它实际上是写给调查对象的一封短信。

（一）作用

通常封面信的篇幅并不长，但在整个问卷中却具有相当重要的作用。其作用就在于它向调查对象介绍和说明了调查者的身份、调查目的等内容。一封好的封面信能说服调查对象参加到你的问卷中来，能使他们如实地填写问卷，特别是对于采用邮寄等间接方式进行的社会调查来说，封面信的好坏影响更大。

（二）内容

第一，调查的主办单位或个人身份。调查者的身份既可以在封面信中说明，也可以通过落款说明，即说明"我是谁"。落款一定要注明单位，不能只写"网络教学调查组"等缺少实体的名称。因为人们看到这种署名，仍搞不清你是哪里来的、干什么的，会对调查产生很多疑虑，如果改为"某某单位'网络教学调查组'"则比较妥当。若能附上单位地址、电话号码、网址等信息则更好，因为这样更能体现调查者的诚意，体现调查的正式性和组织性，有利于被调查者的信任与合作。

第二，调查的内容和范围。封面信要说明调查的大致内容，即"调查什么"，通常只要用一句话指出调查内容的范围即可。封面信介绍的调查内容与后面的调查问题要一致，不要封面信说调查这个问题，而问卷中问的却是另一个问题。

第三，调查的目的。这是非常重要的内容，就是说明"为什么调查"。目的要叙述得当，有利于调动调查对象的积极性和责任心。调查目的的陈述不宜过于空泛，如"为了社会的进步和发展"之类的用语，而应该说明其实际意义，如"此次调查是为了了解人们对国产轿车的使用情况，提高国产轿车的质量"等。

第四，调查对象的选取方法。为了打消调查对象对调查的疑虑，封面信中最好能说明调查对象的选取方法和对调查结果的保密措施。

（三）语言

封面信的篇幅不宜过长，以两三百字为好，应该尽量使用概括的语言，明确地说明实际内容。同时，语言表达要亲切、中肯。在信的结尾应真诚地向调查对象表示感谢。

二、指导语

指导语是用来指导调查对象如何填答问卷的各种解释和说明，其作用就相当于一部新设备的使用说明书。问卷的指导语可详可略，根据实际情况而定。简单的如"请您根据自己的实际情况在合适的答案号码上打钩"。

指导语分为卷头指导语和卷中指导语。卷头指导语一般以"填表说明"的形式出现在封面信之后。例如：

填答说明

1. 请在每个问题后适合自己情况的答案序号上打钩，或在_____处填写适当的内容。
2. 问卷每页右边的数码及短横线用于计算机统计，不必理会。
3. 如无特殊说明，每个问题只能选择一个答案。
4. 请自主填答问卷，不要与他人商量。

卷中指导语则是针对某些特殊问题所做出的特定指示，如"从 11 到 30 题可选多个答案"等。

三、问题和答案

问题和答案是问卷的主体部分，有三种基本类型，即开放型问答、封闭型问答和混合型问答。

（一）开放型问答

开放型问答是对问题不提供任何备选答案，而由调查对象自己随意填写。例如：您认为目前社会保障制度有何问题？您对于惩治腐败有何看法？

开放式问答允许调查对象充分自由地按自己的方式发表意见，所以能最大限度地发挥调查对象的主动性和创造性，回答往往是自然流露，内容丰富生动，因此用于了解人们对社会问题的看法颇为适宜。其缺点如下：

第一，要求调查对象有较高的知识水平和文字表达能力，因此对调查的范围和对象会产生一定限制作用。

第二，调查对象可能因花费时间和精力较多而不愿答卷或敷衍了事，从而降低回复率和有效率。

第三，回答的标准化程度较低，对于同一个问题，人们的回答往往是五花八门的，所以难以进行编码和分类统计，不利于做定量分析。

（二）封闭型问答

封闭型问答是问卷最常用的形式，它是将问题的几种主要答案，甚至一切可能的答案全部列出，然后由调查对象从中选取一种或几种答案作为自己的回答，而不能作这些答案之外的回答。封闭性问答，一般都要对回答方式作某些指导或说明，这些指导或说明大都用括号括起来附在有关问题的后面。

1. 优点

填写方便，对文字表达能力和知识水平无特殊要求。完成问卷省时、省力，也便于统计和定量分析。

2. 缺点

（1）不能充分发挥调查对象的自主性和想象力。因为封闭式问卷已规定了答案，限制了回答的范围和方式。

（2）难以发现回答中的偏差。因为它只是要求调查对象在既定答案上打一个记号，所以对那些由于笔误错答的、故意错答的，或是不明题意而乱答的情况就难以辨别，从而会影响回答的准确性与真实性。

封闭型问答的具体方式多种多样，其中常用的有以下几种：

第一种，填空式，即在问题后面的横线上或括号内填写答案的形式。例如：您的年龄：_____。这种问答方式，适用于各种答案比较简单的问题。

第二种，两项式，即只有两种答案可供选择的形式。例如：您的性别？（请在适用的括号里打√）男（　）；女（　）。这种问答方式，适用于互相排斥的二选一式的定类问题。

第三种，列举式，即在问题后面设计若干条填写答案的横线，由被调查者自己列举答案的问答方式。例如：请问您的爱好？（请列举最重要的3个）1. _____；2. _____；3. _____。这种问答方式，适用于有几种互不排斥的答案的定类问题。

第四种，选择式，即列出多种答案，由调查对象自由选择一项或多项的问答方式。例如：您最希望学校在哪方面加以改进：（1）教学质量；（2）学术水平；（3）校园面貌；（4）伙食；（5）其他。这种问答方式适用于有几种互不排斥的答案的定类问题。在几种答案中，可规定选择一项，也可规定多项。

第五种，顺序式，即列出若干种答案，由调查对象给各种答案排列先后顺序的回答方式。例如，您关心的社会热点问题有哪些？（请按关心程度给下列问题编号，关心最多的为1，最少的为6）

□ 环境污染　　　　□ 社会治安　　　　□ 教育改革
□ 贫富分化　　　　□ 社会公德　　　　□ 官员腐败

这种问答方式，适用于同类的几个问题和答案的定序问题。

第六种，等级式，即列出不同等级的答案，由调查对象根据自己的意见或感受选择答案的问答方式。例如：

您对目前的社会治安是否满意？（请根据您的感受在下列适当的空格内打√）

① _____ 很满意　　　　② _____ 比较满意　　　　③ _____ 无所谓
④ _____ 不满意　　　　⑤ _____ 很不满意

这种问答方式，适用于要表示意见、态度、感情的等级或强烈程度的定序问题。

第七种，矩阵式，即将问题和答案排列成一个矩阵，由调查对象对比着进行回答的方式。例如：

您希望政府在哪些方面加以改善？（请在适当的方格内打√）

	非常迫切	比较迫切	不太迫切	不需要	无所谓
① 交通	□	□	□	□	□
② 住房	□	□	□	□	□
③ 环保	□	□	□	□	□
④ 医疗	□	□	□	□	□
⑤ 治安	□	□	□	□	□
⑥ 教育	□	□	□	□	□

这种问答方式，适用于同类问题、同类回答方式的一组定序问题。

第八种，表格式，即将同类的几个问题和答案列成一个表格，由调查对象回答的方式，它实际上是矩阵的一种变形，如表 6-1 所示。

表 6-1　关于冯小刚导演的几部电影的调查表

项　　目	非常好	比较好	一般	不太好	很不好	不知道
甲方乙方						
不见不散						
集结号						
大腕						
手机						
天下无贼						

与矩阵一样，这种问答方式也适用于同类问题、同类回答方式的一组定序问题。

封闭型问答有许多优点，它的答案是预先设计的、标准化的，不仅有利于调查对象正确理解和回答问题，节约回答时间，而且有利于提高问卷的回复率和有效率。因为调查对象对开放型问题往往不愿或不容易写出自己的看法，但对已有的答案却有可能进行真实的选择。它还可以做数据化处理，因此适用于定量研究。

封闭型问答的缺点是：设计比较困难，特别是一些比较复杂的、答案很多或不太清楚的问题，很难设计得完整、周全，一旦设计有缺陷，调查对象就无法正确回答问题；它的问答方式比较机械，没有弹性，难以适应复杂的情况，难以发挥调查对象的主观能动性；它的填写比较容易，调查对象可能对自己不懂，甚至不了解的问题任意填写，从而降低回答的真实性和可靠性。

（三）混合型问答

所谓混合型问答，是指封闭型问答与开放型问答的结合，它实质上是半封闭、半开放的问答类型。例如：

您认为目前我国国产电视的质量好不好？（请在适当的格内打√）

① 好　　　　　☐
② 难说　　　　☐
③ 不好　　　　☐

为什么？_____

这种问答方式，综合了开放型问答和封闭型问答的优点，同时避免了二者的缺点，多用于定量与定性结合的调查。

四、编码

编码，就是对每一份问卷和问卷中的每一个问题、每一个答案编定一个唯一的代码，并以此作为数据处理的依据。

编码的主要任务是：

第一，给每一份问卷、每一个问题、每一个答案确定一个唯一的代码。例如，A1、A2、A3、A4；Q1、Q2、Q3、Q4 等。

第二，根据调查对象、问题、答案的数量编定每一个代码的位数。例如，调查对象在100人以下，就编定2位数；1 000人以下，就编定3位数（1位数为1～9；2位数为0～99；3位数为0～999；4位数为0～9 999）。同样，根据问题、答案的数量，也分别编定它们的位数。

第三，设计每一个代码的填写方式。常用的有：☐ ☐ ☐；（ ）（ ）（ ）；〈 〉〈 〉〈 〉；_____ _____ _____等方式。

例如，被调查者的地址、类别和户编码，可以设计为：

省编码	地市编码	县市编码	乡镇编码	村编码
A1	A2	A3	A4	A5
□□	□□	□□	□□	□□

类别编码	户编码
B1	C1
□□	□□

又如，问题及答案的编码，可以设计为：

Q1 您的性别：

　　01 男 □；02 女 □

Q2 您的文化程度：

q1 文盲或半文盲　□	q2 小学　□	q3 初中　□
q4 高中或中专、技校　□	q5 大专　□	q6 大学本科　□
q7 硕士　□	q8 博士　□	q9 博士后　□

所有这些，都是对问卷整理和分析的依据。对问题答案的编码有前编码和后编码之分，封闭型问答的每一个答案，在设计问卷时就设计了代码，叫前编码；开放型问答的答案，一般是在调查结束后根据答案的具体情况再编定代码，叫后编码。

五、其他内容

除了上述内容外，问卷还包括一些有关资料，如问卷的名称、审核员编号、调查日期、调查对象住地、调查对象合作情况等。

第三节　量　　表

一、量表的概念与特点

在问卷调查中，除了上述一般问卷，人们还常常使用一种特殊类型的问卷，即量表。如前所述，问卷是对有关调查对象的各种变量所进行的测量，其具体测量对象是通过概念（变量）的操作化而确定的各项指标，包括主观性指标和客观性指标。其中，主观性指标由于含有很大的主观判断成分，所以准确性和可靠性较难把握，难以进行定量分析。为了解决这一问题，人们设计出了一种专门用于主观性指标的问卷——量表，作为在经验层次上对社会现象进行主观评价的具有结构强度顺序的测量工具。

量表的主要特点如下：

第一，量表能通过间接的、定量的方式测量那些难以直接观测和客观度量的人们的主观态度，特别是测量态度和观念的不同程度和差异。社会中的许多指标，如离婚率、犯罪率、教育程度、性别等都不包含主观判断的成分，所以一般不用量表。但诸如对新政策的态度、对某政府官员的评价之类的测量就适于使用量表。

第二，量表通常由多项测量内容综合而成。也就是说，它测量的是多个变量的指标。例如，测量球迷对足球的爱好程度，可以用是否参加某个球迷组织，是否熟悉足球规则，是否阅读足球书刊，一定期间内现场观球的次数，一定期间内看电视转播比赛的次数等指标来测量，这些指标就构成一个指标群，可以反映调查对象对足球的爱好程度。

第三，量表通过对不同变量分别赋予相应的分值，使之能够反映变量变异的强弱。也就是说，量表所列指标的指标值必须以按一定强度顺序排列的分值来表示，这是量表和问卷等其他测量工具之间的最大的区别。例如，上述对球迷的测量，用一般问卷测量，其中的每一个回答可以用分值来表示，也可以不用分值表示；但用量表测量，其中的每一个回答都必须赋予一个分值，并用总的累积分值来表示调查对象的态度强度。例如，表 6－2 就是一个简单的量表，其中"是"被赋予分值 1，"否"被赋予分值 0，并用每个人回答的累积分值来表示他对足球的爱好程度。

表 6－2　对有关足球问题的态度量表

	是	否
你经常阅读足球书刊吗？	1	0
你经常去现场观看足球比赛吗？	1	0
你经常和别人谈论足球吗？	1	0
你经常看电视转播足球比赛吗？	1	0
你参加了某个球迷组织吗？	1	0
你熟悉足球规则吗？	1	0

二、量表的类型

量表在现代社会调查研究中应用十分广泛，其类型也多种多样。从内容上看，最主要和最常用的类型是态度量表，此外还有能力量表、智力量表、性格量表、工作成绩量表、社会地位量表等多种类型。从形式上看，目前最流行的是总加量表、语义差异量表和累积量表，它们和一般问卷相比，问题和答案的设计方式有所不同。

（一）总加量表

总加量表又称里克特量表，是最为简单、同时也是目前使用最为广泛的量表，于 1932 年由美国社会心理学家里克特在原有类似量表的基础上改进而成。其主要功能是用来测量人们对某一事物的看法和态度。其形式是提供关于某一问题的若干陈述，每一项陈述都设定不同等级的答案，由调查对象判断和选择。其中的每一个答案都被赋予一个分值，总的分值就可以说明调查对象的表态程度。单个调查对象的总的分值，说明的是个人的总的态度倾向；如果把全体调查对象所得分数加总，再除以被调查人数所得的平均值，说明的则是全体调查对象的平均态度倾向。

根据可选答案的数量不同，总加量表一般分为两项选择型和多项选择型两种形式。两种选择型只设"同意、不同意"，或者"是、不是"两项可供选择的答案，多项选择型通常设"非常同意、同意、说不好、不同意、非常不同意"五个等级的答案以供选择。多项选择型量表因为答案类型较多，能够更清楚地反映出人们在态度上的差别，所以比两项选择型量表应用广泛。

根据陈述内容所代表的态度倾向的不同，总加量表又分为完全正向型和正向与反向混合型两种形式。完全正向型量表的陈述内容所代表的是同一种态度倾向，正向与反向混合型量表的陈述内容则代表了两种完全相反的态度倾向。完全正向型量表中所有答案的赋予分值都是一样的，如都是"1 或 0"；正向与反向混合型量表中正向陈述与反向陈述的答案的赋予分值则是完全相反的，如正向分值依态度强弱分别为"5、4、3、2、1"，反向分值依态度强弱则分别为"1、2、3、4、5"。由于正向与反向混合型量表中正向式陈述与反向式陈述之间能够起到互相比较和检验的作用，可以更准确地反映人们的态度倾向，因此，它比完全正向型量表作用更大。

下面请看表 6 – 3 和表 6 – 4 两个示例：

表 6 – 3 对于抽烟行为的态度量表

	同意	不同意
1. 抽烟是一种个人的不良行为	1	0
2. 抽烟影响他人的健康	1	0
3. 抽烟会导致多种疾病	1	0
4. 抽烟这种行为必须杜绝	1	0
5. 抽烟者应该受到公众的谴责	1	0
6. 抽烟者应受到严厉的处罚	1	0

表 6 – 3 中的答案只设"同意、不同意"，分值一律为 1 或 0，所以它是两项选择型量表；其陈述都表现了谴责抽烟行为的同一种态度倾向，所以它又是完全正向型量表。

表 6 - 4　对于大学生谈恋爱的态度量表

	非常同意	同意	说不好	不同意	非常不同意
1. 对大学生谈恋爱应当坚决反对	5	4	3	2	1
2. 大学生谈恋爱会破坏学校正常秩序	5	4	3	2	1
3. 大学生谈恋爱完全是个人的事，别人无权干涉	1	2	3	4	5
4. 大学生谈恋爱对学校形象没有影响	1	2	3	4	5
5. 大学生谈恋爱会损害学校形象	5	4	3	2	1
6. 对大学生谈恋爱应当给予处罚	5	4	3	2	1
7. 大学生谈恋爱会影响学生的正常学习	5	4	3	2	1
8. 大学生谈恋爱不会影响学生学习	1	2	3	4	5
9. 应当引导大学生正常谈恋爱	1	2	3	4	5
10. 对大学生谈恋爱不应当强行制止	1	2	3	4	5

　　表 6 - 4 中的答案设"非常同意、同意、说不好、不同意、非常不同意"五个等级，所以它是多项选择型量表；其陈述中，"对大学生谈恋爱应当坚决反对"等，是对反对大学生谈恋爱抱肯定态度的一种正向式陈述，而"大学生谈恋爱完全是个人的事，别人无权干涉"是对反对大学生谈恋爱抱否定态度的一种反向式陈述，同时其答案的赋予分值是完全相反的，正向分值依态度强弱分别为"5、4、3、2、1"，反向分值依态度强弱则分别为"1、2、3、4、5"，所以它又是正向与反向混合型量表。

　　设计总加量表的具体步骤是：

　　第一步，确定主题，并根据所要测量的内容或变量搜集大量与之有关的问题，然后从中筛选出一组问题进行加工，作为量表的看法或陈述部分。

　　第二步，确定答案及其分值。对每一个陈述都要设计相应的答案，答案从两个到多个（一般最多 7 个）不等。每个答案都赋予一个分值。如果是正向与反向混合型量表，必须注意两类答案的分值的高低顺序是相反的，而且通常在一个量表中，正、反向答案应各占一半。

　　第三步，试调查。从调查对象中抽出一部分人进行测试，以便发现量表设计中可能存在的问题。其中最重要的是检查每道题的分辨力。具体方法是先计算出全部试测者中每一个人的全部答案的总分，再从中选出前 25% 得分最高者和后 25% 得分最低者，分别计算他们在每一个问题上的平均分，两者相减所得的差即为辨别力评分。例如，对一个单位中 40 人进行测试，得分最高的 10 人，第一题的得分分别是 5、4、4、5、5、4、5、4、4、5 分，得分最低的 10 人第一题的得分分别是 2、2、1、1、1,、2、2、1、2、1，那么，得分最高的 10 人第一题的均分为 45/10 = 4.5，而得分最低的 10 人第一题的均分为 15/10 = 1.5，两者相减（4.5 - 1.5 = 3）即为第一题的分辨力系数。分辨力系数越小，就说明这一题的分辨力越低。分辨力低的题目要删除，分辨力高的题目则要保留。正式量表的题目一般在 5 ~ 20 个。

第四步，确定正式量表。对经过试调查保留下来的题目、答案、分值应做进一步审核，然后制定出完整的正式量表，以备其后调查之用。

总加量表的最明显的优点首先是容易设计；其次，它的适用范围比其他量表要广，既可以用来测量具体概念，也可以用来测量一些其他量表不能测量的复杂概念和抽象概念；最后，总加量表的回答形式便于调查对象表态。

总加量表的最主要缺点是不够精确。因为它是以各项目总加分代表一个人的表态程度，只能大体上区分个体间的态度差异，却无法进一步描述其中的细微区别。

（二）语义差异量表

语义差异量表又叫语义分化量表，最初由美国心理学家 C. 奥斯古德等人在研究中使用，20 世纪 50 年代后发展起来。在社会学、社会心理学和心理学研究中，语义差异量表被广泛用于文化的比较研究、个人及群体间差异的比较研究以及人们对周围环境或事物的态度、看法的研究等。

语义差异量表是设计一系列形容词和它们的反义词，作为极端对立的两端，在每一对形容词和反义词之间又设计若干等级（一般 7~11 个），分别赋予一定分值，让调查对象选择，以此了解人们对观念、事物或人的态度和看法。如表 6-5 就是语义差异量表的例子：

表 6-5　对于办公环境的感觉量表

	非常	十分	有点儿	说不上	有点儿	十分	非常	
恶劣的	1	2	3	4	5	6	7	良好的
安静的	7	6	5	4	3	2	1	嘈杂的
现代的	7	6	5	4	3	2	1	传统的
温馨的	7	6	5	4	3	2	1	冰冷的
明朗的	7	6	5	4	3	2	1	晦暗的
高雅的	7	6	5	4	3	2	1	粗俗的
和谐的	1	2	3	4	5	6	7	杂乱的

在表 6-5 中，安静的、现代的、温馨的、明朗的、高雅的、良好的、和谐的是正指标，同正指标对应的是较高分值，可从左到右以 7~1 记分；恶劣的、嘈杂的、传统的、冰冷的、晦暗的、粗俗的、杂乱的是负指标，同负指标对应的是较低分值，可从左到右以 1~7 记分。对测量结果，既可以统计单个被调查者总记分，了解个人的感觉和评价；也可以求整体平均数，了解群体平均的感觉和评价。在使用语义差异量表时，要特别注意尽可能全面地包括概念、事物或人的各个层面。

语义差异量表的缺陷是询问比较模糊，程度上的差异较难把握，而且在形成量表的过程中，个人也难免把经验等因素掺入进来。但尽管如此，这种测量方法仍然是有效的，特别是求所有调查对象回答的平均数，能够中和一些偏见与极端的看法，用来对各种群体进行对比与评价是比较公允的。

（三）累积量表

累积量表又叫古特曼量表，是以色列心理学家古特曼 1944 最先使用的。它的前身是鲍格达斯社会距离量表，由美国社会心理学家鲍格达斯于 1925 年创制，主要用来测量人们对种族群体的态度，后来也用来测量人们对职业、阶层、各种社会群体等态度。例如，下表 6 – 6 即为测量人们对艾滋病患者的容纳程度的一个鲍格达斯社会距离量表。

表 6 – 6　对于艾滋病患者容纳程度的鲍格达斯社会距离量表

指　　　标	愿意	不愿意
1. 居住在同一个地区	1	0
2. 居住在同一个小区	1	0
3. 一起参加社会活动	1	0
4. 互有来往	1	0
5. 成为邻居	1	0
6. 成为同事	1	0
7. 成为好朋友	1	0
8. 结婚	1	0

表 6 – 6 中各指标之间有一个顺序结构，每一个指标都是建筑在前一个指标之上的。如果我们愿意与一个艾滋病患者结婚，自然也愿意与他成为朋友、邻居和同事；即使我们不愿意与一个艾滋病患者结婚，但如果我们愿意与他成为朋友，自然也可以和他成为邻居、同事，以此类推。它的优点在于可以极大地简化统计过程，是一个很经济实用的量表。但是，由于它的测量指标全根据调查者的主观经验而定，且直接使用，所以难免失于偏颇。所以，古特曼把它改进为累积量表，并把它用于更广泛的领域。

累积量表的最主要特征和鲍格达斯社会距离量表类似，即量表中后一等级积累了前一等级的强度，只要支持某个较强的变量指标，就一定会支持较弱的指标。与鲍格达斯社会距离量表的不同在于，累积量表不是一种现成可使用的量表，而是需先依据数据构筑标度，再建立量表。

累积量表的设计步骤如下：

（1）就某一调查主题提出若干测量项目，即根据测量的特征选择若干问题，写出陈述。

（2）每个陈述的答案均为"是""不是"，或"同意""不同意"。

（3）让部分调查对象进行问题填答，收集数据，通过分析，筛选原定项目，一般凡是被调查者 80% 以上"同意"或"不同意"的陈述，均属于不能很好区分态度和违反等级结构原则的陈述，应予淘汰。

（4）划定测量的等级结构，把保留的陈述按等级排列，给以答案并计分（如"完全同意"计5分、"同意"计4分、"不知道"计3分、"不同意"计2分、"完全不同意"计1分），制成量表。

（5）计算答案的一致性系数，检验量表的有效性。一致性系数又叫再现系数，是指调查对象保持一致性回答的百分比。其计算公式为：再现系数 = 1 - 反常回答数/总回答数，如果再现系数等于或大于90%，那么累积量表是有效和可用的，否则就是不成立的。

累积量表是由一组单向性的问题组合而成，往往只能反映某一特定人群的态度，在另一人群中却不一定适用，而且设计过程比较烦琐，有一定难度，所以，它在现实中不如其他量表应用广泛。

第四节 问卷法的实施

问卷调查的实施步骤包括设计问卷、选择调查对象、分发问卷、回收问卷等过程。

一、问卷的设计

设计问卷是在前期完成的确定调查指标体系等工作的基础上进行的。进入设计阶段之后，需要根据前期确定的具体调查指标，按照一定的原则，认真设计问卷的问题与答案。这项工作的传统做法是卡片法和框图法。卡片法是把每一个问题和答案写在一张卡片上，一题一卡；然后根据主题内容，将卡片分成若干类，并根据整张问卷的逻辑结构安排各类卡片的顺序；再按询问的顺序将每类中的卡片依次排序，并从便于调查对象答卷的角度出发，反复检查这种安排是否妥当，对不妥之处做必要的调整；最后把确定的问题和答案依次记录，形成问卷初稿。框图法是首先根据研究假设和所需资料，画出整个问卷的各个部分及其顺序的框图；然后设计出每一部分的具体问题和答案，并将其排序；再从便于调查对象答卷的角度出发，对所有问题和答案进行检查、调整或补充；最后将确定的结果整理成文，形成问卷初稿。这两种方法的不同之处在于，前者是从具体问题过渡到整体，后者是从总体结构演化到具体问题。二者各有优缺点，但既无高下之分，也无矛盾之处，调查者可根据自己的习惯和方便任选其一，也可兼而用之。这项工作在过去一般用手工完成，需要花费很大的精力和时间，但现在人们都用计算机操作，实际上已省去了做卡片等烦琐的环节，可以大大提高工作效率。

（一）问题的设计

调查所要询问的问题是问卷设计的主要内容。尽管前期确定的具体调查指标群使得问卷中的问题已经呼之欲出，但要真正将调查指标转化为科学的问卷，还必须懂得设计问题应该遵循的原则、问题的种类和问题的结构等。

1. 问题的设计原则

为了提高问卷回复率、有效率和回答质量，设计问题应遵循以下原则：

第一，客观性原则。这是指作为主体的调查者在问卷设计过程中既要从实证性、客观性的要求出发，保持"价值中立"，尽可能地减少人为主观成分和影响，以达到如实反映社会现象本来面貌的目的；同时，又要从调查对象是特定社会背景中的人这一现实出发，充分发挥自己作为调查者的主体能动作用，通过深入体验，去贴近调查对象所生活的背景，去熟悉和了解他们的心理活动、思维方式、生活习惯和社区意识，以便更好地用问卷去测量他们的行为和态度，去收集相关的资料和信息。为此，在问卷设计时，调查者要从研究的目的和需要出发，尽可能多、尽可能全面和尽可能详细地提出问题。

第二，目的性原则。这是指设计的问题必须紧紧围绕调查研究的目的来进行，不能枝蔓横生。例如，在调查农民的生活状况时，如果出现了"您对村委会主任工作的评价"之类的问题，就脱离了调查研究的主题。

第三，必需性原则。这是指设计的问题应该是必需的，并以够用为度。问题数量过少，会无法说明调查所要说明的问题；数量过多，不仅会大大增加工作量和调查成本，而且会降低回答质量和问卷的回复率和有效率，也不利于正确说明调查所要说明的问题。因此，设计的问题数量要控制在说明问题即可的程度。例如，在调查城市居民消费情况时，如果仅仅设计衣、食、住、行等项目，就不足以说明问题，因为医疗和子女教育已成为当代社会人们的主要支出中的两项；但问卷中不一定设计购买收藏品、出国旅游之类的问题，因为购买收藏品、出国旅游在目前仍属于少数人的行为，不是说明城市居民消费情况的必要项目。

第四，对象性原则。这是指设计问题时要充分注意被调查者的特点，应从调查对象的角度出发，去考虑他们填答问卷是否方便、是否容易、是否有利于他们理解和接受等。也就是说，所设计的问卷要顾及调查对象的时间、精力等因素，符合调查对象的读写、理解、记忆、计算等能力，避免出现过于牵扯时间、精力的超大型问卷或调查对象力所不及的复杂问卷。例如，对知识分子的问卷可以使用产业结构调整、消费水平、收入结构这样的术语，但对一般农民则不适宜。

第五，自愿性原则。这是指设计问题必须考虑被调查者是否自愿真实回答。凡被调查者不可能自愿真实回答的问题，都不应该正面提出。例如，"您是否虐待过妻子？""您是否有过受贿行为？""您是否吸过毒？"等，对于这类问题，调查对象一般都不可能自愿做出真实回答，所以不宜正面提出。

第六，具体性原则。这是指问题的内容要具体，不要提抽象、笼统的问题。例如，"您有怎样的人生价值观？"对于"价值观"这样一种抽象、笼统的问题，人们的看法往往大不相同，被调查者难以作答，即使勉强回答出来了，也是无法进行科学分析的。

第七，单一性原则。这是指问题的内容要单一，在一个问题中，不能同时询问两件事情，或者说不能把两个或两个以上的问题合在一起提。例如，对"您公司聘用外地人和女职员吗？"这一问题，也可以有都聘用、都不聘用、只聘用外地人或女职员一类人四种回答；再如，对"你们单位的同事是否喜欢爬山？"这一问题，也会出现几种不同回答。对于这类涉及多个答案的问题，是很难准确把握的，调查者无法从中收集到真实的调查资料。

2. 问题的种类

问卷中的问题基本上可分为四类：

第一类，背景性问题。背景性问题主要是调查对象个人基本情况，是对问卷进行研究的重要依据。其主要包括性别、年龄、民族、文化程度、婚姻情况、职业、行业、职务或职称、收入、宗教信仰、党派团体等，有时还包括调查对象的某类基本情况，如家庭人口、家庭类型、家庭收入等。

第二类，客观性问题。客观性问题是指已经发生和正在发生的各种事实和行为。例如，"您家有没有轿车？""去年您全家的年收入多少？"等，都是事实方面的问题。又如，"您今年看了哪些电影？""你喜欢通过何种方式购物？"等，都是行为方面的问题。

第三类，主观性问题。主观性问题是指人们的思想、感情、态度、愿望等一切主观世界状况方面的问题。例如，"您对住房改革有何看法？""您对自己目前的工作是否满意？""您希望北京市交通采取哪些改革措施？"等，这类问题如果须了解其强弱程度，则要用量表式问卷。

第四类，检验性问题。检验性问题是特为检验回答是否真实、准确而设计的问题。它们一般安排在问卷的不同位置，通过互相检验来判断回答的真实性和准确性。例如，在问卷中先问："您的工龄为多少？"之后再问："您哪年参加的工作？当时的年龄多大？"又如，先问企业收入，再问企业税收，或者先问企业税收，再问企业收入等。

在这四类问题中，背景性问题是任何情况都不可缺少的，因为它是对调查对象分类和对不同类型调查对象进行对比研究的重要依据。其他三类问题，则依调查目的、内容而选用。例如，家庭调查以客观性问题为主，民意测验以主观性问题为主，而一般来说，比较复杂的调查问卷才需要设计检验性问题。

3. 问题的结构安排

为了便于调查对象回答问题，同时也便于调查者对调查资料的整理和分析，调查者往往需要精心安排问题的结构，即问题的排列组合方式。设计问题一般可采取以下几种排列方式：

第一种，按问题的性质或类别排列。一般来说，应把背景性问题放在问卷的前面或后面，把其他问题按性质和类别相对集中，一类类地分别排列，而不要把不同性质或类别的问题混杂在一起。这样排列便于调查对象有条不紊地回答问题，以免因为调查对象回答问题的思路经常中断和来回跳动而影响调查质量。

第二种，按问题的复杂程度或困难程度排列。问题的排列应该先易后难，由浅入深；先客观事实，后主观判断；先一般问题，后特殊问题；先封闭性问题，后开放性问题。特别是敏感性强、涉及个人隐私的问题应该安排在问卷的后面。这样，有利于增强被调查者回答问题的信心，也有利于把回答逐步引向深入，而不至于让调查对象知难而退。

第三种，按问题的时间顺序排列。在遇到有时间关系的问题时，调查者应该根据调查事物的过去、现在、将来的历史顺序来排列。当然，也可以反过来，先问当前的有关问题，然后再由近及远地追溯过去的情况。问题不应该来回跳跃，否则会打乱调查对象回答问题的思路。

在通常情况下，问题都是按一定逻辑来排列的。但是，有时调查者为了防止调查对象回答问题受思维定式的影响，也故意把一些问题的时间顺序颠倒，或分别安排在问卷的不同部分。特别是检验性问题的排列更应分散各处，否则就难以起到检验作用。总之，问题的排列不是一成不变的，调查者可根据具体的需要，在遵循以上三种排列原则的基础上灵活应用。

4. 问题的表达

把握好问题表达的技巧，对于提高整个问卷的质量至关重要。由于问卷调查一般是自填式调查，调查对象只能根据书面问卷来理解问题和回答问题，因此，调查者在表述问题时要注意以下几点：

第一，通俗易懂。问题的语言要通俗，不要使用鲜见的语言或过于专业化的术语。例如，对一般人不要说"您是育龄妇女吗？""您家的消费结构怎样？"等。

第二，简明扼要。问题的语言应该尽可能简单明了，不要冗长、啰唆。对明确、简明的问题，回答率和有效率一般都较高；冗长、啰唆的问题，容易含混不清、产生歧义，回答率和有效率会大大下降。

第三，准确清晰。这有两层意思，一是不能使用模棱两可、含混不清的词语。例如，"也许""好像""可能""经常""有时""偶尔"等。问题的语言必须准确，如"经常"可表述为每周1次或更多，"有时"可表述为每月1至2次，"偶尔"可表述为每季1次或更少等。二是问题的答案不能有歧义。例如，"您单位的一把手能起作用吗？"就是一个有歧义的问题，因为"作用"有好有坏。这类问题让人无法回答。

第四，客观中立。表述问题的态度要客观中立，不要有诱导性或倾向性的语言。例如，"您喜欢做光荣的人民警察吗？"这种表述方式，包含了明显的倾向或诱导的含义，调查对象在趋同心理支配下往往做出肯定回答，但不一定是自己的真实看法。若改为"您喜欢警察这一职业吗？"则比较恰当。

第五，非否定句式。要避免使用否定句式表述问题。由于人们一般都习惯于用肯定句式提出问题和回答问题，因而用否定句式的问题往往令人费解。例如，"您是否不赞成不提高农产品价格？"就不利于调查对象理解和回答问题。

5. 相关问题的接转

有些问题相关程度较高，为了保证回答的系统性和便于统计，需要对它们做特殊处理，即进行相关问题的接转。一般来说，相关问题的接转有以下几种方式：

（1）用文字说明。如：

您购买轿车了吗？　　①有　　②无

（若无，请直接答×题）

（2）分层次排列。如：

您是否在业余时间参加健身活动?

① 是　　□

为什么?　_____

② 否　　□

为什么?　_____

（3）用框格表示。如：

您是否出过国?

① 是（　　）

② 否（　　）

如果是：您第一次出国是　　年?

（4）用线条连接。如：

您是否有正式职业?

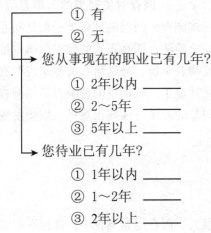

① 有
② 无
您从事现在的职业已有几年?
　① 2年以内 _____
　② 2~5年　_____
　③ 5年以上 _____
您待业已有几年?
　① 1年以内 _____
　② 1~2年　_____
　③ 2年以上 _____

（二）答案的设计

答案的设计也是影响整个问卷质量的重要因素。在答案的设计中，要遵循以下原则：

第一，简捷性原则。答案必须简捷、明晰，避免使用冗长和夹缠不清的语句，否则会引起歧义或产生谬误。

第二，相关性原则。设计的答案必须与问题具有相关关系，不能所答非所问。例如，问题是"您认为理想的婚姻是怎样的"，结果答案中出现了"单身"，二者之间就没有相关关系。

第三，同层性原则。设计的答案必须属于相同层次（类别）。例如，如果询问"您希望自己就读哪类大学？"答案就应该是综合、理工、社科、医科、农科等学科类别，而不应该是北大、清华、人大、中国农大等学校类别。

第四，穷举性原则。设计的答案必须穷尽所有的可能。例如，如果询问婚姻状况，答案只有已婚、未婚，就违背了穷举性原则，因为答案中忽略了离异、丧偶等。当答案过多时，可以只设计几种主要答案，然后加一个"其他"，这样就达到了穷举性的要求。

第五，互斥性原则。设计的答案必须是互相排斥的。例如，如果询问"您的行政级别是什么？"设计的答案是科级、县团级、处级、厅局级、地师级、省军级、部级等，就不符合互斥性原则了，因为"县团级"与"处级"，"厅局级"与"地师级"不是互相排斥的，而是兼容的。

第六，可行性原则。设计的答案必须是调查对象能够回答、也愿意回答的。一些调查对象难以理解、回忆、计算和难以表达的答案，或者是调查对象不能够、不愿意回答的隐私性、敏感性的答案，就不符合可行性原则。

（三）试用和修改

问卷设计好以后，应当进行试调查，即请一些与今后正式调查对象同类的人填答问卷。往往要在此基础上对问卷做若干次修改后，才能进行正式调查。问卷的试调查一般是问卷设计者亲自选择一些人填答，具体方法有两种：一是客观检验法，即在正式的调查总体中抽取一个小样本进行试调查；二是主观评价法，即将问卷复制若干份，分送给有关专家或调查对象中的高水平者进行评价。试调查与正式调查的不同之处在于，试调查的着眼点不是调查对象如何填写问卷，而是要求他们根据其经验和认识对问卷的各个方面提出意见，以便发现问题，完善问卷。

二、调查对象的选择

在社会调查研究中，调查对象对调查结果的影响很大。而在问卷调查中，这种影响则显得更加直接和普遍，也显得更加突出和复杂一些。

首先，作为客体的调查对象在年龄、性别、职业、文化程度等方面的特征，以及他们对问卷调查的态度和认识，都制约和影响着问卷调查的适用性和有效性。由于不同的人有着不同的社会背景、不同的生活方式、不同的价值观念和不同的社会阅历，因此，他们对于同一种事物往往会有不同的反应。而人们对于问卷调查这一事物的认识和了解，特别是作为调查对象的人们对某一项问卷调查本身的认识和反应，可以说是决定问卷调查能否成功的关键因素。任何一项社会调查都离不开调查对象的合作与支持。对于问卷调查来说，这种合作与支持更是不可缺少。一般来说，对问卷调查内容比较熟悉的调查对象，有一定文字理解能力和表达能力的调查对象，初次或较少接受问卷调查的调查对象，回答问卷的积极性较高；反之，积极性就较低，甚至不予回答。如果调查对象选择不当，就会直接导致问卷调查难以进行。例如，关于就业问题的问卷调查，如果主要在离退休人员中进行，就必定失败。

其次，调查对象自身的各种特征，会使得一项问卷调查执行的难易程度和结果的有效程度大不一样。比如说，在青年人中作一项问卷调查，比起在老年人中作同样的调查，执行上往往要容易一些，但在效果上却往往要差一些，这是因为青年人在总体上比老年人文化程度要高，对新事物的了解更多，接受更快，因而他们承担和完成问卷调查的客观条件相对好一些，会尽快进入角色。但是，由于他们所具有的生理、心理特点，以及他们的处世态度、行为方式，又可能使得他们在主观上往往不如老年人那么认真、那么负责，从而影响问卷调查的质量。再如，在很少与笔和纸打交道的工人、农民中做问卷调查，与在常年与笔墨书本打交道的学生、教师及其他知识分子中做同样的调查，结果显然大相径庭。两种情况下所遇到的困难会不同，问卷设计的要求、最适宜的调查手段等也会不同。

因此，对问卷调查的对象，特别是对不同文化程度的人群，一定要注意其间的差别。总的来说，我国社会中男性公民文化程度高于女性公民，城市居民文化程度高于农村居民，文教科卫人员及行政干部的文化程度高于工人和商业人员，后者又高于服务业人员及农民。这些人群之间，无论是阅读能力、理解能力，还是表达能力，都有较大的差异，因而对问卷调查的适应状况也有所不同。因此，调查者要根据调查目的、问卷内容和难易程度，针对调查总体的不同情况，对调查对象加以认定，努力选择最适合的、较单一的社会群体。至于调查对象的数量，如果总体规模不大（如一个机关、一个村、一个班级、一个小区），则可把它的全部成员都作为调查对象。如果总体规模较大，则可用抽样方法选择调查对象。由于问卷调查的回复率和有效率一般都不可能达到100%，因此选择的调查对象数量应高于调查的期望值20%左右。例如，假定调查的期望值是300人，那么调查样本起码应增加到360人。

三、问卷的分发

分发问卷有多种方式。自填式问卷或随报刊投递，或从邮局寄送，或派人送发，或网上传达；代填式问卷可安排访谈员通过电话访谈或登门访谈。调查方式对问卷的回复率有重大影响。实践证明，报刊问卷和网上传达的最终回复率一般为10%~20%，邮政问卷的最终回复率一般为30%~60%，电话问卷的最终回复率一般可达50%~80%，直接送发问卷的最终回复率可接近100%。因此，在条件许可的情况下，应可能采取电话问卷、直接送发问卷的方式进行调查。但有的社会调查对回复率要求不高，或者条件不具备，则可以视调查的需要和方便而具体选择分发问卷的方式。

四、问卷的回收

回收问卷是问卷调查的重要环节。如何提高问卷回复率和保证问卷的质量是其中的主要任务。

对于大多数问卷调查来说，问卷回复是调查效率的保证，关系到整个问卷调查的成败。有很多因素都会影响问卷回复率，诸如调查主办者的客观地位、调查对象的具体情况、调查课题的吸引力、问卷设计的质量、调查的方式和调查者的努力程度等。要提高问卷回复率，首先必须做到前面提到的选择具有吸引力的调查课题、挑选恰当的调查对象、提高问卷的设计质量、采取回复率较高的问卷调查方式等工作。此外，还应注意下述几个问题：

第一，要争取知名度高、权威性大的机构支持。问卷调查主办者的权威性和知名度，往往会影响调查对象对问卷调查的信任程度和回答意愿。一般来说，党政机关主办的调查回复率较高，企事业单位主办的调查回复率较低；上级机关、高层机构主办的调查回复率较高，一般性机构主办的调查回复率较低；集体或单位主办的调查回复率较高，个人主办的调查回复率较低。因此，要提高问卷回复率，应尽可能争取权威性大、知名度高的机构来主办调查，或者是获得它们对问卷调查的合作与公开支持。

第二，要尽可能通过宣传，增加调查的吸引力。调查课题是否有吸引力，往往会影响调查对象的回答意愿和兴趣。实践证明，凡是涉及社会重大问题、热点问题、人们切身利益的问题，以及具有新鲜感或奇异性的特殊问题的问卷调查，往往会引起调查对象的浓厚兴趣和回答积极性，问卷的回复率较高；反之，回复率就较低。因此，根据不同时期、不同地区、不同对象的实际情况，采取一定的方式，利用各种媒介，宣传所要进行的问卷调查的特殊意义，调动调查对象的兴趣和积极性，是提高问卷回复率的一个重要条件。在直接送发问卷的调查中，访谈员还应向调查对象当面作详细说明，这都将大大有利于提高问卷的回复率和有效率。

第三，要对问卷的回收进行主动的追踪。特别是对初始回复率较低的网络问卷、报刊问卷和邮政问卷等，在规定的回复时间之后，应每隔一周左右向调查对象发出 1 次提示通知或催复信件（每次的内容应有所区别）。一般在经过 1 至 3 次的提示或催复后，可使回复率达到一定的高度。

第四，要认真研究无回答和无效回答现象，采取必要的后续措施。问卷调查总会出现无回答和无效回答的现象，对这两种现象都不能轻易放过，而应进行认真分析，并尽量加以解决。对于直接发送法问卷的无回答现象，应当即弄清无回答的原因。有的问卷是通过有关机构下发的，就应通过有关机构了解无回答者的情况和原因。网络问卷、报刊问卷和邮政问卷是无记名作答的，所以对无回答的研究比较困难，但也不是束手无策，例如，报刊问卷可根据回复问卷的邮戳，弄清哪些地区的回复率高，哪些地区的回复率低，然后派人到回复率低的地区去有重点地访谈报刊订户，弄清回复率低的原因。邮政问卷的无回答研究，除用上述办法外，还可在寄发问卷的同时附上回寄问卷的信封（或将信封印在问卷上），并在信封上编号，这样根据回寄信封的情况就能判明无回答的具体对象，然后再具体分析他们无回答的原因。在弄清情况后，就可以有针对性地采取补救措施，争取使原无回答者继续作答。对无效回答的研究，应先对回收的每一份问卷进行严格审查，从中择出所有不合格的无效问卷，再以这些无效问卷为主要对象，仔细分析无效回答的原因、类型和频率，弄清哪些是个别性错误，哪些是带共性的问题。一般来说，凡属共性的问题都与问卷的设计有关，或者是问题选择不当，或者是问题的结构不够合理，或者是问题的表述不准确，或者是回答方式的设计不符合实际，或者是对回答的指导和说明不清楚，或者是问题的接转不明晰，等等。根据分析的结果，可以对问卷设计做必要的调整，然后二次发送问卷进行调查，从而使问卷的有效回复率得到提高。

在问卷回收中，除了要注意问卷的回复率，还必须认真审查每一份问卷的质量。如果对回收的问卷不经审查就直接加工整理，往往会使一些不合格的无效问卷或有严重缺陷的问卷混迹其中，造成中途被迫返工或降低调查质量的恶果。所以，只有经过认真遴选，坚决淘汰一切不合格的无效问卷，把调查资料的整理加工工作建立在有效问卷的基础上，才能保证调查结论的可靠性和科学性。

完成上述程序后，问卷调查才算告一段落。在此基础上，对问卷调查所收集的资料的整理工作和分析研究工作，才能够正常地进行。

第五节　问卷法的评价

一、问卷法的主要优点

问卷法的优点主要有以下几点：

第一，省时、省力、省钱。问卷法无须对调查对象逐一访谈和交谈，可以由很少的调查者在很短的时间内，同时调查到很多人的情况，操作方法简单，效率较高，特别是可以采用邮寄或网上传送等方法，不受地域的限制，使调查的空间十分广阔，能够用较小的投入取得较大的收获。

第二，有利于调查对象的支持和配合。问卷法无需调查对象署名，也不与他人发生直接关系，回答的隐秘性较强，可以大大减轻调查对象的心理压力。特别是面临社会敏感性问题、个人隐私、社会禁忌等调查时，调查对象往往难以向陌生人启齿，因此不宜于采用其他调查方法。而问卷法恰恰可以充分尊重人们的个人隐私，从而有利于人们反映自己的真实情况。

第三，便于调查结果的深入分析。问卷调查所得到原始资料很容易转换成数字，特别便于用电子计算机进行处理和做定量分析。在当前社会调查研究向定量化发展的趋势下，这一点显得尤为重要。

第四，避免偏见、减少误差。在其他一些调查方法中，由于不同调查者本身存在种种差异，对同一社会现象会见仁见智，所以往往使社会调查受到人为因素的干扰而产生各种误差。而在问卷调查中，每一个调查对象所得到都是完全相同的问卷，问题的表达、题目的次序、答案的类型和回答的方式都是一样的，也就是说每个调查对象等于面对的是同一个调查主体，这就避免了因调查者过多引起的干扰，可以减少人为的各种误差，有助于真实地反映社会客观情况。

二、问卷法的主要缺点

问卷法的缺点主要有以下几点：

第一，调查对象的范围受到一定限制。由于问卷都是通过文字的形式显现，所以为了保证问卷的结果真实可靠，就要求调查对象能看懂问卷，理解问题以及答案的含义，能够正确选择填写答卷的方式。但是，并不是所有人都具备这种能力，因此一些文化程度较低的人，往往被许多问卷调查排除在外。这样，调查对象的范围就受到了限制，有可能影响问卷调查的代表性。

第二，有时回收率难以保证。在问卷法中，大量采用的是间接发送法，其比较依赖调查对象的合作程度。如果调查对象对所调查的内容兴趣不大，或者态度不积极、责任心不强，或者遇到一些突发事件无法完成问卷时，问卷的回收率就会受到很大影响。

第三，调查结果的可靠性有时难以保证。很多问卷都是在调查人员不在场的情况下填答的，所以答题环境无法控制，有时调查对象并非亲自做答，而是与别人商量着做，也可能是与其他人共同完成。对问题理解不清时，他们也无法得到调查人员的指导，各种错答、误答、缺答的情况在所难免。这样可能使问卷调查的质量比较差，可信度不高。这是当前问卷调查所面临的一个主要难题。

由于问卷法存在上述缺点，所以我们在当代社会调查研究中虽然要大量使用这种方法，但不能对它过于依赖和迷信，而是要根据调查的具体情况灵活应对。当客观情况能够保证问卷调查顺利进行并且所获得的资料质量可靠时，我们可以倚重它；但是如果情况不理想，我们就要采取变通措施，兼用其他调查方法以补不足，或者干脆改用另外的调查方法。

本章小结

问卷法是社会调查研究中最常用的收集资料的方法之一，它是调查者运用统一设计的问卷向被选取的调查对象了解情况或征询意见的调查方法。根据问卷分发和回收形式的不同，问卷法分为直接发送法和间接发送法；根据问卷填答者的不同，则分为自填式和代填式两种。问卷法的主要特点有标准化、书面化、大多是间接调查、一般是书面调查、常用于抽样调查、特别适用于定量调查等。它通常与大规模的抽样调查以及资料的定量分析相联系，适用于成分单一的被调查总体。调查问卷通常主要包括封面信、指导语、问题及答案、编码等几个部分，每一部分都有其特定的内容。问卷中有一种特殊类型，即量表，其特点、适用范围和形式与一般问卷有所不同。问卷调查的实施步骤包括设计问卷、选择调查对象、分发问卷、回收问卷等。在这些步骤的实施过程中，调查者必须遵循一定的原则。问卷法既有突出的优点，又有明显的缺陷，调查者在使用问卷法时一定要考虑多方面的因素，扬长避短，才能收集到客观、真实、可靠的调查资料。

思考题

1. 什么是问卷法？在什么情况下适宜采用问卷法？请举例说明。
2. 问卷法的基本结构是怎样的？请举例说明。
3. 问卷法的问答有哪些类型？分别适用于哪种类型的调查？
4. 什么是量表？它的适用范围如何？有哪些主要类型？
5. 怎样进行问卷调查？在问卷调查中，要注意哪些问题？
6. 问卷法有哪些优缺点？

第七章 访 谈 法

▢ 本章提要

本章阐释了访谈法的概念和类型，详细介绍了常用的结构式访谈、非结构式访谈（重点访谈、深度访谈、客观陈述式访谈）、个别访谈、集体访谈的特点和具体实施过程，还特别介绍了各种访谈的具体操作方法，并对几种重要的访谈类型做了简要的评价。本章的最后，还就如何挑选和训练访谈者提出了意见。

▢ 学习要求

1. 了解：各种访谈方法的优缺点；挑选和训练访谈者的主要内容。
2. 掌握：访谈法的概念；结构式访谈、非结构式访谈的概念、类型及特点；个别访谈的概念、实施程序与操作方法；集体访谈的概念、实施程序与操作方法。

访谈法是由访谈者根据调查研究所确定的要求与目的，按照访谈提纲或问卷，通过个别访问或集体交谈的方式，系统而有计划地收集资料的一种调查方法。它是访谈者与访谈对象双方的社会互动过程，所谓"访"，就是主动地探望他人，"谈"是指与他人的相互对话。

访谈法本来是特指直接的、面对面的口头交流，但随着现代化信息技术的发展，目前已增加了电话访问、网上交流等间接访谈方式。

在社会调查研究中，调查者既可以主要依靠访谈法收集资料，也可以将访谈法与其他方法结合运用，而且后者往往效果更佳。

访谈法按照操作方式和内容，可以分为结构式访谈和非结构式访谈；按照访谈对象的人数，可以分为个别访谈和集体访谈。

第一节　结构式访谈

结构式访谈又称为标准化访谈、问卷访谈，是按照统一设计的、有一定结构的问卷所进行的访谈。这种访谈的特点是：整个访谈是严格控制和标准化的。访谈对象按照统一的标准与方法选取，访谈中所提的问题及其顺序、提问的方式、对疑问的解释以及调查结果的答案记录都严格遵守问卷的要求或访谈任务书的要求，甚至连访谈的时间、地点、周围环境等外部条件，也要求同访谈任务书保持基本一致。访谈所获资料中如有计划外的内容，不能用于结论。从这些特点看，结构式访谈可以说是问卷法的变种。

结构式访谈并不流行，一般是辅助问卷调查，用于某些特殊调查对象，如无法独立填答问卷的盲人和文化水平极低者等，就需要调查者持问卷访问代填。另外，在某些特殊场合或出于某种特殊目的的，也需要应用这种访谈。例如，通过电视直播一些较敏感的访谈类节目，或者急需得到一些可靠问卷调查结果等情况，就会应用到这一方法。

结构式访谈的优点是：便于对访谈结果进行统计分析，便于对不同访谈对象的回答进行对比研究。而且由于在访谈法中，访谈者必须当场与访谈对象直接交流，这样就能够控制调查环境和调查过程，避免他人代替或几人商量填写问卷等弊端，还可以随时督促和核对访谈对象的回答，也可以对某些特定问题进行深入调查，从而最大限度地提高问卷的有效回收率，降低来自访谈对象的误差，提高调查结果的信度和效度。此外，它还能通过直接观察，获得一些对访谈对象的经济收入、身份、能力等方面的感性认识，分辨其回答的真实程度，对所获资料和答案进行评估。

但是，这种访谈方法也存在一些局限性：

第一，访谈内容缺乏弹性和灵活性。事先设定的问卷有时难以恰当地反映复杂多变的社会现象。

第二，访谈形式比较呆板。访谈双方的活动被严格限制在一定范围之内，难于临场发挥，访谈对象的回答也比较被动，不利于充分发挥访谈双方的主观能动性。

第三，不利于研究的深入。结构式访谈法的标准化使之利于定量分析，但是不太适于定性分析。这种统一的问卷一般所涉及的只是研究者主观认定的几个重要方面，而且访谈内容确定不移，往往不能对社会的深层问题做继续探讨，也不能随时根据访谈过程中发生的变化继续探讨新的问题，所以有时反映问题不够全面，难以综合性地、多层次地把握问题，容易使研究流于表面化。

第四，访谈的质量较难控制。结构式访谈多用于大规模社会调查，需要访谈者数量较多，访谈者之间对问题的理解和处理方式上往往难以保持一致，因此对访谈者的挑选和培训要求极高，如果稍有闪失，就会严重影响访谈的质量。

第二节　非结构式访谈

非结构式访谈又称为非标准化访谈、深度访谈、自由访谈。它是一种无控制或半控制的访谈，事先没有统一问卷，而只有一个题目或大致范围或一个粗线条的问题大纲，由访谈者与访谈对象在这一范围内自由交谈，具体问题可在访谈过程中边谈、边形成、边提出。对于提问的方式和顺序、回答的记录、访谈时的外部环境等，也没有统一要求，可根据访谈过程中的实际情况作各种安排。社会调查研究中的访谈绝大多数都是非结构式的。

同结构式访谈相比，非结构式访谈的最主要特点是弹性和自由度大，能充分发挥访谈者和访谈对象的主动性、积极性、灵活性和创造性，有利于适应千变万化的客观情况，有利于调查原设计方案中没有考虑到的新情况、新问题，有利于对社会问题进行较深入的探讨。在非结构式访谈中，双方可以围绕所定题目，就有关问题进行无拘无束的、深入广泛的交谈和讨论，访谈者会得到许多不曾预料到的、给他很大启发的资料，能获得与调查研究问题有关的丰富的社会背景材料和对调查对象生活与行动的生动感受，从而对所研究的问题可以有比结构式访谈更深入、更全面的了解。

但是，非结构式访谈易受访谈者自身的影响。由于这种访谈的自由度很大，访谈者常常会自觉不自觉地将主观意见带入访谈过程中，访谈者的态度、素质、经验也会影响访谈结果。例如，访谈者听到访谈对象的看法与自己的看法相悖时，可能在表情或手势上流露出不以为然的样子或对访谈对象进行反向引导；在开放式问题回答的记录中掺入自己的主观意见；还有些怕麻烦、不负责的不当行为；等等。因此，非结构式访谈对访谈者的要求较高，从思想品德、言谈举止到专业素养都要有相当水准才能胜任。

另外，这种访谈较难控制访谈结果，而且比较费时，访谈调查的结果不宜用于定量分析。因此，它多用于个案调查，常和观察法一起在定性研究中使用。

非结构式访谈因实施方式不同，通常有以下几类：

（一）重点访谈

重点访谈又称为集中访谈，是集中于某一特定问题的访谈。所谓重点不是指对访谈对象的重点挑选，而是指访谈所侧重的内容。它通常针对的是访谈对象在一定情境中因为受到某种刺激而产生的特殊反应，调查研究者从这些反应中获取信息，再进行分析、解释。其具体做法是：先将访谈对象安排到预先设置好的情境中，如让他们看一部影片、听一段音乐、读一本书等，以使他们对即将到来的访谈内容有所感受，也可不事先做这种安排，而是选择那些曾经经历过这一情境的人作为访谈对象，然后对他们在情境中的主观感受进行访谈，访谈的重点是他们对情境的认识和感受。

由于重点访谈考察的是访谈对象在一定情境中的反应，所以调查研究者需事先对情境本身有所研究，即通过深入分析这一情境的主要因素、模式及条件等，得出有关的若干假设，并根据这些假设提出若干侧重点（指标）然后根据这些侧重点（指标）进行访谈，收集有关个人的经历或特殊感受的资料。由此观之，重点访谈实际上是一种半结构式访谈，并不是完全无结构的，即虽然没有事先确定问卷或访谈书，但主题和侧重点是预定的。在实际访谈中，访谈者也往往预设一些问题，既有封闭式的，又有开放式的，由访谈对象根据这些问题陈述自己的经验和认识。访谈者可以根据情况随时调整原定问题和提出新问题，以获得预料之外的新资料。

重点访谈适于调查人们由于某种特殊经验而引起的态度变化，常被社会心理学家用来研究大众传播的效果，如某种宣传引起的反应。但是，此方法的使用需要高度技巧和想象力，对访谈者的素质要求很高，所收集的资料分析、解释的难度较大，而且大多独特性强，因此不适用于推论总体和定量分析。

（二）深度访谈

深度访谈又称为临床式访谈，它是为收集个人特定经验的过程、动机及其情感资料所做的访谈。最初用于个案的罪犯调查、精神病人调查，目的是做出临床诊断，挽救罪犯和治疗患有精神、心理疾病的人，后来广泛用于对普通个人的生活史及有关个人行为、动机、态度等的深入调查。

深度访谈与重点访谈相似，都是一种半结构式访谈。访谈是灵活机动的、无一定之规的，但事先也选取了问题的某些方面作为访谈重点。例如，调查研究儿童失学问题的人员提出了一个假设：儿童失学的原因之一是家庭生活困难。于是，在访谈中，访谈者问及的问题就会围绕着儿童的家庭生活状况展开，如家庭有何经济来源、收入多少、家庭人口、家庭必要开支等，再加上其他一些问题，就可能获得大量的必要信息。在深度访谈中，也经常会出现意外的信息。访谈者可以像重点访谈那样，就这些意外的信息进行充分交流和探讨，使调查研究更加全面和深入。

深度访谈常用于个人生活史调查研究。调查者通过深度访谈，对某一社区或群体中的全部或部分个体的生活经历各方面的情况进行详细了解，然后将不同个体的有关资料进行统一整理与归纳，总结其共同点和不同点，并以其中典型的个案作为描述和解释的例证，由此反映群体的社会生活状况以及他们的心理、思想、态度和观念等。例如，我国老一辈社会学家陈达于1946年关于上海工人生活的研究，主要就是通过对200多位上海工人的深度访谈而得到他们的生活史记录来完成的。

（三）客观陈述式访谈

客观陈述式访谈又称非引导式访谈，是让访谈对象客观地陈述对自己和周围社会的认识，即访谈者鼓励访谈对象把自己的信仰、价值观、行为以及生活环境客观地加以描述。这一类型常用于了解有关个人、组织、群体的客观事实及访谈对象的主观态度。

在这一类型访谈中，最重要的就是要避免访谈员的主观因素对访谈对象的影响，使访谈对象能自由地谈出其最深层的主观思想，甚至下意识地自然流露出连访谈对象自己都不愿承认的感情。访谈者基本上只是一个听众。访谈一般从中性的简单提问开始，如"请您谈谈，您现在居住小区的环境如何？"在访谈过程中，访谈者的提问主要是为了防止对方叙述的中止，所以几乎完全依赖于尽可能中立的简单插问，如"是吗？""为什么？""能举个例子吗？""能再说一说吗？"访谈员从访谈对象那里获得客观资料后，再进行加工，形成对这些资料的某种解释。为避免这种解释因受到访谈对象某些不正确观念的影响，访谈员必须对访谈对象的背景、价值观念、态度有较为深刻的理解和分析，否则就无法判断所获资料的真伪或价值。

第三节 个别访谈

个别访谈是指对访谈对象进行单独访谈，是访谈法最基本和最常用的类型。它既可以采取结构式，也可以采取非结构式；既可以是访谈者与访谈对象面对面口头的直接调查，也可以是电话或网络的间接调查。间接调查不与访谈对象见面，访谈中牵扯的问题较少，方法较简单，成功率和应用率也相对较低，因此目前最常用的是直接调查类型的个别访谈。

一、个别访谈的实施

个别访谈的实施一般包括访谈准备、接触访谈对象、正式访谈、结束访谈四个环节。

（一）访谈准备

在访谈的准备阶段，我们主要应做好以下工作。

第一，确定访谈的大致内容。访谈前，访谈者需要根据研究目的和理论假设，确定访谈中需要了解哪些方面的问题，决定访谈项目的范围，准备访谈提纲，并将其具体化为一系列访谈问题，同时还要充分准备与调查内容有关的各种知识。如果由于某些具体原因访谈者只能对访谈对象进行一次访谈，那么访谈计划一定要十分周详，争取做到能够与访谈对象深入交谈，提高访谈对象回答问题的积极性，以获得丰富、深刻的资料，并可捕捉到一些有价值的新信息，触发新的思想，而且能对资料的真伪做出判断。如果是结构式访谈，访谈前还要编制统一的问卷及访谈手册，并据此对访谈者进行认真培训，使他们明确访谈的目的、要求和步骤，掌握特定的访谈方法，对可能出现的问题及对策心中有数。

第二，确定适当的访谈对象。被访者是访谈中社会互动双方的一方和调查资料的提供者，其选择是否恰当，对整个调查的成败影响极大。确定适当的访谈对象，应当以有利于获得所需要的真实信息为原则。首先，选择的范围应当与问题的范围一致或相关。例如，希望了解人民群众对物价改革的看法，就要以收入一般的普通百姓为主要访谈对象，而不能以高收入者或贫困者为主。其次，访谈对象可以抽样确定。一般都是根据调查研究目的及群体特性采用主观抽样选取。最后，访谈对象选定后，就要尽可能充分了解其现状，如性别、年龄、职业、文化程度、经历、专长、当前的思想状况、身体状况和精神状况等，这对于顺利进入访谈、与访谈对象建立良好的交谈气氛、提高访谈的信度与效度大有好处。

第三，拟定访谈程序表。在确定访谈对象后，应当拟定实施访谈的程序表。程序表就是对访谈过程中要做的工作与时间进行安排。这种程序包括：访谈前应当阅读哪些文献资料，了解哪些背景情况；访谈对象应当如何联系和安排，有无特殊环境或特殊人物应当事先做特殊处理；访谈地点安排在哪里；何时进行访谈，大约谈多长时间，访谈中何时休息，访谈时如何进行控制；访谈中可能出现哪些问题，如何应对等。

第四，准备访谈工具和其他必备用品。这是访谈者赴现场访谈前的最后一项工作。工具分为两类：一类是普通工具，如笔、纸、调查表格、调查说明书、问卷、调查地区地图等；另一类是特殊工具，如照相机、录音机、录像机、计算器、电脑等。究竟准备哪些工具，要取决于访谈的记录方式。一般来说，访谈包括手工记录和机器记录（录音机记录和录像机记录）。手工记录的优点是访谈所需要的经费少，不须购置仪器以及设备，只要有笔、纸即可；缺点是记录的速度较慢，在访谈对象语速较快时，一些重要信息容易遗漏，而且容易夹杂访谈者个人的成分。机器记录的优点是记录完整、准确，而且有利于访谈者集中精力提问和对访谈对象进行观察，也有利于及时发现新问题和产生新思路；缺点是访谈成本较高。但两种记录方式相比，显然只要有条件都应当采用机器记录。至于其他必备用品，主要指能证明访谈者身份的有效证件和上级机关所发的公文、介绍信等。

第五，取得有关部门支持。所有的访谈最好都能与调查对象所属的省、市、区、乡等政府机关或派出所、街道这样的地方机构取得联系，在对方的支持下进行。例如，当调查范围是一个小区或社会组织时，通常都是先和其领导者洽谈，以争取他们的合作。特别是使用挨家挨户进行访谈时，这一程序更不可缺。如果是规模较大、涉及面较宽的调查，有可能的话，最好在调查前请地区或单位负责人召集并主持群众大会，向群众阐明调查的目的和意义，了解群众的反应和要求，以使调查获得很好的配合。

（二）接触访谈对象

访谈者初次接触访谈对象可以通过打电话或网上交流等方式来实现，但如果没有被访谈者的熟人或有关部门介绍，则最好是采取直接见面的方式，因为其他非面对面的方式遭拒的概率相对要高。在接触访谈对象时，首先要进行自我介绍，并证明自己的身份，然后说明来访目的以及此项活动的意义，请求他的支持与合作，如能引起他的兴趣则更好。还应告诉访谈对象之所以选择他的原因：或者根据其特点主观选取，或者依据科学方法随机抽样，使他体会到自己在该调查中的作用和代表性。此外，有必要说明访谈对象所说的一切将予以保密，并且不会另做他用，以消除其顾虑。这些做法的主要目的是与访谈对象建立较好的联系，使他们情愿参与访谈。

在访谈者与访谈对象初次见面时，很容易出现不自然、拘束的尴尬局面。为了避免这一点，访谈者保持亲切友好的微笑和对访谈对象表示礼貌非常重要。在自我介绍的过程中，既不能板着面孔，也不能媚俗，只有诚恳的态度和语言才能争取到访谈对象的合作。另外，还要注意一些细节问题。例如，对访谈对象的称呼，一定要入乡随俗、亲切自然，否则容易引起对方反感，影响访谈的正常进行。一般来说，初次见面的人，不能直呼其名，而应当称"经理""老师""局长"等头衔，或者"大爷""大娘""先生""女士""您"等一般尊称。再如，请求对方接受访谈时，一定要用"希望您抽点儿时间谈谈这个问题"之类的肯定语式，而不要用"我能和您谈谈吗？"或"您现在有时间吗？"等容易被访谈对象立刻拒绝的语式。

为了能够顺利接近访谈对象，事先应对其基本情况有所了解，如访谈对象的文化水平、脾气秉性、所属民族及爱好特点等。如果访谈者根据事先了解的有关情况，认为直接向访谈对象进行调查比较困难，则可以采取一些迂回的办法接近访谈对象。例如，在与访谈对象一起工作、劳动、开会、学习、旅游、聚餐、娱乐等共同活动过程中逐步接近对方；通过寻求与访谈对象在同乡、同学、同行、共同经历、兴趣、爱好等方面的共同语言来接近对方；从关怀访谈对象、帮助访谈对象解决实际困难入手来接近对方；等等。直到与访谈对象建立起初步感情和信任后，再说明来意，进行访谈。这些方式虽然耗时费力，不如单刀直入的正面接触效率高，但成功率有保证，在某些情况下很有必要。

（三）正式访谈

在接触了被访者，并得到对方的同意后，就可以立即转入正式访谈。有些调查涉及问题较多、较复杂，则可以先把调查提纲或问卷留给被访者进行准备，另约访谈时间。就一般的访谈而言，应尽量争取一次完成。

访谈的过程就是访谈者提问与访谈对象回答的互动过程。访谈者对这个过程的有效控制是访谈成功与否的关键，而一定的提问方法与一定的行为方式是控制访谈的两个重要因素。

1. 提问方法

在提问时，常用的有效控制方法主要有如下几点：

第一，从简单问题入手。访谈对象开始回答问题时总有一个心理酝酿过程，因此访谈者的提问应从简单逐渐向复杂过渡，切忌一开始就提出一些大而复杂的问题。开始时回答顺利能使访谈对象信心倍增，双方协调互动，这时才可以转入深度访谈。为了营造融洽的访谈气氛，访谈者也可以在进入正题前先和访谈对象聊聊家常，如问访谈对象的籍贯、住房、家庭、爱好等。

第二，提问有序。如果是结构式访谈，就应该严格按照访谈之前拟订的提问提纲，由简至繁地按顺序进行访谈。对于非结构式访谈，也不能东一榔头、西一棒子，而要注意根据所谈问题的内在逻辑结构提问。例如，在谈论变迁问题时，按事件先后发生的顺序提问就非常重要，否则容易影响所谈问题的系统性，遗漏某些重要的内容。这一点对于那些访谈经验不足的人来说尤为必要。

第三，适时追问。追问是访谈的一项重要技能。在访谈中，有时访谈对象的陈述会存在一些疑点；有时对问题的回答含糊不清甚至前后矛盾，不能自圆其说；有时出于顾虑对问题避而不谈或轻描淡写；有时回答不够完整或未能充分阐明某些重要内容；有时访谈者希望访谈对象谈出未涉及的新内容，这些都需要进行追问。追问可以使访谈者和访谈对象真正互动起来，使访谈更加全面和深入。它的掌握对访谈者来说有一定难度，不仅要求访谈者思维敏捷且发散性强，而且要求访谈者对追问时机的分寸感把握得好。追问应在发现问题后尽快进行，因为间隔时间太久容易导致信息流失。但又绝不能生硬地打断访谈对象的陈述，否则会引起对方的反感。正确的做法是顺其自然，当访谈对象的陈述告一段落或出现停顿时，不露痕迹地加入追问。有时候，为了检验访谈对象所陈述的某些内容、观点的真实性和可靠性，也可以有意将关于这些问题的提问记下来，放在整个访谈的最后进行。

第四，题目转换自然。在访谈中，有时需要从一类题目不断转换到另一类题目。这种转换如果太突然，往往会使访谈对象因为毫无心理准备而产生困惑。为了避免这种情况，通常要提一些过渡性的问题，使话题自然转换。例如，在从家庭关系问题转向工作问题时，可以问："您的家庭生活真好，在工作上也一样好吧？"或者"您的家庭生活虽然不太愉快，但工作上还好吧？"再如，从工作问题转向业余爱好问题时，可以问："您的工作这么紧张，业余时间怎么安排呢？"

第五，注意引导。在访谈中访谈对象有时会没完没了地重复同样的内容，有时则会跑题，这就需要访谈者及时进行引导，使访谈步入正确的轨道。引导性提问切忌使用生硬的、刺激性的语言，如"你跑题了""这个问题不用再谈了""我问的不是这个问题"等，以免使对方产生抵触情绪。在这种情况下，应选择适当时机，礼貌而巧妙地转移话题。例如，可以将访谈对象所谈的那些不着边际的内容加以总结："您刚才谈的是某某问题，很好，现在请您再谈谈某某问题。"以此把话题引向正确的轨道。也可以从访谈对象所谈的漫无边际的材料中，选取出一两个跟正题有关的话进行提问，如"您刚才谈的某某问题是怎么一回事？"还可以采用动作方式，如给他端茶倒水以中断谈话，当谈话重新开始后，提出新的问题，在不知不觉中改变话题。

在引导中还有一种特殊的形式，就是复述。来自访谈双方的两种情形，使复述成为必要。一种是当访谈对象回答地支支吾吾，看上去对所提的问题不甚理解或未听清楚时，就要对问题进行复述。这种复述的节奏要慢，使访谈对象有反映、理解的余地。另一种是访谈者对访谈对象的讲述不明其意或未听清楚时，就要复述能够记住的访谈对象的回答，以引导出访谈对象的纠正、解释或再讲述准确、完整的内容。

第六，保持客观中立。访谈中要尽力做到客观公正和不偏不倚，提问不能带有明显的倾向性，不能对访谈对象的答案进行诱导，如说"您看这个问题是不是应该这样理解……"；

也不要夹杂带有情感的字眼，如先进、落后、自由、保守等，这样才能保证访谈结果的真实可靠。

第七，特殊问题特殊处理。对于一些难以启齿的敏感性问题或涉及访谈对象隐私的问题，一般不要直接提问，否则容易刺激对方，致使访谈破裂。比较可行的是请其站在第三者的角度回答有关问题，或者事先设计出几种回答写在纸上，让访谈对象选择。如果经多方努力，访谈对象仍不愿谈论这些问题，就不要一味强求。

第八，语言表达方式要恰当。提问的语句越简单越好，做到用简短的提问换取充分的回答，而不是用冗长的提问换取简短的回答。提问的语言应该通俗化、口语化和尽可能地方化，尽量避免使用学术术语、书面语言和"官话""套话"。此外，访谈者要根据访谈对象的特点，灵活掌握提问的语速和语气。例如，对一般人的提问，语速要适中，语气要平和；对孩子的提问，就应用较缓的语速，亲切的语气；对老人的提问，则要放慢语速，声音稍大。

2. 行为方式

在访谈中，访谈者还可以通过自己的一定行为影响访谈过程。

礼貌、谦虚、诚恳、耐心是访谈者自始至终都必须具备的最重要的表现。例如，无论访谈对象的回答怎样跑题或啰唆，访谈者都不能表现出丝毫的厌烦，而只能用前述引导的方法改变局面。这种表现可以获得访谈对象的好感，对于访谈的顺利进行意义极大。

访谈者要善于运用表情和动作控制访谈进程。访谈对象如果看到的是一张毫无表情的脸，就会认为自己的话不被访谈者重视，从而失去谈话的兴趣。表情过于严肃，也会使访谈对象产生紧张感，从而影响对问题的回答。因此，访谈者的表情一定要生动，能够根据访谈对象所谈情境而变化。例如，谈到访谈对象的挫折、不幸时，要有同情和惋惜的表情；谈到访谈对象遭遇的不平之事时，要有义愤的表情；谈到访谈对象一些难以启齿的隐私时，要有理解的表情；谈到访谈对象的成绩或得意之事时，要有高兴的表情，等等。访谈者还要注意一些动作细节对访谈对象的影响。例如，访谈者提问后一直目不转睛地盯着对方，往往会使访谈对象局促不安，张不开嘴；而如果提问后目光转向自己的笔记本，做出一副准备记录的样子，则会令访谈对象从容许多。相反，在访谈对象侃侃而谈时，不看着对方，只盯着自己的笔记本，会使对方误以为他的谈话令人厌倦，从而中止陈述；而如果目光专注于访谈对象，他就会感到一种认同，从而滔滔不绝地说下去。再如，访谈者在访谈对象陈述时连连点头、匆匆记录，这些动作都可以鼓励对方谈下去；如果访谈对象的回答离题太远，则可以停止记录，这会起到制止作用；如果在访谈对象回答后感到内容不完全，可以停止发问，用期待的表情示意对方继续说下去，等等。

（四）结束访谈

一般的访谈时间不宜过长，以 1~2 小时为宜。访谈者在访谈中，应集中精力，安排紧凑，争取在尽可能短的时间内解决问题。一旦访谈目的基本达到，就要立即终止访谈，千万不要等双方都感到非常疲倦，谈话难于继续进行时才结束。如果访谈目的虽已达到，但访谈对象谈兴仍浓，那么也不要硬性打断对方，可以适当延长访谈时间，待话题告一段落时，访谈者再乘机插话，结束访谈。结束语通常是客气的问话，如"今天的谈话非常愉快，您看还有什么要说的？"等。最后，要礼貌地和访谈对象告别，向他表示衷心的感谢。

访谈者对结束访谈和告别一定要有所重视，争取给访谈对象留下一个关于访谈的整体的美好回忆。这不仅是对访谈者职业道德和素质的要求，而且对于调查研究工作具有直接的意义。因为尽管我们希望访谈一次完成，但事实上经常需要再次访谈补充某些资料，如果上一次访谈在告别时没有给访谈对象留下好印象，就没有二次登门的可能了。

（五）访谈记录

访谈记录是一项需要特别注意的专门工作。结构式访谈的记录比较简单，只需按照规定的记录方式，把访谈对象的答案记录在事先设好的表格、问卷上即可。无结构式访谈的记录则有一些不同方式。最理想和最便捷的方式当然是机器记录，它的优点是资料完整，不带偏见，而且不破坏访谈者与访谈对象之间的互动，访谈者可以边听边想，从访谈对象的陈述中发现新的重要信息，提炼出一些重要观点。但是，经常有访谈对象不愿采用这种方式，所以手工记录仍然是最常用的记录方式。它又分为当场记录与事后记录两类。当场记录是边访谈、边记录，其优点是资料较完整、客观，但因为埋头记录，则有可能影响访谈者与访谈对象之间的互动，失去由对方的表情、动作及陈述所表达的新的重要信息，无暇对访谈对象的陈述内容进行提炼。事后记录是在访谈之后靠回忆进行记录，它可以避免当场记录的缺点，但容易遗漏许多信息，也容易使访谈者的主观认识混入其间。当然，访谈者可以采取一定的补救措施，如事先列好问题，依序访谈，访谈后再依序回忆等，但即便如此，也无法完全解决问题，所以除非不得已，一般不采用事后记录的方式。

访谈者对于当场记录应在访谈后及时进行仔细检查，追记当场漏记或不完整的内容，注释或说明当场简记的内容。对机器记录，要核查一遍，看看是否有因机器故障而漏记的情况，而且最好将音像记录转为文字资料。另外，访谈者对各种访谈记录应该加以初步的内容编排，以便于调查工作后期的资料整理与分析。

二、个别访谈法的评价

（一）个别访谈法的优点

第一，访谈者与访谈对象互动，收集资料更为深入。访谈的最主要和最常用的方式是面对面的直接访谈，访谈者与访谈对象的社会交往、相互作用、相互影响贯穿调查过程的始终，可以促使话题不断扩展、深入。访谈的这种特征是其他调查方法所不具备的。正是通过访谈者与被访谈对象相互刺激与互动，访谈法不仅能收集到其他调查方法所能收集到的资料，而且还能获得其他调查方法所不能获得的资料。因此，访谈法在社会调查研究中，能发挥其他调查方法不可替代的作用。

第二，灵活性大，适用性强。访谈法既能用于定量研究，也可以用于定性研究；既可以用于大规模调查，又可用于小规模研究；即可了解主观动机、感情、价值方面的问题，又可了解客观事实；既可以了解当前资料，又可以了解历史资料；既可以用于验证某种假设或理论，又可以用于提出假设和理论；既可获得语言提供的信息，又可以获得大量非语言提供的信息；既可以用于文化水平高的调查对象，又可以用于文化水平低的调查对象。因此，与其他调查方法相比，访谈法应用起来更灵活，弹性更大，实用性更强，且有利于对问题进行多方面的探索。

第三，环境可以控制，资料的质量可以保证。当访谈对象对问题不理解或有所误解时，访谈者可及时引导和解释，当访谈对象的回答不完备或不准确时，访谈者可以当面追问，当访谈对象的回答出现明显错误时，可以及时进行纠正，而且可以确保访谈者独立回答问题不受干扰。因此，访谈法可提高调查工作的效度和信度。

（二）个别访谈法的缺点

第一，访谈法是较复杂、较难掌握的社会调查方法，对访谈者的要求很高。访谈既然是一种面对面的社会交往，因此具有很强烈的个人色彩，即它的成败在很大限度上取决于访谈者个人的综合素质。访谈者的人际交往能力、访谈技巧的熟练程度以及对访谈过程的有效控制能力对于访谈非常关键；访谈者的语言表达、表情以及动作等都可能影响访谈结果。另外，访谈双方不同的价值观、社会经验、社会地位及思维方式等主观因素对访谈者如何保持客观公正和中立也是很大的挑战。而对于一般的社会调查来说，挑选或培训出一定数量的合格访谈者是一件相当困难的事情。

第二，访谈范围有一定限制。由于访谈法的访谈对象无法匿名回答问题，因此对于敏感性问题、尖锐性问题和隐私问题，访谈对象一般不愿当面回答，即使回答也不一定真实，这些都会对访谈结果产生不利影响。对于这类问题不宜用访谈法进行调查，即便要用，其效果也远不如自填式问卷法或测量法，甚至不如文献法。

第三，访谈规模受限制。访谈调查的用时较长，需要的人力较多，费用也较高，这就注定了它的规模不会太大。

第四节　集体访谈

集体访谈也叫会议调查法，就是访谈者邀请若干访谈对象，通过集体座谈方式或集体回答问题方式收集资料的调查方法。它实际上是个别访谈的一种扩展形式，同个别访谈一样，都属于双向传导的互动式调查。它既可以是有结构访谈，即按统一问卷回答问题，也可以是非结构访谈，即自由访谈；既可以是访谈者与访谈对象面对面口头的直接调查，也可以是书面咨询或电话会议、网络会议等间接调查。由于电话会议和网络会议存在一些技术和条件方面的特殊要求，因此虽然已很常用，但尚不普及，目前最流行的还是面对面的集体访谈。在某种特殊情况下，访谈者也会采用书面咨询式的集体访谈。

集体访谈是比个别访谈更高一个层次的调查方法，也是一种更复杂、更难掌握的调查方法。它所面对的不是单个的访谈对象，而是同时面对多个访谈对象。它不仅是访谈者与多个访谈对象之间互相作用的过程，而且是若干个访谈对象之间互相影响、互相作用的过程。因此，访谈者在集体访谈中不但要注意访谈对象对访谈者言谈举止的反应，还要注意访谈对象之间的相互影响和反应。这就要求访谈者不仅要有熟练的谈话技巧，而且要有驾驭会议的能力。

一、集体访谈的种类

按照调查的目的不同，集体访谈可分为两类：一类是以了解事实为主的访谈，着重于对事实的客观描述与披露，而不去探讨深层的问题和研究对策；另一类是以研究问题为主的访谈，着重于对已知的事实进行深入分析和探讨，发现其原因，认清其性质和规律，提出相应的对策。

按照调查的内容不同，集体访谈可分为两类：一类是综合性访谈，即包含许多问题和内容的访谈，比较全面和系统，但往往不够深入；另一类是专题性访谈，它的内容比较单一或集中，探讨问题较深入，目前流行的很多焦点访谈即属此类。

按照调查的方式不同，集体访谈可分为两类：一类是直接访谈，就是召开口头的、面对面的调查会；另一类是间接访谈，包括电话会议、网络会议和书面咨询等。其中，书面咨询是集体访谈中的一种特殊方式，又称德尔菲法。

德尔菲是古希腊阿波罗神殿的所在城名，被认为是古希腊预言家们活动的场所，具有极高的权威。在 20 世纪 40 年代，美国兰德公司的研究人员设计出了一种预测方法，由于预测的准确性较高，因而被称为德尔菲法。它的具体做法是：将要预测的问题写成含义明确的调查提纲，分别送给经过选择的专家，请他们用书面形式做出回答；专家们在背靠背、互不通气的情况下，各自独立做出回答，然后以无记名方式反馈给预测机构；预测机构汇总专家们的意见，进行定量分析，然后将结果反馈给专家；专家们根据反馈资料，重新考虑原先的预测意见，然后再以书面形式反馈给预测机构。经过 3～4 轮这样的循环，预测意见就逐渐趋向集中，最后形成集体的预测结论。德尔菲法的主要特点是匿名性、反复性、定量性和集体性，这些特点说明它实际上是一种间接的书面集体访谈，其最大优点是排除了面对面访谈中各种社会心理因素的干扰，使调查结论能够更准确地反映被调查的专家集体的共同意见。

按照访谈对象发表意见的形式不同，集体访谈可分为两类：

一类是各抒己见式的访谈，即访谈对象可以充分发表自己的意见，但不允许对别人的意见品头论足。20 世纪 50 年代以来，在预测性调查中被广泛应用的"头脑风暴法"，就是这种访谈类型的代表。其主要做法是：第一，主持人简要说明会议主题，提出讨论的具体要求，并严格规定讨论问题的范围。第二，要求与会者自由发表意见，但不得附和或反驳别人的意见，以激发与会者进行创造性思维。第三，鼓励与会者汲取别人的观点，不断修改、补充和完善自己的意见，提出新观点。要求修改或补充自己观点者可优先发言。第四，主持人不发表意见和表明倾向，以免妨碍会议的自由气氛。这类集体访谈的主要功能是促进发散性思维和创造性思维的产生，而不在于寻求统一的结论。它特别适用于寻求新观点、新途径、新方法的调查研究。

另一类是讨论式的访谈，其代表是"反向头脑风暴法"（亦称质疑头脑风暴法）。它是常用于对初步形成的设想、意见、方案进行可行性研究的一种会议形式。其主要程序和做法与头脑风暴法有许多一致之处，但核心规则截然相反：禁止会议的参加者对已提出的设想、意见、方案进行确认论证，而只允许提出各种质疑或批评意见。质疑和批评的内容主要是提出原设想、意见、方案不能成立或无法实现的理由，或者是说明要实现原设想、意见、方案可能存在的种种制约因素，以及排除这些制约因素的方法和必要条件等。与会者既可互相研讨、互相补充，又可互相诘难、互相争论，一直到没有可质疑或批评的问题为止。最后，要归纳各种质疑和批评意见，并对其进行全面的分析、比较和评估，形成一个具有可行性的统一结论。

二、集体访谈的实施

集体访谈的实施程序一般分为三个阶段，即前期准备阶段、具体实施阶段和后期总结阶段。

（一）前期准备阶段

集体访谈参与人员较多，安排和组织较麻烦，会议时间也有限，因此，做好会前各项准备工作非常重要。前述个别访谈的准备工作大多也适用于集体访谈。此外，还应特别注意以下几点：

第一，明确访谈主题。访谈会的主题要简明、集中，最好一个会议一个主题，而且这个主题应该是访谈对象共同关心和比较了解的问题，否则访谈对象的意见就会过于分散或过于简单，访谈就很难做到系统和深入。

第二，拟订访谈纲目。这是开好访谈会的必要条件。访谈者应当在访谈会前根据会议主题，认真考虑其具体内容，拟出详细的调查纲目。调查纲目应该包括需要了解和可能要了解的所有问题。它不仅是访谈对象发表意见的根据，也是访谈者具体控制会议的指南。

第三，确定会议规模。访谈会的规模，主要取决于调查内容的需要和访谈者驾驭会议的能力。以了解情况为主的访谈会，规模可适当大一些；以研究问题为主的调查会，规模可适当小一些。调查者驾驭会议能力较强，参加会议的人数可多一些，反之，就应该少一些。访谈会的规模，通常以5~7人为宜。

第四，确定与会人员。与会人员包括访谈者与访谈对象。与个别访谈不同，主持集体访谈的访谈者应当具有一定的地位与身份。如果会议规模较大，访谈者可适当增加。对访谈对象的选择是开好访谈会的关键。要认真挑选有代表性和敢于发表意见的人作为访谈对象。具体来说，以了解情况为主的访谈会，要选择那些与调查内容直接相关的当事人、知情人和主管人参加会议；以研究问题为主的访谈会，则要选择那些有相关实践经验和理论研究的人、能发表独特见解或不同观点的人参加会议。为了提高会议效率，保证调查效果，在选择到有关人员并征得他们的同意之后，应当尽快将会议的主题、调查纲目、具体要求和到会人员的名单送达全体访谈对象，以使他们心中有数，做好必要的准备。

第五，确定会议的场所和时间。会议地点应该方便访谈对象前往，环境应比较安静、舒适。会议的时间要视调查内容的多少而定，但应尽可能短。如果是电话会议或网络会议，则要事先做好技术准备，而且一般应当进行预演。

（二）具体实施阶段

集体访谈的具体实施方式和方法与个别访谈大体相同，只是对访谈过程的控制和访谈的效率要求更高。这是访谈会成功与否的关键。为此，应当采取以下做法：

第一，引导访谈对象尽快进入角色。访谈会一开始，由于访谈对象对环境陌生或是与会者之间互不熟悉，往往会出现一个短暂的沉默期。为了打破僵局，主持人在会议开始可以扼要说明会议的目的、意义、内容和要求，对某些问题做些解释，并简要介绍一下与会人员的基本情况，鼓励访谈对象消除疑虑，踊跃发言。另外，最好在会前与一些访谈对象达成默契，主持人讲完后就可请他们率先发言，这样就能迅速调动访谈对象的情绪。

第二，创造活跃的会议气氛。访谈会不能开得平平淡淡，变成一个一个轮流表态或简单、呆板的一问一答。为此，主持人在会议初期应当用一些简短插话或解释，鼓励访谈对象大胆发表意见；引导访谈对象之间互相补充、启发，甚至争论，努力形成一种友好信任、生动活泼、自由民主的会议气氛。

第三，客观公正，平等待人。在访谈会中，主持人必须尊重、保护和平等对待每一个访谈对象，绝不可过分夸赞某些人的发言，漠视其他人的发言，而使得一部分访谈对象有孤立感或压抑感；既要避免出现少数人垄断话语权、多数人无法开口的局面，也要防止意见一边倒，少数人无法充分发表意见的倾向。为了开好访谈会，主持人不仅要善于发现问题和提出问题，创造自由探讨的气氛，而且必须坚持民主、平等的原则，注意调动所有访谈对象的积极性。

第四，谦恭、中立。主持人切忌盛气凌人，也尽量不要多讲话，而要认真听取发言人反映的各种情况和意见。主持人绝不能充当"裁判员"或"评论员"的角色，对访谈对象的发言，不应表示肯定或否定；对访谈对象之间的争论，也不应表示自己的看法或倾向。这样，可以避免访谈对象的发言因受外来影响而产生偏差，使访谈对象有充分发挥的机会，各种不同观点能够展开平等争论，从而有利于访谈的深入。

第五，牢牢把握会议的主题。访谈会一旦讨论热烈，就很容易"跑题"。这时，会议主持人应当寻找恰当时机，巧妙地把访谈对象的兴奋点拉回到会议主题上来。一般做法是接着某一发言者的话尾，插话转移话题，或者是围绕调查主题提出新的问题，形成新的议论中心。这种对会议方向的及时引导和控制，是提高集体访谈效率的重要方法。

第六，协调关系，化解矛盾。在访谈会中，有时会因为争论过于激烈而产生一些矛盾，造成访谈对象之间产生隔阂或互不信任、互相戒备，从而破坏访谈会的良好气氛乃至正常秩序。这时，主持人一定要保持冷静的头脑与沉稳的做派，安抚矛盾各方，妥善做好协调工作，并用另外的话题引导访谈对象，以保证访谈会继续进行。如果几经努力仍协调无效，也不要勉强从事，而应采取恰当方式及时结束会议，待以后时机成熟时再召开二次访谈会。

第七，做好会议记录。为保证调查资料的客观和完整，访谈会可以派专人（最好有速记技能）做会议记录，而且应尽可能采用机器记录。但即便如此，主持人也应同时亲自手工记录，因为主持人做记录并不仅仅是备忘，它更重要的是向访谈对象传递一种鼓励和认同信息，有利于提高与会者的积极性。

第八，及时结束会议。访谈会达到了预期目的，即应当及时结束会议。会议结束时，主持人应当对会议情况做简要小结，还应向所有访谈对象提出加强联系的希望，为以后可能需要的个别访谈预留后路。最后，要对访谈对象的合作表示衷心感谢，并郑重告别。

（三）后期总结阶段

访谈会结束后，仍有一些工作须及时完成，主要包括以下方面：

第一，及时整理会议记录。会议主持人应仔细检查记录是否完整、准确，追记当场漏记或不完整的内容，注释或说明当场简记的内容。对记录员的记录，主持人要根据自己的记录或记忆进行及时的对比审查，对记录的失真、遗漏或错误之处加以补充或更正。对机器记录，要核查一遍，看看是否有因机器故障而漏记的情况，另外最好将音像记录转为文字资料，并加以初步的编排，以便于调查工作后期的资料整理与分析。

第二，资料审核。访谈会上访谈对象口头提供的信息难免有不具体、不真实和不准确之处，因此，会后对有关事实和数据要认真审核，以保证调查资料的可靠性。

第三，会议总结。总结的内容主要是回顾和分析会议的进程、访谈对象的表现、每个访谈对象的态度及其评价，并对调查结果进行认真评估，以便及时发现其中的缺陷，采取措施亡羊补牢。

第四，补充调查。如果在资料审核与会议总结的过程中发现有遗漏的问题和错误的关键事实和重要数据，或者发现了新情况、新问题、新线索，就应该采取个别访谈或其他调查方式进行补充调查。对于那些因故未出席会议的人、在会上未发表意见或言犹未尽的人，在选择补充调查的对象时应予重点考虑。

三、集体访谈的评价

集体访谈是个别访谈的扩大，因此，对个别访谈的评价也基本适用于集体访谈。此外，集体访谈还有一些特有的优点和缺点。

集体访谈的优点主要包括以下几点：

第一，省时省力，效率较高。由于集体访谈不是一个人一个人地进行调查，而是同时对多个人进行调查，因而能节省人力和时间，在较短的时间里获得较多的社会信息。

第二，探讨问题较全面。集体访谈是多人之间的多向互动，因此，可以集思广益，了解到比较广泛的客观事实，较为全面地揭示事物的本质、特征及其发展规律，探寻出解决问题的途径和方法。

集体访谈的缺点主要包括以下几点：

第一，收集意见有时不够充分。在集体访谈中，有时会出现少数人（往往是职位较高、权力较大的人或能说会道的人）垄断会场的情况，其他的人则很难充分发表意见；更多出现的情况是多数与会者意见一致时，少数持不同意见者往往沉默不语，或者在从众心理的驱使下违心地附和大家的意见。这时，如果会议主持者的洞察力和控制力不强，就无法改变现状，其调查结果也就无法反映全面的、真实的情况。

第二，不宜了解个人问题或特殊问题。集体访谈适用于探讨与会者共同关心的问题，纯属与会者个人的问题则不会引起大家的兴趣。某些敏感性问题、威胁性问题、保密性问题、隐私性问题，也不便和不应在访谈会上当众谈论。

第三，了解事实往往不够细致。集体访谈虽然有了解事实广泛的优点，但由于人多嘴杂且时间有限，因此对客观事实的描述往往是粗线条的。就了解事实深入、细致而言，它不如个别访谈。

第五节　访谈者的选择和训练

访谈者是访谈中的主持者和关键人物，访谈结果的好坏在很大程度上取决于访谈者的个人品质、特征和能力。特别是无结构式访谈和集体访谈，对访谈者的要求更高。因此，挑选和训练符合该项调查研究要求的访谈者，是一项非常重要的任务。

一、访谈者的选择

一般来讲，应当尽可能选择那些经过专门训练、有一定实践经验和理论水平及知识水平、对所调查的问题有所了解的人作为访谈者，如经过社会调查方法训练和实践锻炼的高学历者或有关专业的大学生。事实证明，这样的访谈者能大大提高调查的质量，降低调查的成本。

具体来讲，对访谈者的选择有一般条件和一些特殊条件。

（一）一般条件

一般条件指所有访谈者都应具备的共同要求，主要包括：

第一，要有诚实的品质。这是访谈者必须具备的最基本的素质。诚实一方面表现在忠实地遵守工作原则，不能随其所好，为所欲为；另一方面表现在忠实于访谈的客观事实，不能在访谈过程中和访谈结果中掺杂个人的主观臆测成分。

第二，要有综合的能力。一名称职的访谈者应当具有多方面的能力，主要有观察能力、辨别能力、表达能力、适应能力、组织能力及协调能力等，这样才能及时发现和妥善处理访谈中可能发生的各种情况，保证访谈具有较高的质量。

第三，要有活跃开朗和谦逊的形象气质。访谈者一方面要活跃开朗，这样容易对访谈对象产生亲和力，迅速打开局面。相反，老气横秋、冷漠呆板的形象会拒人于千里之外。另一方面又不能过于张扬，而要非常谦逊，在访谈过程中要充分尊重访谈对象，时刻以虚心求教、亲近对方和沉稳耐心的姿态出现，不能自以为是、居高临下或躁动不定。

第四，要有勤奋和坚韧不拔的精神。实地访谈相当辛苦，尤其是在访谈对象较多，需要逐一走访，或者访谈环境比较恶劣的时候。此外，在访谈过程中访谈者往往会遇到许多困难和挫折，令其精神上感到痛苦，如有关部门不予支持，受到访谈对象的冷淡对待、拒绝或刁难，缺乏一些必要的物质条件等。这就要求访谈者能够吃苦耐劳，辛勤工作，百折不挠，知难而进。

第五，要有认真负责的工作作风。访谈者不能粗枝大叶、马马虎虎，而要非常精细。对访谈各个环节的安排都要有条不紊、细致周到；对访谈的每一项记录都要做到一丝不苟，完整而精确。

第六，要有高度的责任心和浓厚的兴趣。访谈是一种历时较长的调查工作，经过几次相同内容的访谈后，这一工作会显得枯燥，访谈者若产生厌烦情绪，就必然影响调查的质量。因此，始终保持高度的工作热情，是对访谈者的一个重要要求。而要做到这一点，访谈者必须有高度的责任心，同时也要有对于该项访谈的浓厚兴趣。责任心不强或对访谈内容缺乏兴趣的人，工作热情势必不高，即使其他条件再好，也不适合作为访谈者。

第七，要有较高的学历背景。实践证明，访谈者的学历越高，访谈的效果就越好。因为一般学历高的人掌握的理论、知识和技能相对较多，适应面较宽，有利于同各类访谈对象沟通和交流，还有利于各种访谈技能的灵活运用，也有利于把访谈引向全面和深入。所以，在选择访谈者时，应有一定的学历要求，而且需要调查研究的问题越复杂，学历要求就应越高。

（二）特殊条件

特殊条件指不同性质、不同内容的访谈对于访谈者的不同要求，主要包括：

第一，性别。一般来说，对男性的访谈，以男性访谈者为宜，对女性的访谈则以女性访谈者为宜；对社会地位较高、社会影响较大者的访谈，以男性访谈者为宜；在访谈生活、婚姻、家庭等问题时，以女性访谈者为宜；在访谈经济、政治、军事等问题时，则以男性访谈者为宜。

第二，年龄。通常是青年对青年访谈，年龄较大者对中老年访谈。对于领导人、社会名流、知识分子的访谈和社会重大问题的访谈，访谈者不宜太年轻。

第三，籍贯。选择访谈者时，要充分考虑到我国各民族、各地区风俗习惯和语言等的不同特点，还要考虑到城乡间的差异。为此，要尽量选择本民族的、当地的人作为访谈者。访谈者与访谈对象背景越接近，访谈效果也就越好，另外，这当中也包含着社会调查研究经常需要注意的民族、宗教等政策性问题。

第四，知识结构。从理论上讲，访谈者的知识结构与访谈内容越接近越好。但就大多数访谈而言，一定由专家作为访谈者既不现实也无必要，因为只要访谈者具备一定的文化水平，通过事先准备对访谈涉及的知识内容有大致的了解，即可胜任工作。然而，某些涉及特殊领域、特殊问题、尖端知识的研究性访谈，如探讨我国金融政策改革的访谈等，就必须要求访谈者具有较深厚的专门知识功底，否则就无法和访谈对象平等对话，访谈也无法深入。

必须说明的是，上述条件是理想的访谈者的标准，事实上在现实社会里基本不存在这种十全十美的人。任何人都存在着这样或那样的缺陷，但只要大体符合要求，就应该说是一名合格的访谈者。因此，在选择访谈者时决不能过分苛求，否则就会一无所获，贻误战机。

二、访谈者的培训

如果访谈具有一定规模，就需要较多的访谈者。当访谈者是一个群体时，即使每一个体的基本素质较高，也必须加以培训，以统一思想、统一步调，提高访谈技能，增加专门知识。培训的目的是保证访谈的质量，尽可能消除访谈过程中出现的偏差，保证调查结果的质量。

访谈者培训的步骤大致如下：

第一，编制访谈手册或文件。其内容包括该项调查研究的目的、意义，访谈的主题、内容及其范围，访谈的时间、地点，访谈对象的数量及每个访谈者的工作量，调查的步骤和阶段，提供的各种条件和待遇，访谈的方式方法和基本技能。

第二，开会统一思想。由整个访谈的主要领导向全体访谈者介绍访谈的基本思路和有关情况，提出基本要求。

第三，强化学习。先由访谈者认真阅读访谈手册、问卷或提问纲要以及其他与该项研究有关的材料，再由访谈指导者对上述文件进行逐条讲解和提示，并与访谈者一起就有关问题进行讨论，然后对全体访谈者做一定形式的考核。

第四，模拟访谈。可以找一些社会上的人作为试验对象，让每个访谈者实际演练，也可在访谈者之间进行一对一的演练，次数根据演练效果而定。其目的是发现和解决在实际访谈中可能出现的潜在问题，熟悉访谈内容与提高访谈技能。在演练时，访谈指导者应当自始至终从旁观察与协助，并严格检验访谈效果。每次演练之后，全体访谈者与访谈指导者应结合模拟访谈，讨论其中的各种问题并提出解决的办法。

第五，培训总结。先由访谈的领导、负责培训的有关人员和专家对培训的过程和效果进行评估，根据培训期间发现的问题，对原访谈方案进行必要的修正和调整，然后向全体访谈者传达总结内容，并提出新的访谈要求。至此，培训即告结束，访谈者就可以奔赴访谈第一线了。

▢ 本章小结

在社会调查研究中，访谈法是一种应用广泛、行之有效的方法，特别是当它与其他方法结合使用时，效果更佳。访谈法按照操作方式和内容，可以分为结构式访谈和非结构式访谈；按照访谈对象的人数，可以分为个别访谈和集体访谈。结构式访谈又称为标准化访谈、问卷访谈，是按照统一设计的、有一定结构的问卷所进行的访谈。非结构式访谈又称为非标准化访谈、深度访谈、自由访谈，是一种无控制或半控制的访谈，包括重点访谈、深度访谈和客观陈述式访谈等类型。个别访谈是指对访谈对象进行单独访谈，是访谈法中最基本和最常用的类型，目前最常用的是直接调查类型的个别访谈。个别访谈的实施一般包括访谈准备、接触访谈对象、正式访谈、结束访谈四个环节，各环节都有具体的工作内容和具体的操作方法。集体访谈也叫会议调查法，就是调查者邀请若干被调查者，通过集体座谈方式或集体回答问题方式收集资料的调查方法。它实际上是个别访谈的一种扩展形式，是比个别访谈更高一个层次的调查方法，也是一种更复杂、更难掌握的调查方法。目前，最常用的是面对面口头的集体访谈。按照不同的划分标准，集体访谈包括以了解事实为主的访谈和以研究问题为主的访谈；综合性访谈和专题性访谈；直接访谈和间接访谈；各抒己见式的访谈和讨论式的访谈。集体访谈的实施程序一般分为三个阶段，即前期准备阶段、具体实施阶段和后期总结阶段，其具体实施方式和操作方法与个别访谈大体相同，只是对访谈过程的控制和访谈的效率要求更高，为此，访谈者应当采取一些特定的做法。无论哪种访谈类型，都各有其特点和适用范围，我们应根据调查研究的需要选择适用的访谈方式和方法，以获得最好的调查效果。

我们还应按照一定的标准选择合格的访谈者，并对他们进行必要的培训，以统一思想、统一步调，提高访谈技能，增加专门知识，保证访谈的正常进行和调查的质量。

▢ 思考题

1. 什么是访谈法？它有哪些主要类型？
2. 结构式访谈有哪些特点？
3. 简述非结构式访谈的类型及其特点。

4. 什么是个别访谈？试述其特点、具体实施过程和具体操作方法。

5. 试述集体访谈的概念、类型、特点、具体实施过程和具体操作方法。

6. 什么是德尔菲法、"头脑风暴法"和"反向头脑风暴法"？

7. 如何评价个别访谈和集体访谈？

8. 选择访谈者的标准是什么？如何对访谈者进行培训？

第八章 观 察 法

🔲 **本章提要**

　　本章阐述了观察法的概念、特点及基本原则，介绍了观察法的几种主要类型，讲述了观察法准备阶段、实施阶段和记录阶段的内容及方法，指出了观察误差产生的原因及纠正方法，并对观察法的优缺点做了简要的评价。通过本章的学习，学习者可以对观察法的基本知识和基本方法有大致的了解和掌握。

🔲 **学习要求**

　　1. 了解：观察法的特点和基本原则；观察误差产生的原因及消减方法；观察法的优缺点。
　　2. 掌握：观察法的概念；观察法的类型；观察法实施的步骤及方法。

第一节　观察法的概念、特点及原则

一、观察法的概念和特点

　　观察是人类和其他所有动物的一种本能行为，原意是指运用眼、耳、鼻、舌、身等器官和直觉感知外部环境。它在人们日常生活中无时无处不在，我国自古以来流传的许多成语，如"仰观天文，俯察地理""眼观六路，耳听八方""察言观色""窥测方向，以求一逞""视而不见，充耳不闻""管中窥豹"等，说的都是观察。但是，这些观察基本上是随意的、无研究目的的、不系统的、不规则的，因此并不是科学意义上的观察。人类在发展的过程中将原始观察延伸、拓展为科学观察。科学观察有着明确的研究目的，预先有一定理论准备和比较系统的观察计划，用经过一定专业训练的观察者自己的感官及辅助工具（观察仪器与观察技术）去直接地、有针对性地了解正在发生和发展变化的现象，观察记录也是具有一定系统的，并且要求观察者对所观察到的事实有实质性、规律性的解释。目前，科学观察不仅在自然科学领域普遍应用，而且被引入社会科学领域，形成了特定的观察法。观察法也叫实地观察法，是观察者有目的、有计划地运用自己的感觉器官和辅助工具，能动地了解处于自然状态下的社会客观现象的方法。它的主要作用就在于收集到真实可靠的资料，并通过对资料的科学分析得出正确的结论。它通常用于在实地调查中收集社会初级信息或原始资料，而且通常结合其他调查方法共同使用。例如，要研究家庭暴力产生的原因这一问题，可综合采用多种调查研究方法：对不同类型的人和家庭进行个别访谈和集体访谈；查阅有关赡养纠纷处理的文献资料；进行问卷调查；对实施家庭暴力的现场进行观察，等等。其中究竟以哪种方法为主，需要根据调查者所具备的主客观条件而决定，但观察法无疑是提供最直接的、真实的感性资料的重要方法之一。

观察法有以下几个显著的特点：

第一，它以人的感觉器官为主要调查工具。这是观察法与其他调查方法之间最根本的区别。观察法虽然也经常使用照相机、摄像机、录音机等设备收集信息，但更多的是依靠人的各种感觉器官，其中最主要的是视觉器官——眼睛。

第二，它是有目的、有计划的自觉活动。在实地观察的过程中，观察者不是毫无范围界限地观察，而是紧紧围绕调查研究主题，制定明确的观察目标和周密的观察计划，据此对与观察对象有关的一切内容进行系统、周密的观察。观察者也不是简单地充当照相机、摄像机、录音机的角色，被动地扫描客观现象。观察过程不仅是人的感觉器官直接感知的过程，而且是人的大脑积极思维的过程。观察的内容及其结论究竟如何，除了取决于观察对象的客观状况和观察者感觉器官的感知能力外，也取决于观察者的认识能力。

第三，它是在一定理论指导下的观察。由于立场、观点等理性因素的差异，人们在观察同一事物时，出发点和得出的结论往往不同，如哥白尼和托勒密同样观察太阳和地球的运行，前者得出的结论是"日心说"，后者得出的结论则是"地心说"。所以观察法实际上是有理性因素渗透其中的感性反映形式，是有科学理论进行指导的活动。例如，恩格斯对英国工人阶级状况的观察就是以辩证唯物主义和历史唯物主义为指导的。

第四，它观察的是保持自然状态的客观事物。观察法的一个核心特点就是在实地观察中要避免来自观察者的人为干扰。因为只有使观察对象始终处于现实的自然发生和自我发展变化的状态，才能保证实地观察的客观性和真实性，否则观察结果必然出现严重偏差，实地观察就失去了意义。

二、观察法的原则

在运用观察法时，我们应遵循以下基本原则：

第一，客观性原则。这是观察法最重要的原则。它要求观察者必须如实地反映客观事物本身，得出的观察结论必须真实可靠。具体来说，观察者在观察过程中，必须不折不扣地如实记录与调查目的和计划有关的一切客观情况，绝不能因为个人好恶或长官意志任意歪曲事实，也不能故意摒弃或削减自己不愿看到的事实，更不能凭空捏造事实；在做出观察结论时，一定要以充分的、真实可靠的观察资料为依据，而且一定要全面、系统地说明有关情况，绝不能无中生有，也不能只顾一点，不及其余。

第二，全方位原则。社会中绝大多数事物都是由多层次、多变量所构成的。因此，我们在实施观察法时不能是"盲人摸象"或"一叶障目，不见泰山"，而是要多方面、多角度、多层次地对有关调查主题的一切客观情况进行全面、立体的观察，否则观察结果必然会出现严重失误，从而无法全面、正确地认识事物。例如，我们在某工厂了解企业改制后的情况，不仅要观察生产经营状况和管理状况，而且要观察人们的生活状况；不仅要观察各级各类干部的生活状况，而且要观察技术人员和一般工人的生活状况，等等。

第三，求真务本原则。社会现象和事物往往都是复杂的，它所包含的变量之间具有多种多样的联系方式和表现形式，而且时常会出现一些偶然情况，或者因为人为因素和其他因素产生一些假象。如果是不辨真伪的观察或者是走马观花和浮光掠影式的观察，就很难得出真实可靠和深刻的科学结论。因此，观察法除了要求观察必须全面外，还要求观察做到"去伪存真""由表及里""由此及彼"。这并不意味着在观察中对那些虚假内容或偶然现象、表面现象可以忽略不计或敷衍了事，而是要求观察者能够从所记录的观察内容中认清虚假，进一步追求真相；透过表象，进一步看到实质；通过偶然，进一步寻求必然。为此，观察者应深入到观察对象之中，密切注意发生的各种情况及其细节，一丝不苟地做好观察记录。对于较复杂的社会现象和事物的深入观察工作往往需要坚持相当长的一段时间，因此要求观察者必须具有极大的恒心和毅力。美国著名社会学家怀特为了调查研究在波士顿的意大利贫困移民的生活状况，其居住在贫民区观察那些贫民达三年半之久；英国著名社会人类学家马林诺夫斯基为了运用观察法研究西太平洋突布兰群岛的土著文化，前后上岛三次共生活了六年。他们的这种精神值得所有观察者学习。

第四，法律和道德伦理原则。和其他的一些调查方法相比，观察法有一个需要特别注意的问题，就是法律和道德伦理问题。在很多观察中，为了保证观察结果的客观真实，调查者并不向观察对象公开自己的身份，而是在私下旁观观察对象的真实状况和所作所为，这在某种意义上说甚至类似于对观察对象的隐私进行"窥探"。这种情况如果处理不当，很容易引起法律纠纷或者违背社会伦理道德。因此，对于那些不直接牵扯法律法规或不甚敏感的问题，一般无碍无妨，但有些涉及受法律保护的个人权益或个人隐私的观察，如查证个人的财产、进入民宅、阅读个人书信和日记、了解男女情爱等，则必须事先征得观察对象的同意。在少数民族地区和宗教场所进行观察时，还要遵守一些特殊的法律、政策、风俗习惯和教规等。另外，有些实验观察还需要人为设置一些场景，来观察参与者在这些场景中的反应，对那些观察对象必须遵循自愿参与的原则，同时在观察中，要尽一切可能避免对观察对象造成任何肉体和精神的伤害，这也是一项重要的道德伦理原则。

第二节 观察法的类型

从不同的角度，我们可以将观察法划分为不同的类型。根据观察程序的不同，观察法可分为结构式观察和非结构式观察两大类；根据观察场所的不同，观察法可分为实验室观察和实地观察两大类；根据观察者的角色不同，观察法可分为非参与观察和参与观察两大类；根据观察对象的不同，观察法可分为直接观察和间接观察两大类。在实际的观察过程中，各种观察类型的概念可以是兼用的，如某项观察可以同时称作实地观察、非结构式观察、参与观察和直接观察等。

一、结构式观察与非结构式观察

（一）结构式观察

结构式观察也称有结构观察、有控制观察或系统观察，是根据事先设计好的观察项目和要求进行观察的类型。它要求事先对要观察的内容进行分类并加以标准化，明确研究假设，规定要观察的内容和记录方法，并统一制定观察表格或卡片，卡片上明确列出各种观察范畴和分类，观察者只需在相应的格内标记，而不做出自己的评价。在实际观察过程中，观察者要严格按照设计要求进行观察，并作详细的观察记录；对设计之外的内容则不予理会。结构式观察就好像严格按照问卷观察，对观测数据的整理、分析也近似于对问卷资料的处理分析，即可进行定量分析。但它缺乏弹性，而且比较费时，所以不常用。

许多专家经常提到的结构式观察范例是美国社会学家贝尔斯对小团体内部成员互动过程的观察。贝尔斯观察的范畴是"小组讨论会上人们的互动行为"。他把"互动行为"这一概念操作化，分解为 12 种互动行为类别，再根据这些分类制作成观察卡片，然后进行观察，并将观察结果标记在相应格内，作为互动行为分析的依据。表 8-1 就是贝尔斯对一次小组讨论会上互动行为的分类及统计。

表 8-1 贝尔斯观察小团体互动的分类及统计

互动范围	行为类别	行为数	占比（%）
情感范围：积极反应	1. 显示团结	5	0.7
	2. 缓解紧张：开玩笑等	57	7.9
	3. 表示赞同	179	24.9

续表

互动范围	行为类别	行为数	占比（%）
工作范围： 试图解答	4. 提供建议	59	8.2
	5. 提供意见	192	26.7
	6. 提供工作方向	161	22.4
工作范围： 提出问题	7. 探询工作方向	12	1.7
	8. 探询意见	12	1.7
	9. 探询建议	4	0.5
情感范围： 消极反应	10. 不赞同	29	4.0
	11. 表示紧张：或退场	7	1.0
	12. 表现对抗	2	0.3
合　计		719	100

由表 8-1 的统计数据可以分析出，在与会者全部 719 个互动行为中，情感方面的极端行为（1 和 12 类）很少，仅占 1%；积极反应（1、2、3 类共占 33.5%），远远超过消极反应（10、11、12 类共占 5.4%）；互动行为集中表现在解答工作问题（4、5、6 类共占 57.3%）和肯定他人意见方面（3 类占 24.9%）。这些数据可以与其他类型的小组讨论会进行比较，也可比较小组内部不同个人的互动行为，还可用于某些自变量之间的相关分析。

（二）非结构式观察

非结构式观察也称无结构观察、无控制观察或简单观察，是没有先期具体设计要求的观察类型。它一般只要求观察者有总的观察目的和要求，或一个大致的观察内容和范围，但是并没有很明确的研究假设和具体的观察内容与要求；也不是仅专注于某些特定的行为与现象，而是到观察现场去根据当时环境和条件变化随时进行观察内容和观察角度的调整。非结构观察比较灵活，适应性较强，而且简便易行，因此最为常用。但非结构式观察所得的材料分散在许多方面，也没有制定适于量化的观察结构，故无法进行定量分析和严格的对比研究。它主要用于对观察对象的定性分析。例如，恩格斯就是在英国曼彻斯顿等地运用非结构式观察等方法，调查工人阶级生活状况，得出资本主义是工人极端贫困的根本原因等定性结论。

二、实验室观察与实地观察

（一）实验室观察

实验室观察是指在有各种观察设施的实验室或者经过一定布置的活动室、会议室等场所内，对研究对象进行观察的方法。它常常用于了解人们某些具体的、细微的行为特征。在这种实验室观察中，核心的问题是不能让观察对象知道被人"监视"，否则会影响观察的真实性，所以一般是借助一种单向透镜来进行观察，里面的人看到的可能是一块不透明的黑板，而外面的人却可以对里面一览无余。同时，在实验室的各个不同位置均装有隐蔽的摄像镜头，可以摄下室内的一切活动。由于这种实验场所要求的资金投入较大，而且即便有了这种实验场所，对于见多识广的成年人来说，也很难避免产生某种压力或者干脆被看破，从而使观察无法如愿进行，所以这类观察法使用较少，并且多半局限在对天真无邪的少年儿童的观察方面。

（二）实地观察

实地观察是指在现实社会生活场景中所进行的观察。它与实验室观察相比，除了地点和场景不同外，还无须专门对观察场所和观察对象进行控制，而是直接地深入到现实生活场景中，对观察对象进行观察。它多数是非结构式观察，适用于定性类型的调查研究。它在社会调查研究中有着十分重要的意义，目前对社会现象的绝大多数观察都是实地观察。例如，我国各级党政领导部门和领导干部有一个传统做法，即到基层"蹲点"，以了解情况、发现问题、总结经验、寻求对策，这实际上就主要是一种非结构式的实地观察。

三、非参与观察与参与观察

在社会调查研究中，参与观察和非参与观察是最常使用的、最重要的类型概念。

（一）非参与观察

非参与观察也称局外观察，就是观察者不加入观察对象的群体，不参与他们的活动，完全以局外人或旁观者的身份进行观察。例如，组织考察团到国外参观考察，就是一种非参与观察。这种方法最重要的特点是"冷眼旁观"，也就是要使观察对象意识不到他们正在被观察，保证他们在极其自然的、不受观察者任何干扰的情境下行动，以避免观察对象感到不自在而引起行为变化，影响到观察结果的真实性和准确性。一般来说，非参与观察比较客观、公允，所以是最常用的观察类型。但它的缺点是观察往往不够深入，看到的多是一些表面的甚至偶然的社会现象，所获得的也多是感性知识。

非参与观察比较适用于对某些公共场所（如会议、剧场、车站等）或某些公众活动（如游行、集会、考试等）中人们行为和表现的观察，并特别适用于对某些特殊的、敏感的社会现象与事物的观察。例如，2004年，中央电视台新闻频道针对国家普通高等教育入学考试中渐趋严重的作弊、泄题等问题进行调查，由于用其他调查方法很难得到调查对象的合作，因此采取了非参与观察的方法。调查者根据举报线索，以河南濮阳市的某些考点作为观察点，在无人察觉的情况下，用隐蔽的设备摄录了考场外一些人肆无忌惮地用手机等现代通讯工具向考生传递试题答案的情景，也摄录了考场内一些考生作弊的表现。不久，中央电视台"焦点访谈"栏目播出了有关的观察结果，真实、客观地揭露了高考作弊的问题。这就是运用非参与观察的一个典型的案例。

（二）参与观察

参与观察也称局内观察，就是观察者亲身参与到观察对象的社会环境、社会关系之中，并通过与观察对象的共同活动从内部进行观察。在社会调查研究中，它常用于对现代社会某些特殊群体和社区的调查研究，目的是全面地、深入地描述某一特定的社会现象。它是在自然场所里进行的直接观察，而且多采取无结构的形式，预先并没有什么具体的理论假设，因此需要根据调查研究主题，进行长期观察，从大量现象中逐步概括出观察对象的主要特征。

参与观察根据参与程度不同，又可分为完全参与观察和不完全参与观察。完全参与观察，就是观察者完全深入到观察对象的社会群体之中，扮演成其中一个成员参与这个群体的正常活动来进行观察，在整个观察的过程中，观察对象群体的成员都相信他是这个群体中的一个普通成员，并不知道他是一个观察者。例如，装作病人去医院看病，观察医生、护士的工作状态；有些社会学家长期生活在某工厂之中，完全以本厂普通工人的身份参加活动并进行观察；美国社会学家 S. 罗伯特和 M. 兰德对美国中部城镇进行研究时，要求观察员长期住在城镇的公寓或私人住宅里，让他们在任何可能的情形下，参加该城镇的生活，交朋友，建立社会关系，就像住在城镇的居民一样尽他们的义务。这些就是完全参与观察。完全参与观察可以获得许多深入的、真实的资料，但是总让人感到有"欺骗他人"之嫌，所以有人批评它违背社会伦理道德。

不完全参与观察，就是观察者是以公开的真实身份参与到观察对象群体之中，即人们都知道他是一个观察者，而且他有时和观察对象共同活动并进行观察，有时又作为旁观者进行观察。例如，很多人以调查者的身份去农村，和当地农民同吃、同住、同劳动，同时进行实地观察，就是一种不完全参与观察。不完全参与观察的优点是观察者不仅能够通过与观察对象共同活动得到大量生动具体的感性资料，而且能够公开地同观察对象深入探讨问题，收集到许多完全参与观察难以得到的理性资料。但这种方法毕竟会使观察对象时时感到他们正在被观察，从而有可能改变他们的行为方式，影响观察资料的真实性和准确性，而且观察结论易带主观感情成分。

四、直接观察和间接观察

直接观察是指观察者从观察到的现实社会事物那里直接获得所需的信息资料，其应用最为广泛，绝大多数观察都属于直接观察。间接观察则是通过观察到的物质痕迹或行为标志等中介物间接地获得有关某种社会事物的信息资料。例如，观察一定时期内阅览室中哪些书刊磨损严重，由此看出这一时期人们的阅读倾向；观察某小区的生活垃圾，由此发现居民的饮食习惯或生活水平；考古学家观察历史文物，由此了解古代人们的社会生活状况；古生物学家观察各地层沉积物,由此认识自然界和动植物的演变情况;社会学家将一些标有姓名、住址的物品故意丢在不同地区,然后观察各地区的归还率,由此看出各地区居民的道德水准,等等。一般来说,直接观察比较简便易行,具有真实性和可靠性。间接观察则比较复杂,需要观察者有较强的分析能力,有时还需要有科学的鉴定手段和方法,而且在推论时也可能发生种种误差。但是,它对已消逝的历史事物来说,是唯一可行的观察方法;对一时无法直接观察到的现实事物来说,也很有效,往往可以弥补直接观察的不足。因此,间接观察虽然应用较少,但也不可或缺。

第三节 观察法的实施

各种类型观察法的实施都包括三个阶段,即准备阶段、实施阶段和整理分析观察记录阶段。在实际操作中,三个阶段的分界并不十分清楚,各自之间有不同程度的交叉和融合。

一、观察准备

准备阶段的主要任务是制订观察计划和进行必要的物质准备。观察计划应包括如下几个方面:

第一,确定观察对象和范围。这一部分主要涉及计划观察什么人、什么现象;观察范围有多大,有多少人在场,他们属于一个什么样的群体,在群体中各自扮演什么角色和处于什么地位;观察这些人和现象的目的何在,通过这些观察要解决哪些问题,等等。

第二,时间。这一部分主要涉及在什么时间段进行观察,计划观察多少次,一次持续多长时间;选择该时间段、观察次数和每次持续时间的理由,等等。

第三,地点。这一部分主要涉及观察对象所处的地理位置和地域范围;当地的情境,如自然环境、风俗习惯、宗教信仰、社区历史、社区经济发展、政治制度等有什么特点,为什么选择这里进行观察。如果是非参与观察,还要说明观察点设在这一地区的具体什么位置,与观察对象保持多远的距离,这一距离对观察结果有什么影响;在当地观察是否需要办理有关手续,等等。

第四,活动的特点及发展过程。这一部分主要涉及观察哪些事情,它们是如何进行的,事件的各个方面相互间有什么样的关系,有什么明显的规则或规律,它与其他事件有什么不同;观察在场的人哪方面的行为表现,他们言谈举止有哪些特点,他们之间如何互动,哪些行为是日常生活中的常规表现,哪些是特殊表现,不同的参与者在行为上有什么差异,他们行动的类型、性质,在活动过程中他们的行为有无变化,等等。

第五,原因。这一部分主要涉及为什么这些事会发生,促使它发展变化的原因是什么;参与者的动机和目的是什么,他们的行为产生及变化的原因是什么,等等。

第六，态度。这一部分主要涉及观察对象对于发生的事和人们的行为方式持怎样的态度和认识等。

第七，方式和方法。这一部分主要涉及观察是隐蔽进行还是公开进行；采取实验室观察还是实地观察；实地观察的方式是不参与、半参与还是完全参与，是有结构还是无结构；观察时是否需要结合其他调查方法，等等。

第八，可能出现的问题及其对策。例如，观察中可能出现哪些影响资料可靠性的问题，采取什么措施才能获得更准确的资料；观察过程可能对观察对象的正常生活产生什么作用，这些作用对观察结果有什么影响；在观察中出现意外事情应如何处理，等等。

总而言之，在制订观察计划时，不仅要考虑到观察者和观察对象双方的角色、地位、数量及相互间的关系，也要考虑到社会行为或社会现象发生的时间、地点、过程和背景，还要考虑到参与者的动机、目的、态度等主观因素。事先制订一个系统、周密的观察计划，对于观察法的实施至关重要，在结构式观察中尤其如此。在非结构观察中，虽然预先对具体的观察内容没有明确规定，可以在实际观察过程中灵活机动，但观察内容也不外乎上述八个方面。

至于观察的物质准备，则应根据观察的方式方法而定。如果是实验室观察，就需要提前准备好符合条件的场所和观察设备；如果是必须借助辅助工具才能进行的隐蔽式非参与实地观察，就要有一定的专用仪器。另外，无论哪种类型的观察，最好都配备照相机、录音机等工具，而且要制作观察卡片等必备物品。

二、观察实施

正式实施观察首先要保证能够顺利进入观察现场。

观察现场的确定应主要考虑三个条件：符合调查研究收集资料的要求；具备必要的人、财、物等条件；当地部门和观察对象不反对。其中，第三个条件最为关键，也最容易出现问题，因为如果当地部门和观察对象认为外来观察者的存在可能会影响他们的日常生活、工作的秩序和节奏，而且这种影响只会带来各种损失却得不到任何好处，那么他们往往会抵制观察。因此，确定观察现场应设法争取到当地部门或头面人物的理解和支持，使他们意识到调查研究与他们的利益一致，至少对他们的利益没有伤害。如有可能，最好是通过同学、朋友、老乡等各种社会关系进行这方面的沟通。有时，即使获得了当地部门的同意，也需要这些社会关系在观察对象中做一些疏导工作。

当然，并不是所有的观察都要获得有关部门和观察对象的同意。许多在公共场所进行的非参与观察不会影响当地环境、秩序和他人行动，就没必要同任何人打招呼。例如，在剧场观察观众的反应与互动关系，观察者是用自己的感觉器官或隐蔽地借用仪器进行观察，就没必要获得剧场管理人员和观察对象的同意；但如果是公开架起录像机对观察对象进行近距离的聚焦观察，就必须获得剧场管理人员和观察对象的同意。有些观察直接涉及当地部门或观察对象的违法乱纪行为，也不便事先告知当事者，如前面提到的中央电视台对河南濮阳高考作弊案的观察。

在进入观察现场时，要注意选择恰当的方式。进入观察现场的方式有隐蔽和公开两大类，两者的区别在于观察者是否让观察对象知道自己的真实身份。能够自然地、直接地、公开地进入现场当然十分理想，但往往比较困难。因此，观察者有时需要采取逐步进入和隐蔽进入的方式。逐步进入是在刚开始时，观察者并不向有关人士介绍观察的全部内容或者观察的最终目的，以免对方因困惑不解或配合难度过大而拒绝其进入。在观察有了一定进展、对方习以为常时，再提出扩大观察范围或延长时间等要求。有时，观察者也可在观察的开始阶段先采取局外观察的方式进行观察，再自然而然地逐步建立与观察对象的关系，由浅入深地参与他们的一些活动，之后随着与观察对象关系的加深，再逐步暴露自己的身份。

隐蔽进入的方式就是观察者始终不暴露自己的身份，而是将自己装扮成普通游客或当地居民进入观察现场。对于大多数非参与式观察和一些特殊的参与式观察，如对自我封闭的群体或社区的观察、对违反法律或社会道德规范的行为的观察等，这种方式较为适用。例如，观察者装扮成乞丐在车站、码头、餐馆等地接近乞丐集团内部人员了解情况；又如，观察者以教师或学生的身份到大学校园内进行各种观察等。隐蔽进入的好处是避免了协商进入现场可能遇到的困难，行动也比较自由，但缺点是观察者不能像公开的观察那样广泛接触各类人员，深入了解情况，还得时刻注意不要因暴露身份而节外生枝。

观察者顺利进入观察现场之后，即可根据特定角色和观察方式的要求进行观察。对于非参与式观察来说，完成观察任务的关键是不能惊扰观察对象。而在参与式观察中，完成观察任务的关键是与观察对象建立良好的关系。相对来说，不完全参与观察要做到这一点是有难度的。因此，应当注意解决好如下问题：

第一，消除观察对象的种种顾虑。观察活动往往会对观察对象产生一定影响，使观察对象产生一种戒备心理，从而导致行为失常。在这种情况下，观察到的可能是一种假象，而不是处于自然状态下的真实情况。为了避免这种现象，观察者应表现出谦虚、友善的态度，使观察对象尽快消除对观察者的畏惧感和陌生感。同时，观察者应与观察对象进行耐心细致的思想交流，必要时还可以通过当地政府部门或在群众中有威望的人物做一些解释工作，以使观察对象相信，观察者只是来了解情况，而不是来故意找茬；观察的目的不是针对某个人或某件事，而是了解各种社会现象，观察对象的一切活动都可以照常进行，所以完全不必有任何顾虑。

第二，深入观察对象的生活之中。观察者要建立同观察对象的亲密无间的关系，必须尽可能参加他们的各项社会活动，同他们共同工作和生活，逐步取得观察对象的信任。只有这样，观察者才能不仅看到他们的所作所为，而且了解到他们的所思所想；不仅看到他们的一般表现，而且了解到他们的兴趣、爱好、道德标准、行为特征、人际关系、政治态度、意见要求，以及一些个人隐私之类的活动等。只有这样，观察才有可能全面和深入。

第三，遵从观察对象的生活习惯和生活方式。观察者不但要尊重观察对象的风俗习惯、语言、道德规范和生活方式，而且要尽可能使自己的行为与它们保持一致，如根据当地的习俗安排自己的饮食、起居、迎送宾客、服饰打扮、言谈举止，尽量学会使用当地语言等。在一些少数民族地区进行观察时尤其要注意这一问题。这样才能与观察对象很快融为一体，建立信任和友谊，为实现观察目的创造良好的条件。

第四，重视个别交往。观察者既要经常参与公共活动，密切同被观察群体的关系，取得广泛的信任和合作，也要特别注意与个别观察对象交朋友，建立较密切的日常往来关系和较好的私人友谊，以利于同观察对象做深入的思想沟通。这种关系的建立，能够使观察者了解到在公开场合不易看到的、真实的情况，如对一些问题的个人主张和深层看法、对领导者的意见、一些秘密情况等。

第五，热情帮助观察对象。要获得观察对象的信任和友谊，很重要的一点是在观察对象有困难时，尽量给他们以帮助。例如，为该社区或群体出谋划策，向观察对象提供各种有用信息，帮助他们解决纠纷，在生活上给他们以关怀和帮助等。

另外，无论是参与观察还是非参与观察，在实施过程中，除了要遵守观察的一般原则之外，还要注意两个具体问题：

第一，观察要先从大处着眼。在观察的初期，观察者不要急于观察一些细微问题，而应先对观察现场进行全方位的、整体的、感性的观察，即对观察对象所处的自然环境、物质环境和人文环境有全面的了解，对观察对象所属的社会群体的特征与结构有总体的认识。这样才能看清具体观察内容产生的背景和深层次的原因。

第二，注意转换观察视角。在对具体内容进行观察时，观察者不能只盯着某一现象或某一观察对象，而忽略了其他观察对象，也不能只固守一种思维定式去进行观察。相反，应注意转换观察的角度，并根据客观情况随时调整观察的思路。大致来说，观察者可以在局部和整体之间转换观察视角，以兼而获得宏观和微观层面的资料；可以在主要观察现象和次要观察现象间转换视角，以获得有关观察对象的更全面的资料；可以在重点观察和一般观察间转换视角，以不断深化对于观察对象的认识，等等。

三、观察记录

观察活动是通过人的感觉器官将外界事物的信息传递到人的大脑的过程，但如果这些信息仅仅储存在人的大脑里，而没有另外借助其他手段记录下来，那么它们就有可能逐渐失真甚至完全消失。因此，在观察过程中认真做好记录，是不可或缺的一项工作。

观察记录是对所观察到的现象的文字描述。观察记录的过程是观察者对观察现象思考、分类和筛选的过程，也是一个澄清事实、提炼观点的过程。因此，观察记录可以使观察者对所观察现象的了解和认识更加明确和深入。

观察记录包括两方面工作：一是正确和详细地进行记录；二是科学地整理与分析记录。

（一）记录方式

观察记录的方式主要有两种：一种是当场记录，一种是事后追记。

1. 当场记录

当场记录是最常用的一种记录方式。为了观察记录的完整与准确，但凡有可能，人们总是随时随地记下所观察到的现象和行为，而且经常是同时由两个以上的观察者分别记录，以便相互对照、取长补短。

当场记录的主要方法是手工记录。在结构式观察中，一般是记在根据调查目的事先设计的观察记录卡上。设计记录卡的基本要求包括：一是要详细注明观察的时间、地点，作为原始观察记录的重要凭证。二是观察内容应具体、详细，并尽量将观察内容数量化，以使观察结果更具说服力。三是观察员必须签名，以明确责任，并备查。四是要将记录中的客观描述与观察者的看法和解释区分开来，分别归类，如示例所示：

观察卡片

观察内容分类：　讨论会　　　　编号：　　　　6　　　　

被观察单位：　大学生　　　　　观察主题：　会议情况　　

观察地点：　3教室　　　　　　时间：××年××月××日下午2：00～4：00

	项　目	人　数	备　注
会议人数	会议开始时	30	
	迟到	6	最少5分钟，最多30分钟
	中途退场	8	最少8分钟，最多35分钟
	会议结束时	16	
会议情况	发言	20	
	参与讨论	5	
	看书看报	3	其中1人发言
	打瞌睡	2	
	闲谈	5	其中3人发言
	做其他事情	4	其中3人发言
主要观感	1. 会议纪律较差，迟到人多，早退人也多。		
	2. 会场秩序较差。		
	3. 发言比较踊跃，但参与讨论的人较少。		
	4. 某些与会者对会议不关心。		

观察员：××

在非结构式观察中，手工记录方式没有结构式观察那样统一、固定，可以直接记在专用的笔记本上，也可因人、因情境而采用其他任何便捷的方式。但基本要求是一定要清楚、有条理，便于今后查找。通常做法是：在记录纸的每一页最上部写上观察者的姓名，观察内容的标题、地点、时间，本记录的标号，该页的页码等；记录的段落简短分明，一事一段，一人一段；严格区分对观察现象的客观描述（事实）与观察者个人的推断、思考。因此，每一页记录纸应至少分为两部分，一部分用于对观察现象的描述，另一部分用于分类、编码、补充记录、观察者的感受与评语、观察者使用的具体方法、观察者对观察资料的初步分析和推论、进一步观察的信息或线索等。观察记录的文字描述要求具体、准确、简明，不能用抽象的、概括的词语和华而不实的修饰性词语，如"热热闹闹""五彩缤纷""鸦雀无声"之类。

许多观察内容在当时可能认为不太重要、不值得记录，但在随后的工作中又往往发现它们其实非常重要却又无法弥补，所以记录应记得尽量详细、具体，足以使观察者在很长时间内能再次对观察对象做出完整的、生动的描述。但手工记录毕竟难以做到事无巨细、分毫不差，因此如果条件允许，应尽可能运用照相、录音、摄像等现代化的技术手段进行观察记录。机器记录能真实、准确地再现发生过的事实，因此正越来越广泛地运用到观察活动之中，如电视台播出的新闻就多为运用摄像机记录下来的社会现象。不过这些技术手段通常用于对某些特殊现象的观察记录，适于某些特殊部门使用，一般社会调查研究人员在使用这些手段时要十分慎重，以免引起不必要的麻烦。另外，这种观察记录不像手工记录可以一边记录事实一边记下观感，而是要在事后做整理分析。

2. 事后追记

当场记录需要注意的最关键一点是不能破坏观察现场的自然状态。如果观察者感到当场记录会被观察对象发现并且会导致后者行为的改变，就不能采用这种方法。在有些场合，如所观察的内容属敏感问题，或者遇上突发事件，现场混乱，头绪纷繁等，也不可能在观察的同时做记录。这时，就需要采用事后追记的方法。事后追记一定要及时，并且一定要尽可能具体、准确。为此，有经验的观察者通常在观察现场时，就利用记忆技术迅速记住观察现象的关节点，或用一些简单的符号代表观察现象的重要过程和重要事项，以作为回忆的依据，等到事件过后，马上补写记录。但事后追记即便再好，也毕竟是一种补救性的记录方式，其真实性、完整性和说服力都不如当场记录。因此，除非必要，应尽量不使用这种方法。

（二）记录整理

长期连续的观察，会积累大量的观察记录。非结构式观察当场手工记录的观察资料和观察者的认识往往比较庞杂、分散和零乱，需要进行整理；事后追记的内容虽然有一定条理，但也往往需要进一步分类和补充资料。机器记录的只是原始观察资料，必须进行整理和分析。结构式观察则要对观察卡片进行梳理。因此，对于各种观察记录，都应当进行再加工。通常的做法是采用分类学或流程图的方法对观察记录做进一步整理和分析。分类主要是以人物、事件或行为为指标，分别建立资料档案以便查阅和检索。流程图是从资料中归纳出事件发展的几个重要阶段，然后按时间顺序对各个阶段做详尽描述和深入分析。它们虽然仍然不是资料整理、分析的最终结果，但能够为社会调查研究后期的资料整理和资料分析工作提供良好的基础。

四、观察误差

由于观察法是直接目睹社会现象的发生与演变，因此它的表面信度和效度较高。然而从严格的科学意义上讲，任何观察都会有一定的误差，而观察误差的大小会对调查结果产生很大影响。

观察误差来自观察主体和观察客体两个方面。

就观察主体（观察者）而言，产生观察误差的因素主要有：

第一，观察者的社会价值取向。对任何社会现象或社会问题，观察者都会根据自己的世界观做出判断和形成看法。如果观察者在观察过程中单凭自己的立场观点来筛选、记录事实，而这种行为与客观事实又有不符之处，就必然会造成观察结果的误差。

第二，观察者的职业道德和工作作风。观察者如果缺乏事业心和责任心，对工作敷衍了事，观察不深入、不细致等，就会导致重要信息的遗漏和观察结果的差错。

第三，观察者的能力、知识与经验。一个好的观察者能够很好地把握观察的时机，能够在不影响观察对象的自然状态下观察到真实的情况，能够透过表面现象看到那些微妙的、实质性的、深层次的内容，能够透过假象看到事物的本来面目。相反，观察者反应迟钝，观察能力不强，或者严重缺乏有关观察内容的知识，或者没有一定的调查研究经验，都会严重影响观察结果的质量。

第四，观察者的心理素质。在观察过程中，特别是在参与观察中，经常会有令人不愉快的事发生。如果观察者不能很好地控制自己的情绪，高兴时工作积极认真，不顺心时工作被动应付，甚至过于看重事物的阴暗面，将会造成观察结果的误差。

第五，观察手段。实践证明，借助现代科学技术手段的观察误差较小，主要依靠观察者感官的观察误差较大；结构式观察的误差较小，非结构式观察的误差较大。即使是富有经验、素质极高的观察者，凭借自己的器官，采用非结构式观察的方法，在不同的时间观察同一事物，观察结果也会有一定误差；一批这样的观察者在同一时间观察同一事物，各自得出的结论也互不相同。

就观察客体（观察对象）而言，产生观察误差的因素主要有：

第一，观察对象的反应。对于观察对象来说，观察者毕竟是局外人，即使在参与观察中，至少在开始的一段时间观察者也是局外人。如果观察对象感到了局外人的存在，就会在一定程度上改变自己的心理和行为，从而影响到观察结果的真实性和准确性。

第二，人为的假象。有时观察对象事先知道了有人要来观察，就会出于某些功利的目的，刻意营造一种环境或行为。例如，我国 1958 年"大跃进"狂刮浮夸风时，许多人民公社炮制出所谓"亩产万斤田",向观察者提供了大量假象。这也是造成观察误差的一个重要原因。

第三,事物本质的显现程度。在实施观察时,往往有许多作为观察对象的事物正处于发展变化的动态过程之中,其本质特征还没有充分显现出来,观察者如果对此没有正确的认识,就可能对它们产生一些片面的看法,从而造成观察结果的误差。例如,在我国改革开放初期,许多人对民营企业看到的只是其中的某些负面因素,并因此对民营经济产生了一些错误的看法。

针对造成观察误差的原因,我们可以采取相应的解决措施。首先要选择合格的观察者,然后对他们进行必要的培训,使他们统一思想,掌握有关知识,提高观察能力。在实施观察的过程中,要按照前述观察法的基本原则和要求行事。通过这种努力,尽管仍然不可能完全消除观察误差,但是却可以将其减少到最低程度,观察结果也可以做到基本准确。

第四节 观察法的评价

观察法作为社会调查研究中收集资料的重要方法之一,具有突出的优点。

第一,它可以提供有关社会现象和社会行为的详细的第一手资料。第一手资料是记录社会信息的原始资料,对于任何研究都弥足珍贵。在观察的过程中,观察者不需其他中间环节,直接感知观察对象,获取大量生动具体的第一手资料,从而使人们不仅可以得到对社会的丰富的感性认识,而且可以迅速将这些感性认识上升到理性认识。这是其他间接调查方法无法比拟的。特别是对于收集非言语的行为资料来说,它是最有效的方法。

第二,可靠性较高。观察者采用观察法直接到现场观察发生在自然状态下的社会现象,不仅可以把握整个现场情况,而且可以感受到当时、当地的情境和气氛,还可以借助于现场记录或录音、录像得到详细、可靠的信息。这种做法在很大程度上消减了观察对象人为做假的可能。因此,它与书面调查和口头调查比较起来,可靠性就高得多。另外,观察在自然状态下进行,对观察对象的干扰较小,尤其是在间接观察、局外观察和完全参与观察中,观察对象很难觉察到观察者的存在,因而可以得到客观真实的资料。

第三,获取的资料及时、有效。由于观察法观察到的是正在发生的社会现象和观察对象的现实活动,感受到的是当地、当时的特定环境和气氛,所以获得的资料较为及时,根据这些资料得出的结论和意见对现实社会的指导性也较强。

第四,适于收集用其他方法很难获取的信息。在社会调查研究中,观察法可以避免其他调查方法经常遇到的一些问题,如调查对象不愿接受访谈,拒绝回答问题以及不交回调查问卷等。它还特别适用于对无法进行语言文字沟通的对象的调查,如对土著、少数民族和幼儿、聋哑人的调查,而其他调查方法对此则是无能为力的。另外,观察法还可以为文献调查补充具体、详尽的材料,并且能验证其他方法所获得的资料。

第五，简便易行。多数观察不需要复杂的方案设计，调查时间可长可短，不用太多的物质准备，只要调查者到达现场即可。

观察法的局限性也很明显。

第一，难以进行定量分析。对社会事物的定量分析要求必须探寻每一个细节，并用标准化语言予以记录，并能运用统计检验，而这在结构式观察中才有一定可能，但在作为观察法主体的非结构式观察中却绝无可能。非结构式观察的直接性和自然性，使观察者很难预见到所要观察的社会现象和观察环境何时会发生变化和怎样变化，即很难控制环境变量和时间变量，不易做到有计划的观察。而且，它主要依靠具体观察者的感官和主观描述，这些主观描述不是以数量表示的，也不是标准化的，很难相互对比，因此无法进行数量分析和统计判断。另外，它一般只是对一个或几个点的调查，所以难以通过定量分析推断其他单位或总体的情况。

第二，易受观察者主观因素的影响。在观察时，观察者与观察对象有着不可分割的联系，这种联系会直接影响观察者对社会现象的感知和理解，如观察者有时可能会拒绝相信或不愿记录某些对后者不利的事情，从而破坏了观察的客观性。另外，观察主要依赖于观察者个人的感官和思维能力，而人的感官能力是有限的和有选择性的，人的思维方式也是不同的，即所谓"仁者见仁，智者见智"。因此，观察者不仅有可能忽视某些重要的社会现象，而且不同的观察者对相同的观察对象也有可能得出不同的结论。也就是说，观察资料会受到观察者的价值观和感情因素的影响，而且一般来说，观察者的参与程度越高，观察的时间越长，观察结果的主观成分也就越大，情感色彩也越浓。由此得到的资料很难重复验证，无法相互比较，不易检验观察的可靠性。另外，对少数人的观察或一次性的观察也很有可能导致歪曲和偏差。

第三，进行合作有一定难度。现场观察往往需要直接观察某些组织和重要人物，如政府机构、企事业单位、领导人等，但获准对其观察往往很难。即使对私人的观察，也经常得不到后者的配合，特别是涉及个人某些特殊行为的观察，如涉及家庭内部矛盾、邻里纠纷、性行为、吸毒、赌博等的观察，往往会由于观察对象心存疑虑而招致拒绝。

第四，受时间空间条件的限制。虽然从表面上看，观察是一种任何人都可以采用并适用于大多数场合的方法，但实际上它受到许多限制。观察法都是在一定时间、一定空间中进行的，超过一定时间空间或范围就观察不到。例如，我们现在就不能亲临现场观察到八路军消灭侵略者的情况；在山西农村观察也不可能了解到四川农民的情况。而且，观察的工作量很大，较费时间和精力，需要较多的经费，所以一般来说，观察法的样本数较小，只适于对一个或少数几个单位进行观察，不适于进行大规模调查。

第五，资料整理和分析难度大。由于观察的范围较大，涉及的现象和行为非常庞杂，因此，通过记录而得到的大量观察资料很难整理和分析。应用最多的非结构观察得到的资料类似于开放性问卷中的回答，通常是定性的描述或琐碎的记录，缺乏系统性，不易分类和编码，不便于分析。而且，要从大量的观察资料中提炼出有意义的结论，对观察者本人来说亦非易事。

🖸 本章小结

观察法也叫实地观察法，是观察者有目的、有计划地运用自己的感觉器官和辅助工具，能动地了解处于自然状态下的社会客观现象的方法。它的主要作用就在于收集到真实可靠的资料，并通过对资料的科学分析得出正确的结论。它通常用于在实地调查中收集社会初级信息或原始资料，而且通常结合其他调查方法共同使用。观察法的特点包括：它以人的感觉器官为主要调查工具；它是有目的、有计划的自觉活动；它是在一定理论指导下的观察；它观察的是保持自然状态的客观事物。在运用观察法时，应遵循以下基本原则：客观性原则；全方位原则；求真务本原则；法律和道德伦理原则。

观察调查法从不同的角度可以有不同的分类。根据观察程序的不同，观察法可分为结构式观察和非结构式观察两大类；根据观察场所的不同，观察法可分为实验室观察和实地观察两大类；根据观察者的角色不同，观察法可分为非参与观察和参与观察两大类；根据观察对象的不同，观察法可分为直接观察和间接观察两大类。参与观察是最重要的实地观察之一，根据参与程度不同可以分为完全参与观察和不完全参与观察。在实际的观察过程中，各种观察类型是互相联系、兼容和交叉的。

各种类型观察法的实施都包括三个阶段，即准备阶段、实施阶段和整理分析观察记录阶段。

准备阶段的主要任务是制订观察计划和进行必要的物质准备。

正式实施观察首先要保证能够顺利进入观察现场。观察现场的确定应主要考虑三个条件：符合调查研究收集资料的要求；具备必要的人、财、物等条件；当地部门和观察对象不反对。在进入观察现场时，要注意选择恰当的方式，主要方式有隐蔽和公开两大类。观察者顺利进入观察现场之后，即可根据特定角色和观察方式的要求进行观察。对于非参与式观察来说，完成观察任务的关键是不能惊扰观察对象。而在参与式观察中，完成观察任务的关键是与观察对象建立良好的关系。为此，观察者应当注意解决好如下问题：消除观察对象的种种顾虑；深入到观察对象的生活之中；遵从观察对象的生活习惯和生活方式；重视个别交往；热情帮助观察对象。在观察的实施过程中，除了要与观察对象建立良好的关系和遵守观察的一般原则之外，还要注意两个具体问题：观察要先从大处着眼；注意转换观察视角。

观察记录是对所观察到的现象的文字描述。观察记录的过程是观察者对观察现象思考、分类和筛选的过程，也是一个澄清事实、提炼观点的过程。观察记录包括两方面工作：一是正确和详细地进行记录；二是科学地整理与分析记录。观察记录的方式主要有两种：一种是当场记录，一种是事后追记。当场记录是最常用的一种记录方式。事后追记是一种补救性的记录方式。

任何观察都会有一定的误差，而观察误差的大小会对调查结果产生很大影响。观察误差来自观察主体和观察客体两个方面。针对造成观察误差的原因，可以采取相应的解决措施。

通过这种努力，尽管仍然不可能完全消除观察误差，但是却可以将其减少到最低程度，观察结果也可以做到基本准确。

观察法作为社会调查研究中收集资料的重要方法之一，具有突出的优点，也有一定的局限性。

思考题

1. 什么是观察法？它有哪些特点？参与观察主要解决什么问题，适用范围是哪些？
2. 使用观察法应遵循哪些基本原则？
3. 怎样区别结构式观察与非结构式观察？
4. 什么是完全参与观察、不完全参与观察和非参与观察？
5. 观察法实施的准备阶段需要做好哪些工作？
6. 怎样与观察对象建立良好关系？
7. 如何进行观察记录？
8. 观察误差是怎样产生的？如何看待观察误差？
9. 应当如何评价观察法？

第九章 实 验 法

🔲 **内容提要**

本章主要介绍了实验法的相关知识，包括实验法的概念、基本原理和特点；实验法的类型和基本程序；实验设计及实施方法；实验法实施中需要注意的问题，并且说明了实验法的价值和意义。

🔲 **学习要求**

1. 了解：实验法的基本原理和特点；实验法的实施步骤；实验法实施中需要注意的问题；实验法的价值和意义。
2. 掌握：实验法的概念；实验法的类别；各种实验设计的内容；控制实验过程的方法。

实验是一种有目的、有意识地改变客观环境的实践活动。古代就有了实验的萌芽和雏形，到了近代，随着社会生产力的发展，出现了真正意义上的科学实验，它构筑了经验事实与理论之间的桥梁，使近代自然科学得以建立和迅猛发展。进入 20 世纪以后，科学实验从自然科学领域逐渐移植到社会科学领域，于是有了专门的实验法。

第一节 实验法的概念、基本原理和特点

一、实验法的概念和基本原理

实验法也称试验调查法，是实验者有目的、有意识地通过改变某些社会环境的实践活动来认识实验对象的本质特征及其发展变化规律的方法。它是一种重要的直接调查方法，也是一种最复杂、最高级的调查方法。正如美国著名社会学家索罗金所说，要对社会行为和社会现象的发展变化做出解释、预测和控制，只能通过实验，其他方法不能完全达到这些目的。

实验法是有一定结构的，即不仅有明确的实验目的，而且有较严格的实验方案设计和控制，其实验结果既可以用于定量分析，也可以用于定性分析。

实验法有几个基本要素：一是实验主体，即有目的、有意识地进行实验调查的实验者。二是实验对象和实验环境，即实验调查所要认识的客体及其所处的各种社会条件。三是实验活动，即改变实验对象和实验环境的实践活动，它们有一个专门称谓是"实验激发"。四是实验检测，即在实验过程中对实验对象所作的检查和测定。这些因素构成了实验法的三组重要关系：自变量与因变量、实验组与对照组（也叫控制组）、前测与后测。实验法的主要任务就是通过这三组关系明确实验结果和实验激发之间的因果关系，由此认识实验对象的本质特征及其发展变化的规律。

自变量是实验中的激发因素，也就是实验手段，是引起实验对象变化的原因。在实验中，自变量必须经过严格定义和操作化（具体化），这样才便于进行测量。因变量是激发因素的受体，也就是实验对象的各项特征，在实验中处于关键地位。它也同样要经过操作化，有一系列具体的测量指标。自变量与因变量在不同的实验中，可以互相转化。

实验组是接受自变量激发的一组对象，对照组则是不接受自变量激发的一组或几组对象。它们在实验之前各方面条件和状态都基本一致。通过对它们的不同处置以及对测量结果的比较，我们可以比较准确地看出实验激发对实验对象的作用。

前测是进行实验激发之前对实验对象（包括实验组与对照组）所作的测量，后测则是实施实验激发之后对实验对象所作的测量。从两次测量结果的比较中，我们就能看出实验对象的因变量是否发生了变化、怎样发生了变化以及发生了什么变化。这正是实验法关注的焦点。

实验法的基本原理是：实验者假定某些自变量（实验手段）会导致某些因变量（实验对象的特征）的变化，并以验证这种因果关系假设作为实验的主要目的。在实验开始时，先对因变量进行测量（前测），再引入自变量实施激发，然后选择其后的某一个时点对因变量进行再测（后测），比较前后两次测量的结果就可以对原假设完全证实或部分证实或证伪。以著名的1924—1932年美国管理学家在芝加哥西部电力公司霍桑工厂进行的现场实验为例，这次实验的目的是探寻提高劳动生产率的途径和方法，其基本假设之一就是：工作条件的改善有利于工作效率的提高。实验对象是该厂装配电话中继线的女工。在实验开始时，先对这些女工的工作效率做了量化的前测，然后进行实验激发，引入的自变量有改善照明条件、供应一顿工作热餐、增加工间休息时间、允许提前下班、改变工资结构等。经过一段时间，再对这些女工的工作效率做后测，结果发现她们的工作效率的确有较大提高，证明原假设成立。

二、实验法的特点

实验法具有一些不同于其他调查方法的特点：

第一，实验主体的实践性。在观察和访谈等直接调查方法的运用过程中，调查者一般只是耳闻目睹和口问手记，不存在有意识地改变调查对象及其所处社会环境的问题。实验法则不然，调查者必须主动地通过自己的实践活动，有目的、有计划地改变实验对象的某些状况，并在此基础上对实验对象的本质及发展变化规律进行调查和研究。这一点是实验法最根本的特征，没有这种实践活动，就不是实验调查。

第二，实验对象的动态性。在其他各种调查方法的实施过程中，调查对象一般都处于相对稳定的状态，即使有所变化，也是自身因素所引起的，而且变化幅度往往较小，变化频率往往较低。实验调查法则不同，在实验者连续不断的实践活动的推动下，社会环境不断变化，实验对象本身也处于不断的运动和变化之中。这种因受到外来刺激而产生不断变动的现象是实验法所仅有的，从另一个角度来说，实验法最为关注的恰恰就是这种变动过程，而不是实验的结果。

第三，实验目的的因果性。实验法的主要任务就是发现实验对象和实验激发之间的因果关系，由此认识实验对象的本质及其发展变化的规律。社会调查研究中探讨社会现象之间因果关系的方法有两种，即相关分析法和实验法。前者主要限于对既有的统计资料的处理，因此无法通过对调查研究环境的控制，修正调查对象因果关系中的不合理部分，或重新构建调查对象的因果关系。实验法则对实验环境和实验条件有所控制，并在现场同步进行资料收集和研究分析工作，因此不仅可以根据可控的原因去预测结果或实现预期，即证实事先提出的因果假设，而且可以通过实践随时修正或推翻原来的假设，重新构建调查对象的因果关系。这也是其他调查方法难以做到的。

第四，实验过程的可控性。实验法是对实验环境和实验条件有所控制的。实验法的目的非常明确、具体，实验对象是根据一定条件精心选择的。在实验过程中，无论是实验激发还是前后检测，都是严格按照事先的实验设计而进行的。这是实地观察、个人访谈和集体访谈等其他直接调查方法所无法比拟的。

第五，实验方法的综合性。实验法是所有调查方法中最复杂的一种。实验调查的过程，不仅是不断收集资料的过程，而且是不断研究资料的过程。实验法在实施过程中，除了要进行实验法特有的改变社会环境的实践活动外，往往还要采用实地观察、个人访谈和集体访谈等直接调查方法，有时还要采用文献调查、问卷调查等间接调查方法。因此，实验法的实施过程实际上是各种调查方法和研究方法综合运用的过程。

第二节　实验法的类型和基本程序

一、实验法的主要类型

实验法按照不同的标准，可作多种不同的分类。

（一）单一组实验和对照组实验

按照实验的组织方式不同，实验法可分为单一组实验和对照组实验。

单一组实验也叫连续实验，是对同一组实验对象进行实验，通过比较不同时间所作的前测与后测的结果，来检验假设的一种方法。检验假设所依据的是自变量作用于同一个因变量的前后两个结果。

在这种实验中，只设一个实验组，实验开始时，先对其测量（前测）并记录结果；接着引入自变量对其激发（施以实验手段）；经过一段时间后，再对其测量（后测），最后将后测结果同前测比较，得出实验结论。例如，春天在一块土地上试播某一粮食的新品种，秋天收获时，将其产量与上一年同一土地同类粮食的产量相比较，发现有所提高，从而得出新品种比老品种产量高的结论。

对照组实验，也叫平行组实验，是指既有实验组又有对照组（控制组）的一种实验方法。实验组即实验单位，对照组是同实验组进行对比的单位。两组在范围、特征等方面均相同。在实验中，先同时对实验组和对照组做前测，然后只对实验组进行实验激发，而对照组则始终保持既有的自然状态。一段时间之后，同时对实验组和对照组做后测，将两组后测结果相比较，再分别与前测结果比较，得出结论以检验理论假设。例如，要检验"新的管理办法可以提高生产率"这一假设，以某工厂某车间为实验组，实行新的管理方法，以另一个与此相似的车间为对照组，维持旧的管理方法，在一段时间的首尾，同时对两个车间做前测与后测，再比较其结果，得出结论。

之所以在实验组之外还要另设对照组，是因为世界上的一切事物即使处于自然的常态下，也在时时刻刻发生着变化。在这种变化过程中，如果受到非常态的、突发的外来刺激，其变化的范围或幅度则会加大。这时，要准确判断该事物的变化中究竟有多少由非常态的外来刺激引发，显然就必须排除那些常态的、自然变化的成分。但是，在一个事物的变化中，区分哪些是自然变化、哪些是非自然变化，其实只在理论上成立，在实践中却无法实现。因此，就需要有另一个同时期的、始终处于常态的相同事物做参照，通过比较得出结论。实验法中设置对照组实验的道理就在于此。例如，上述粮食新种子的实验，如果只在一块地上进行，那么即使产量增加，也很难说明究竟是由于新种子的原因，还是风调雨顺等其他原因；或者虽然能够肯定新种子有增产效果，但究竟效果如何却无法确认。而如果在同时期有沿用老种子的另一块条件相同的地做参照，那么比较两块地最后的产量，就可以得出新种子是否有效和有效程度的相对准确的结论。

总之，对照组实验可以克服单一组实验的缺点，从实验结果中有效排除那些非实验激发的自然变化的成分，准确说明实验的效果。因此，在决定以实验法收集资料时，应尽可能采用对照组实验。

（二）实验室实验和现场实验

按照实验的环境不同，实验法可分为实验室实验和现场实验。

实验室实验是在人工特别设置的环境下进行的实验调查。这种实验的环境是所谓"纯化了"的和封闭的，实验者对实验环境可进行严格有效的控制，实验对象除了接受引入的自变量实验激发外，不会受到任何其他外来因素的影响。例如，在实验室里对宇航员进行失重实验，宇航员在完全封闭的人工环境下，接受的是没有任何外来因素的纯粹实验激发，实验者可以完全按照自己的设想控制地球引力的变化，以测量和比较宇航员在不同条件下的反应，并探寻造成这些反应的原因。

现场实验是在自然的、现实的环境下进行的实验调查。实验者只能部分地控制实验环境的变化，实验对象除了受到引入自变量的实验激发外，还会受到其他外来因素的影响。例如，在农村进行产业结构调整的实验，实验者所能控制的，只有改变经营品种、改变生产组织形式等实验条件，而对于国际及国内大环境等因素对实验对象的影响，却无法进行有效的控制。

实验室实验和现场实验相比，前者实验结果的准确率要远远高于后者。但是社会领域的实验调查，仍然大多采取现场实验的方法，这是因为实验室实验的成本高、操作复杂，而且样本规模十分有限，所以难以广泛应用。而现场实验所处的环境都是自然的、现实的环境，随时随地可以进行，成本相对较低，操作也简单得多，样本规模可以很大，并且只要对非实验激发因素有较充分的认识和一定控制，也能保证实验结果有较高的准确率，因此应用非常广泛。在我国几十年的社会主义革命和社会主义建设中，从中央政府到基层部门一直普遍运用着一种传统的重要工作方法，即试点法。这种方法就是为了验证某一方针政策的可行性或实施效果，选择一个或几个有代表性的单位作为试点，以这一方针政策作为自变量，对试点进行一个时期的激发，然后检验其效果。通过试点法，我们可以系统地收集和积累第一手资料，发现问题，总结经验，探索规律，得出正确的认识，进而指导全面工作。我国改革开放以来新出台的各项制度和政策，都是经过试点工作以后，才得到大面积推广的。这种在社会生活和国家政府的实际工作中起着重要作用的试点法，实际上就是一种现场实验方法。

（三）研究性实验和应用性实验

按照实验的目的不同，实验法可分为研究性实验和应用性实验。

研究性实验是以揭示实验对象的本质及其发展规律为主要目的的实验方法，主要用于对某一领域理论的检验与探讨。例如，对某种经济学、社会学、法学、教育学理论等进行证实或证伪的实验调查，就属于这一类。

应用性实验则是以解决实际工作当中存在的某些问题为主要目的的实验方法。例如，对农村土地流转、企业股份制的实验调查，就属于这一类。

应该指出的是，研究性实验调查和应用性实验调查的区分只具有相对的意义，它们只是就实验调查的主要目的而言的。事实上，许多研究性实验调查的结论，往往对解决实际工作中的问题具有重要指导意义；许多应用性实验调查的结论，也可以作为重要的理论概括。因此，它们中间并不存在截然分明的界限。

（四）单盲实验和双盲实验

按照实验者和实验对象对于实验激发是否知情，实验法可分为单盲实验和双盲实验。

单盲实验是不让实验对象知道自己正在接受实验，由实验者实施实验激发和实验检测。目前多数实验都是这类实验。

双盲实验是不让实验对象和实验者双方知道正在进行实验，而由第三者实施实验激发和实验检测。

之所以有单盲实验和双盲实验，是为了避免两种情况：一是实验对象出于对实验激发的欢迎或反感而有意迎合或故意不配合实验者；二是实验者和实验对象出于对实验结果的某种心理预期而影响实验检测结果的真实性和准确性。例如，科学研究证明，在某种新药效果的实验中，如果实验对象（病人）知道自己正在接受新药实验，就会产生"新药有效"的心理预期，那么即使新药并不对症，他们也往往会在心理作用下使病情好转。同样，如果实验者知道正在使用新药，也会产生"新药有效"的心理预期，从而将其他原因引起的病情好转归之于新药。这两种情况都会影响新药效果检测的真实性和准确性。

此外，按照调查的内容不同，实验法还可分为心理实验调查、教育实验调查、经济实验调查、法律实验调查、军事实验调查等。

二、实验法的基本程序

实验法的基本程序与其他方法大致相同，分为准备阶段、实施阶段和资料处理阶段。

（一）准备阶段

准备阶段的工作主要有以下几项：

第一，确定实验课题及实验目的。一般做法是在有了初步的构想后，通过查阅文献和有关访谈，对初步构想的价值和可行性进行一些探索性研究，最终明确实验的主题、大致的内容范围和所要达到的目标。

第二，提出理论假设。一般做法是仔细寻找出实验的主题和内容范围所涉及的各种变量，将它们分类，并认真分析它们之间的关系，建立各种变量之间的因果模型。

第三，选取实验对象。选取的根据是实验的主题和变量间因果模型的需要，选取的方法既可以是随机抽样，也可以是主观指派。

第四，选择实验方式和方法。根据实验的要求和可能，决定究竟采用哪种实验类型，如何分组，怎样控制实验过程，如何进行检测等。

第五，制定实验方案。将已确定的实验主题、内容范围、理论假设、实验对象及实验方式方法等整理成文字，说明实验的时间安排、地点和场所、实验进程、实验和测量工具等，并形成系统的、条理分明的实验方案。

（二）实施阶段

实施阶段的工作主要有以下几项：

第一，前测。用一定的方法对实验对象的各种因变量做详细的测量，并做详细记录。如果是有对照组的实验，事先要做到能够控制实验环境和条件，以保证实验组与对照组的状态基本一致。

第二，引入或改变自变量，对实验组进行实验激发。在激发的过程中，要仔细观察，认真作好观察记录。

第三，后测。在经过一段时间后，选择适当时机对实验对象的各种因变量做再次详细测量，并做详细记录。

（三）资料处理阶段

资料处理阶段的工作主要有以下几项：

第一，整理分析资料。对全部观测资料进行统计分析，并对原假设进行检验，形成实验结果，据此提出理论解释和推断。

第二，撰写实验报告。

第三节　实验设计及其实施

实验设计是实施实验的依据，决定了一项实验的具体内容。无论哪种类型的实验，其设计一般都依实验的组织方式而定，即根据是否有实验组和对照组，以及实验组的多少，设计不同的实验形式和内容。下面着重介绍几种基本的、常用的实验设计。

一、单一实验组设计

单一实验组设计也叫单组前后测实验设计。它的操作模式是：一是选择实验对象组成实验组；二是对实验对象进行前测；三是引入自变量进行改变实验对象因变量的实验激发；四是实验后对实验对象进行后测；五是得出实验结论，其公式为：实验效应 = 后测 - 前测。

如果实验组前测与后测之间的差异值为正数，则说明自变量与因变量是正相关关系；如果差异值为零，则说明二者之间关系不大或需要进一步检验；如果差异值为负数，则说明二者之间是负相关关系。

例如，要实验税制改革对企业经济效益的影响，并以利润率作为衡量企业经济效益的主要指标，其具体实施步骤为：

第一步，选择实验对象，假定选择甲、乙、丙三个条件基本相同的企业组成实验组。

第二步，前测，即测算实行新税制前一年的利润率，假定是 2015 年，3 个企业平均为 8%。

第三步，实验激发，即从 2015 年底或 2016 年初起实行新税制。

第四步，后测，即测算实行新税制后一年的利润率，假定是 2016 年，3 个企业平均为 12% 。

第五步，得出实验结果为：后检测 12% – 前检测 8% ＝4%

单一实验组设计是最基本的实验调查设计，任何其他实验设计的操作模式都脱不开它的窠臼。同时，它也是最简单的实验设计，只要选择一个实验组即可。因此，这种设计应用比较广泛。但是，单一实验组设计所得出的实验结论，也许可靠，也许不完全可靠。这是因为除了封闭的实验室实验以外，在现场实验的过程中，人们无法使实验对象与整个社会相隔绝，所以不能完全排除种种外部非实验因素对实验对象的影响。另外，实验对象经过前测后，有可能对自变量的引入产生敏感，从而影响实验后测的结果，这种前测干扰影响也是单一实验组设计无法排除的。因此，不能把实验对象前后检测之间的变化全部看作实验激发的结果。如前例中，甲、乙、丙 3 个企业的利润率，2016 年比 2015 年增加 4%，其原因固然可能是实行了税制改革，但也可能是改善了经营管理、原材料降价，或者是职工的技术熟练程度得到了提高等。显然，把利润率的提高全部看作实验激发即实行新税制的结果，是不科学的。由此可见，单一实验组设计要求实验者能有效排除非实验因素对实验过程的干扰，或者能使非实验因素的影响缩小到可以忽略不计的程度，这样其后测的全部效应才能被看作实验激发的结果，否则，就不能得出这种结论。正是由于单一实验组设计有这一缺陷，所以它更适用于定性研究，用于定量研究则要特别谨慎。

二、经典实验设计

经典实验设计也叫两组前后测实验设计，就是选择一批实验对象作为实验组，同时选择一批与实验对象处于相同环境、条件相同或相似的对象作为对照组；然后，只对实验组给予实验激发，而对对照组却顺其自然；最后，对实验组和对照组前后检测的变化进行对比研究，得出实验结论。它的操作模式为：

实验组	对照组
（1）选择对象	（1）选择对象
（2）选择实验环境	（2）选择实验环境
（3）前测	（3）前测
（4）实验激发	（4）不予实验激发
（5）后测	（5）后测
（6）做出实验结论，其公式是：	

实验效应 = 实验组（后测 – 前测）– 对照组（后测 – 前测）

如果实验组前后测差异值与对照组前后测差异值相减后得数为正，则说明自变量与因变量是正相关关系；如果得数为零，则说明二者之间关系不大或需要进一步检验；如果得数为负，则说明二者之间是负相关关系。

仍以上述关于企业税制改革的实验为例，如采用两组前后测实验设计，其具体步骤为：

实验组	对照组
（1）选择对象：甲、乙、丙企业	（1）选择对象：A、B、C 企业
（2）选择实验环境：N 个条件	（2）选择实验环境：条件基本相同
（3）前测：2015 年利润率 8%	（3）前测：2015 年资金利税率 8%
（4）实验激发：实行新税制	（4）实验激发：无（仍实行旧税制）
（5）后测：2016 年利润率 12%	（5）后测：2016 年利润率 10%

（6）得出实验结果：

实验效应＝实验组（12% －8%）－对照组（10% －8%）＝4% －2% ＝2%

不难看出，这一实验结果与前述单一实验组设计的实验结果相比较，利润率差异值少了 2% 。之所以如此，是因为在前述单一实验组设计中，实验组后检测与前检测之间的差值 4% ，其实包括了外来非实验因素影响实验对象的那部分结果。而在两组前后测实验设计中，由于对照组没有受到实验激发，因此其后测与前测之间的差值 2% 显然是由外来非实验因素引起的，也就是说，实验组的全部效应（4%），实际上是实验激发和非实验因素共同作用的结果，是实验效应与非实验效应之和，真正的实验效应其实只有 2% 。

由于两组前后测实验设计要求实验组和对照组的具体对象完全匹配，并要求实验环境基本相同，所以操作难度较大，成本也较高。但它能够将实验效应与外来非实验效应区分开来，从而使实验结论更为客观和准确，这一点明显优于单一实验组设计，因此应用更为广泛。这种设计虽然能够排除外来非实验因素的影响，却无法判断实验组的实验效应中是否还含有前测干扰影响的成分。因此，在那些以社会人群为实验对象的实验中，其实验结论的客观性和准确性仍然令人怀疑。要准确地评价实验效应，还必须采用其他方法作更深入、更细致的研究。

三、两组无前测实验设计

两组无前测实验设计就是对实验组和对照组都不进行前测，实验组引入自变量实施实验激发和进行后测，对照组则只进行后测。通过对实验组和对照组后测结果的对比研究，得出实验结论。它的操作模式为：

实验组	对照组
（1）选择对象	（1）选择对象
（2）选择实验环境	（2）选择实验环境
（3）无前测	（3）无前测
（4）实验激发	（4）不予实验激发
（5）后测	（5）后测

（6）做出实验结论，其公式是：

实验效应＝实验组（后测）－对照组（后测）

例如，要实验新教学法对学生学习成绩的影响，其具体步骤为：

实验组	对照组
（1）选择对象：甲班学生	（1）选择对象：A班学生
（2）选择实验环境：N个条件	（2）选择实验环境：条件基本相同
（3）无前测	（3）无前测
（4）实验激发：实行新教学法一学期	（4）实验激发：无（仍实行旧教学法）
（5）后测：成绩提高10%	（5）后测：成绩提高3%
（6）得出实验结果：	

实验效应＝实验组（10%）－对照组（3%）＝10%－3%＝7%

由于两组无前测实验设计对实验组和对照组都不进行前测，因此实验效应中不但可以排除外部因素的影响，也可以排除前测干扰的影响，实验结论的客观性和准确性比较高。但是，这种设计的前提是实验对象必须条件相同，否则也会使实验结论产生偏差。例如，上述新教学法的实验，如果选择的两组学生各方面条件基本一致，那么成绩提高7%就是准确的结论；如果两组学生的条件差距较大，那么7%的实验效应就不一定真实了。

四、多组实验设计和多因素实验设计

（一）多组实验设计

为了既能同时排除外部因素和前测干扰的影响，又能保证实验结论的客观性和准确性，人们还编制出了多组实验设计，一般是设置两个实验组、两个对照组，其中各有一组无前测，又各有一组无实验激发，通过对各组检测结果的交叉比较，得出实验结论。这种设计基本上排除了各种非实验因素对实验结果的影响。但是在现实社会中，我们很难找到环境和各方面条件都基本相同的四组实验对象，而且这种实验设计成本极高，操作极为复杂，因此它更多的是在理论上成立，而在实际上应用很少。

（二）多因素实验设计

各种单组、两组实验设计都属于简单实验设计的范畴，都是只能检验单项假设，即只能验证一个自变量与因变量的因果关系。四组实验设计虽然属于复杂实验设计，却也是如此。这显然是它们的一个共同的缺点，因为社会事物往往不是一因一果，而是多因多果、互为因果，将这种错综复杂的关系简化为单一的因果关系，就难以从系统上和整体上把握社会事物的特征。为此，人们又编制出了各种多因素实验设计。

所谓多因素实验设计是检验多个自变量（或一个自变量的多种取值）与因变量的因果关系的设计。它一般是设置一个对照组、三个或三个以上实验组。依照具体实施方法的不同，它又分为多种类型。主要有：

第一种为因子设计。它是检验两个以上的自变量对因变量的影响和自变量之间交互作用对因变量的影响的设计。实验组的数量依自变量或自变量取值的数量而定，一个自变量对应一个实验组进行实验激发。为了消除前测干扰的影响并减少工作量，它一般都采用无前测的检测方式，通过比较研究各实验组和对照组的后测结果，得出关于自变量及其交互作用与实验对象的因变量之间因果关系的实验结论。例如，关于农民减负政策与农村经济效益之间因果关系的实验，其做法就是：以这一政策中的各项具体措施为自变量；根据具体措施数量选择一批环境、条件基本相同的自然村，组成若干实验组和一个对照组；一项措施对应一个实验组，予以推行；一段时间后对各实验组和对照组进行检测；比较研究检测结果，得出关于农民减负政策（自变量及其交互作用之总和）与农村经济效益（因变量）之间因果关系的实验结论。

第二种为重复测量设计。它是检验多个自变量对不同实验对象进行激发后的差异的设计。这一设计的实验对象可随机选取，并不要求条件一致。实验组之外也不另设对照组。检测往往只有后测。它不是对每个组分别施以不同的实验激发，而是将多个自变量或自变量取值全部轮换引入多个实验组，对每个组的因变量都施以各种不同的实验激发，通过比较各组实验结果的差异，得出对自变量和对不同实验对象的推断结论。以上述关于农民减负政策的实验为例，其做法就是：任意选择一批自然村组成若干实验组，将各项具体措施轮流在这些实验组中推行，一段时间后对各实验组进行检测，通过对检测结果的比较研究，得出实验结论：政策（自变量总和）有效或无效或部分有效；不同环境和不同条件的农村（实验对象）推行这一政策有不同效果。

第三种为拉丁方格设计。它是检验多个自变量的引入顺序对因变量的影响的设计。实验组的数量与引入自变量的数量一致。每组的实验对象可以是一名，也可以是多名。各组都依次引入所有的自变量进行实验激发，但引入次序无一雷同，于是就形成了多种各不相同的自变量组合方式。通过对这些不同组合所产生的效应的后测，我们不仅可以检验自变量的引入顺序对因变量是否会造成影响和造成哪些影响，而且可以检验不同引入顺序所造成的影响有哪些不同。如果各组的后测值都一样，则说明自变量的引入顺序对因变量没有影响，自变量的引入孰先孰后均无所谓。仍以上述关于农民减负政策的实验为例，我们可以根据政策中具体措施的数量选取若干自然村组成等量的实验组，然后将全部具体措施一项一项地在实验组推行，各组的措施推行顺序互不相同。待全部具体措施均实行一段时间后，对实行措施的效果进行检测，并通过对检测结果的比较研究得出结论。假设各实验组的检测结果相同，则说明各项措施推行次序的先后对农村经济效益没有影响。

除了以上介绍的主要实验设计类型外，我们还可以根据实验者、实验对象、实验环境、实验激发的不同，做出其他多种设计。总的来说，实验设计中实验对象排列组合的数量越多，实验结论的系统性、完整性、客观性、准确性就越高。因此，多因素实验设计在社会实践中有重要的作用。我国政府在制定重大方针、政策时，就往往采取多因素、多实验组对比的方法进行实验调查，取得了很好的效果，对实际工作起到很大的指导作用和推动作用。但是，实验设计越复杂，实验对象和实验环境的匹配就越困难，实验过程、实验检测、统计分析就越烦琐，实验的资金成本和时间成本就越高。因此，实验者不应凡实验必用多因素实验设计，而应根据实验目的和自身条件，选择最恰当的实验方式，在一般情况下，仍以采用简单实验设计为宜。

第四节　实验法运用中需要注意的问题

实验法作为最高级、最复杂的社会调查方法，在实施过程中，有一些不同于其他调查方法的需要特别注意的问题。

一、实验者、实验对象和实验环境的选择

（一）实验者

实验者是实验调查的组织者、领导者、管理者。他们除了应具备各类调查研究所共同要求的基本素质外，还应具备一个特殊条件，即要有一定的权威色彩。因为实验调查大多是现场实验，主要工作之一是引入自变量对实验对象进行实验激发，这就意味着必须改变实验对象的自身条件及其所处的社会环境。如果实验者没有一定的权力和地位，就不可能做到这一点。例如，我国 20 世纪八九十年代曾经在上海、广州、武汉、厦门、常州等大中城市进行城市经济体制改革的实验，取得了很好的效果。如果没有中央有关文件的指示精神，没有中央有关部门和有关省市政府的指令性部署，实验者不是有一定身份的公职人员，要进行这类实验，是不可想象的。退一步讲，即使是到民营小企业进行某种管理实验，如果没有老板的授权，不具备一定的支配权，也是不可能的。

（二）实验对象和实验环境

严格按照一定标准选择实验对象和实验环境，是实验法的一个特别要求。它主要表现在两个方面：

一方面，实验对象和实验环境要具有充分的代表性，是典型环境中的典型对象，对于复杂的事物来说，还应该具有不同类型、不同层次的代表性。例如，要进行企业股份制改造的实验，选择的实验对象就应该既有大中城市的企业，又有乡镇企业；既有国有企业，又有民营企业；既有经济效益好的企业，又有经济效益一般的企业，还有经济效益差的企业。选择进行实验的社会环境，既有经济发达地区，又有经济一般地区，还有经济不发达地区；既有经济结构比较单一的地区，又有经济结构多样化的地区。只有这样，选择的实验对象和实验环境才具有较高的代表性，实验的结果才具有普遍的指导意义。相反，如果选择的都是一些经济发达地区的好企业进行实验，那么，即使实验取得了良好的效果，其经验也不能普遍应用和推广。

另一方面，在多数实验设计中，要特别注意实验对象和实验环境的匹配问题，所有实验对象和实验环境的各方面状况应尽可能相同或相似。只有这样，才能对实验结果进行比较研究和量化分析，才能保证实验结论的客观、准确。

选择实验对象和实验环境，一般有两种方法：一是按照随机原则从调查对象的总体中抽取。这种方法适用于调查对象总体中个体单位较多、个体之间同质性较强、实验者对调查对象总体情况了解较少的情况。二是主观挑选，即由实验者根据实验调查的目的、要求和对调查对象总体情况的了解，有意识地挑选那些具有代表性的单位进行实验。这种方法适用于调查对象总体中个体单位较少、个体之间异质性较强、实验者对调查对象总体情况了解较多的情况。多数实验调查采用前一种方法，以使各实验组成员的构成及其状况尽可能均等。

二、实验过程的控制

实验法能否成功，在很大程度上取决于能否有效地控制实验过程。实验过程的控制主要就是对各类变量的控制。它包括两个方面：一是对引入自变量的控制，二是对无关变量的控制。

对引入自变量的控制，主要是在实验激发的过程中，严格执行设计方案，有计划地、系统地安排实验激发的环境和程度，使它们有序地作用于因变量。例如，在企业中进行管理制度改革实验，须涉及决策、人事、监督、生产、销售等多项制度，这些制度之间差异很大。如果改革实验笼统地实施，边界不清，就无法证明哪些制度的改革措施有效、哪些制度的改革措施无效或效果不大，也无法看出各项措施的缺陷所在。因此，应当一项措施、一项措施地分别进行改革实验。如果因为种种原因，各项改革只能同步进行，也必须做到对不同的实验激发能够加以区分，分别观察、分别测量、分别推论，最后再综合各方面结论，做出关于管理方法改革的总的结论。

无关变量也就是非实验因素，主要来自实验者、实验对象和实验环境三个方面。对无关变量的控制，就是要从这三个方面着手，努力排除或减少非实验因素对实验过程的干扰。

第一，在实验者方面，首先是不能把无关变量引入到实验激发中来。例如，在企业搞管理制度改革的实验，不能把实行股份制等所有制改革的内容也掺进来；在农村搞产业结构调整的实验，不能混入减轻农民负担的内容，否则就无法验证改革的真实效果。其次是必须公平地对待实验对象，保持实验方法的稳定性和一致性。对不同的实验对象，实验激发的方式、强度、范围等要一致；检测的方法、工具、标准等要一致；统计分析的方法、依据、标准要一致。例如，在学校某年级进行教改效果的检测，对不同班级的学生必须使用同一张试卷，否则检测就没有任何意义。

第二，在实验对象方面，主要是解决前测干扰影响和故意不配合的问题。除了要加强与实验对象的沟通，努力使他们做到对实验活动理解、支持和实事求是以外，还应尽量使他们在测量时觉察不到实验的真实意图。为此，可以在一些自然环境中采用一些不太敏感的方式进行测试。例如，在工人培训时把实验测试混入培训考试之中；教师把实验测试伪装成平时小测验，在课堂上似乎很随意地布置下去，等等。另外，还要注意到实验过程中实验对象本身的自然变化对实验的影响，如工作变动、生病或死亡、社会经验的增加、知识水平的提高、技术的熟练等。

第三，与实验无关的社会环境因素对实验过程的干扰最多也最复杂，对它们的控制难度较大，通常是根据具体情况，选择适用方法，主要有排除法、纳入法、平衡法和统计分析法等。

排除法，就是将一切可以排除的非实验因素彻底排除在实验过程之外。例如，搞水产养殖经营实验，可以在所有江河湖海进行，但有些江河往往会因为气候原因，出现时而水多时而水少甚至无水的情况，因此实验者只能选择海洋和大湖作为实验对象和实验环境。于是，我们就可以彻底排除"水资源"这个非实验因素对实验过程的影响。

纳入法，就是把无法排除的某些非实验因素，尽可能纳入实验过程，作为实验激发的一个变量。例如，进行农村产业结构调整的实验，地理位置本来是一个非实验因素，但在实验过程中又无法排除地理位置对产业结构调整的影响。在这种情况下，就可以采取纳入法，就城市近郊、远郊和边远地区等不同地理位置的农村如何进行产业结构调整，分别进行实验。这样，地理位置因素就成了可以控制的实验激发的一个变量，不再对实验结果形成干扰。

平衡法，就是将无法排除的某些非实验因素，在每一个实验对象中都控制在一致的、平均的水平上。例如，对于探讨企业管理与经济效益的因果关系的实验来说，生产成本是一个非实验因素，但它又直接影响到企业的经济效益。为此，就可以使用平衡法，在测算各个实验对象（企业）的实验结果（经济效益）时，假设它们的生产成本都是一样的。这样，就等于排除了原材料价格的变动对实验过程的干扰。

统计分析法，就是对实验过程中无法排除的非实验因素，尽可能定量化，在实验结果中用统计分析的方法计算出它们影响实验的具体程度。例如，在关于劳动工资制度改革与劳动生产率之间因果关系的实验中，设备更新是一个非实验因素；但在检测劳动生产率的变化时，它又是一个无法排除的因素。对此，我们就可以用统计分析的方法计算出设备更新使劳动生产率提高的具体数值，在实验结果中予以扣除，这就等于排除了这种非实验因素对实验过程的影响。

总之，通过以上控制手段，虽然不能说可以彻底排除所有非实验因素对实验过程的干扰，但实验结论的客观性、准确性还是能够得到大大提高的。

三、实验的信度和效度

实验的信度指的是实验方法与实验结论的可靠性。实验的效度指的是实验方法与实验结论对实验本身的有效性以及实验结论的普遍适用性。与其他收集资料的方法相比，实验法的信度和效度较高，但在实验过程中，仍会有许多因素导致实验误差，影响实验的信度和效度。如何克服这种现象，使实验法真正发挥其优势作用，是实验者需要解决的一个重要问题。

（一）信度

提高实验的信度，除了要采用前述各种方法努力排除非实验因素的干扰之外，还应注意测量工具的标准化和精确度问题。例如，实验法在测量已明确定义的行为及其类型时，实验的信度较高。但当采用问卷或量表测量人们的态度时，则可能由于所设问题的语意不清而使信度降低。因此，在设计问卷、量表等测量工具时，一定要反复推敲，使之达到较高的标准化程度与精确程度。这样才能保证实验结果的准确无误。

对信度的检验一般是采取重复实验的方法，如果发现几次实验的结果有较大的差异，则很可能是测量工具存在问题。另外，还可以采用多组实验设计的方法，通过各个组在同一实验中的差异来检验信度。

（二）效度

提高实验的效度，要从实验的外在效度和内在效度两方面着手。

提高实验的外在效度，主要就是必须保证所选取实验对象的代表性。例如，进行企业股份制实验，如果是要检验优质企业实行股份制的效果，就必须选择利税大户作为实验对象；如果是要检验劣质企业实行股份制的效果，则必须选择濒临破产的企业。这样实验的结论才有普遍应用意义。

提高实验的内在效度，涉及的问题比较多。笼统地说，前述所有控制引入自变量和无关变量的方法都是提高实验的内在效度的重要方法。此外，选择恰当的测量方法和测量工具、选用精确度高的测量仪器等，也是必需的方法。还有一点也非常重要，就是实验者的工作态度一定要认真细致，否则会对实验效果造成意外的不良影响。

在提高实验效度的问题上，有一个目前无法彻底解决的难题：实验的外在效度和内在效度是一对矛盾。要精确测量自变量的影响就要严格控制实验过程，但这种控制达于极致就会使实验环境人工化，即成为实验室，而实验室实验往往缺乏代表性，从而降低实验的外在效度；要使实验能概括广泛的现象就要让实验对象存在于真实的社会环境之中，但这又很难控制各种外部因素的影响，从而降低实验的内在效度。大部分实验设计都面临着这种两难处境：提高内在效度则有可能降低外在效度，反之亦然。因此，把实验的外在效度和内在效度同时提高到顶点基本上是不可能的，实验者能够做到的，只能是在二者之间寻求平衡点，使实验的效度达到可能的最佳点。

第五节　实验法的评价

一、实验法的优点

实验法同其他社会调查研究方法相比，具有一些独特的优点：

第一，适于对理论、方针、政策的检验。实验法是社会调查研究中检验理论、方针、政策的最好方法，尤其适于探讨事物之间的因果关系。实践是检验理论的唯一标准，而实验正是一种目的明确的实践。在实验中，实验者将理论假设或方针、政策作为自变量，引入特定的实验对象进行实验激发，并通过对实验的控制使其作用凸显出来，再经过科学的测量，得出结论。这样就能对理论、方针、政策成立与否和效果如何做出较为准确的判断，有利于探索解决社会问题的途径和方法，揭示社会事物、社会现象的本质和规律。

第二，控制性强。在各种社会调查研究方法中，实验法对实施过程的控制能力最强。它通过对实验设计、实验手段、实验环境、实验条件和实验对象的控制，可以减少和排除外部因素对实验结果的影响，减少各种误差的产生，适于进行较为准确的定量分析，能够大大提高实验结果的可信程度。这对于认识社会的本来面貌，具有重要的意义。

第三，可重复运用。实验法基本上都是有结构的，各项实验的方式、方法及测量技术、标准、工具等都是严格一致的，因此便于重复运用。而这种重复对于获得可靠的结论来说十分必要。其他一些社会调查研究方法虽然也可以重复运用，但常常不如重复实验方便、可靠。

二、实验法的缺点

实验法的特定方式和特点也为它带来了十分明显的缺陷：

第一，代表性往往不够充分。尽管实验法的一个关键要求是实验对象必须具有代表性，但实际做到常常很难。受实验方法的特殊要求所限，大多数实验的范围和样本规模都非常有限，并不足以反映较大总体的状况。因此，当一项实验的结论要推广到更大的总体时，如要推向全中国时，就存在着较大的风险，容易犯"一风吹"或"一刀切"的错误。所以，实验法在社会科学领域更多地应用于社会心理学或小群体研究中。一些有关大政方针的实验，则必须由国家有关政府部门和权威机构进行大规模的组织和实施。

第二，实验范围仍然有限。实验法在所有调查研究方法中虽然是较好的一种，但也不是任何问题都适用。对于许多阴暗的、有悖伦理道德的、违法的社会现象和社会事物，是不可能实验的，如杀人放火、拦路抢劫、贪污受贿、卖淫嫖娼、吸毒、赌博等。对于个人特质极强的社会现象，也不可能实验，如自杀、恋爱等。对这些现象，只能依靠其他一些方法去调查。

第三，耗费人力、时间，操作复杂。许多实验涉及的人员数量很大，实验过程很长，而且具体实验和测量方法、技术比较烦琐、复杂，因此往往令一些人望而却步。

本章小结

实验法也称试验调查法，是实验者有目的、有意识地通过改变某些社会环境中的实践活动来认识实验对象的本质及其发展变化规律的方法。它是一种最重要的直接调查方法，也是一种最复杂、最高级的调查方法。实验法的基本要素有实验主体、实验对象和实验环境、实验活动、实验检测。实验法的主要任务就是明确实验对象和实验激发之间的因果关系，由此认识实验对象的本质及其发展变化的规律。它一般包括三个组成部分：自变量与因变量；实验组与对照组（也叫控制组）；前测与后测。

实验法具有一些不同于其他调查方法的特点：①实验主体的实践性；②实验对象的动态性；③实验目的的因果性；④实验过程的可控性；⑤实验方法的综合性。

实验法按照不同的标准，可作多种不同的分类。按照实验的组织方式不同，实验法可分为对照组实验和单一组实验；按照实验的环境不同，实验法可分为实验室实验和现场实验；按照实验的环境不同，实验法可分为实验室实验和现场实验；按照实验者和实验对象对于实验激发是否知情，实验法可分为单盲实验和双盲实验，等等。实验法的实施程序与其他方法大致相同，分为准备工作、具体实施和资料处理三个阶段。

实验设计是实施实验的依据，决定了一项实验的具体内容。无论哪种类型的实验，其设计一般都依实验的组织方式而定。常用的实验设计有单一实验组设计、经典实验设计、两组无前测实验设计、多组实验设计和多因素实验设计等。

实验法作为最高级、最复杂的社会调查方法，在实施过程中，有一些不同于其他调查方法的需要特别注意的问题，主要包括：实验者、实验对象和实验环境的选择；实验的过程控制；实验的信度和效度等。其中实验的过程控制非常重要，它主要包括两个方面：一是对实验激发的控制，二是对非实验因素的控制。

实验调查法的优点包括：适于对理论、方针、政策的检验；控制性强；可重复运用。实验调查法的缺点包括：代表性往往不够充分；实验范围仍然有限；耗费人力、时间，操作复杂。

思考题

1. 什么是实验法？它有哪些基本要素？由哪几部分组成？
2. 实验法的基本原理是什么？
3. 实验法有何特点？
4. 实验法有哪些基本类型？各有什么特点？

5. 简述实验法的基本程序。

6. 请说出几种主要实验设计的内容。

7. 实验法实施中需要注意哪些问题？

8. 怎样对实验法的实施过程进行控制？

9. 如何评价实验法？

第四编

资料整理分析

第十章　资料整理

📖 **本章提要**

资料整理的阶段，是社会调查研究深化、提高的阶段，是由感性认识向理性认识飞跃的阶段，社会调查结果的可靠与否与质量优劣，很大程度上都取决于这个阶段的工作。本章在阐述资料整理的概念、意义和原则的基础上，重点介绍了文字资料整理和数据资料整理的程序与方法。

📖 **学习要求**

1. 了解：资料整理的意义；资料净化的方法；计算机技术在资料整理中的应用。
2. 掌握：资料整理的概念；文字资料整理和数据资料整理的程序与方法。

第一节　资料整理的作用、意义和原则

社会调查收集到的资料一般多为文字资料和数字资料，所谓资料整理主要是指对文字资料和对数字资料的整理。它是根据调查研究的目的，运用科学的方法，对调查所获得的资料进行审查、检验、分类、汇总等初步加工，使之系统化和条理化，并以集中、简明的方式反映调查对象总体情况的过程。如果说调查阶段是认识的感性阶段，研究是认识的理性阶段，那么，资料整理阶段则是从调查过渡到研究、从感性认识上升到理性认识的一个必经的中间环节。

一、资料整理的作用和意义

要做好资料整理工作，首先需要了解资料整理在整个社会调查中所起的作用和意义。

第一，资料整理是资料分析的重要基础。要得到正确的调查结论，需要掌握科学的资料分析方法以及合理的思维加工，这都有赖于资料调查的真实、准确、完整以及统一。资料整

理是研究阶段的开端，其优劣成败，关系到整个研究阶段所用数据的质量以及研究的客观性。实践经验告诉我们，很多错误如果在资料的分析阶段才被发现的话，要一步步返回并对其进行更正，成本是非常大的，因此，在整理阶段，一定要以认真的态度和负责的作风，对资料进行认真的甄别、淘汰和修复，以保证整个研究的顺利进行。

第二，资料整理是提高调查资料质量和使用价值的必要步骤。社会调查资料的优劣直接决定了社会调查研究质量的高低。众所周知，由于调查的侧重点、调查人员以及调查手段等的不同，调查得到的资料往往是零碎的、分散的，有时甚至还会是虚假的和不完整的。要解决这些问题，一是要靠调查员的严谨态度，二是要靠资料整理的细致筛选。资料整理的过程，是对整个社会调查所得到的资料进行归纳和检验的过程，在整个资料的整理过程中，必须对调查所得资料进行严格的挑选，去伪存真、去粗取精，在必要的时候，还需要组织力量进行补充调查，最大限度地保证资料的真实、准确和完整。只有这样，才能使我们的调查真实地反映实际情况，得到正确的结论。

第三，资料整理是保存资料的客观要求。社会调查研究不是一种短期行为，而是人类文明成果的积累。社会调查的原始资料，不仅仅在现阶段为我们的研究提供客观依据，更重要的是，它将被作为档案保存下来，为今后研究同类或相关社会问题提供参考。实践证明，一份直观、真实、完整的原始资料，往往具有长久的保存价值，为今后的社会研究提供重要的参考。因此，每次社会调查都应该认真整理调查得到的资料，为今后的工作奠定基础。

二、资料整理的原则

为保证质量，在资料整理过程中，我们应该坚持以下原则：

第一，真实性原则。真实性是资料整理最根本的要求。所谓真实性，是指调查资料必须是从真实的社会调查中得到的，而不能是弄虚作假、主观臆测，甚至杜撰的。只有真实资料才可以客观地反映社会现象，指引我们得到正确的研究结论。错误的资料，则会误导视听，导致对社会认识上的偏失，不真实的资料，比没有资料更可怕。

第二，合格性原则。合格性是指整理后的资料必须是能够充分说明调查课题的、有用的资料。假如调查资料对调查目的而言完全没有用处或用处不大，那么资料再丰富、再真实，也是无效的，调查也等于无。

第三，准确性原则。准确性是指整理所得的资料，事实必须准确，尤其是统计数据，必须做到严谨。如果整理出来的数据含糊不清、模棱两可，甚至自相矛盾，那么肯定不能得出科学结论。在这里需要说明一点，准确不是一个一成不变的概念，对于准确的要求，应该从具体的研究出发，以能够说明问题为尺度来衡量，而不是越精确、越详细越好。例如，对国民人均年收入的调查，需要精确到元；而在对某县的产值进行调查时，精确到万元就足以说明问题了。精度要求过高，不但没有意义，而且也会增加工作量，是对资源的浪费。况且，社会现象并不像数学题那样，有一个标准答案，很多时候，我们也需要使用模糊的概念来进行统计，如果在这种情况下，仍然要求"越精确越好"，那样往往会适得其反，使结果更加不准确。

第一，完整性原则。完整性是指资料应当尽可能全面、完整，以便真实地反映社会调查对象的全貌。如果资料残缺不全，就有可能犯以偏概全的错误，甚至失去研究价值。

第二，系统性原则。系统性是指整理后的资料应尽可能条理化、系统化。整理后的资料和未加工整理的资料相比，最直观的特点就是整理后的资料条理清晰、一目了然。

第三，统一性原则。统一性是指在整理资料时，对各项指标的统计应当有统一的解释，对于各个数值，其计算方法、精度要求、计量单位等，也应该是统一的。就像对山峰的高度，我们是使用"米"这个统一的单位、从"海平面"这个统一的基础标准出发来衡量的，社会调查也是一样，必须要有一个统一的基准和尺度，才能够使得各项数据有可比性。

第四，简明性原则。简明性是指在真实、准确、统一、完整的基础上，整理后的调查资料应当尽可能简洁、明了，力求用最短的篇幅达到系统化、条理化的要求，以集中的方式反映调查对象的总体情况。一份臃肿、庞杂的调查报告，使人很难形成完整的概念，而且会给研究工作增加许多困难。我们要尽可能"把复杂的事情简单化"，而不要相反。

第五，新颖性原则。在整理资料时，要尽可能从新的角度来审视资料、组合资料，尽量避免按照陈旧的思路考虑问题，更不能简单重复别人的老路。社会调查的目的，是要不断地从现实中发现问题，而不是对于前人的研究结论进行重复验证。只有解放思想、实事求是，从调查资料的新组合中发现新情况、新问题，才能为创造性研究打下良好的基础。

第二节　文字资料的整理

文字资料一般有两个来源，一是实地源，二是文献源。前者包括非结构式访问和观察的记录。后者主要是指以文字形式叙述的文献资料，如机构的档案、文件、会议记录，个人的日记、信件、传记、公开发表的调查报告和研究论文等。在社会调查研究中，定性资料基本上都是文字资料，因此一般也把文字资料整理称作定性资料整理。由于文字资料在来源上存在差异，所以其整理方法也略有不同。但是，通常情况下可划分为审查、分类和汇编三个基本步骤。

一、审查

资料的审查工作，一部分是实地审查，就是在调查的过程中边收集资料边进行审核；一部分是系统审查，就是在资料收集完毕后集中进行审核，而通常是以后者为主。对于文字资料的审查，主要解决其真实性、准确性和适用性问题，即主要是仔细推敲和详尽考察资料是否真实可靠和准确适用。

真实性审查也称信度审查，即判断资料本身是否是真品，以及它是否真实可靠地反映了调查对象的客观情况。真实性审查一般采用以下方法：

第一种，外观审查。可以从资料的作者、编者、出版社、版本、印刷技术、纸张等外在情况来判断文献的真伪。对于调查记录等文字资料，亦可从调查记录的字迹、墨水等外观进行审查，对于字迹不清、时间重叠或缺失的报告，都需要提高警惕。

第二种，内涵审查。首先要审查资料是在什么地方、什么时间、什么人、为什么目的、用什么方法编写的，这是因为一般而言文献的编制日期离事件发生的时间越近，其内容就越具体可靠；资料作者的价值观、政治观和学术观等对资料的真实性影响也很大。其次要从文献的写作词汇、概念、风格、技巧等方面判断资料的真伪。如果其内容贫乏、语言含糊或雷同，则很有可能是伪造的。其中需要注意的问题包括以下几点：一是对作者使用的词，尤其是多义词、价值语言进行反复的推敲。二是在文笔的表现上需要特别区分"事实"和"对事实的解释与推论"。三是要进行多方面的研究，看看作者是否真实地反映了客观事实，资料的叙述是否正确，有没有夸张、歪曲事实，或者偏执于一家之言，叙述是否准确等。

第三种，逻辑审查。根据经验来判断资料的可靠性，看资料中是否有明显违反常理或者实践经验，或者违背事物发展规律、前后矛盾的的内容，如果有，则应该重新进行调查或核实。

第四种，来源判断。一般来说，"实地源"的资料比"文献源"的资料可靠性要高一些，当事人反映的资料比局外人反映的可靠性大一些，多数人反映的资料比少数人反映的可靠性大一些，官方的资料比传闻资料可靠性大一些，有文字记录的资料比在口头流传的资料可靠性大一些，多种来源反映的资料比单一来源的资料可靠性大一些，引用率高的资料比引用率低的资料可靠性大一些，等等。这些都是判断资料真实性和可靠性的依据。

准确性审查也称效度审查，一方面是审查资料是否符合原设计的要求，资料的指标、计量、计算公式等是否与调查相匹配以及是否有效用。对于不符合要求的资料，如调查指标、计算公式、计量单位等不正确或者不是同一体系等，应首先进行同一性转化，如果转化不了，则不应该列入调查资料之列；对于那些离题甚远或效用不大的资料应予剔除。另一方面是审查资料对事实的描述是否准确无误。如发现调查资料中疑点较多，有严重虚假、谎报、漏报的情况时，应查明原因并立即组织力量重新调查。发现调查材料有错误并且调查者能代为更正的也可由调查者代为更正，并说明情况；不能由调查者代为更正的，一般应进行补充调查，在无法进行补充调查时，就应该坚决弃之不用，以免影响整个调查资料的准确性和科学性。

适用性审查，也就是考察资料是否适合于对有关问题的分析与解释，也是一种效度审查，主要包括：资料的分量是否适中，资料的深度与广度是否满足需要，资料是否集中、紧凑、完整等。

追求资料的真实性、准确性与适用性虽然是资料整理的重要目标，但是其工作量大小和工作过程长短，却要视具体情况而定。有一些调查，全部都是使用问卷收集资料，而且只由少数调查人员进行，其真实性一般已经在调查之中得到了保证，这种情况就不需要专门花大力气进行真实性审查；有些调查的资料来源较多，类型复杂，其真实性审查往往不能一步到位，而应当反复多次；有时在纠正一部分差错的过程中，又会带入新的错误，就需要调查人员具有严谨态度和职业敏感，随时发现问题、解决问题。

二、分类

分类就是指根据资料的性质、内容以及研究要求对其进行归类。资料的分类有双重意义，对于全部资料而言是"分"，即将不同的资料区别开来；对于单个资料而言是"合"，即将相同或相近的资料合为一类。所以，分类就是将资料分门别类，使得繁杂的资料条理化和系统化。

科学、明晰、准确的分类对于资料分析与研究的作用极大，因此在传统的资料整理阶段，这往往是最费时、费力的工作。当代计算机技术的发展，使之大为简便，通过计算机编码程序，可以迅速完成对资料的科学分类。

对资料进行分类的方法有两种，即前分类和后分类。

前分类，就是在设计调查提纲、调查表格或调查问卷的时候，就按照事物或者现象的类别，将调查指标归类，然后再按照分类指标收集资料、整理资料。在这里，每一个分类指标就是一个变量，分类所要做的，其实就是找出这个变量的领域。比如，许多调查问卷中的问题和答案，就是一种常见的前分类的例子。调查问卷上大部分的问题都是出自分类指标，问卷上所给出的答案，也是调查者根据研究的实际要求对问题的所有可能进行的分类。

后分类，是指在资料收集起来之后，再根据资料的性质、内容或特征，将它们分别集合成类。

后分类适合于那些实在无法对可能的答案进行预测的问题，如问卷中的开放式问题等。如果在进行调查之前调查者很难知道答案可能有多少种，就应该采取后分类的方法，待调查结束后，再对所有答案进行归纳和分类。又如，访谈得到的文字、影像资料等，都需要调查者在拿到资料之后，再对资料进行梳理，依据调查需要进行合适的分类。

对于资料的分类情况，很大程度上影响到最后的调查结论，因此应当给予高度重视，需要本着严谨的态度认真细致地进行。分类是否正确，取决于分类标准是否选择得当和科学。分类标准就是分类的依据。一般来说，在对资料进行分类的时候，应当注意以下几点：

第一，按照调查要求分类。对于同样的资料，根据不同的标准会有差异很大的多种分类。比如，在调查被访问者的职业的时候，调查者可能得到的答案包括医生、教师、公务员、钳工、学生等。根据研究侧重点不同，调查者可以把职业分为工人、农民、学生、其他等，也可以将它们分为专业技术类、管理类、职员类、非熟练技术工人类等，我们还可以依据不同的经济部门将其划分为制造业类、保健业类、商业类等。甚至在一些研究之中，调查者可以把他们只归为蓝领和白领，或者归为自我雇用和被雇用这两类就已经足够了。具体在研究中采用哪一种的分类方式，完全取决于调查者的需要。

　　第二，不重不漏，即每两个分类之间必须是穷尽且相互排斥的。这一概念，在离散数学中叫作划分，也就是说，最好的分类方式所产生的结果，是全体可能情况的一个划分，所有分类既需要穷尽所有的可能，又不能使任何两个分类之间存在交叉。许多人都遇到过这样的尴尬：在某些书店里，由于对图书的分类不科学，导致你不知道所想要的书应该在哪一个分类中寻找，可能在这一类，也可能在那一类，或者哪一类都好像不是很贴切。再如，现在一些门户网站和搜索引擎在收录网站的时候，对网站类别的划分很不科学，其中既有"电脑网络"类、"文学艺术"类、"教育机构"类等，同时还有"个人网站"类这个选项，而且还必须是单选的。这样的分类，对于那些电脑网络类的个人网站来说，会陷入不知应该归于哪类的尴尬。这种现象，在资料分类时应尽量避免。

　　第三，对分类的详略程度要把握得当。在很多情况下，制定分类标准时，还需要考虑分类的详略程度。比如，考察某个省的人的年龄分布，可以设计每一岁作为一个类，也可以以每五岁为一个段来划分，甚至可以是每十岁一个段。不过要明确一个问题：如果分类太细，必然增加很多工作量，而一个粗略的划分，则会节省出很多时间。但是，粗略划分也会使许多信息丢失且难以复原。所以，我们必须根据课题需要考量分类的详略问题。当某项调查的答案本身非常简单，实际并不需要那么细致的分类时，就不用费太多的脑筋去分类，而只做大致划分即可。比如说，调查者设想一个命题："北方人喜欢吃面食"，希望通过调查对其证实或者证伪，则只需要界定哪些省份是所谓的"北方"。当得知了调查对象的籍贯之后，只需要看看它是不是属于所界定的"北方"类就可以了，而不用管它到底是来自甘肃、北京还是哈尔滨。当某项调查涉及内容较多、较复杂，或者不知道应该如何对资料进行分类时，则要对资料进行较多的拆分和细致的分类。比如，关于废除死刑态度的调查，调查对象最基本的态度大致有"赞成""反对""没想好"三种答案。但是，再进一步深究，会发现同样是持反对态度的人，其出发点各不相同，有的是因为试图用死刑来解决中国的人口问题，有的是怕废除死刑会减少对有犯罪倾向的人的震慑而使得恶性案件增多，有的或许就是希望犯罪分子能够被绳之以法，有的甚至就是出于某种心理而想将罪犯处以极刑，等等；持赞成态度者亦然。对于这类接近开放式的问题，就应当事先尽可能按"不重不漏"的分类原则设计所有问题和答案。总之，对于任何调查研究的资料整理来说，非常重要的一项任务就是在分类的粗细之间找到一个平衡点。

　　第四，分类所使用的概念定义要清楚、完整，所用语言必须准确和规范，符合一般人的理解，不能含混不清，更不能出现歧义。

三、汇编

　　资料的汇编主要是指根据调查研究的实际要求，对分类完成之后的资料进行汇总、编辑，使之成为能反映调查对象客观情况的系统、完整的材料。资料的汇编既可以按人物进行，也可以按事件发生的时间顺序或者按事件发生的背景以及按分析的要求进行。

资料汇编的方法首先是根据调查目的和要求及调查对象的特征来确定分类资料的合理的逻辑结构，使汇编后的资料既能反映调查对象的真实情况，又能说明调查目的。其次应依照既定的逻辑结构对分类资料进行加工，通过摘要、加标题、符号、编码等方式，将资料重新组合。

资料汇编首要的目标就是系统和完整，所有有关的材料收集需尽量完整，逻辑顺序排列井井有条、层次分明，能够反映事物的全貌。其次，要求汇编后的资料集中、简明，要用尽量简洁、清晰的文字集中说明调查对象的情况，使人一目了然。另外，对一些引用资料应注明出处和来源，以便进一步分析时参考，有必要的话，还可以加上调查者的评价等。

第三节　数据资料的整理

数据资料是社会调查中极具价值的重要资料，主要是指所收集到的数字及其组成的图文、图表资料。另外，很多文字资料，在经过了审核、分类并赋予一定数值之后，也转化成了数据资料。比如说，我们对一个社区进行一项与艾滋病相关的调查，想研究一下大家对艾滋病传播的三种途径：血液传播、性传播和母婴传播的了解程度，当我们调查到对艾滋病传播"了解""部分了解"及"不了解"的人在总人数中所占的比例，并对其程度也赋予一定数值之后，这些资料就成为数据资料的一种。数据资料是调查研究中定量分析的依据，因此数据资料的整理也叫定量资料的整理。

在资料的整理阶段，为了便于得出正确的调查结论，调查者需要对数据资料做进一步处理，其一般程序包括数字资料检验、分组、汇总和制作统计图表几个阶段。

一、检验

检验，主要是对数字资料的完整性和正确性进行检验，以确保得到更加准确的研究结果。

对完整性的检查主要包括两个方面，一是检查各个应当填报的表格是否齐全，是否已经被合乎要求地填写；二是检查各表内容填写是否完整，是否有缺报或者漏填的内容。

数字资料正确性的检验，主要是看资料是否符合实际和计算是否正确。它一般通过经验判断、逻辑检验、计算复核等方式来实现。经验判断，就是根据以往的经验进行判断，如对一个在以往工作中常常出错的单位上报的材料，检验时就需要多加小心。另外，根据经验，一个单位以往各项数据都比较低，但是某次报表发现数据非常高，也需要提高警惕。逻辑检验，主要是看数据之间是否有不合乎逻辑的地方，以此来帮助进行检验。我们知道，很多指标之间都存在着一些非线性的关系，如身高和体重，或者收入与支出，如果发现这些数据组合后得到明显有悖常理的结果，则很可能是有问题的，需要进行复查。计算复核，则是通过数学手段，检查数据是否有错，主要检查的项目有分组数据是否等于总计，各部分所占总体百分比之和是否为1，以及平均数、方差等数学量的计算是否正确等。

通过检验发现的任何问题，都应该及时查明原因，采取相应的补救措施，进行补充或者更改。对于已经无法补充或者更改的数据，则应当尽量抛弃不用，以免影响调查结果。

二、分组

为了了解各种事物或现象的数量特征，考察总体中各种事物或现象的构成情况，我们需要把调查来的数据按照一定的标志划分为不同的组合部分，这就是数字资料的分组。分组的原则和文字资料的分类原则一样，包括穷举和相斥。

对数字资料进行分组，一般有如下三个步骤：

（一）选择分组标志

分组标志就是分组的标准或者依据。根据调查的目的和调查对象的差异等因素，可以有多种多样的分组标志。一般做法是按照质量、数量、空间、时间这四个指标进行分组。

按照质量标志分组即按照事物的性质或者固有类别进行分组。比如，人可按照男女划分，亦可按照民族划分；产品则有一等品，二等品等分别。

按照数量标志分组即按照事物的发展规模、水平、速度等可度量的数量因素进行划分。比如，人的年龄、企业的利润等。

按照空间标志分组就是按照事物的地理位置、活动范围等空间特性进行分组。比如，依照国家、省、市对事物或现象进行分组。

按照时间标志分组就是按照事物在时间上的持续性和先后顺序进行分组。比如，按季度分组对企业的销售额进行统计等。

质量标志、数量标志、空间标志、时间标志是最基本的四种分组标志，在一些比较复杂的问题中，我们还可以用以上四种基本标志组合出其他多种复合标志，以满足对复杂事物进行分组的需要。例如，我国目前城市主体地级市的设置标准是：市区从事非农业生产的人口25万以上，其中市政府驻地具有非农业户口的从事非农业生产的人口20万以上；工业总产值20亿元以上；第三产业发达，产值超过第一产业，在国内生产总值中比例达35%以上；地方本级预算内财政收入2亿元以上，并已成为若干市县范围内的中心城市。这就是一种复合标志。

分组标志选择是否得当，直接关系到分组的科学性和结果的准确程度，是数字资料分组的关键问题。因此，在实际工作中，调查者一定要根据调查目的和调查对象的特征，慎重选择分组标志。

（二）确定分组界限

分组界限是指划分组与组之间的边际。分组界限包括组数、组距、组限、组中值等内容。

组数是指分组之后组的个数。对于离散的指标，如果数量波动范围较小，指标值较少，我们可以把每个指标值单列为一组，这种情况下，组数就等于组中指标值的个数。例如，要调查 7 ~ 12 岁学龄儿童的入学率，我们就可以把年龄指标按每个年龄直接划分为六个组。如果指标浮动较大、指标值较多，或者指标值是连续的，那么我们则应根据需要把指标值分段，划分为若干个组，以便于分析。

组距是指各组中最大值和最小值之间的差距。同一指标，各组组距可以相等，也可以不等，组距相等的我们叫作等距数列，组距不相等的叫作不等距数列。

组限是指各组两端的界点。一般来讲，我们把一组中的最小数值称为下限，最大值称为上限。组限有封闭式和开放式两种表现形态，我们把上下限都明确确定的组叫作组限封闭的组，而把上限或者下限之一不确定的组叫作组限开放的组。在调查中，我们常常看到的"××—××"的分组就是组限封闭的组，含有"××以上""不足××"的分组就是组限开放的组。如果遇到指标值恰好等于组限的情况，我们习惯上采取的方法是"上限不包含"，即如果指标值等于下限，则将其包含在内，如果等于上限，则不包含在内，而将其归入下一组。例如，"1 000 以上"，"1 000"应归于该组；"1 000 以下"，"1 000"则应归于上组。

组中值是指中间量，用公式表示为：

$$组中值 = \frac{下限 + 上限}{2}$$

在很多情况下，组中值可以作为该组的代表值。

（三）编制变量数列

在统计中，我们把各个标志的具体数值叫作变量。编制变量数列实际上就是把各数值归入适当的组内。分组完成后，就可以按照质量、数量、空间、时间这四个指标编制变量数列。表 10 - 1 就是一个按空间标志分组的变量数列表。

表 10 - 1　2016 年 12 月 70 个大中城市新建商品住宅价格指数

城　　市	新建商品住宅价格指数			城　　市	新建商品住宅价格指数		
	环比	同比	定基		环比	同比	定基
	上月 =100	上年同月 =100	2015 年 =100		上月 =100	上年同月 =100	2015 年 =100
北　　京	99.9	128.4	135.2	唐　　山	100.3	103.0	102.2
天　　津	100.0	125.4	128.4	秦 皇 岛	100.3	106.5	105.7
石 家 庄	100.2	119.0	120.3	包　　头	99.8	99.4	98.7
太　　原	100.3	102.6	103.7	丹　　东	99.6	99.3	97.6
呼和浩特	100.1	101.1	100.5	锦　　州	100.1	97.1	96.0
沈　　阳	100.6	103.3	103.0	吉　　林	100.4	102.6	101.5

城　　　市	新建商品住宅价格指数			城　　　市	新建商品住宅价格指数		
	环比	同比	定基		环比	同比	定基
	上月 =100	上年同月 =100	2015 年 =100		上月 =100	上年同月 =100	2015 年 =100
大　连	100.1	102.6	101.9	牡 丹 江	100.3	98.8	98.0
长　春	100.3	103.9	103.4	无　锡	99.9	135.7	135.3
哈 尔 滨	100.8	102.2	102.7	扬　州	100.9	109.7	110.0
上　海	99.8	131.7	145.5	徐　州	100.6	109.6	109.7
南　京	99.9	141.0	148.5	温　州	100.4	104.7	106.5
杭　州	100.0	128.6	133.9	金　华	100.2	106.6	108.2
宁　波	99.9	112.2	114.9	蚌　埠	100.6	109.2	107.7
合　肥	99.8	146.5	148.8	安　庆	100.7	107.6	107.2
福　州	99.6	127.6	130.4	泉　州	100.8	109.1	109.2
厦　门	99.9	141.9	148.4	九　江	100.7	111.3	110.7
南　昌	99.6	114.4	116.6	赣　州	100.5	113.5	113.0
济　南	99.7	119.4	120.6	烟　台	100.4	105.4	105.2
青　岛	99.8	113.4	113.1	济　宁	100.3	101.7	100.2
郑　州	99.9	128.4	131.0	洛　阳	100.6	104.7	103.9
武　汉	99.7	125.5	129.1	平 顶 山	100.5	103.7	104.1
长　沙	100.1	118.2	118.8	宜　昌	100.6	105.1	104.7
广　州	100.7	124.3	130.6	襄　阳	100.3	102.7	101.1
深　圳	99.6	123.8	150.1	岳　阳	100.4	105.4	103.7
南　宁	100.8	111.2	112.8	常　德	99.8	103.0	101.8
海　口	100.6	106.2	106.4	惠　州	100.5	125.0	125.3
重　庆	101.1	107.2	107.6	湛　江	100.8	108.3	106.5
成　都	99.8	105.6	106.8	韶　关	100.9	107.4	106.9
贵　阳	100.4	105.2	104.8	桂　林	99.9	103.2	102.3
昆　明	100.3	104.2	103.1	北　海	100.5	103.9	103.9
西　安	100.7	107.2	108.1	三　亚	101.2	104.5	104.7
兰　州	99.8	103.2	103.4	泸　州	100.4	103.7	103.7
西　宁	100.0	102.5	101.0	南　充	100.0	101.8	100.3
银　川	100.3	102.1	100.9	遵　义	100.2	101.7	100.9
乌鲁木齐	100.3	98.6	98.2	大　理	100.3	103.1	102.1

资料来源：中华人民共和国国家统计局网站。

三、汇总

汇总就是根据调查研究的目的把分组后的数据汇集到有关表格中，并进行计算和加总，集中、系统地反映调查对象总体的数量特征。数据的汇总可以分为手工汇总和机械汇总。前者适用于数量较少、答案不易统一的资料；后者则适用于数量较大、答案比较整齐的资料。

（一）手工汇总

手工汇总的主要方法有以下几种。

1. 划记法

划记法也称点线法。就是在汇总表的相应组内，用点、线等符号标记统计数据出现频率的方法。这有些类似于我们民间很多情况下进行选举时划"正"字的计票方法。具体操作步骤是：首先制作汇总表，然后当标志值出现时就在相应的地方画上标记符号，最后对点、线进行计算，将结果填入统计表中。划记法手段简便，但点、线太多时则易出错漏。常用的点线记号有正、卌等。

2. 折叠法

折叠法即按照相同的项目或指标栏次，把调查表或初级统计报表一张一张地加以叠加，排列成一条线，然后对齐加总，得出汇总数字。这种方法简单易行，但表的份数太多，折叠太厚时则不便计算，而且出了差错也无从查找，须从头返工。

3. 分表法

分表法即按照汇总要求，将调查表分类，然后分别计算。一般来说，要对多少个项目进行汇总，就要分多少次表。这种方法，适用于汇总项目较少的表格，而且只能计算单位数。

4. 过录法

过录法即先将调查资料过录到预先设计的过录表或汇总表上，然后计算加总，得出各组及总体的单位数和标志值合计数的方法。这种方法计算简便，能防止遗漏和重复，不易出错。但过录工作量较大，一般在调查单位不多的调查情况下使用。

5. 卡片法

卡片法就是利用特制的摘录卡片进行分组汇总的方法。具体步骤包括：一是根据调查的内容和分组的需要设计卡片；二是将有关内容摘录到卡片上相应的空格内；三是分组计算，然后将计算的结果填入相应的统计表内。用卡片法汇总大规模专门调查资料时，比划记法准确，比折叠法和过录法简便，但如果调查资料不多，分组种类简单，则不必使用这种方法。

总体来讲，这五种汇总方法相比较，前三种方法较简单，但易出错漏；后两种方法准确程度较高，但费时较多。具体进行汇编时，调查者应根据对汇总的质量要求和主客观条件，选择恰当的方法。

（二）机械汇总

机械汇总指借助于一切机械来完成的汇总，当前，计算机汇总已成为机械汇总的代名词。机械汇总的主要方法如下。

1. 资料编码

资料编码是计算机汇总首先要做的工作，它是给每一问题或答案赋予一个数字作为其代码，即将资料的信息转化成数字代码的工作，如用"1"代表职业中的"工人"，"2"代表"农民"，"3"代表"教师"等。下面是一个资料转化为代码的例子：

编码

A1　你家有几口人　　　　　　　　　　　　　　　　　　　　　　A1　　［3］

　　1. 1口　2. 2口　3. 3口√

A2　你有无私家车：　　　　　　　　　　　　　　　　　　　　　A2　　［2］

　　1. 有　　2. 无√

A3　你有无房产：　　　　　　　　　　　　　　　　　　　　　　A3　　［1］

　　1. 有√　2. 无

A4　你家年收入：　　　　　　　　　　　　　　　　　　　　　　A4　　［2］

　　1. 2万元以下　2. 2万~5万元√　3. 5万~10万元

　　4. 10万~20万元　5. 20万元以上

A5　你认为自家的生活在当地处于什么水平？　　　　　　　　　A5　　［2］

　　1. 低　2. 中等偏下√　3. 中等　4. 中等偏上　5. 高

以上编码部分，［　］中的数字代表的是确切情况，如A1题的［3］指第三答案，代表3口人，A5题的［2］指第二答案，代表"中等偏下"。这些数码在定量研究中，就可以作为统计分析的依据。

许多编码工作是在设计问卷或调查提纲时就已做好的，但也有不少是在调查资料收集之后根据实际情况另行完成的。前者称为事先编码，后者称为事后编码。在编码完成后，资料信息即转化为可用于汇总、分析的数字信息。在此基础上，应制定一个编码簿，以便于这些资料的运用。

2. 资料录入

资料录入就是根据编码簿中所编制的代码，将数字信息输入计算机。传统的输入方式有二：一是将原始资料一份份直接输入，二是先将原始资料转录在登录卡上，再将登录卡输入计算机。前者速度慢，但差错率低；后者速度快，但可能会在转录时出错。目前有一种更便捷和更准确的输入方式，就是通过光学扫描仪进行的输入。光学扫描仪是一种可以判读记在特殊的编码纸上的铅笔标记，并把这些标记所表达的信息转换为数据文档的机器。在许多考试中，常常需要在扫描纸的A、B、C、D选项上涂上记号，再输入计算机进行评判。在社会调查研究中，也可以将编号的代码转移到光学扫描纸上，或者直接要求调查对象在光学扫描纸上做答，然后再将其送入计算机，得到最终的数据并进行整理。不过尽管扫描仪输入法比人工资料输入更准确且更快，但它仍然有一些缺点。有些编码者觉得将数据转换到编码纸上的这个过程很麻烦，密密麻麻的格子常常叫人眼花缭乱。而且，扫描仪对资料的要求很苛刻，如果铅笔记号划得不够黑，在判读的时候很容易出错，而且这些错误往往直到做分析的时候才能够发现，甚至有一些不能被发现，影响调查研究的结果。另外，被折过的扫描纸，机器是完全拒绝判读的。

现在，为了减少录入误差，也为了提高数字资料整理的效率，人们发明了许许多多专门用于资料整理的电脑软件，比较常用的有 ABtab，AIDA，A. STAT，BMDP，CRISP，DAISY，Data Desk，DATA-X，Dynacomp，INTER-STAT，MASS，Micro Case，Microquest，Microstat，Micro-SURVEY，Minitab，POINT FIVE，P-STAT，SAM，SAS，SNAP，SPSS，STATA，STAT80，Statgraf，Statpak，StatPro，STATS，PLUS，Statview，Survey Mate，SURVTAB，SYSTAT，TECPAC，等等。许多程序都提供了数据输入的接口，使用者只需要在相应的栏位中填入信息，就可以被程序所接受，进行资料整理工作了。特别值得一提的是，美国微软公司推出的 Office 办公软件，其中的 Excel 组件已成为目前应用最广泛的资料整理工具。相信随着信息技术的不断进步，资料整理工作将变得越来越轻松。

四、制作统计图表

经过了汇总的数字资料，一般要通过表格或图形的形式表现出来，最常见的方式就是统计表和统计图。统计表和统计图为社会调查得到的纷繁数据提供了一种相对直观的表现方式。

（一）统计表

统计表是以二维的表格表示变量间关系的一种形式。它的优点在于系统、完整、简明和集中。从广义上讲，统计调查过程中的调查表、汇总表、整理表、分析表以及公布统计资料所用的表，都可以归入统计表的范畴。我们这里所讲的统计表是指其狭义定义，即仅仅指记载汇总结果和公布统计资料的表格。

正式的统计表，一般由标题、标目、数字、表注等要素组成。标题，就是统计表的名称，位于表的顶端，简要说明统计内容；标目，分为横标目和纵标目，横标目写在表的左边，一般用来说明总体各组或各单位的标志，纵标目位于表的右上方，一般用来说明总体各组或各单位的指标，在统计表中，一般将横标目所在的一列称为主词，把纵标目和数字合称为宾词；数字，是统计表的主体，位于由横纵标目形成的二维空间中，用来说明总体各组或各成员有关指标的数量特征；表注，是对统计有关内容所作的说明。表10-2为统计表的一个示例。

表 10 – 2　2016 年分行业固定资产投资（不含农户）及其增长速度

行　　业	投资额（亿元）	比上年增长（%）
总计	596 501	8.1
农、林、牧、渔业	22 774	19.5
采矿业	10 320	– 20.4
制造业	187 836	4.2
电力、热力、燃气及水生产和供应业	29 736	11.3
建筑业	4 577	– 6.5
批发和零售业	17 939	– 4.0
交通运输、仓储和邮政业	53 628	9.5
住宿和餐饮业	5 947	– 8.6
信息传输、软件和信息技术服务业	6 319	14.5
金融业	1 310	– 4.2
房地产业[23]	135 284	6.8
租赁和商务服务业	12 316	30.5
科学研究和技术服务业	5 568	17.2
水利、环境和公共设施管理业	68 647	23.3
居民服务、修理和其他服务业	2 677	1.8
教育	9 324	20.7
卫生和社会工作	6 282	21.4
文化、体育和娱乐业	7 830	16.4
公共管理、社会保障和社会组织	8 188	4.3

资料来源：中华人民共和国国家统计局网站。

　　按照主词的结构，统计表可以分为简单表、分组表和复合表。

　　简单表是指主词未做任何分组的统计表。在简单表中，主词只列举总体各单位的名称，或只按地域、时间顺序排列。例如，以上表 10 – 2 就是只按行业不同排列的简单表。

　　分组表是指主词按一个标志分组的统计表。分组表可以揭示不同类型现象的数量特征，研究调查对象总体内部的结构，分析现象之间的相互关系。例如，表 10 – 3 就是按照社会群体类别这个标志分组的统计表。

表 10 - 3　我国城镇及农村居民收入及消费支出情况

时间	城镇居民收支		农村居民收支	
	城镇居民人均可支配收入（元）	城镇居民人均消费支出（元）	农村居民人均可支配收入（元）	农村居民人均消费支出（元）
2008 年	15 781	11 243	4 761	3 661
2009 年	17 175	12 265	5 153	3 994
2010 年	19 109	13 472	5 919	4 382
2011 年	21 810	15 160	6 977	5 221
2012 年	24 565	16 674	7 917	5 908
2013 年	26 467	18 488	9 430	7 485
2014 年	28 844	19 968	10 489	8 383
2015 年	31 195	21 392	11 422	9 223
2016 年	33 616	23 079	12 363	10 130

资料来源：中华人民共和国国家统计局网站。

复合表是指主词按两个或两个以上标志复合分组的统计表。复合表可以把多种标志综合起来，从不同角度反映社会现象的不同数量特征。

除按照主词分类外，统计表还可以按照宾词分为简单设计和复合设计。

宾词结构的简单设计，就是把宾词的各个指标平行地排列，如表 10 - 4 所示。

表 10 - 4　2014 年全国 15 岁及其以上人口的性别和婚姻状况抽样统计（节选部分地区）

项目	15 岁及其以上人口合计	性别		婚姻状况				
		男	女	未婚	初婚有配偶	再婚有配偶	离婚	丧偶
总计	934 935	474 125	460 810	188 708	665 734	15 023	14 778	50 692
北京	15 772	8 148	7 574	4 704	10 076	247	217	478
天津	10 793	5 316	5 477	2 077	7 868	142	188	515
河北	49 743	25 173	24 570	8 091	37 632	921	572	2 529
山西	25 247	13 006	12 241	5 141	18 307	390	300	1 109
内蒙古	17 782	9 222	8 560	3 075	13 217	367	286	839

资料来源：《中国人口统计年鉴 2014》。

宾词的复合设计，就是把宾词的各个指标结合起来相互重叠的设计，如表 10 - 5 所示。

表 10 - 5 2014 年全国 15 岁及其以上人口的性别和婚姻状况抽样统计（节选部分地区）

项目	15 岁及其以上人口合计	男					女				
		未婚	初婚有配偶	再婚有配偶	离婚	丧偶	未婚	初婚有配偶	再婚有配偶	离婚	丧偶
总计	934 935	111 561	330 964	7 175	8 595	15 830	77 147	334 770	7 848	6 183	34 862
北京	15 772	2 734	5 062	123	101	128	1 970	5 014	124	116	350
天津	10 793	1 041	3 959	69	90	157	1 037	3 909	73	99	359
河北	49 743	4 744	18 752	441	385	851	3 346	18 880	480	187	1677
山西	25 247	2 957	9 323	182	199	346	2 184	8 984	209	101	763
内蒙古	17 782	1 874	6 720	176	183	269	1 201	6 497	191	103	568

资料来源：《中国人口统计年鉴 2014》。

从以上两表可以看出，简单设计的指标栏数是相加的关系，如表 10 - 4 中，性别 2 栏 + 婚姻状况 5 栏 = 7 栏；复合设计的栏数是相乘关系，如表 10 - 5 中，性别 2 栏 × 婚姻状况 5 栏 = 10 栏。因此，在复合设计中，设计不宜过于复杂，以免工作量太大，并影响统计表的可读性。

另外，在制作统计表的时候，还应该注意以下几个问题。

第一，标题文字尽量简单明了，能说明问题即可。

第二，表的外边框画粗线，内部分隔线画细线，左右两端一般应为开口式。

第三，标目的概念要明确，排列要有一定的逻辑顺序。一般顺序为先局部后整体，但如果局部项目较多时，亦可先排合计。栏数较多的时候，应考虑给栏目按其相互关系编号。

第四，数字应当填写整齐、规范，对准数位。当上下数字相同时，不应用"同上"或者"~"等符号代替，而应当填写具体数值。

第五，标注应当简明扼要，而且应该写在正确的位置，不能与数字混在一起。

第六，当统计表换页时，标目应当按原样列出。

（二）统计图

统计图是表现数字资料对比关系的一种重要形式。它的主要优点是形象生动、直观，具有较大的吸引力和说服力。不过，统计图其实更侧重于反映总体中各个部分之间的比较，但是在对某一个个体的指标数据的表现上，并没有什么优势，在一般情况下，甚至并不将个体的统计数值反映出来。

统计图采用图的形式来表示数间的对比关系，其形式是多种多样的，就最常见的形式来说，可以分为三大类：几何图、象形图和统计地图。

几何图是利用点、线、面来表示统计资料的图形，如图 10 - 1 所示。它包括条形图、平面图、曲线图、饼状图等。

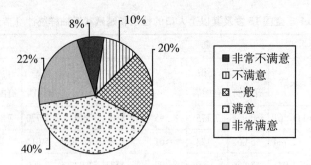

图 10 - 1　某高校学生对食堂满意度的饼状图

象形图就是按照调查对象本身的实物形象来表示统计资料的图形，常见的有长度象形图和单位象形图两种。如图 10 - 2 就是一个单位象形图。

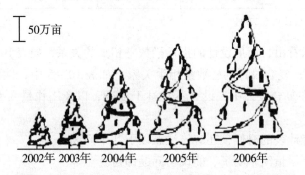

图 10 - 2　某地区 2002—2006 年植树造林单位象形图

统计地图就是以地图为底景，用线纹或象形图来表现统计资料在地域上分布状况的图形，如图 10 - 3 所示。常用的统计地图有底纹统计地图和象形统计地图两种。

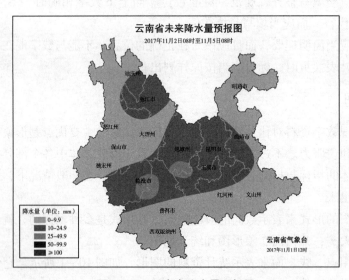

图 10 - 3　云南省降水量预报图

这些统计图在人们的日常生活中都很常见。传统的手工制图方法较为烦琐，费时费力。但目前在计算机上普遍安装的 Office 家族中的 Excel，就拥有丰富的图表制作功能，我们可以利用它制作出很好的统计图表。

在绘制统计图时，应该遵守以下的基本要求。

第一，要根据绘图的目的和资料本身的特性选取合适的图形，并不是每一种图形都能够很好地表现每一种数据资料。

第二，图示的内容要简明扼要，突出重点，标题、数字单位等都应简明清晰，一目了然。

第三，图形的设计要科学、准确。必须依据准确的资料进行加工和计算，做到图示准确，数据分明，表现真实。

第四，绘制的图形要美观、大方、生动、鲜明。

以上简要介绍了有关资料整理的基本知识和基本方法。必须指出，资料整理工作既不可能一蹴而就，也不可能尽善尽美。由于在资料填写、分类、摘录，以及在利用现代化设备进行的资料扫描、存储过程中，都很可能会发生错误，因此，在将整理过的资料实际用于分析研究之前，调查者仍有必要对它们进行最后的检验。这一工作与资料集中整理阶段进行的审查，其目的是不一样的，它主要是排除资料中遗留的和在资料整理过程中新产生的一些错误。只有经过了这一步骤，才能转入社会调查研究的资料分析阶段。

本章小结

所谓资料整理主要是指对文字资料和对数字资料的整理。它是根据调查研究的目的，运用科学的方法，对调查所获得的资料进行审查、检验，分类、汇总等初步加工，使之系统化和条理化，并以集中、简明的方式反映调查对象总体情况的过程。资料整理是资料研究的重要基础，是提高调查资料质量和使用价值的必要步骤，是保存资料的客观要求。资料整理的原则是真实性、合格性、准确性、完整性、系统性、统一性、简明性和新颖性。

在社会调查研究中，定性资料基本上都是文字资料，因此一般也把文字资料整理称作定性资料整理。由于文字资料在来源上存在差异，所以其整理方法也略有不同。但是，通常情况下可划分为审查、分类和汇编三个基本步骤。对于文字资料的审查，主要解决其真实性、准确性和适用性问题。对于文字资料的分类，就是将资料分门别类，使得繁杂的资料条理化、系统化，为找出规律性的联系提供依据。分类的方法有两种，即前分类和后分类。对于文字资料的汇编，主要是指根据调查研究的实际要求，对分类完成之后的资料进行汇总、编辑，使之成为能反映调查对象客观情况的系统、完整的材料。

数据资料是调查研究中定量分析的依据，因此数据资料的整理也叫定量资料的整理。在资料的整理阶段，为了便于得出正确的调查结论，需要对数据资料做进一步的处理，其一般程序包括数字资料检验、分组、汇总和制作统计表或统计图几个阶段。检验，主要是对数字资料的完整性和正确性进行检验，以确保更加准确的研究结果。分组就是把调查的数据按照一定的标志划分为不同的组成部分。汇总就是根据调查研究目的把分组后的数据汇集到有关表格中，并进行计算和加总，集中、系统地反映调查对象总体的数量特征。数据的汇总可以分为手工汇总和机械汇总。经过了汇总的数字资料，一般要通过表格或图形表现出来，最常见的方式就是统计表和统计图。

　　为保证调查研究的质量，调查者在将整理过的资料实际用于分析研究之前，仍有必要对它们进行最后的检验。

💠 思考题

1. 什么是资料整理？资料整理有何作用和意义？
2. 简述资料整理的原则。
3. 如何整理文字资料？
4. 如何整理数字资料？
5. 怎样进行数字资料的汇总？

第十一章　资料分析

🔲 本章提要

资料分析是对调查资料加工的最后工序，也是调查研究总结的重要前提。本章介绍了资料分析的类型，并重点说明了统计分析中相对指标分析、集中量数和离中量数分析、因素分析、动态分析等描述性分析，以及相关和回归分析、抽样推断分析、预测分析、综合评价分析等推论性分析的方法，阐述了资料定性分析的内容，介绍了资料理论分析的几种主要方法。另外，还对计算机统计分析作了简要说明。

🔲 学习要求

1. 了解：各种统计分析、资料定性分析和理论分析的一般内容；以 SPSS 为代表的计算机统计方法。
2. 掌握：资料分析的主要途径；统计分析、定性分析和理论分析的概念；各种分析的方法。

　　资料分析是运用科学的逻辑思维方法对社会调查所获得资料进行研究、判断和推测，以揭示社会事物或现象的性质、特征与规律的过程。一般认为它包括三方面内容，即定性分析、定量分析和理论分析。定性分析是对调查资料所反映的社会事物或现象的性质的分析方法，着重于确定研究对象具有哪种性质及特征。理论分析是对调查资料进行系统化的理性认识的分析方法，着重于对感性资料的理论升华与总结，揭示社会事物或现象的本质及规律。定量分析也叫统计分析，是运用统计学原理对资料进行定量的研究、判断和推测，以揭示事物内部数量关系及其变化规律的分析方法。

　　传统的资料分析主要是定性分析和理论分析，直至今天，这两种分析仍然发挥着重要的作用。但当前最流行和最受重视的是定量分析即统计分析。统计分析也是最复杂的资料分析。它按照性质可以分为两类，一类是对初步整理后的数据进行数学分析，并用统计量对这些资料进行描述，被称为描述性分析；另一类是在随机抽样调查的基础上，根据样本及相关资料，对总体进行推断，被称为推论性分析。统计分析按照涉及变量的多少，又可以分为单变量分析、双变量分析和多变量分析三类。资料分析中常见的相对指标分析、集中量数和离中量数分析、因素分析、动态分析等都属于描述性分析，其中集中量数和离中量数分析以及动态分析主要是单变量分析，相对指标分析和因素分析主要是双变量分析、多变量分析；相关和回归分析、抽样推断分析、预测分析、综合评价分析等都属于推论性分析，它们一般是双变量分析或多变量分析。

第一节　相对指标统计分析

相对指标，是指通过对比的方法，得到的表明事物之间相对关系的一些被量化的指标。它常常反映出的是两种或两种以上事物的关系。相对指标抽象掉了事物之间的差异，不受总体规模等外在因素的影响。科学地运用相对指标分析，可以更加客观反映出现象间的本质联系及其发展规律。

理论上讲，相对指标可以有无限种，即我们可以在无限多的变量之间建立其相对关系。常用的相对指标可以分为计划完成率、结构相对指标、比较相对指标、比率相对指标、动态相对指标和强度相对指标等几种类型。

一、计划完成率

计划完成率是指一定时期的实际完成数和计划完成数之比，其基本计算公式为：

$$计划完成率（\%）= \frac{实际完成数}{计划完成数} \times 100\%$$

例如：某人做徒步长途旅行，计划每天行走 50 千米，实际每天行走 55 千米，则其计划完成率为：$\frac{55}{50} \times 100\% = 110\%$。

有时候，计划任务和实际完成量是以总量的百分数来表示的，那么在计算的时候，就可以直接使用百分数进行计算。比如：某地计划当年使当地 80% 的贫困户脱贫，年末实际只有 75% 的贫困户脱贫，则其计划完成率为 $\frac{75\%}{80\%} \times 100\% = 93.8\%$。有时候，实际和计划完成的量并不直接表现为数量或百分比的形式，而是需要通过未完成量的计算得到，则需要计算出实际和计划完成的量或者百分比，再计算计划完成率。例如：某地区计划 2004 年使生活在贫困线以下的人口降低 5%，但是由于自然灾害，只降低了 4%，则计划完成率为 $\frac{100\% - 4\%}{100\% - 5\%} \times 100\% = 101.05\%$。这是一个逆指标，所以实际上反映出工作还有 1.05% 没有完成。

　　在实际工作中，我们常常需要计算五年计划完成率等这样以一段时期为单位的完成率。计算五年计划完成率一般采用水平法，求得五年计划最后一年实际达到的水平与该年计划水平之比完成率，即五年计划完成率。如果计算五年计划提前完成时间，则从计划期间任何一年的任何一月算起，连续累计12个月的完成数，若这个累计数达到了五年计划最后一年规定达到的水平，则五年计划至此已经完成，余下的时间就是五年计划提前完成的时间。

二、结构相对指标分析

　　结构是指事物内部诸要素所固有的相对稳定的组织方式。所谓结构相对指标，是指利用分组的方法，将总体按照某些性质分成几组，以某部分的数值与总体数值进行对比，求得该部分的比重或比率，以反映总体的内部组成状况。

　　结构相对指标的基本计算公式为：

$$结构相对指标(\%) = \frac{总体部分数值}{总体全部数值} \times 100\%$$

　　例如，某村由于"重男轻女"的思想，三年来，男女新生儿比例严重失调，三岁以下的男婴共有46人，但女婴仅有4人，则该村男婴的相对结构指标为$\frac{46}{46+4}=92\%$。

　　结构相对指标的价值并不在于其本身，而在于在动态的发展过程中所体现出的结构相对指标的变化。因此，对于结构相对指标，我们常常对其做进一步的分析，这些分析方法包括频数分析，结构变动相对值分析和结构变动绝对值分析。

　　1. 频数分析和成数分析

　　频数是指分布在各组中的个体数量。比如，一个试验组由10位同学组成，他们的年龄分别是12，10，13，12，12，13，15，8，13，15，则12岁的同学有3位，其频数为3，13岁的频数为3，15岁的频数为2，10岁的频数为1，8岁的频数为1。用频数表示结果的分析方法也称频数分析。

　　有时，分布在各组中的个体数量不是整数，需四舍五入或做其他处理，则常使用成数计算方法。成数是以10%为单位的相对数，表示的也是具有某种特征的个体在总体中的比重或出现频次，比如，上面的例子中，15岁的同学有两人，为总体的20%，我们即称15岁的同学占"两成"。用成数表示结果的分析方法也称成数分析。用成数表示个体所占的比重，增强了直观性，但降低了精确度，因此在具体工作中要酌情使用。

　　2. 结构变动相对值分析

　　结构变动相对值分析主要是对不同时期或状态下，结构相对指标的变化方向和变化幅度进行分析。举例如表11-1所示。

表 11 -1　三大产业在国内生产总值所占比重对比表

年份	国民生产总值（亿元）	第一产业比重	第二产业比重	第三产业比重
2004	159 878	13.39%	46.23%	40.38%
2014	636 139	9.17%	42.72%	48.11%

（数据来源：国家统计局）。

　　从表 11 -1 的分析中我们看到，在从 2004 年到 2014 年的 10 年时间里，第一产业在国民生产总值中所占比重大为下降，由 13.39% 降为 2015 年的 9.17%，降幅约 31.52%；第二产业的所占比重也由 46.23% 降为 42.72%，降幅约 7.76%；第三产业的所占比重则由 40.38% 升为 48.11%，升幅约 19%。

　　3. 结构变动绝对值分析

　　结构变动绝对值分析主要是通过计算结构变动绝对值，对不同时期或状态下，结构相对指标的变化幅度进行分析和对比。

　　结构变动绝对值，就是对各组的不同结构变化相对值之差取绝对值所得到的数值。将各部分的结构变动绝对值相加，就得到总体结构变化绝对值，用公式可表示为：

$$K_d = \sum | d_i - d_j |$$

其中，K_d 就是结构变动绝对值，d_i 和 d_j 分别是报告期和对比期的结构相对值。以表 11 -1 为例，计算 2014 年和 2004 年第一、二、三产业结构变动绝对值如下：

$$K_d = | 9.17 - 13.39 | + | 42.72 - 46.23 | + | 48.11 - 40.38 |$$

　　通过计算，我们可以得到如表 11 -2 所示数据：

表 11 -2　三大产业结构变动绝对值对比表

产　业	2004 年比重（d_i）	2014 年比重（d_j）	结构变动绝对值 $| d_i - d_j |$
第一产业	13.39	9.17	4.22
第二产业	46.23	42.72	3.51
第三产业	40.38	48.11	7.73
合　计	100.0	100.0	15.46

　　由此可知，在这十年中，三大产业在国内生产总值中所占比例变化最大的是第三产业，其结构变化绝对值为 7.73，约占总变动值的 50%。

三、比较相对指标分析

比较相对指标是在同一时期，同类现象在不同空间上的对比结果。比较相对指标的一般计算公式为：

$$比较相对指标(\%) = \frac{某空间的某类指标数值}{另一空间的同类指标数值} \times 100\%$$

比较相对指标主要用于对现象进行横向比较，可以揭示出平行的各组之间的不平衡因素。比如，通过两地区同一年的产值的对比关系，揭示两地区的经济力量差距。

比较相对指标可以用百分数表示，也可以用倍数表示。

例如，表 11 - 3 调查了 2016 年我国部分省市互联网从业人员数量：

表 11 - 3 2016 年我国部分省市互联网从业人员数量

地 区	北京	上海	天津	重庆	河北	山西	内蒙古
数量（万人）	417.8	132.1	21.5	56.6	15.3	6.5	2.6

数据来源：国家统计局中国统计年鉴。

从表 11 - 3 中我们可以看出，就互联网从业人员数量而言，北京对于山西的比较相对指标为：$\frac{417.8}{6.5} \times 100\% \approx 64.28\%$，或者我们也可以用倍数表示，说北京的互联网从业人员数量约为山西的 64 倍。

如上例所示，在大多数社会调查中，两个指标都是不能够整除的。对于这种情况，如果要用整数倍数表示比较相对指标，则一般取原值的近似值。关于近似值有很多种，包括四舍五入、取整、舍小数等，采取哪种方法应依照实际要求而定，但关键是要保证选择标准的统一。

四、比率相对指标分析

比率相对指标是同一时期总体内部各组成部分指标数值之间的对比结果，用以反映总体内各部分之间的数量联系程度和比率关系。比率相对指标的计算公式如下：

$$比率相对指标 = \frac{总体中某一部分数值}{总体中另一部分数值}$$

例如，图 11 - 1 反映的是 2013 年 12 月至 2014 年 6 月我国网民上网设备使用情况：

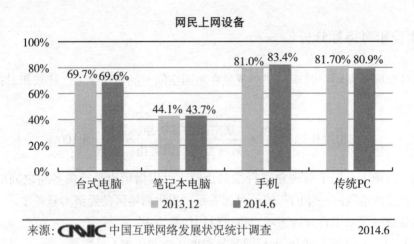

图 11 – 1　网民上网设备使用调查图

（数据来源：CNNIC 第 34 次调查报告：网民规模与结构特征）

通过以上数据我们可以得到，至 2014 年 6 月，手机已是当时网民主要采用的上网设备，它相对于台式电脑用户数的比率相对指标为：$\dfrac{83.4}{69.6} \times 100\% \approx 1.20\%$，或者说采用拨号上网方式的用户是专线上网用户的大约 1.2 倍。

五、动态相对指标分析

动态相对指标是同一空间同类指标数值在不同时期内比较的数值。其基本计算公式为：

$$动态相对指标(\%) = \frac{末期指标数值}{初期指标数值} \times 100\%$$

动态相对指标也称为发展速度，主要用于对现象进行纵向比较分析，用以反映现象的变化方向和程度。动态相对指标的结果也同样可以使用百分数和倍数两种方法进行表示。例如，2001 年中国钢铁产量达到 1.262 8 亿吨，到了 2004 年增至 2.728 0 亿吨。则这三年间的动态相对指标为：$\dfrac{2.728\ 0}{1.262\ 8} \times 100\% = 216.03\%$，即 2004 年钢铁产量是 2001 年的 2.16 倍。

六、强度相对指标分析

强度相对指标是两个有联系的总体总量数值对比的结果，其基本计算公式为：

$$强度相对指标 = \frac{某一现象的指标数值}{另一有联系现象的指标数值}$$

强度相对指标主要用以表明现象的强度、密度及程度，是我们常见到的一类指标，在各门学科中都有广泛应用。比如，物理中的速度，就是表明距离和时间之间相对关系的强度相对指标。

在社会学研究之中，我们利用强度相对指标可以表示人口密度，人均产品产量，以及与居民生活、工农业生产密切相关的社会基础设施的服务强度等指标，可以用来反映一个国家或地区的经济实力和社会发展程度。

例如，2002 年我国粮食总产量为 4.571 亿吨，同年我国人口约为 12.845 3 亿人[①]，则得到强度相对指标：

$$人均粮食产量 = \frac{45\ 710\ （万吨）}{128\ 453\ （万人）} = 0.355\ 8\ （吨）$$

强度相对指标大多用复名数表示，如上例中的"千克/人"等。也有用百分数、千分数表示的，如商业部门的费用率等。

第二节　集中量数和离中量数统计分析

集中量数分析和离中量数分析是描述性统计分析中的两种重要分析方法，属于单变量分析。它们可以反映出各调查单位在分布上的很多特征。

一、集中量数分析

集中量数又称集中程度或集中趋势，是从一组数据中抽象出的表明现象之共性和平均水平的代表值。它具有同质性、抽象性、代表性和集中性的特点，是在进行社会学研究时一项重要的指标。事物总体中的各部分、各成员的标志值都是有差异的，但又都是以一个代表值为中心上下波动的，只不过波动幅度有大有小。所以，可以说集中量数是事物发展变化的运动中心，各单位的标志值或多或少都有接近它的趋势。集中量数不仅能够反映出各部分的集中趋势和一般水平，而且能够对不同时间、空间的同类现象进行比较，还能够分析某些社会现象之间的相互关系。常用的集中量数有平均数、中位数与众数。

（一）平均数

平均数指一组数据的平均值，主要有以下几种：

1. 算术平均数

算术平均数是我们常见的一种平均数，它是用总体各单位指标值除以总体单位数，得到

---

① 数据来源：http://www.chinafortune.com。

的商。用公式表示为：

$$算术平均数 = \frac{总体各单位标志值之和}{总体单位数}$$

根据对资料整理的程度不同，我们可以使用简单加和法和加权法来求得算术平均数。

如果还没有对资料进行分组，则在计算算术平均数时，一般直接将各单位的标志值相加求得标志值之和，再用它除以总的单位数。我们称这种方法为简单加和法，用公式可以表示为：

$$\bar{x} = \frac{x_1 + x_2 + x_3 + \cdots + x_n}{n} = \frac{\sum X_i}{n}$$

其中，$\bar{x}$ 是各值的算术平均数，x_1，x_2，x_3，$\cdots$，x_n 分别为各个标志值，n 是总的单位个数。

如果已经对资料进行了分组，那么我们则可以使用加权法来计算算术平均数。加权法是将各个存在的标志值与其在总体中出现的频率相乘，然后将所有得到的积相加。用公式可以表示为：

$$\bar{x} = \frac{x_1 \times f_1 + x_2 \times f_2 + \cdots + x_n \times f_n}{f_1 + f_2 + \cdots + f_n}$$

例如，表 11 - 4 为一个美术培训班 20 个学生的年龄分组数据：

表 11 - 4　美术培训班 20 个学生的年龄分组数据

年龄	14	15	16	17	18	19
人数	6	3	5	2	3	1

则这个培训班的平均年龄为：

$$X = \frac{14 \times 6 + 15 \times 3 + 16 \times 5 + 17 \times 2 + 18 \times 3 + 19}{6 + 3 + 5 + 2 + 3 + 1}$$

$$= \frac{326}{20} = 16.3 （岁）$$

当上式中的权数是部分对于 1（整体）的相对数，即用百分数表达的时候，由于总体是 1，所以上式可以直接简化为分别用各标志值与其相应的权数（百分数）相乘，然后把得到的各个乘积相加即可。

另外，以上的例子中，资料是按照单项值分组的，如果在实际工作中遇到按照组距进行分组的例子，在计算时则首先应该计算能够代表各组的中位数，然后再与相应的权数相乘。有关中位数的计算我们将在下面的部分讲到。

2. 调和平均数

受调查条件、资料的限制，我们只掌握了标志值和标志总量，但是没有能够掌握总体单位数，不能直接进行求算术平均数的计算，这时我们就需要根据调和平均数的计算方法计算其调和平均数。

调和平均数的计算公式为：

$$H = \frac{\sum m_i}{\sum \dfrac{m_i}{x_i}}$$

其中，H 是调和平均数，m_i 是各个标志总量，x_i 是各个标志值。

调和平均数实际上与算术平均数是一致的，式中的 $\dfrac{m_i}{x}$ 实际上就是算术平均数公式中的权数。

3. 几何平均数

几何平均数是 N 个标志值的乘积的 N 次方根。一般公式为：

$$G = \sqrt[n]{x_1, x_2, \cdots x_n}$$

其中，G 就是几何平均数，x_1，x_2，$\cdots$，x_n 为各个变量标志值，n 为变量值的个数。

式中开高次方根的运算可以使用科学计算器进行计算，在没有科学计算器的情况下，也可以使用对数的有关知识，简化计算过程：

$$\lg G = \frac{\lg x_1 + \lg x_2 + \cdots + \lg x_n}{n} = \frac{\sum_{i=1}^{n} \lg x_1}{n}$$

通过上式计算出 $\lg G$ 的值，然后查反对数表，便可求出 G 值。

同样，根据资料整理程度的不同，计算几何平均数也可以视情况使用简单计算法和加权法。

（二）中位数

将总体各单位的标志值按照大小关系进行排序后，我们把居于中间的那个数值，称为中位数。

中位数是平均数的一种表现形式，中位数的计算方法，视其资料是否分组而定。

对于未分组的资料，计算中卫数的方法是：先将所有 N 个单位按照其标志值大小顺序或逆序排列，然后确定其中位数的位置。当 N 是奇数的时候，中位数就是第 $\dfrac{N+1}{2}$ 个数。例如：1，3，5，6，8，12，15 的中位数是 6。当 N 为偶数时，则中位数是第 $\dfrac{N}{2}$ 和第 $\dfrac{N+2}{2}$ 个偶数的算术平均数。例如：1，3，5，6，8，12，15，19 的中位数是 7。

如果资料已经分组（设各组按照增序排列组），则求中位数的方法是：首先按照公式 $\dfrac{\sum f_i}{2}$ 计算出中位数所在的组，然后应用下面的上限或者下限计算公式，计算出中位数的具体数值。

下限公式：$M_e = L + \dfrac{\left(\dfrac{\sum f}{2} - S_{m-1}\right) \times i}{f_m}$

上限公式：$M_e = U + \dfrac{\left(\dfrac{\sum f}{2} - S_{m+1}\right) \times i}{f_m}$

其中，M_e 就是中位数；

　　　L 是中位数所在组的下限；

　　　U 是中位数所在组的上限；

　　　f_m 是中位数所在组的标志值个数；

　　　S_{m-1} 是中位数所在组以下的累计标志值个数（不含该组）；

　　　S_{m+1} 是中位数所在组以上的累积标志值个数（不含该组）；

　　　$\sum f$ 是全体标志值的总个数；

　　　i 是中位数所在组的组距。

以上两个公式对于同一资料的计算结果应该是一致的。

下面举例说明：

表 11 – 5 为某地区 2016 年对辖区内的 165 家企业的调查数据：

表 11 – 5　某地区 2016 年辖区内 165 家企业的调查数据

年销售额（万元）	500 ~ 1 000	1 000 ~ 1 500	1 500 ~ 2 000	2 000 ~ 2 500	2 500 以上
企业数量（个）	25	43	52	39	6

计算该地区 2004 年企业销售额的中位数，分析后我们得到如表 11 – 6 所示的数据：

表 11 – 6　某地区 2016 年 165 家企业销售额的中位数统计

年销售额（万元）	企业个数（个）	以上的企业个数（个）	以下的企业个数（个）
500 ~ 1 000	25	0	140
1 000 ~ 1 500	43	25	97
1 500 ~ 2 000	52	68	45
2 000 ~ 2 500	39	120	6
2 500 以上	6	159	0
合　计	165	—	—

$\dfrac{\sum f}{2} = \dfrac{165}{2} = 82.5$，在 1 500 ~ 2 000 这个范围之内，对应公式中的量，$L = 1\,500$，$U = 2\,000$，$f_m = 52$，$S_{m-1} = 45$，$S_{m+1} = 68$，$\sum f = 165$，$i = 500$。根据公式，得到：

下限公式：$M_e = 1\,500 + (82.5 - 45) \times \dfrac{500}{52} = 1\,860.58$

上限公式：$M_e = 2\,000 - (82.5 - 68) \times \dfrac{500}{52} = 1\,860.58$

得到，该地区 2016 年 165 家企业销售额的中位数是 1 860.58（万元）。

（三）众数

顾名思义，众数就是指在总体中出现次数最多的那一个标志值。

众数的计算方法，根据在资料整理时采用的分组方法不同而异。

对于采用单项分组的资料，可以使用直接观察法确定其众数，成员最多的那一项对应的标志值，就是我们要求的众数。

对于采用组距分组的资料，首先确定出现次数最多的一组为众数组，然后再根据下面的上限和下限公式计算出具体数值：

下限公式：$M_0 = L + \dfrac{\Delta_1 \times i}{\Delta_1 + \Delta_2}$　　　上限公式：$M_0 = U - \dfrac{\Delta_2 \times i}{\Delta_1 + \Delta_2}$

其中，M_0 就是众数；

　　　　L 是众数组下限；

　　　　U 是众数组上限；

　　　　Δ_1 是众数组标志值个数与前一组标志值个数之差；

　　　　Δ_2 是众数组标志值个数与后一组标志值个数之差；

　　　　i 为众数组组距。

我们仍然以上面计算中位数时用的某地区 2004 年辖区内的 165 家企业销售额的数据为例，计算这 165 家企业的众数。

出现次数最多的一组仍然是 1 500 ~ 2 000 组，我们就把它作为众数组。对应公式中的量，有：$L = 1\,500$，$U = 2\,000$，$\Delta_1 = 52 - 43 = 9$，$\Delta_2 = 52 - 39 = 13$，$i = 500$。根据公式，得到：

下限公式：$M_0 = 1\,500 + 9 \times \dfrac{500}{9 + 13} = 1\,704.55$

上限公式：$M_0 = 2\,000 - 13 \times \dfrac{500}{9 + 13} = 1\,704.55$

得到，这 165 家企业 2004 年销售额的众数是 1 704.55（万元）。

二、离中量数分析

离中量数又称离散程度或离中趋势，它是用以概括描述数据间差异程度的统计指标，主要是说明各单位标志值的差异性。前述集中量数的优点是抽象掉了原始数据之间的差异，将其表示为一个代表一般水平的数值，它告诉我们的是如何估计与预测总体，而离中量数则告诉我们这一估计与预测的误差大小。因此，二者可以互相补充。下面是几种常见的离中量数。

（一）极差

极差是指一个数列中两个极值之差。用公式可表示为：

$$极差 = 最大标志值 - 最小标志值$$

例如：一个班的男同学，最高的是 1.83 米，最矮的是 1.61 米，则其身高的极差就是 1.83 - 1.61 = 0.22（米）。

上例中，通过计算极差，我们可以得到该班男同学身高的分布在 1.61 到 1.83 米之间的 0.22 米上，是对平均值的重要补充。在实际研究之中，我们可以通过极差反映出标志值的稳定性。

（二）标准差

标准差又称均方差，它的计算方法是先求出各标志值的平均值，再求出各标志值与平均值差的平方，最后求出各平方值的算术平均数的算术平方根。用一般计算公式可以表示为：

$$'\sigma = \sqrt{\frac{\sum_{i=1}^{n}(x_i - \bar{x})^2}{n}}$$

其中，σ 就是标准差；

　　x 是变量值；

　　$\bar{x}$ 是所有变量的算术平均数；

　　n 是变量的个数。

例如，表 11 - 7 为某学校高三班随机抽取的五名学生的身高统计：

表 11 - 7　某学校高三班随机抽取的五名学生的身高统计

序号	1	2	3	4	5
身高（厘米）	178	172	171	167	172

计算其身高的标准差，得到：

$$\bar{x} = \frac{178 + 174 + 171 + 168 + 172}{5} = \frac{860}{5} = 174$$

身高平均数为：

$$\sigma = \sqrt{\frac{(178 - 174)^2 + (172 - 174)^2 + (171 - 174)^2 + (167 - 174)^2 + (172 - 174)^2}{5}}$$

$$= \sqrt{8.4}$$

$$= 2.90$$

由此得到，该组身高的标准差是 2.90 （厘米）。

对于以分组的数据，和前面一样，我们还可以使用加权法计算其标准差。一般计算公式为：

$$\sigma = \sqrt{\frac{\sum\limits_{i=1}^{k}\left[(x_i - \bar{x})^2 f_i\right]}{n}}$$

其中，f_i 是权数。

这里有一种情况需要注意，就是当数据是按组距分组，而不是按照变量分组的时候，公式中的 $\bar{x}$ 可以取该组数据的组中数，也就是改组上限与下限的算术平均数。对于最后一组的数据，我们则是在其基础上加上或者减去其他组组距的一半。

我们仍然以上一节计算中位数和众数时使用的那 165 个企业的年销售额的数据为例，计算它们的平均年销售额。对数据进行归纳，我们得到如表 11 – 8 所示的数据：

表 11 – 8　某地区 2016 年 165 家企业平均年销售额统计

年销售额（万元）	组中数（x）	企业数量（f）	xf	$(x-x')^2 f$
500 ~ 1 000	750	25	18 750	25 000 000
1 000 ~ 1 500	1 250	43	53 750	1 750 000
1 500 ~ 2 000	1 750	52	91 000	0
2 000 ~ 2 500	2 250	39	87 750	9 750 000
2 500 以上	2 750	6	16 500	6 000 000
合　计	—	165	267 750	42 500 000

根据公式，上面企业的标准差为：

$$\sigma = \frac{42\,500\,000^{\frac{1}{2}}}{165} = 507.52$$

所以，上面 165 个企业年营业额的标准差为 507. 52（万元）。

（三）标准差系数

前面我们介绍的标准差，其大小除了受到标志值变动幅度的影响外，还会受到标志值本身大小的影响，这在某些情况下给我们的调查带来不便。为了消除标志值本身对标准差的影响，我们引入标准差系数的概念。

标准差系数，是标志值数列的标准差与其平均数的比值，我们常常用百分数表示，所以可用公式表示为：

$$V_\sigma = \frac{\sigma}{x'} \times 100\%$$

其中，V_σ 就是标准差系数，σ 是标准差，x' 是标志值的算术平均数。

例如，前文表 11 - 7 中五个学生的标准差为：

$$V_\sigma = \frac{2.90}{174} \times 100\% = 1.7\%$$

第二个例子中 165 个企业的标准差系数为：

$$V_\sigma = \frac{507.52}{1\ 750} \times 100\% = 29\%$$

（四）四分位差

将一列标准值按其大小排序后，切分为数目相等的四个段落，我们称其中起分割作用的三个数为四分位数。第一个四分位数 Q_1 将最初 25% 的数据区分出来；第二个四分位数 Q_2 一般为中位数，区分出第二段 25% 的数据；第三个四分位数 Q_3 区分出第三段 25% 的数据和最后 25% 的数据。我们在上述数据序列中舍去最前面 25% 的数据和最后 25% 的数据，只就中间两个 25% 共计 50% 的数据求极差，我们称其为四分位差。

四分位差的具体求法，视资料是否分组而定。对于未进行分组的资料，计算四分位差的一般公式为：

$$Q = Q_3 - Q_1$$

上式中 Q_1 和 Q_3 的具体位置可按照下面的公式求得：

$$Q_1 \text{ 的位置} = \frac{N}{4}; \quad Q_3 \text{ 的位置} = \frac{3N}{4}$$

其中，N 为全部变量的个数。

例如：某工厂车间 87 个工人的文化程度如表 11 - 9 所示：

表 11 –9 某工厂车间 87 个工人的文化程度

文化程度	人数	累计
文盲	6	6
半文盲	11	17
小学	30	47
初中	20	67
高中	20	87
合　计	87	—

$$Q_3 \text{ 的位置} = \frac{3N}{4} = 65.25 \text{ 向上取整为 } 66$$

$$Q_1 \text{ 的位置} = \frac{N}{4} = 21.75 \approx 22$$

第 66 个值的位置在初中组内，第 22 个组内在小学组内，则：

$$\text{四分位差 } Q = Q_3 - Q_1 = 66 - 22 = 44$$

这说明 87 个工人中有一半文化程度在小学到初中之间。

对于已经分组的资料，计算四分位差的公式如下：

$$Q = \frac{Q_3 - Q_1}{2}$$

首先可以按照下面的公式计算出 Q_1 和 Q_2 所在的位置：

$$Q_1 \text{ 的位置} = \frac{N}{4} \qquad Q_3 \text{ 的位置} = \frac{3N}{4}$$

然后计算 Q_1 和 Q_3：

$$Q_1 = L_1 + \frac{\frac{N}{4} - cf_1}{f_1} \times W_1$$

$$Q_3 = L_3 + \frac{\frac{3N}{4} - cf_3}{f_3} \times W_3$$

式中 L_1 为 Q_1 所在组的真实下限，L_3 为 Q_3 所在组的真实下限，f_1 为 Q_1 所在组的次数，f_3 为 Q_3 所在组的次数，cf_1 为 Q_1 所在组以下的累积次数，cf_3 为 Q_3 所在组以下的累积次数，W_1 为 Q_1 所在组的组距，W_3 为 Q_3 所在组的组距，n 为全部变量的个数。

例如，某社区 1 000 个家庭月薪情况如表 11 – 10 所示：

表 11 − 10　某社区 1 000 个家庭月薪情况

月　薪	户数（户）	累计（户）
500 以下	100	100
500 ~ 1 000	200	300
1 000 ~ 2 000	400	700
2 000 ~ 5 000	200	900
5 000 ~ 10 000	70	970
10 000 以上	30	1 000
合　计	1 000	—

$$Q_1 \text{ 的位置} = \frac{n}{4} = \frac{1\ 000}{4} = 250$$

$$Q_3 = \frac{3n}{4} = 3 \times \frac{1\ 000}{4} = 750$$

于是可知 Q_1 和 Q_3 分别落在 500 ~ 1 000 和 2 000 ~ 5 000 区间内，得：

$$Q_1 = 500 + \frac{250 - 100}{200} \times 500 = 875$$

$$Q_3 = 2\ 000 + \frac{750 - 700}{200} \times 3\ 000 = 2\ 750$$

四分位差

$$Q = Q_3 - Q_1 = 2\ 750 - 875 = 1\ 875$$

这说明在这 1 000 个家庭中，处于中间 50% 的 500 户其月收入在 875 元至 2 750 元之间。

第三节　因素和动态统计分析

一、因素分析

在总量变动的过程中，一定会受到一些外在的条件影响，我们把这些条件称为影响总量变动的因素。因素分析就是揭示这些因素与总量的变动之间的内在关系的统计分析。

在因素分析的过程中，我们常常要用到抽象的方法，先固定其中某些因素，然后研究某一因素的变动与总体变动之间的关系。各个因素相对于总体的变动可以用相对数表示，也可以用绝对数表示，这些相对数与相对数或者绝对数与绝对数之间，保持着一定的内在联系，组成了一个有机的整体，成为一套指标体系。

因素分析包括指数因素分析，差额因素分析，并列因素分析等。

（一）指数因素分析

指数是表示社会经济现象数量对比关系的一种相对数，其定义有广义和狭义之分。广义的指数指的是同类现象不同数值对比的相对数，而狭义的指数则指的是许多不能直接相加的要素组成的复杂现象总体数量综合变动的相对数。

进行指数因素分析首要解决的问题是统一因素度量的问题，也就是说，需要将原先不能直接相加的指标值通过一定手段过渡成为可以进行加总计算的指标值。比如，一家超市各种商品的价格，由于其计价单位不同，所以不能直接相加对比，而如果我们用各商品的单价乘以其总量，得到其总价，我们就可以进行相加和做相互的对比了。将不能相加的指标过渡成为可相加指标的那个因素，我们称其为同度量因素，在上面的例子中，商品价格就是各类商品的同度量因素。

一般来讲，在编制指数过程中，编制质量指标指数，应当以观测时刻的数量指标作为度量因素，而在编制数量指标指数时，则应当以初始状态的质量指标作为同度量因素。可以用公式表示为：

$$K_p = \frac{\sum p_1 q_1}{\sum p_0 q_1}$$

$$K_q = \frac{\sum p_0 q_1}{\sum p_0 q_0}$$

其中，K_p 是质量指标指数；K_q 是数量指标指数；p_1，q_1 分别是报告期的质量和数量指标；p_0，q_0 分别是基期的质量和数量指标。

在分析过程中，遇到经济上有联系并且在数量上构成一定对等关系的几个指数，则称其为指数体系。"商品的销售额指数＝商品销售量指数×商品单价指数"就是我们常见的一个指数体系。根据构成指数体系的各指数的不同类型，指数体系可以分为个体指数体系、综合指数体系、平均指数体系等，而就这些指数体系进行的因素分析则分别叫作单因素分析、总量因素分析和平均指数因素分析。

1. 单因素分析

单因素分析是根据个体指标体系进行的一种指数因素分析。

比如，某公司进行市场调查后对产品价格进行了调整，产品价格比上年下调了 2%，结果其销售量比上年增加了 8%，由于销售额指数＝商品价格指数×销售量指数，所以我们可以得到销售额指数为：（1－2%）×108%＝105.84%，即销售额上涨了 5.84%。

2. 总量因素分析

总量因素分析是对现象总动态指数受几个总量因素变动影响的程度和方向的分析。根据总量因素的数量不同，总量因素分析可以分为两总量因素分析和多总量因素分析。

下面是一个两总量因素分析的例子：

表 11 – 11 为有关 A、B、C 三个企业的产量和单位成本的资料：

表 11 – 11　A、B、C 三个企业的产量和单位成本的资料

	单位成本（元）		产量		总成本（万元）		
	基期(Z_0)	报告期(Z_1)	基期(Q_0)	报告期(Q_1)	基期(Z_0Q_0)	报告期(Z_1Q_1)	假定期(Z_0Q_1)
A	200	180	2 000	2 100	40.00	37.80	42.00
B	250	240	1 800	1 800	45.00	43.20	45.00
C	280	250	1 500	1 600	42.00	40.00	44.80
合计	—	—	5 300	5 500	127.00	121.00	131.80

进行单位成本和总量的变动对总成本变动的影响程度和方向的分析，则：

$$总成本指数：K总 = \frac{\sum Z_1 Q_1}{\sum Z_0 Q_0} = \frac{121.00}{127.00} = 95.28\%$$

这说明由于产品单位成本和产量的共同变动，报告期的总成本比基期总成本下降了 4.72%，绝对值减少了 127.00 – 121.00 = 6.00（万元）。

$$单位成本指数：KZ = \frac{\sum Z_1 Q_1}{\sum Z_0 Q_1} = \frac{121.00}{131.80} = 91.81\%$$

这说明由于单位成本的下降，使得总成本下降了 8.19%，绝对数减少了 131.80 – 121.00 = 10.80（万元）。

$$产量总指数：KQ = \frac{\sum Z_0 Q_1}{\sum Z_0 Q_0} = \frac{131.80}{127.00} = 103.78\%$$

这说明由于产量的增加，总成本上升了 3.78%，绝对数增加 131.80 – 127.00 = 4.80（万元）。

由以上分析可知，总成本上升是由于单位成本和总量这两个总量因素变动而造成的。从相对数来看，单位成本下降 8.19%，产量上升 3.78%，导致总成本下降 4.72%；从绝对数来看，单位成本下降使得总成本减少了 10.80 万元，产量增加使得总成本上升 4.80 万元，最终使得总成本实际减少 6.00 万元。

3. 平均指标因素分析

平均指标因素分析是对不同时期某一现象的同一个指标平均值进行对比的分析方法。用公式可以表示为：

$$K = \frac{\overline{x}_1}{\overline{x}_0} = \frac{\sum x_1 f_1}{\sum f_1} \Big/ \frac{\sum x_0 f_0}{\sum f_0}$$

其中，$\bar{x}_1$，$\bar{x}_0$ 分别是报告期和基期的平均数，f_1，f_0 分别是报告期和基期的权数。由上面的两个公式，我们可以知道，现象总平均水平的变动可以分解为平均水平 x 和总体单位数结构 $\dfrac{f}{\sum f}$ 这两个变动的影响，所以，平均指标指数又称为可变构成指数，其中反映组平均水平变动程度的指标叫作固定构成指数，反映总体内部结构变动的指数叫作结构影响指数。

（二）差额因素分析

差额因素分析是利用因素变动的绝对数差额来对总量受影响后变动的方向和程度进行分析的一种方法。

关于差额因素分析，我们直接通过一个例子进行讲解。

我们以表 11 – 11 的数据为例：

生产总成本指数：$KZQ = \dfrac{\sum Z_1 Q_1}{\sum Z_0 Q_0} = \dfrac{121.00}{127.00} = 95.28\%$

影响绝对数：$KZ_1 Q_1 - \sum Z_0 Q_0 = 127.00 - 121.00 = 6.00$（万元）

生产产量指数：$KQ = \dfrac{\sum Q_1}{\sum Q_0} = \dfrac{5\,500}{5\,300} = 103.77\%$

影响绝对数：$\left(\sum Q_1 - \sum Q_0 \right) \times Z_0 = 200 \times 1740 = 34.80$（万元）

除此以外，我们还可以使用并列因素分析法分析总体现象指标变动的原因，由于在实际工作中不常用，在这里就不做介绍了。

二、动态统计分析

动态分析就是研究社会现象在一定时期内一些指标的变动情况。在社会调查研究中，我们常常通过这些指标来反映社会在一定时期内的变化速度、幅度及趋势等。常用的表示发展水平的指标有增长量，平均增长量，发展水平，平均发展水平等。常用的速度指标有发展速度，增长速度，增长 1% 的绝对值，平均发展速度，平均增长速度等。

（一）增长量

增长量是某种社会现象的标志值在一个时期内变化的值。它的计算方法是末期的值减去初期的值，用公式可以表示为：

$$增长量 = 末期值 - 初期值$$

增长量的符号说明增长方向，如果增长量为正数，说明标志值是增加的，如果增长量是负值，则说明该标志值是负增长的，即减少的；而增长量的绝对值则说明增加或者减少的程度。

在实际研究之中，我们还可能在初期与末期之间定义若干个对比期，用于深入研究标志值在初末期之间的变化情况。各个对比期的初、末标志量之差称为逐期增长量，整个时期的初、末标志量之差称为累计增长量。累计增长量等于各时期逐期增长量之和。

（二）平均增长量

为了便于研究增长量变化的细节，我们常常需要在初期与末期之间定义若干个对比期，这些时期把整个研究过程分为若干段，平均增长量就是指这些时间段增长量（即逐期增长量）的平均值。用公式可以表示为：

$$平均增长量 = \frac{逐期增长量之和}{逐期增长量个数}$$

或

$$平均增长量 = \frac{累计增长量}{逐期增长量个数}$$

为了计算方便，我们可以把初期、各对比期、末期的标志值排成一个数列，则平均增长量的公式也可以表示为：

$$平均增长量 = \frac{首项 - 末项或末项 - 首项}{数列项数 - 1}$$

（三）发展水平

发展水平是指动态数列中每一个指标的数值。
发展水平可以是总量指标，也可以是平均指标或者相对指标。按照在动态数列中的位置，也可以划分成为最初水平，最末水平和中间水平。

（四）平均发展水平

平均发展水平是将不同时期的发展水平加以平均而得的平均数，也称为动态平均数。

（五）发展速度和增长速度

发展速度，在某些情况下也称为增长速度，是用来度量某种社会经济现象在一定时期发展变化的程度的指标，是报告期水平除以基期值所得的商。

第四节　相关和回归统计分析

统计分析中相关分析和回归分析研究的都是两个或者两个以上变量的相互关系。
变量间的数量关系主要有两类。一是函数关系，具有函数关系的两个变量在数量上是对应的，具有完全确定的依存关系，其中一些变量依据情况的变化而变化，我们称为自变量；还有一些变量随着自变量的变化而变化，我们称为因变量。比如，我们知道三角形的面积计算公式其中之一是 $S = a \cdot b \cdot SinA$，其中 a，b 是两条边，角 A 是 a，b 的夹角。如果角 A 是随着外界变化的量，即自变量，则三角形面积 S 就是因变量，它们之间具有确定的依存关系，即给定一个夹角的值，就有一个唯一确定的面积值与其相对应。二是相关关系，具有相关关系的变量之间具有不完全确定的依存关系。比如，身高和体重就是具有不完全依存关系的两个变量。给定一个身高的数值，我们不能据此确定具有这个身高的人的体重，因为个体差异导致每个人的体重即使在身高相同的情况下也会不同。但是，这两个值也是有依存关系的，我们虽然不能根据身高计算出一个人的具体体重数值，但是我们却可以把他的体重锁定在一个范围内，因为我们知道一个人身高 1 米 60 的人体重一般不会重达 300 千克，而一个 2 米的人也肯定不会"身轻如燕"，有一句俗话叫作"瘦死的骆驼比马大"，说的就是这个道理。

相关分析和回归分析是对变量间相关关系进行研究的两个阶段。相关分析主要是揭示关系本身，研究的是两个或两个以上变量间的相关关系。它从方向上看，有正相关和负相关之别，从表现形式上看，还可以分成直线相关和曲线相关，而且不同的变量之间的相关关系密切程度也是不一样的。回归分析则主要是依据以上所研究的相关关系，对具有相关关系的两个或两个以上变量，根据其关系的具体形式选择合适的数学模型，并将变量间的相关关系与具体数学模型相结合，以近似地表现变量间的平均变动关系。如果这个数学模型是线性的，我们则称其为线性回归分析，常见的线性回归分析有一元线性回归分析和多元线性回归分析等。

一、相关分析

如前所述，不同的变量之间的相关程度是不同的，而度量变量间关系密切程度的量称为相关系数。

设因变量 x 与自变量 y 有 n 对测定值，分别用 (x_1, y_1)，(x_2, y_2)，…，(x_n, y_n) 表示，则相关系数的计算公式为：

$$r = \frac{\sum_{i=1}^{n}(x_i - \bar{x})(y_i - y)}{\sqrt{\sum_{i=1}^{n}(x_i - \bar{x})^2}\sqrt{\sum_{i=1}^{n}(y_i - y)^2}}$$

其中，r 为相关系数，x，y 分别为 x_1，x_2，…，x_n，和 y_1，y_2，…，y_n 的平均数。

根据概率论的相关知识，r 的取值范围为 $[1, 1]$，$r > 0$ 时为正相关，反之为负相关。$|r|$ 则表明了变量间的关系程度，$|r|$ 越大，相关程度越高，$|r|$ 越小，相关程度越低，当 $|r| = 1$ 时，x，y 之间相关程度最高，即完全相关，当 $|r| = 0$ 时，x，y 之间完全不相关。

二、一元线性回归分析

我们首先来看一元线性回归方程的基本形式。

$$y = a + bx \quad (y \text{ 随 } x \text{ 变化})$$
$$x = c + dy \quad (x \text{ 随 } y \text{ 变化})$$

上面式子中的 a、c 是其所在直线的截距，b、d 是两条直线的斜率，统计中也叫回归系数。a，b，c 和 d 都是待定的参数，一元线性回归分析的步骤之一就是通过各种方法估算出待定的参数，估算待定参数的方法有好几种，统计中最常用的是最小二乘法，这种方法的基本思路就是偏差的平方和达到最小值，使得到的回归线是原资料的最适线。

在实际工作中，我们还会遇见这样的情况，两个变量之间并不存在线性关系，但是通过变量代换，可以转化成线性回归方程，以便进行计算和研究，主要有以下几类：

第一类，幂函数型 $y = ax^b$（其中，$a > 0$，变量 x，y 取正数）

将 $y = ax^b$ 两边取对数，得到

$\lg y = \lg a + b \lg x$

令 $u = \lg y$，$v = \lg x$，代入上式，得：

$u = \lg a + bv$

其中 $\lg a$，b 是常数。这样，就实现了原函数线性化了。

第二类，指数函数型 $y = ab^x$（其中，$a > 0$，$b > 0$）

将 $y = ab^x$ 两边取常用对数，有

$\lg y = \lg a + (\lg b)\ x$

令 $u = \lg y$，得：

$u = \lg a + (\lg b)\ x$

其中 $\lg a$ 和 $\lg b$ 是常数。

第三类，$y = ce^{ax}$ 型（其中，$c \setminus = 0$）

首先，取 $k = \dfrac{|c|}{c}$，

令 $u = \ln(ky)$，得到

$u = \ln(kc) + ax$

其中，$\ln(kc)$，a 是常数。

第四类，$y = ce^{\frac{b}{x}}$

首先，取 $k = \dfrac{|c|}{c}$，

令 $u = \ln(ky)$，$v = \dfrac{1}{x}$，得到：

$$u = \ln(kc) + bv$$

其中，$\ln(kc)$，b 是常数。

第五类，双曲线型 $y = p + \dfrac{q}{x}$

令 $u = \dfrac{1}{x}$，得到：

$$y = p + qu$$

其中，p，q 是常数。

第六类，S 曲线型 $y = \dfrac{1}{p + qe^{-x}}$

令 $u = \dfrac{1}{y}$，$v = e^{-x}$，得到：

$$u = p + qv$$

其中，p，q 是常数。

三、多元线性回归分析

上述一元线性回归是比较简单的一类线性回归，是掌握线性回归问题的基础。由于现实的复杂性，在实际工作中，与因变量有关系的自变量往往有多个，因此就需要用到二元和多元线性回归分析来定量研究它们之间的关系。

（一）二元线性回归

假设因变量 y 与自变量 x_1，x_2 之间有统计线性关系。在变量 y，x_1，x_2 之间配一个线性回归方程：

$$Y = b_0 + b_1 x + b_2 x$$

首先使用最小二乘法进行参数估计，选取 b_0、b_1、b_2，使其满足残差平方和达到最小。解方程可以得到 b_0、b_1、b_2 的估计值。

（二）多元线性回归方程

假设因变量 y 与 N 个自变量 x_1，x_2，$\cdots$，x_n 有统计线性关系。在 y，x_1，x_2，$\cdots$，x_n 之间建立线性回归方程：

$$Y = b_0 + b_1 x_1 + b_2 x_2 + \cdots + b_n x_n$$

采用最小二乘法估计下列方程组的解即可。

四、估计标准误差的计算

要想使得我们测定的回归估计值可靠，我们首先要知道它们与实际情况的误差情况。标准误差的计算，实际上就是测定回归值可靠性的过程。估计值 $\hat{y}$ 与对应的观察值 y 之间的利差，为估计值的误差，也称估计误差，估计误差的大小反映回归估计的准确程度。

（一）变差平方和的分解

对每个观察值来说，变差的大小可以通过该观察值 y 与平均数 $\bar{y}$ 的离差 $y - \bar{y}$ 来表示，而全部 n 次观察值的总变差可由这些离差的平方和

$L_{yy} = \sum (y - \bar{y})^2$ 表示。

可以知道：$y - y' = (y - \bar{y}) + (\bar{y} - y')$

将上式左右分别平方，然后就 n 点求和，得到：

$\sum (y - y')^2 = \sum (y - \bar{y})^2 + \sum (\bar{y} - y')^2$ 其中，$\sum (y - y')^2$ 称为 y 的总变差，它反映了 y 的总的离差平方和。$\sum (y - \bar{y})^2$，即每个观察点距回归直线离差的平方和，称为剩余变差，它反映的是除了 x 对 y 的直线关系之外的一切影响（包括 x 对 y 的非直线关系及观察误差）对 y 的影响引起的 y 的变化的那部分，记作 Q，即：

$$Q = \sum (y - \bar{y})^2$$

$\sum (\bar{y} - y')^2$ 也记作 U，即：

$U = \sum (\bar{y} - y')^2$ 它通常称为回归变差，反映的是在 y 的总变差中，由于 x 与 y 的直线回归关系而引起的 y 的变化的那部分。

于是，回归变差 U 又可以表示为：

$$U = bL_{xy}$$

剩余变差亦可以表示为：

$$Q = L_{yy} - bL_{xy}$$

（二）估计标准误差

我们用 S_y^2 表示剩余变差 Q 的平均数，因为 Q 的自由度为 $n - 2$，所以：

$$S_y^2 = \frac{Q}{n - 2}$$

我们把上面的 S_y^2 称为剩余方差，而称 $S_y = \sqrt{\dfrac{Q}{n - 2}}$ 为剩余标准差或回归标准差。从上面

的公式我们可以看出，剩余标准差实际上是观察值 y 对估计值 $\bar{y}$ 的平均离差，因此，他又常被称为估计标准差。从回归直线的角度来说，这个这个离差值反映了所有观察点与回归此直线的距离，值越小，观察点越靠近回归直线，关系越密切；值越大，所有观察值离回归直线越远，关系越疏远。

根据正态分布的有关性质，对于固定的 $x = x_0$，y 的值域是以 $\bar{y}_0$ 为中心且呈对称分布的一段区域，离 $\bar{y}$ 越近出现的概率越大，离 $\bar{y}$ 越远出现的概率相对越小，并且与剩余标准差 S_y 还存在下面的关系：

落在 $\bar{y}_0 \pm S_y$ 区间内的概率约为 68.3%；

落在 $\bar{y}_0 \pm 2S_y$ 区间内的概率约为 95.45%；

落在 $\bar{y}_0 \pm 3S_y$ 区间内的概率约为 99.73%。

可见，S_y 越小，根据以上关系方程得到的 y 就越精确，因此，我们可以把 S_y 作为估计回归方程精确度的标志之一。

（三）回归方程的显著性检验

我们可以按照以下的步骤检验回归方程的显著性，其中各字母代表的意思与上面一致：
首先计算残差平方和 Q，即

$$Q = \sum (y - \bar{y})^2$$

然后计算出回归平方和，即：

$$U = \sum (\bar{y} - y')^2$$

再计算出统计量 F 的值：

$$F = \frac{U}{Q/(n-2)}$$

可以证明 F 是自由度为 $(1, n-2)$ 的 F 变量。

按照置信度 a 查 F 分布表，得到其临界值为 F_a，若统计量的值 $F > F_a$，则认为现行假设是有效的，也就是说各变量间有线形关系。

第五节　抽样推断统计分析

抽样分析又叫作抽样估计，它是以样本的实际资料为依据，计算一定的样本指标，并用以对总体做出数量上的估计和判断的方法。抽样推断分析是抽样调查的最后步骤和统计分析的重要内容。

作为一种统计方法，抽样推断有以下三个特点：

第一，在逻辑上运用归纳的推理。如果是完全归纳推理和不完全归纳推理中的科学归纳推理，其结论与前提条件之间的联系是必然的；如果是不完全归纳推理中的简单枚举归纳推理，其结论与前提之间的联系则仅仅具有或然性。

第二，方法上运用不确定概率估计法。这是因为，抽样推断虽然是用样本数据来推断总体数量特征，但是由于样本数据和总体数量之间并不存在严格的自变量和因变量的对应关系。因此，它只能把样本观察值看作随机现象，并应用不确定的概率估计法来计算样本指标，估计用样本指标来推断总体的可靠程度。

第三，估计的结论存在一定的抽样误差，这种误差是抽样估计所固有的、不可避免的。由于作为统计量的样本指标是随机变量，因此，抽样误差也是随机变量，它随样本指标的变化而变化。

一、选择抽样估计

如上所述，样本实际上是一种随机现象，为了尽量抽出与总体相符合的样本值，我们需要对所抽取的样本进行一些筛选和规范。一般来讲，如果抽样指标满足了下面的三个指标，我们就可以认为它是合理的或者优良的估计。

第一，无偏性。无偏性要求抽样指标的平均数等于被估计的总体指标的平均数。在一次抽样中，指标的平均数很难与总体做到一致，但是在多次的反复抽样中，应该尽量使得指标的平均数符合无偏性的要求。

第二，一致性。一致性要求当样本的单位数 n 充分大时，抽样的指标也应该充分地靠近总体指标。

第三，有效性。有效性要求作为优良估计量的方差应该是所有估计量中方差最小的一个。

二、参数估计

抽样推断主要由参数估计和假设检验这两部分组成。

参数估计有两种方法，一种是点估计，另一种是区间估计。

所谓点估计，就是在抽样推断中直接以样本平均数代替全体平均数，或者以样本成数代替全体的成数，而不考虑抽样误差的一种研究方法。

区间估计，就是在抽样推断中，根据抽样指标，来估计全体指标落在某一区间范围的一种研究方法。这个区间范围的大小，取决于我们在估计时所要求的可信度。可信度就是指估计的可靠程度，也称为置信度，在数学上叫作概率，常用 P 表示，P 的取值范围是 $0 \leqslant P \leqslant 1$。在样本大小相同的情况下，要求的可信度越高，总体参数的可能范围也越大。

这个可能范围称为估计区间，也称置信区间。估计区间大小与估计的可信度成正比，与估计的精确程度成反比。

区间估计一般有三个步骤，分别是：

第一步，确定可信度。社会调查常用的可信度是 90%、95%、98% 和 99%。在正态分布下，它们与抽样误差有如表 11 - 12 所示的关系：

表 11 - 12　社会调查常用的可信度与抽样误差的关系

可信度（%）	99	98	95	90
抽样误差范围	$\pm 2.58SE$	$\pm 2.33SE$	$\pm 1.96SE$	$\pm 1.65SE$

第二步，计算标准误差。标准误差根据样本分布特点和不同的统计值确定。

第三步，根据样本统计值和标准误差确定估计区间。

下面，我们以均值和方差的置信区间估计为例，向大家展示参数估计的流程。

（一）均值的置信区间估计

首先介绍正态总体在总体方差 σ 已知的情况下，总体均值 $\bar{u}$ 的置信区间求法：

$$Z = (\bar{x}) \sim N(0, 1)$$

其中，Z 是我们引入的一个统计量，其他量的意义与前面相同。

由于 $P\left\{\frac{(\bar{x} - \bar{u})\sqrt{n}}{\sigma^2} < Z_{1-\frac{a}{2}}\right\} = 1 - a$，因此，均值 $\bar{u}$ 的置信水平为 $1 - a$ 的置信区间为：

$$\left(\bar{x} - \frac{Z_{1-\frac{a}{2}}\sigma}{\sqrt{n}}, \bar{x} + \frac{Z_{1-\frac{a}{2}}\sigma}{\sqrt{n}}\right)$$

其中，$\bar{x}$ 为样本均值，σ 为总体标准差。

$Z_{1-\frac{a}{2}}$ 可以从正态分布表上查到。比如当 $a = 0.05$（置信区间为 0.95）时，$1 - \frac{a}{2} = 0.975$，查正态分布表 $\phi(u) = 0.975$，可以得到 $u = 1.96$，即 $Z_{0.975} = 1.96$。

下面介绍正态总体在总体方差未知 σ^2 未知的情况下，总体均值 $\bar{u}$ 的置信区间求法：

由于 σ^2 未知，我们使用 $S^2 = \frac{\sum(x_i - \bar{x})^2}{n - 1}$ 代替，在这里我们引入统计量

$$T = \frac{\bar{x} - \bar{u}}{\sqrt{S^2/n}} \sim t(n - 1)$$

得到：

$$P\left\{ -t_{1-\frac{a}{2}} < T < t_{1-\frac{a}{2}} \right\} = 1 - a$$

它等于：

$$P\left\{ \frac{-t_{1-\frac{a}{2}}S}{\sqrt{n}} < \bar{x} - \bar{u} < \frac{t_{1-\frac{a}{2}}S}{\sqrt{n}} \right\} = 1 - a$$

因此，可以得到所求的置信区间为：

$$\Delta\left(\bar{x} - \frac{t_{1-\frac{a}{2}}S}{\sqrt{n}}, \bar{x} + \frac{t_{1-\frac{a}{2}}S}{\sqrt{n}} \right)$$

其中，t 可以由 t 分布表查得。例如，当 $a = 0.05$，$n = 9$ 时，$t^{n-1} = 2.306$。

（二）方差的置信区间估计

首先我们引入统计量

$$x^2 = \frac{(n-1)S^2}{g^2} \sim x^2(n-1)$$

分布得到：

$$P\left\{ x_{1-\frac{a}{2}}^2(n-1) < \frac{(n-1)S^2}{g^2} < x_{\frac{a}{2}}^2(n-1) \right\} = 1 - \frac{a}{2}$$

可以求得 g^2 的置信区间为：

$$\left(\frac{(n-1)S^2}{x_{\frac{a}{2}}^2(n-1)}, \frac{(n-1)S^2}{x_{1-\frac{a}{2}}^2(n-1)} \right)$$

其中，S^2 是样本方差，x^2 分布的临界值 $x_{\frac{a}{2}}^2(n-1)$，$x_{1-\frac{a}{2}}^2(n-1)$ 可以从 x^2 分布表中查到。

三、假设检验

假设检验又被称为显著性检验，是抽样推断的又一种方法。假设检验首先会提出一个关于总体情况的假设，然后再在总体中抽取一定数量的样本进行调查，用样本的统计值来对原先做出的假设进行证实或者证伪。

假设检验一般由以下几个步骤组成：

第一步，提出假设。一般除了提出假设 H_0 外，还需提出备用假设 H_1，H_1 是 H_0 的否命题。比如，提出的假设 H_0 是"蚊虫叮咬会传播艾滋病"，则同时提出的备用命题 H_1 则为"蚊虫叮咬不会传播艾滋病"。

第二步，选取样本的统计量。

第三步，规定显著水平 a。

第四步，在显著水平 a 下，根据统计量的分布将样本空间划分为两个不相交的区域，其中一个是接受假设 H_0 的区域，称为接受域，另一个是接受假设 H_1 的区域，称为拒绝域。

第五步，根据样本，计算统计量的观测值。

第六步，根据以上的计算，做出判断。如果统计量的观测值落在接受域，则证明假设 H_0，如果落在拒绝域，则证伪了 H_0，说明应该接受 H_1。

第六节　预测和综合评价统计分析

一、预测分析

预测分析就是根据事物过去的发展规律及其现状来推断其未来的发展趋势的一种统计推论方法。

预测有很多种，依据不同的标准可以由不同的分类。按照预测范围，可以分为宏观预测和微观预测；按照预测时期的长度分，可以分为短期预测、中期预测和长期预测；按照预测的方法分，可以分为定量预测和定性预测，等等。我们这里所讲的统计预测，则是一种定量的动态预测，主要是根据已有的统计资料，对事物未来的发展状况进行推测，进行统计预测有以下两条基本原则：

第一，连贯性原则。事物的发展是按照一定的规律进行的，我们在预测时应当找到这个规律，并力求使这个规律贯穿事物发展的始终，不应该使其受到破坏。

第二，类推原则。在找到事物发展常常遵循的一定规律后，用一种模型来模拟事物的内在结构，通过这种结构化的描述和已知的规律，类比现在，预测未来。

一般来说，对事物进行预测一般有以下几个步骤：

第一步，收集资料。根据预测的目的，我们需要首先收集所需的资料。

第二步，检验和初步分析。这一步主要是对收集到的资料进行可靠性和真实性的检验，并对其进行初步的分析整理。

第三步，选择预测模型。根据预测的目的和已得到的数据，选择一个合适的预测模型，并确定预测方法和使用的公式。

第四步，初步预测。根据选定的预测模型、预测方法、预测公式以及已知的资料，进行初步推算，算出参数值。

第五步，结果改进。对预测的误差进行估算，并改进预测值。

在具体操作过程中，选择合适的预测方法是进行预测的重要组成部分，下面介绍几种常见的预测方法，供大家选用。

(一) 直观法

直观法一般是根据统计数据绘制散点图,然后依据人眼的判断和直尺等简单绘图工具,在图上做出一条与各个散点最为适合的直线或者曲线,并根据这一条直线或者曲线进行外推推测。这种预测方法简单易行,适用于简单的预测,但是由于缺乏一个客观的标准,常常会有较大的误差,所以在进行一些精度要求比较高的预测时必须慎用。

(二) 最小平方法

这种预测方法要求预测误差平方之和达到最小。也就是说此法得到的参数估计值所形成的方程,是观测资料形成散点图的最适线。表示如下:

$$S = \sum \bar{e}_t^2 = \sum (x_t - x_t^1)$$

式中,x_t 是 t 时刻的观测值,x_t' 是 t 时刻的预测值,$\bar{e}_t = x_t - x_t^1 = t$ 期的预测误差。最小平方法就是要追求 S 最小。

(三) 折扣最小平方法

最小平方法给资料配合了最适线,但是它也有一个缺点,就是没有对误差所处的时期进行区分,相当于把近期误差和远期误差等同起来了。但是,实际上近期误差要比远期误差重要得多。解决方法是使用加权法来计算最小平方,其中较为常用的加权方法是指数折扣加权法。指数加权折扣法对近期误差规定其权数为 $a_0 = 1$,而最远期的误差规定权数为 a_{t-1},其中,a 被称作折扣系数,它的取值范围从 0 到 1,视具体情况而定,a 越小,折扣的程度越大,a 越大,则折扣的程度减轻,当 a 取其最大值 1 时,就相当于没有对远期误差打折扣,这实际上就是上面说的最小平方法了。

用公式表示折扣最小平方法,实际上就是要使

$$S = \sum a^r \bar{e}_{t-r}^2$$

达到最小值。

(四) 指数平滑法

指数平滑法是在统计预测中被广泛应用的一种递推的方法,它有如下两个基本公式:

$$x'_{t+1} = ax_t + (1 - a)x_t'$$
$$= x_t' + a(x_t - x_t')$$

其中,x_t' 和 x_{t+1}' 分别是 $t+1$ 时刻的预测值,x_t 是 t 时刻的观测值,a 为平滑系数,取值范围在 0 到 1 之间。

前一个公式的意义是：新预测值 $=a\times$ 新观察值 $+(1-a)\times$ 旧预测值，也就是说，新预测值是新观察值与旧预测值的加权平均数，权数分别是 a 和 $1-a$。

后一个公式的意义是：新预测值 $=$ 旧预测值 $+a\times$ 预测误差。

二、综合评价分析

所谓综合评价分析，就是以一定的科学理论为指导，建构一套具有科学性的综合指标体系，并且把各种不同的指标数值变化到同一等级上进行综合量化分析的方法。综合评价分析是反映一个国家、地区、部门或者单位总体状况的一种重要方法。

科学地选择和构架综合评价指标体系，是综合评价分析的基础，在构建综合评价指标体系时，我们应该遵循以下基本原则：

第一，重要性原则。建立评价指标体系所选择的指标应该是比较全面的，但是这并不意味着越多越好，我们应该选择那些最能够反映被评价对象总体状况和内在规律的指标，所谓宁缺毋滥，一些不重要的指标应当被舍弃，这样既减轻了工作量，又使得评价体系更加直观和简洁。

第二，可比性原则。综合评价指标选择的目的是能够使被评价对象之间能够进行横向或者纵向的比较，因此，要求指标之间必须是可比的。为了满足可比性原则，综合评价指标应该尽量选择相对指标量，以提高其可比性。

第三，灵敏性原则。所选择的指标应该能够较为灵敏地区分评价对象的差异。灵敏性在统计学上则表现为指标值分布的离散程，离散系数越大的指标，其鉴别能力就越高，而离散系数较小的指标，鉴别能力则小一些。

第四，可操作性原则。整个指标体系的建立，应当是一个可以操作的过程。这要求我们在选择指标的时候尽量选择数量和程度适当的指标，切忌过多、过细，还需要指标有可靠的来源，以便于得出正确的统计结果。

综合评价法的具体操作方法较多，包括聚类分析法、综合指数法、因子分析法、标准化评分法、无量纲法、综合评分法等。其中较聚类分析法和综合指数法应用范围较广。

（一）聚类分析法

聚类分析法是把性质相近，相似或者密切联系的指标聚集在一起，按照客观、简易、可行的原则，将各指标线性组合新生成一组线性无关的变量，然后进行加权合成，得出分类指数，最终得出综合指数的一种分析方法。

聚类分析法一般可以分为以下几个步骤：

1. 分类和标准化

首先将所选择的指标按照一定的标志，划分成几种类型。

然后对指标中的数据进行标准化。标准化主要是为了消除不同计量单位对分析的影响，并使得数据趋于稳定。因为在原始数据中，各指标使用的纲量是不同的，有的是价值量，有的是人均量，有的是实物量，有的是百分量，各指标无法进行直接计算。

将指标进行标准化的公式为：

$$y_{ij} = \frac{x_{ij} - x_j}{SD}$$

其中，表示需要标准化的指标的数量值，表示该 j 项指标的平均值，SD 为该指标所有样本数据的标准差。即：

$$SD = \sqrt{\frac{\sum (x_{ij} - x'_j)^2}{n}}$$

2. 基本指数的确定

基本指数的确定步骤如下。首先根据标准化结果，计算出各项指标表示重要性程度的绝对距离。然后，计算出分类指标的绝对值距离。我们把各项指标的绝对值距离在分类指标总体绝对值距离所占的比重确定为其基本权数，即基本权数的公式为：

$$Z_j = \sum | Y_{ij} | \quad F_j = \frac{Z_j}{\sum Z_j}$$

其中，Z_j 表示某指标的绝对值距离；F_j 表示某项指标在分类指标中的基本权数。

上面确定的基本权数仅仅考虑了指标的变异程度，而没有考虑该指标所包含的经济含义，所以需要通过专家评判法根据其经济意义对基本权数进行修正。

3. 结果分值化

结果分值化是为了统一数据的符号，以方便我们的工作。

标准化之后的指标，一般情况下其值大部分落在 –1 到 1 这个区间内，我们给这些值都加上 1，可以使大部分值为正。还有一些情况，由于评价指标的数据有较大悬殊，导致标准化结果超出 –1 到 1 的范围，可将标准化结果加上 2、3 以致一个较大的数值，总之，要使得绝大部分数据变为正值。

对于个别通常表现为异常的数据，也需要进行控制处理，使得其值根据标准化结果的基本情况，控制在标准化结果平均值的 1～2 倍范围内。其一般计算公式为：

$$y_{ij} = 1 + Y_{ij}$$

其中，y_{ij} 是分值化后的数值。

4. 计算分类指数

分类指数即每一指标修正之后的权数，和其标准化结果分值化后的数值。一般计算公式为：

$$I_i = \frac{\sum Y_{ij} \times W_j}{\sum W_j \times 100}$$

其中，I_i表示分类指标的分类指数。

5. 合成综合指数

根据以上各步骤，将分类指标的分类指数进行二次加权，就可以得到各地经济社会综合指数值。

（二）综合指数法

指数综合法适合于对综合社会发展水平进行历年动态的比较。

综合指数法的具体计算方法是：首先根据各个指标在社会发展中的重要程度确定其权数，然后以每个指标的观测点数据与初期数据的比率乘以权数，再将各乘积相加即可。计算公式为：

$$K = \frac{a_1}{a_0} \times W_1 + \frac{b_1}{b_0} \times W_2 + \cdots + \frac{n_1}{n_0} \times W_n$$

其中，K是综合指数，a_1，b_1，$\cdots$，n_1是各个指标观测点的实际值。a_0，b_0，$\cdots$，n_0是各个指标初期的实际数值。W_1，W_2，$\cdots$，W_n是各指标的权数。

综合指数法有以下一些特点：

（1）使用统一数据作为计算标准，是各个时间和地区之间综合指具有可比性；

（2）以已经发生的实际数值为基准，资料比较容易取得；

（3）采用了加权法来标识各个指标在综合值中作用大小的不同，使得综合值能够更加准确地反映实际情况。

第七节　计算机统计分析

统计分析是非常复杂和烦琐的工作，过去只有那些既受过数理统计专业训练的研究人员才能承担这项工作。但是，即使是这些专业人员，在人工操作或自己编写程序在计算机上运行时，也常常感到难以应付，而且容易出现错误，不够规范。20世纪中叶以来，计算机技术的发展使这一问题得到了根本的解决，计算机统计分析软件应运而生，成为普通大众也可以熟练应用的、简便易行的资料统计分析工具。

目前，最流行的专业的计算机统计分析软件是 SPSS 软件和 SAS 软件。另外，应用比较普遍的还有 Office 中的 Excel 等。

一、以 SPSS 为代表的专业软件

SPSS 最初是 Statistical Package for Social Science 的英文缩写，中文意思是社会科学应用统计分析软件包。最早于20世纪60年代由斯坦福大学的统计研究人员开发出来，是在 DOS

下运行的初级版本。经过几十年的发展，SPSS 已由当初单一的统计分析系统，扩展成了集统计分析、决策支持、管理咨询等功能于一身的巨型服务系统，因而其英文名字也变成了 Statistical System and Service Solution。

由于 SPSS 的统计功能非常强大，操作界面漂亮、柔和，表格和图形的制作方便美观，特别是操作简便，利于初学者使用，因而备受人们青睐，是当今世界上公认的名气最大、流行最广的统计分析系统。它在我国的影响尤为巨大，几乎成了统计软件的代名词。

使用 SPSS 进行统计分析的步骤大致如下：

第一步，录入数据，建立数据文件。录入数据可直接在 SPSS 提供的电子表格中进行，如果是用非 SPSS 软件（只能在 SPSS 规定的软件范围内选用）制作的数据文件，读入 SPSS 软件后可转为 SPSS 的数据类型文件。

第二步，利用 SPSS 的有关功能对数据的进行清理，以发现问题，校正数据的错、漏之处等。

第三步，通过执行有关命令如 Explore 等，对数据的整体状况做出评估。

第四步，根据研究需要或统计分析的要求，使用 SPSS 的有关程序对数据进行加工处理，如对变量进行转换、更新、重新编码以及对数据进行分组等。

第五步，根据研究的目的，启动 SPSS 的有关统计程序，对数据进行统计分析，包括单变量分析、双变量分析和多变量分析。

SPSS 有详细的使用说明，上手比较容易。但要熟练掌握乃至精通，是一件需要长期努力才能办到的事。

目前，有一种与 SPSS 功能类似的专业统计分析软件也非常流行，即 SAS（Statistical Analysis System）。在我国，SAS 与 SPSS 各有其流行领域。一般来说，医学界使用 SAS 软件居多，社会研究等领域则以使用 SPSS 软件为主。

另外，LISREL（Analysis of Linear Structural Relationship）和 AMOS（Analysis of Moment Strctures）也是两种常用的统计软件，它们在发展过程中都与 SPSS 有过密切关系，而且都是进行线性结构方程模型分析的软件。当前，人们使用的 LISREL8.3 fo Windows 版本和 AMOS 4.0 版本，已成为从变量间或变量群间的协方差结构出发，定量地探索和确立因果关系模型的新的、重要的统计分析工具。

二、Office 中的 Excel

Excel 是微软公司推出的办公软件 Office 系统中用于统计的一种软件。在专业领域，它的名气远不如 SPSS、SAS 等，但是，对于全世界无数使用 Office 办公软件的人来说，它的知名度则是所有专业统计软件望尘莫及的。

Excel 的统计功能虽然比不上 SPSS、SAS 等专业统计软件，但也足以满足大多数用户统计分析的需要。与专业统计软件相比，Excel 的最大优势在于：其一，包容它的办公软件

Office本身价格不高，非常普及，因此便于一般用户使用。SPSS、SAS 则比较昂贵，非专业用户一般不会购买。其二，作为 Office 组成部分之一，Excel 便于与 Office 的其他软件配合使用。例如，用 Excel 分析完数据后，可以用 Powerpoint 制作幻灯片，撰写调查报告时可以将统计结果直接录入 Word，而不必像使用其他统计软件那样需要转换。正由于这些优点，Excel 在我国已得到越来越广泛的应用。

第八节　定性分析和理论分析

定性分析和理论分析是资料分析中统计分析之外的两种主要分析方法。对于任何社会调查研究来说，它们都是不可或缺的。

一、定性分析

定性分析是对事物质的分析，是确定研究对象是否具有某种性质、特征的分析。其基本内容主要是识别属性、要素分析和归类。识别属性就是分辨事物有哪种或哪些特征，使之得以存在并与其他事物区别开来。识别属性的结果，最后通过形成明确的概念或定义表现出来。要素分析是对构成事物诸要素及其联系的分析。确定一事物的性质，必须以确定其各组成要素的性质为前提，因此，实现了研究对象各要素及其联系的认识，也就基本把握了研究对象的本身的特征及性质。归类就是将事物归入具有相同属性的一组事物中去。它是以识别属性为基础的。通过对各类事物的识别和比较，我们既可以明确事物之间的联系，又可以认清事物之间性质的差异。社会调查研究前期准备阶段和资料整理阶段，已进行了大量这方面的工作。资料分析阶段的定性分析相对简单，它可以说是对此前定性分析结果的进一步确认、更新和补充。其主要任务是：

第一，进一步明确概念的内涵和外延。在设计调查方案时，我们已经规范了所用的概念和变量。但在调查过程中，特别是问卷调查中，会发现对个别概念的不同理解，对这些概念，需要结合调查资料，再做斟酌或修订。

第二，对原来调查资料的分类以及所使用的概念、变量间关系做进一步的分析、确认。这一工作不仅要在统计分析前基本完成，以便为资料的定量分析提供基础，而且在统计分析后还要进行，以便根据定量分析结果求得更准确的定性分析。

第三，根据整理后的调查资料，从定性角度对原定的研究假设和理论建构证实或证伪，或提出新的理论观点。

在社会调查研究的历史上，定性分析曾经长期占据着主导地位。进入现代社会以来，随着统计学的发展，能够较准确地推断总体数量特征的统计分析大行其道，以至于有人主张，只有统计分析才算是真正的调查资料分析，而定性分析则是应当被淘汰的。这种观点显然有失偏颇。因为无论怎样，对于调查对象的定性都是社会调查研究的重要目的之一。我们研究任何社会事物或现象，归根结底是要说明它究竟对社会发展有用还是无用、有利还是无利，这就属于对其性质的判定。而且，就社会调查研究本身而言，定性分析和定量分析是互相依存、不可分割的。定性分析的识别属性、要素分析和归类等工作为定量分析提供了重要的基础；定量分析对调查对象精确的测量、描述和推断使调查对象的定性更加科学。所以，在社会调查研究中，对于定性分析和定量分析应当给予同样的重视。

二、理论分析

理论分析是资料分析的高级阶段和最终环节，它主要是对调查得到的资料和统计得到的数据，运用各种思维方法进行系统化的理性分析并做出结论的一种思维过程。理论分析承担着透过调查感性材料，揭示事物内在本质和发展规律，证实或者证伪理论假设的任务，对于应用性调查课题，其还承担着在理论说明的基础上进一步对实际工作提出对策建议的任务。理论分析以定性分析和定量分析为必要前提。定性分析区别事物、分析划类，定量分析准确地说明事物变化的程度和趋势，都为理论分析提供了坚实的基础。

理论分析依靠科学的逻辑思维方法进行。逻辑思维方法种类繁多，在社会调查研究中常用的有因果分析法、辩证分析法、比较法、系统分析法、逻辑证明法等。

（一）因果分析法

发现社会事物和现象变化的内因和外因，认识并影响其因果关系，是社会调查研究的重要目的，所以因果分析法是社会调查资料分析最常用的方法之一。

因果分析法的具体操作方法可归纳为五种基本形式。

（1）求同法：在考察某一现象 A 的若干特殊情况（A_1，A_2，A_3……）时，如果发现其中只有一个因素 x 是共同具有的，就可以判定 x 是 A 的原因。

（2）差异法：如果某现象 A 在 a，b，x 等条件下出现，而在 a，b 条件下不出现，则可判定 x 是 A 的成因。

（3）同异并用法：如果现象 A 在（a，x）、（b，x）的条件下发生，在（a，b）条件下不发生，则可判定 x 是 A 的成因。

（4）共变法：如果有 x，则有现象 A，无 x，则无现象 A，当 x 变化时 A 也随之变化，则可判定 x 是现象 A 的成因。

（5）剩余法：如果现象（A，B，C）产生的原因是（a，b，c），已知 a 是现象 A 的原因，b 是现象 B 的原因，则可判定用 c 是现象 C 的原因。

以上五种方法，各有其适用范围和一定条件限制。在现实社会中，因果关系是极其复杂的，既有一因多果、一果多因，又有多因多果，还有互为因果；因果关系有必然的，也有偶然的；因果关系往往存在于不同的层面，一定的因果关系只限于解释特定层面上的现象，等等。所以，我们在作因果关系的理论分析时，必须结合实际情况，与定性和定量分析结合运用，才能做出正确的解释和判断。

（二）辩证分析法

辩证分析法以辩证唯物论为基础，是指导我们分析调查资料的重要思想方法，也是最常见的理论分析方法之一。常用的辩证分析法有三种。

1. 矛盾分析法

这种方法是根据对立统一的观点进行理论分析，把事物看作由矛盾的双方组成，双方互相依存、互相对立，并在一定条件下互相转化。使用矛盾分析法时，一是要看到社会事物和现象的两个方面，并注意其联系，全面地看问题；二是明确社会事物和现象的主要矛盾和矛盾的主要方面，在分析问题时抓住关键点；三是注意分析矛盾双方转化的可能性及其条件。

2. 具体和抽象分析法

从具体到抽象和从抽象到具体，是理论分析的两种重要方法。人们认识事物的完整思维过程，是由感性具体到抽象，再由抽象上升到思维具体的过程。所谓感性具体，就是我们通过感官，获得的对事物的认识。这种感性的认识，一方面是生动的、具体的，但同时也是表面的、笼统的。人们认识的目的在于通过思维以了解事物的本质、规律以及内在联系，为此，就需要在感性具体的基础上进行理性的抽象。抽象的第一步是区分，就是按照一定的标准把认识对象区分为各个方面、属性、特点或关系。例如，对于人来说就可以区分为姓名、性别、年龄、思想意识等。第二步是抽取，就是根据研究的目的和现实条件，从众多方面、属性、特点或关系中，抽取所要研究的那一部分，而忽略其余的部分。第三步就是对我们抽取出来的方面、属性、特点或关系进行独立的研究，最后得到结论。从表面上看，抽象似乎是脱离了客观物体，但是从实质上看，抽象使我们深入到了事物的内部，更接近于事物的本质。从这个意义上说，抽象法是一种透过事物外部，到达并认识事物本质的分析方法。

从感性具体到抽象，虽然使得我们认识到事物的本质，但是，毕竟我们的每一次抽象都只是对事物某一个方面的反映，相对于具体、完整的事物，这种本质的认识毕竟是片面的和孤立的，因此，要想对事物有一个全面、具体的认识，就应该从抽象回到理性的具体上来。理性具体有别于感性具体，它是事物内在本质完整的、具体的呈现，较之感性具体，就有了多样性和统一性的特点，是社会事物各方面本质有机组合而成的统一整体在思维中的再现。经过感性具体到理性具体的转变，人们对客观事物的认识有了一个质的升华，它意味着我们对事物的本质的更好把握。

3. 现象和本质分析法

现象是事物本质的外在表现，社会调查资料就是关于社会现象的资料。社会事物的本质是隐藏在社会现象背后的内在联系和规律，是不能直接看到的。只有通过对调查资料深入、科学的分析，才能认识社会事物的本质。我们使用现象和本质分析法的目的，就是透过社会现象去抓事物的本质，并争取提出研究结论和建议去影响社会实践活动。

（三）比较法

所谓比较法，就是确定调查对象之间相异点和相同点、区分事物本质和特征的一种逻辑思维方法。世界上的一切事物之间都存在这或多或少的共同点和差异，没有完全相同的事物，也没有完全不同的事物。比如说，人与人之间，虽然大家都有着相似的外形，都有脑袋和四肢，但是却存在肤色的区别，即使是同样肤色的人，长相也各不相同，因此，我们才能够从众多人中区分出张三、李四；再如，人的指纹，世界上几乎没有指纹一模一样的两个人，但是，尽管大家拥有自己独一无二的指纹，但是都离不开"弓""箕""斗"三种基本类型。正是通过对事物之间共性和差异的比较，我们才能够更加完整、客观地认识事物。

比较首先需要指标，就是说我们比较的是什么。比较的指标主要有数量比较、质量比较、外形比较、原因比较、外形比较、结构比较和功能比较等。

比较还需要比较对象，也就是说，比较是发生在至少两个个体之间的。个体可以是具体的，如一张桌子、一个人等，也可以是抽象的，如事物发展的某个阶段。根据所对比的对象之间的关系，对比又有横向对比、纵向对比、理论和事实对比等几种方法。横向对比就是采用统一标准对统一时间或者同一状态下不同个体之间的对比对比，如现阶段城市与农村发展水平的对比，东部和西部的对比。纵向比较则是将同一事物发展的不同阶段作为个体进行比较，如对中华人民共和国成立以来各年度经济增长水平的对比。纵向对比揭示了事物发展的规律、特点以及趋势。理论和事实的对比实际上是把某种理论观点和其在现实中运用后的结论进行对比，看它们是否是一致的，这实际上就是用实践检验理论，并对理论进行发展的过程。

运用比较法认识事物时，随着人们时间和认识的不断发展，比较的内容也需要不断地提高和深化，比较应该逐渐脱离事物的表面现象，而不断向着问题的实质进发。同时，也应该尽量对事物进行多个侧面的比较，我们所进行的任何比较都是片面的，对多个侧面的比较有助于我们较为全面地了解事物。

比较有两种基本方法，一种是现象比较，也就是比较事物的外部特征或者是外部联系；另一种则是本质比较，是根据事物的本质特征或者内部联系进行的比较。通过这两种比较，我们可以更清晰地区分事物的类别，如根据人的性别区分男女，根据地理位置区分东西部地区，按照经济发展水平把世界各个国家分为发达国家和发展中国家等。对社会事物和现象进行分类是比较法的重要目的之一，它可以帮助我们更加深刻地揭示事物的本质。

（四）系统分析法

所谓系统，就是由各种构成要素按照一定方式联结在一起的具有特定性质和功能的统一整体。研究现实系统或可能系统的一般性质和规律的理论是系统论，它是对唯物辩证法普遍联系原理的丰富、深化和发展。资料分析中的系统分析法就是运用系统论观点分析社会调查资料的方法。

运用系统分析法应该从以下几个方面入手：

1. 分析系统的构成要素

要素是构成系统的基础，离开了要素就无所谓系统。所有社会现象和事物都是大大小小的系统，调查资料就是各种系统要素的集合。因此，要想正确认识调查对象的整体状况，就应从分析调查资料所反映的构成调查对象的要素开始，深入研究各个要素的特点，把握要素的内涵和外延，特别是要着重剖析每个要素所独有的质的规定性和量的规定性。

2. 分析系统的内在结构

对系统内在结构的分析，属于一种专门的理论分析方法，叫作"结构分析法"，在社会调查研究中具有重要地位。所谓结构，就是由系统诸要素有机构成的固有的相对稳定的组织方式或联结方式。系统之所以成立，不仅取决于它的构成要素，而且取决于联结这些要素的结构。系统不是其构成要素的简单加总，而是所有构成要素按照一定规律和程序联系、结合而成的稳定、有序的整体结构。这种结构是系统发挥效用的保证。因此，在资料分析的过程中，我们应该把对该系统构成要素的分析与对该系统内在结构的分析有机地结合起来进行，从调查资料中努力探究系统构成要素的联结方式，这样才能更好地认识调查对象的整体状况、特征和本质，更有效地探求通过调整或改变系统内在结构促进系统整体性质进步和整体功能提高的途径和方法。例如，要研究企业生产系统的整体性质和整体功能，我们不仅要分析劳动力、劳动资料、劳动对象、科学技术、生产管理等构成要素自身的数量和质量，而且要分析这些要素的组织方式和联结方式。如果组织方式、联结方式科学合理，那么就可以判定企业的整体性质和整体功能优越；反之，则可以判定企业的整体性质和整体功能低劣。

3. 分析系统的整体性质和整体功能

整体性原则是系统分析法的实质和核心。系统论的一个核心论点就是"整体大于各部分之和"。它说明了系统的整体性质不是各要素性质的简单总和，而是不同于各要素性质之和的一种新的性质；系统的整体功能也不是各要素功能的简单总和，而是不同于各要素功能之和的一种新的功能。因此，在资料分析中，我们不仅要分析调查对象的构成要素和内部结构，而且要分析这些构成要素和内部结构怎样形成了系统的整体性质和整体功能，并把它作为分析、研究的落脚点和归宿。

在系统的构成要素和内在结构基本相同的条件下，系统的整体性质和整体功能主要取决于系统内部的自我协调和自我控制能力。这种能力是通过控制和反馈来实现的。事实上，任何一个系统都存在着两个互相联系、互相作用的子系统，即施控系统和受控系统。

系统自我协调和自我控制的过程，就是施控系统与受控系统相互作用的过程。例如，企业的决策机构和管理机构就是它的施控系统，执行机构和反馈机构则是它的受控系统。一个企业如果有很强的自我协调、自我控制能力，能真正做到科学决策、有效管理、坚决执行、及时反馈，那么这个企业肯定是一个先进企业；反之，就是一个落后企业。因此，运用系统分析法研究调查资料，往往还需要进一步研究调查对象的施控系统和受控系统的状况和整个系统自我协调、自我控制的实际能力。只有这样，才能对系统的整体性质和整体功能做出正确的判断。

4. 分析系统与外部环境的关系

所谓环境，是指系统周围的各种外部条件的总和。任何系统都处于一定环境之中，并与之相互联系、相互作用。对系统与环境之间关系的分析，也是一种专门的理论分析方法，叫作"功能分析法"。它是通过系统与环境之间"输入"和"输出"的关系来判断系统内部状况及其特性的分析方法。"输入"指的是环境对系统的作用；"输出"指的是系统在特定环境中对"输入"的加工并反作用于环境。系统将"输入"转化为"输出"的能力是系统功能的一种体现。运用系统分析法，在调查资料中探寻调查对象的这种能力所在，正是我们进行资料分析的目的之一，它有助于我们对于调查对象的整体认识。

（五）逻辑证明法

证实和证伪统称证明，是社会调查中相互联系且相互对立的两种思维方式。我们研究调查的理论假设都需要得到证实或者证伪，有时候，还需要对相反的观点进行反驳。

实践证明和逻辑证明是证明的两种基本类型，实践证明是用作为实践结果的客观事实来检验理论命题的真实性；逻辑证明则用一系列逻辑判断来说明一个理论假设的真实性。社会调查研究首先看重的是实践证明，因为"实践是检验真理的唯一标准"，任何理论假设都必须放在实践当中不断检验，以确定其真伪，所以实践证明是最有说服力、最有权威的最终证明。同时，证明也离不开逻辑证明，这是因为实践证明只能够让人知其然而不能使人知其所以然，它只能判断某一理论命题的真伪，却无法说明其为什么正确或者错误，所以需要逻辑证明来做进一步的论证和说明。逻辑证明还是传播真理、揭批谬误的有效工具。一个观点要让人接受，不仅需要"摆事实"，还需要"讲道理"，只有经过缜密的逻辑论证，以理服人，才能有效传播。

论题、论据和论证是逻辑证明的三个要素。论题，是需要我们进行真实性判断的理论假设；论据，是用来判断论题真实性的依据；论证，则是我们应用论据对论题进行真伪判断的逻辑关系和证明过程。这三个要素中，论题回答"证明什么"的问题，论据回答"用什么来证明"的问题，而论证则回答"怎样证明"的问题。

按照证明方式，证明可以分为直接证明和间接证明。直接证明是指从论据直接确定论题真实性的证明；间接证明，则是根据确定与论题相反的或者并列的命题的真伪来对于那命题的真伪进行证明，间接证明一般用在对论题证实的证明之中。

1. 直接证明

常见的直接证明有归纳证明和演绎证明，也叫归纳法和演绎法。

人们的认识和思维过程，是在实践的基础上，由个别到一般，然后再回到个别的一个不断循环反复的过程。我们把从个别到一般的思维过程称为归纳，而把由一般到个别的思维过程称为演绎。归纳证明就是以个体的和特殊的事实为依据，采用归纳推理的方式对一般性的论题进行真假判断的证明方式。演绎证明则是以一般原则或原理为论据，以演绎推理为论证方法来对论题进行真实性证明的方法。

（1）归纳法

按照归纳对象的范围，归纳法可以分为完全归纳法和不完全归纳法。

完全归纳法是根据某类事物的所有个体归纳出该类事物的所有个体所具有的共同特征。用公式可以表示为：

S1 是（不是）P

S2 是（不是）P

S3 是（不是）P

……

Sn 是（不是）P

（S1，S2，S3，…，Sn 是 S 类中的所有个体）

S 是（不是）P

其中，S 表示某类事物，S1，S2，S3，…，Sn 是 S 中的个体，P 是某项属性。

不完全归纳法是根据所观察到的事物的部分个体所表现出来的特征，来推知事物全部个体特征的一种方法。不完全归纳法主要有简单归纳法和科学归纳法两种具体形式。

简单归纳法是根据某事物的部分个体具有或不具有某特征，并且没有发现不同情况，从而推出某事物具有或者不具有该特征一种归纳方法，用公式可以表示为：

S1 是（不是）P

S2 是（不是）P

S3 是（不是）P

……

Sn 是（不是）P

（S1，S2，S3，…，Sn 是 S 类中的所有个体，且在考察中没有发现不同情况）

S 是（不是）P

其中，S 表示某类事物，S1，S2，S3，…，Sn 是 S 中的个体，P 是某项属性。

简单归纳法是建立在直接经验基础上的归纳方法，它的结论是根据某种社会现象的反复出现，且没有反例出现而做出的，所以在一定程度上是可靠的。简单归纳法方便易行、使用广泛，但是，也有着一定的局限，因为它的结论只具有或然性，一旦有一个反例出现，那么整个假设就相当于被彻底否定了。提高简单归纳法结论的可靠性可以通过两个方法实现，一是增加受调查个体的数量，二是注意收集反面的事例。

科学归纳法是根据某种事物的部分对象与某种特征的必然联系，来推知该事物的所有个体都具有或者不具有该特征的归纳方法。初等数学中的数学归纳法就是科学归纳法的一种。用公式表示为：

S1 是（不是）P

S2 是（不是）P

S3 是（不是）P

……

Sn 是（不是）P

（S1，S2，S3，…，Sn 是 S 类中的所有个体，且在考察中没有发现不同情况）

S 是（不是）P

科学归纳法是比简单归纳法更加复杂、科学的不完全归纳法，其认识作用也比简单归纳法巨大和深刻。科学归纳法把认识从个体推广到了一般，正确揭示了个体与某项特征之间的必然联系。

完全归纳法和不完全归纳法中的简单归纳法、科学归纳法，都是我们进行调查研究经常用到的方法，就其精度而言，简单归纳法较之其余两种精度较低，因为它没有经过缜密的逻辑证明并且不能排除反例的存在，因此一旦有不同情形出现，则其结论实际上就被彻底推翻了。而就其难易程度而言，不完全归纳法要简便一些，而完全归纳法由于不仅要明确知道总体的数量以及每一个个体就某一项特征的具体情况，在现实中不容易做到，所以完全归纳法的应用范围是比较狭窄的。

（2）演绎法

演绎法有多种形式，在这里我们以假言推理为例说明其一般形式。

假言推理是前提中至少有一个假言判断，并且根据前件和后件的关系推出结论的一种演绎推理。根据前件的性质不同，假演推理可以分为充分条件假言推理、必要条件假言推理和充分必要条件假言推理三种类型。例如：

（充分条件假演判断肯定前件式）

如果行为不具有社会危害性，那么该行为不是犯罪。

××的行为不具有社会危害性，

结论：××的行为不是犯罪。

（必要条件假言判断否定前件式）

　　　　只有积极努力学习，才能够取得好成绩。

　　　　××没有积极努力，

　　　　结论：××不能够取得好成绩。

（充要条件假言判断否定后件式）

　　　　只要而且只有达到质量标准的产品，才是合格的产品。

　　　　××产品不是合格产品，

　　　　结论：××产品没有达到质量标准。

　　需要注意的是，这里的推断仅仅是对前件和后件逻辑关系的推断，所得结论仅仅是符合先前的假言判断的，而不见得就是符合客观事实的，如果假言判断是错误的，那么得到的结论也不会正确。因此，在假言推理中，要想得到正确的结论，就必须首先保证假演判断的正确与前面相同，归纳证明也分完全归法证明和不完全归纳证明，不完全归纳证明亦分为简单枚举证明和科学归纳证明，只是它们的可靠程度不同，我们在实际应用中应当尽量使用可靠性较高的完全归纳证明和科学归纳证明。

　　2. 间接证明

　　常见的间接证明有反证法和排除法。他们常用来对命题进行证实。

　　（1）反证法，就是首先对需要证明的论题的反论题进行证伪，以此来证明原论题的真实性。其一般公式为：

　　［求证］论题：A

　　［证明］① 设反论题：非A（非A与A互相矛盾），且如果非A成立→则B成立。

　　　　　② 已知B不能成立。

　　　　　③ 所以，非A是假的，A是真的。

　　（2）排除法，也称选言法，是通过论证与原命题并列的其余所有可能为假以证明原命题为真的证明方法。其一般公式为：

　　［求证］论题：A

　　［证明］① 设并列论题：A，B，…，N，（A，B，…，N不能同时成立且穷尽所有可能）。

　　　　　② 证得B，…，N为假。

　　　　　③ 所以，A是真的。

　　在进行逻辑证明的时候，我们应该遵循以下一些基本规则：

第一，论题明确。所要论证的论题必须要进行清晰的描述，概念的内涵和外延都必须明确界定，避免"论题模糊"的错误。例如，"人民币汇率保持稳定是好事"作为一个论题就有诸多不妥之处，首先，"保持稳定"是对谁保持稳定？对是美元，还是对于一个平均水平？还有"是好事"是对于谁而言的？是对于国家、生产经营者、劳动者，还是广大国民？这些都是需要严格界定的。

第二，论题必须统一。在整个论证过程中，我们都必须向着同一个论证方向进行，避免转移论点和偷换论点。比如说，把论题"党政分开"改换成为"党政分工"等，这样的论证不是缜密的论证过程，一般来讲是不能得到正确结论的。不过，这种方法虽然在学术证明中不宜采用，但却是辩论赛中的惯用手段，掌握这种方法对于练习思维是有作用的。

第三，论据真实。我们在证明过程中使用的论据必须是真实的，不能使用肆意编造的证据进行证明。虚假的证据，不论证明过程如何严密，都是不能使人信服的。比如，"因为人人自私，所以社会公德不能够形成"，这里，"人人自私"是一个虚假判断，"社会公德不能够形成"的结论是不能够用这样的论据来证明的。

第四，避免循环论证。也就是说，论据的真实性不能依赖于论题的真实性。例如，"我比我弟弟年龄大，是因为我弟弟比我年龄小"，就是一个典型的循环论证的例子。

第五，论证必须符合逻辑推理规则。不符合逻辑推理规则的推理是不能够得出正确结论的，如"因为我是我爸爸的儿子，所以明天是 11 月 4 日"这个极端的例子就是这类错误的放大。

总的来说，在逻辑证明中所出现的错误大多是违反了上述规则，因此，严格遵守这些规则，是进行逻辑证明的必要条件。

本章小结

资料分析是运用科学的逻辑思维方法对社会调查所获得资料进行研究、判断和推测，以揭示社会事物或现象的性质、特征与规律的过程。一般认为，它包括三方面内容，即定性分析、定量分析和理论分析。传统的资料分析主要是定性分析和理论分析，但当前最流行和最受重视的是定量分析即统计分析。统计分析按照性质可以分为两类，一类是描述性分析；另一类是推论性分析。统计分析按照涉及变量的多少，又可以分为单变量分析、双变量分析和多变量分析三类。资料分析中常见的相对指标分析、集中量数和离中量数分析、因素分析、动态分析等都属于描述性分析，其中集中量数和离中量数分析以及动态分析主要是单变量分析，相对指标分析和因素分析主要是双变量分析、多变量分析；相关和回归分析、抽样推断分析、预测分析、综合评价分析等都属于推论性分析，它们一般是双变量分析或多变量分析。20 世纪中叶以来，电脑统计分析软件应运而生，成为普通大众也可以熟练应用的、简便易行的资料统计分析工具。目前，最流行的专业电脑统计分析软件是 SPSS 软件。另外，应用比较普遍的还有 Office 中的 Excel 等。

　　定性分析和理论分析是资料分析中统计分析之外的两种主要分析方法。定性分析的基本内容主要是识别属性、要素分析和归类。在资料分析中，其主要任务是：进一步明确概念的内涵和外延；对原来调查资料的分类以及所使用的概念、变量间关系做进一步的分析、确认；根据整理后的调查资料，从定性角度对原定的研究假设和理论建构证实或证伪，或提出新的理论观点。

　　理论分析是资料分析的高级阶段和最终环节，它主要是对调查得到的资料和统计得到的数据，运用各种思维方法进行系统化的理性分析并做出结论的一种思维过程。理论分析依靠科学的逻辑思维方法进行。在社会调查研究中，常用的逻辑思维方法有因果分析法、辩证分析法、比较法、系统分析法、逻辑证明法等。

思考题

1. 资料分析有哪几种途径？
2. 什么是资料统计分析？它有哪些主要类型？
3. 怎样进行相对指标分析？
4. 怎样进行集中量数和离中量数统计分析？
5. 怎样进行因素和动态统计分析？
6. 什么是相关分析和回归分析研究？其基本方法如何？
7. 简述抽样推断统计分析的主要类型及其方法。
8. 有哪些主要的电脑统计软件？它们的特点如何？
9. 什么是资料定性分析？怎样进行资料定性分析？
10. 有哪些主要资料理论分析方法？应当怎样运用它们？

第五编

调研总结

第十二章 调查报告

调查报告的撰写是社会调查研究总结阶段最重要的工作。调查报告的完成，是社会调查研究结束的主要标志。本章说明了调查报告的含义、作用及特点，结合实例介绍了各种类型的调查报告的基本情况，讲述了调查报告的格式、撰写步骤、基本要求和写作方法。主旨是希望学生通过本章的学习，能够按照一定的步骤和要求，完成调查报告的写作。

1. 了解：调查报告的含义；调查报告的作用；调查报告的类型；调查报告的特点；
2. 掌握：调查报告的结构；调查报告写作的步骤和基本方法；调查报告写作的基本要求。

在对调查资料进行深入的整理和分析之后，社会调查研究即进入总结阶段。总结工作主要包括总结调查工作、评估调查结果和撰写调查报告。但许多社会调查研究并不专门进行前两项工作，而是与撰写调查报告合并进行，调查报告的完成，就是社会调查研究结束的主要标志。因此，可以说，调查报告的撰写是社会调查研究总结阶段最重要的工作，也是社会调查研究的最后环节。调查报告是否科学、系统，关系着社会调查研究的成败与质量高低。

第一节 调查报告的含义、种类及特点

一、调查报告的含义

调查报告是人们对某一事物、某一事件、某一方面或某一问题，进行充分的调查研究之后，根据调查资料所写出的真实反映情况的书面报告。

268

调查报告不像一般公文，有单一、固定的名称。它除了以"调查报告"命名外，还可以叫作"调查""调查汇报""情况调查""信访调查""调查附记""调查札记"等。此外，许多以"情况汇报""情况介绍""情况反映"等为标题的文章，也属于调查报告。

调查报告的用途十分广泛，或用于总结先进的经验，或用于揭露存在的问题，或用于披露事实的真相，或用于预测事物的前景，或用于介绍事物的发展过程，或用于反映事物的客观规律，或用于提出对策建议，等等。由于在实际工作中调查研究非常普遍和频繁，所以调查报告成为一种特别常用的文体，对社会发展起到了很大的推动作用。

二、调查报告的种类

一般认为，调查报告根据其性质不同，可分为两大类：一是普通调查报告，也叫社会调查报告或事务文书类调查报告；二是学术调查报告，也叫科研调查报告。这两类调查报告依据不同标准又可划分为多种类型。

（一）普通调查报告

1. 描述式调查报告、论说式调查报告、合一式调查报告

按照文体特点的不同，调查报告大致可以划分为描述式调查报告、论说式调查报告、合一式调查报告等。

描述式调查报告在撰写时偏重于对调查过程和调查得来的情况的客观叙述，较少议论，它注重使受众对调查对象产生深刻的印象，从中形成鲜明的、正确的看法。著名的中央电视台"新闻调查"节目大多就是以电视报道的形式表现的描述式调查报告。

论说式调查报告在撰写时偏重于对调查得来的材料的分析论证，以及由论证形成的作者的见解，并且以此来引导读者，使读者了解该调查对象的性质及意义。这类调查报告理论色彩较浓。毛泽东同志的《湖南农民运动考察报告》就是典型的论说式调查报告。

合一式调查报告是描述式和论说式两种类型的结合，其特点是既有描述，又有议论，以全面、深入地反映实际情况。在撰写时一般是先摆明情况，然后分析、归纳，得出总结式的结论和提出建议。绝大多数调查报告都属此类。

2. 全面调查报告、专题调查报告、典型调查报告

按照调查范围、调查方式的不同，调查报告大致可以划分为全面调查报告、专题调查报告、典型调查报告等。

全面调查报告特指依据普遍调查的结果所写的调查报告。它涉及调查对象的所有单位，所用调查资料广泛，因此结论有普遍性，适用面宽，指导作用相对较大。比如，中国音乐研究所编的《湖南民间音乐普查报告》[①] 一书，就是对散处在湖南省全部县乡的所有民间音乐

---

① 中国音乐研究所．湖南民间音乐普查报告．北京：人民音乐出版社，1960.

做了全面调查以后写成的大型全面性调查报告，在抢救民族文化遗产、发展民族音乐方面起到了重要作用。

专题调查报告是为了一定的目的，选取特定角度，以某一个或某一组样本作为调查对象进行专门调查，在调查结果的基础上所写的调查报告。它主题鲜明、针对性强，涉及的资料专注于某一个或某几个方面，比较全面、细致、深入，数据比较准确，所以结论较为深刻，说明力强。比如，于兵的《天津市武清县乡镇企业资金现状的调查》① 一文，对当时的天津市武清县乡镇企业的资金状况做了详细描述，指出了存在的问题，提出了解决办法，是一篇典型的专题调查报告。

典型调查报告是为了一定的目的，选用一个或数个典型单位或事例为样本作为调查对象，经过调查分析以后所写的调查报告。它是通过个别说明一般，通过特殊得出具有普遍意义的结论，从而指导和推动面上的工作。比如，陈东琪的《西北地区机关、事业单位工资、收入分配调查报告》② 一文，就是一篇优秀的典型调查报告。这篇调查报告通过对西北地区最具代表性的新疆、青海、甘肃的大量有关调查资料的分析，指出了西北五省区机关、事业单位工资、收入分配方面普遍存在的问题及其成因，提出了对策和需要进一步研究的问题，给人许多启示，对政府有关决策有重要意义。

3. 情况（概况）调查报告、事件调查报告、经验调查报告、问题调查报告、对策（理论）调查报告

按照目的、作用、内容的不同，调查报告大致分为情况（概况）调查报告、事件调查报告、经验调查报告、问题调查报告、对策（理论）调查报告等。

情况（概况）调查报告也称基础性调查报告，是全面、系统地反映调查对象的基本状况的调查报告。其特点是对调查对象的概况和特征及其发生、发展、变化的过程做比较完整的表述，使人对调查对象有全面的了解，进而理解调查报告的中心思想。这种调查报告在撰写时要以叙述情况，描述事实为主，较少分析、议论，主观色彩、理论色彩都不浓。它的主要功能是给有关部门、有关人员提供客观的、新鲜的资料，作为研究、处理问题，制定政策、法规，决定方针、路线的现实依据。比如，原中央农村政策研究室在 20 世纪 80 年代中期曾经采取随机抽样的方式，对 28 个省、直辖市、自治区的 10 938 位农户进行了调查，在调查的基础上写成了名为《万户农民问卷调查》的调查报告。这篇调查报告客观地描述了农户吃、穿、住、用的变化，记录了农民对农村改革的看法、对粮食生产的态度、对农村基层干部的评价等。作者很少议论，并没有直接站出来表明自己的看法，而是通过客观事实和大量的数据资料，真实地反映出农村的基本情况，使人强烈地感受到改革开放政策的正确性。这就是一篇典范而成功的反映基本情况的调查报告。

---

① 于兵. 天津市武清县乡镇企业资金现状的调查. 财政研究资料, 1994 (26): 24 – 27.
② 陈东琪. 西北地区机关、事业单位工资、收入分配调查报告. 经济研究资料, 1993 (1): 50 – 58.

事件调查报告是昭示事件的调查报告。它的特点是针对现实生活中能发人深省的、具有一定的代表性和突出的社会意义的事件，清晰而完整地陈述其来龙去脉、前因后果、背景材料以及有关情况。行文以叙述为主，较少议论，一般只对主题略加提示，不把话说尽，事件本身所包含的意义留给读者去思索、去追寻。这样更能激发起读者的兴趣，使他们更加主动而积极地投入到思索中。比如，2003年4月25日《南方都市报》刊登的《只缺一张暂住证，一大学毕业生竟遭毒打致死》就是一篇堪称典范、非常成功的昭示事件的调查报告。它通过详细的、无可辩驳的调查资料，客观地报道了大学毕业生孙志刚在广州被收容致死的经过。文章几乎没有什么议论，却给人以多方面的启示，引起了社会上的巨大反响。在全社会的关注和中央领导的过问下，不仅孙志刚的冤情得以昭雪，而且直接促成了旧的收容办法的废除，使我国在这方面取得了重要进步。

经验调查报告是通过对典型事例进行调查分析后写成的调查报告。它的功能在于为贯彻执行某一方针、政策提供成功的典型经验以及具体的做法。其特点是在交代清楚具体事迹及其产生背景的基础上，着重介绍成功经验和具体措施，以期为人们提供一个样板和借鉴，推进"面"上工作的开展。这类调查报告政策性、理论性较强，具有普遍的指导意义。不具备普遍意义、不典型的经验，可写成总结或写成先进事迹，而不宜写成调查报告。比如，山西电视台《记者调查》栏目于2001年5月播出的《穷县如何"唱大戏"——河曲广播电视事业调查》，介绍了山西河曲县广播电视局发展广播电视事业的经验。该局坚持改革开放，转变观念和体制，采取了资产重组、优化资源配置、改革人事制度、积极引进人才、实行全员责任制等措施，从而一举摘掉亏损、落后的帽子，实现了经济效益、社会效益双丰收，为贫困县兴办广播电视事业提供了一个样板。这就是用电视手法表现的典型的介绍经验的调查报告。

问题调查报告是揭露问题、剖析问题和提出解决问题的方法、意见的调查报告。其特点是首先说明该问题的危害程度、范围和紧迫性，再进一步探寻它产生的根源，并尽可能提出解决的办法。比如，《中国工业经济研究》1994年第5期刊登的国家国有资产管理局王保喜撰写的《国有资产是怎样流失的》一文，开宗明义，首先强调了问题的严重性："近13年来，我国的国有资产每天大约流失1亿元，到目前为止，国家至少有5 000亿元'家当'通过各种渠道，进入了个人或小团体的腰包。"然后，用大量调查来的事实和数据逐一分析了国有资产通过六个渠道流失的具体原因。这是一篇典型的揭露问题的调查报告，问题抓得及时、准确，问题的成因分析得较深入透彻。这就为国家有关部门采取相应措施，堵塞漏洞，避免国有资产流失提供了依据。

对策（理论）调查报告是通过对某个地区或某类情况做深入细致的调查研究，根据调查取得的资料和数据，就某个理论问题、政策性问题或措施性问题进行探讨，提出自己的主张。其特点是论证较多，具有很强的理论色彩。文章主要是为了充分说明作者的观点和意见，注重的是说服，而不仅仅是对客观事实的表述和客观现象的披露。比如，全国总工会女职工部撰写的《世事在变，法亦应变——关于女职工生育保险情况的调查报告》① 一文，就

---

① 全国总工会女职工部. 世事在变，法亦应变：关于女职工生育保险情况的调查报告. 中国妇女报，2003 – 05 – 15.

属于提出对策的调查报告。该报告通过对调查得来的大量的事实材料和数据的多方面分析论证，说明现行的《企业职工生育保险试行办法》已不适用于女职工生育的现状，提出了修改、完善《企业职工生育保险试行办法》和尽快出台《企业职工生育保险条例》的具体主张。

（二）学术调查报告

一般依照调查对象的不同，学术调查报告可分为三类：事物的调查报告，事实的调查报告和课题的调查报告。

事物的调查报告是对科研所涉及的事物做实际调查后写出的报告。其特点是细致、准确地描述被调查事物的原貌，在此基础上，做出科学结论。比如，李孝聪在《欧洲所藏部分中文古地图的调查与研究》① 一文中，对调查所得的英、法、德等国图书馆、博物馆藏中国古代地图的情况作了详尽的介绍，并加以多方考证，这就是典型的学术性事物调查报告。

事实的调查报告是对有科学价值的事实或事件做实际调查后写出的报告。其特点是在深入发掘事实（事件）真相的基础上，如实记录其内容或过程，并做出科学分析。比如，李润中、吴太邦在《辽宁盘锦文昌宫道教器乐调查报告》② 一文中，详细描述了调查而来的关于辽宁盘锦文昌宫道教器乐的源流、乐器、乐名、演奏形式、曲目等，并分析其艺术特点和与民俗的关系，这就是典型的学术性事实调查报告。

课题的调查报告是就某一研究课题做实际调查后写出的报告。其特点是围绕课题多方位、多角度地选取调查资料，形成支撑课题的若干观点，得出解决课题的科学结论。比如，《北京居民安全感调查》就是由李强、高光斗主持的"北京社会治安综合评价体系"科研课题组完成的课题调查报告之一。该报告主要从居民的安全评价、被害风险估计、反映安全感的行为等几方面入手，根据大量调查资料，分析影响居民安全感的因素，评估总体上的居民安全感，很有理论价值和实际意义。

三、调查报告的特点

调查报告尽管有多种类型，但其特点都大致如下：

第一，真实性。调查报告必须真实、客观地反映社会调查研究的内容和结果。在调查报告中，所涉及的所有人物、事实、事件的时间、地点、经过及各种细节，都要真实和准确无误，绝不能有任何虚假、浮夸和主观臆测的成分，也不能对调查材料任意肢解、拼凑，或者张冠李戴、移花接木。所有观点、主张必须建立在客观资料的基础上，实事求是，不能是无源之水、无本之木。

---

① 袁行霈. 国学研究：第三辑. 北京：北京大学出版社，1994.
② 李润中，吴太邦. 辽宁盘锦文昌宫道教器乐调查报告. 中国音乐学，1995（1）：73 - 91.

第二，针对性。进行调查研究，说到底，是为了解决社会实际问题。撰写调查报告是实现这一目的的重要一环。因此，调查报告必须有的放矢：它必须是针对某一事物、某一事件、某一方面或某一问题所做的有实际意义的描述、分析和建议；必须针对具体的调查报告的阅读对象，阅读对象不同，其要求和关注问题的侧重点也不同。在社会调查研究中，针对性越强，调查的效果就越好。同样，调查报告的针对性越强，作用就越大。因此，有人说针对性是调查报告的灵魂。

第三，典型性。调查报告所反映的内容，必须是对所调查的问题认真研究和对调查资料精心筛选的结果。无论是观点还是事实，都应当具有典型性和代表性，能够最有力地反映社会关注的热点或急待解决的问题，彰显先进经验或新生事物，揭示社会现象和事物的本质及其发展规律，从而使调查报告真正起到带动全局的作用。调查报告如果失去了典型性，只是泛泛而论，也就失去了存在的价值。

第四，指导性。调查报告应是对社会调查研究所获得资料的高度概括、总结和科学分析。它应当揭示社会现象和事物的本质及其发展规律，从而为人们提供决策依据和解决问题的办法以及理论研究的参考，而不能仅仅是对社会现象简单的一般性描述。即使是描述式调查报告，也要做到给人以启示。

第五，时效性。调查报告必须及时地服务于当前的社会需要。这主要表现为：一是不失时机地反映社会关注的热点、亟待解决的问题和新生事物；二是虽然内容与现实无关，如反映的是历史问题，但其能够立即满足当前人们的某种迫切需要。调查报告如果滞后于现实，即丧失了时效性，就毫无存在的必要。

了解和掌握上述特点，是撰写调查报告的基本要求。合格的调查报告必须符合这些特点。

第二节　调查报告的结构

调查报告并无固定的结构方面的要求，形式可以多种多样。往往是根据其主题，选用恰当的格式。目前，最常见的调查报告的结构包括标题、署名、前言、主体和结尾几个部分。

一、标题

标题是调查报告的名称，用以直接体现中心思想和主要内容，一般分为单行标题和双行标题两种。

（一）单行标题

用一句话拟一个标题，称为单行标题。它一般有两种写法：一是公文式标题，构成形式为"事由＋文种"，如《广东农村贫困户调查报告》；另一是文章式标题，类似一般文章命题，但必须是概括报告的主题或观点或主要内容与论述范围，前者如《太原市牛奶生产的滑坡及其对策》，中者如《大学生消费道德亟待关注》，后者如《江村经济》。

（二）双行标题

用两行、两句话表述同一主题的标题，称为双行标题。双行标题分正标题和副标题。正标题一般采用文章式标题，揭示报告的中心思想，应追求新颖、活泼、富有文采和引人注目；副标题一般采用公文式标题，说明报告的时空范围、内容和文种，应直接、清楚、实在。双行标题兼有公文式标题和文章式标题的优点，既概括又具体，虚实结合，生动醒目，可以给读者一个深刻的印象。如下标题即属成功之作：

《不看不知道，一看吓一跳——青海临时机构调查》

《我们如何赢得未来——上海青少年素质现状的分析与思考》

《北京的钱为何好赚？——北京蔬菜市场调查之一》

《沉重的"丢失"——开架商品被偷拿现象透视》

《变"两张皮"为"一体化"——新飞公司加强企业思想政治工作调查》

无论是单行标题还是双行标题，总的要求都是主题突出、文字精练。双行标题必须避免内容文字重复，而且不能将正副标题颠倒。例如，《大学生自杀率上升——关于大学生自杀现象的调查》即属于内容文字重复；《某市科技人才流失原因调查报告——知识分子的待遇应予提高》则属于正副标题倒置。

二、署名

在标题之下要署明调查研究参加者和撰写调查报告撰写者的名称（或个人或集体），以明确调查报告的责任者和知识产权的归属。

三、导语

导语也称前言、导言，位于调查报告正文的开头部分。有的长篇调查报告将这部分内容单独拿出来，放在报告文本的开头，称其为"说明"或"概要"等。

导语是用一段简明扼要的文字，概括调查研究的起因、目的、意义，调查对象、范围，主要调查方式、手段和经过，以及调查报告的基本观点等。其作用在于使读者对全文先形成一个总体印象，能够迅速、准确地把握文章主旨。因此，它可以说是调查报告的"纲"，具有十分重要的地位。

导语根据调查报告的种类、用途、具体调查手段和方法、正文使用资料的选择以及采用的分析论证方法之不同，而有所差异。它大致可分为以下几种类型：第一种，以描述调研活动的概况（调查范围、主要调查方式、手段和经过等）为主。第二种，以介绍调研对象的基本情况为主。第三种，以说明调研命题的意义或目的为主。第四种，以概括调查报告的主要内容为主。第五种，以阐述调查报告的基本观点为主。有的调查报告，特别是一些大型调查报告，导语也往往是这几种类型的综合。下面请看两个导语示例：

两种形式　不同结果
——吉林市第一住宅公司承包的调查

吉林市第一住宅公司是一个有 3 000 名职工的中型国营施工企业。这个公司自 1984 年起在土建处先后落实了承包责任制。承包形式有两种：一种是包死基数，超收分成，人、财、物三权下放，自立账户，自主经营，自负盈亏的集体承包形式；另一种是公司保任务、保资金、保设备、保材料供应，施工处包各项技术经济指标的"包保"承包形式。他们称实行这种承包的处为"国营承包处"。实践证明，不同的承包形式，承包后的效果大不一样。

（摘自 1987 年 10 月 13 日《吉林日报》）

以上是以介绍调研对象的基本情况为主的调查报告导语。

从谎言到假报道
——失实新闻《农民杜纯考取博士研究生》成稿过程调查

本报 9 月 14 日三版刊登消息"农民杜纯考取博士研究生"，17 日即收到大连工学院来电，内称：杜纯"考试成绩实在太差，五门功课都不及格……我院早已正式通知杜纯不予录取。"

为查清本报这则少有的失实报道的原因，记者带着署有"山东省枣庄军分区政治部"及作者名字并盖有政治部公章的原稿，前往滕县、枣庄调查。

（摘自 1987 年 10 月 9 日《人民日报》）

以上是综合说明调研命题的目的和调查的范围的调查报告导语。

四、主体

主体是调查报告的核心和主干部分。陈述情况、列举调查材料和分析论证主要在这部分完成。其内容包括提出问题，引出观点，阐明全部有关论据，说明与之相联系的各种分析研究的方法等。

主体部分要做到重点突出，结构严谨，层次分明，条理清晰。为此，我们必须对内容结构进行精心设计，并对庞杂的调查资料，包括数据、材料、图表、观点等，进行科学分类，去粗取精，做符合逻辑的安排。

主体部分的结构方式由于调研主旨不同而不相一致，但基本结构方式主要有三种，即横式结构、纵式结构和交叉结构。

（一）横式结构

按照事物各组成部分或事物的不同性质、特点分类来安排结构的方式为横式结构。其特点是把报告主体横向展开成并列的若干部分，以更好地反映事物自身的多种性质和特点，以及由此及彼的横向联系，从中体现调查报告的基本观点。具体来说：

按照事物各组成部分分类安排主体的结构，是将事物自有的各组成部分逐个展开，分别予以分析说明，综合各部分的特点来构成事物的总体特征，体现了调查报告的基本观点。例如，对"改革国家干部制度"这个主题，可运用横式结构，从干部管理原则、调配、任免、考核、福利待遇等国家干部制度的组成部分来体现。

按照事物的不同性质、特点分类安排主体结构，是把事物之中性质或特点相同的材料归为一类，逐类展开，多层次、多侧面地表现调查报告的基本观点。例如，对"某引进工程投资效果好"这个主题，可运用横式结构，通过"建设工期短""工程质量高""投资回收快"三个侧面加以说明。

运用横式结构，要注意根据调查对象的重点特征安排内容，不一定面面俱到、全部列举。

（二）纵式结构

按照事物的发展阶段和逻辑次序来安排主体结构的方式为纵式结构。其特点是把报告主体纵向展开为几部分，各部分之间按照顺序自然衔接。它或者以调查过程为序，或者以时间为序，或者以事物发生、发展的经过为序。无论采取何种具体的形式，都必须遵循严密的逻辑推理关系来安排主体内容，使之成为有情况、有分析、有结论的层层递进的有机整体，充分表现其说服力。这种结构多见于内容较为单一的调查报告，如介绍人物、昭示事件的调查报告。它有利于使读者了解调查对象的来龙去脉，从而清楚地把握其内容。例如，前述《南方都市报》刊登的《只缺一个暂住证，一大学毕业生竟遭毒打致死》，按照大学生孙志刚致死事件发生、发展的经过，顺序铺陈调查事实，就是纵式结构调查报告的一个范例。

（三）交叉（混合）结构

这种结构是前两种方式的结合，往往是以一种为主，兼用另一种，即总体为一种，局部为另一种。这种方式容量大，更利于深入问题和形成全面的结论，写法方便、灵活，因此运用比较广泛，尤其是比较复杂或重要的调查报告，大多采用这种方式。例如，段苏权等撰写的《青海省教育工作情况调查》，总体采用的是纵式结构，按照新中国成立前、后的顺序叙述青海省教育的发展概况。每一阶段又按照横式结构，分初等教育、中等教育、高等教育、师范教育四部分展开论述，阐明了提高青海省的教育质量、发展青海省的教育事业的重要性和迫切性，最后顺理成章地引出作者的建议。报告时间逻辑清晰，论述深入，很有说服力。

除了上述总的结构以外，调查报告主体还有局部和基础的"段落"结构。调查报告是由基本观点和说明它的若干从属观点以及说明它们的材料组成。为了表达的完整，同时也便于读者阅读和理解，段落就是把意思相同的观点、材料及论证方法组织到一起，构成一个完整的统一体。这种段落结构和总结构有机结合，就形成了调查报告主体的完整结构。

五、结尾

结尾也叫结语，是调查报告的结束部分。它没有固定的格式。从内容上看，大致有以下几种：①总结性结尾，是对全文的主要内容做出概括，以强化读者的认识，多用于内容复杂、篇幅较长的调查报告。②建议性结尾，是对调查的情况和问题提出解决的办法或意见，多用于总结经验或揭露问题的调查报告。③预测性结尾，是在说明调查情况和问题之后，做出预测，指出发展趋势或影响、结果，以深化调查报告的主题。④号召性结尾，是从报告中自然引申出煽动性语言来结尾，以给读者鼓励与信心，或号召读者为解决问题继续努力。⑤补充性结尾，是对报告主体不便涉及而又有必要向读者交代的情况和问题作简要的补充说明。无论哪种结尾，都应做到简洁、概括、明确、有力，而且不要与主体部分的内容重复。

这是一个典型的总结性结尾的写法。

结尾并非必有，而是根据需要而定。有不少优秀的调查报告都不设专门的结尾，主体完毕，全文自然结束。

另外，如果调查报告内容较丰富，装订页码较多，从方便读者的角度出发，应当使用报告目录或索引，将报告文本的主要章、节、目及附录资料的标题、号码和页码列于报告之前，也作为调查报告的一个组成部分。

第三节 调查报告写作的步骤和基本要求

调查报告无论采取何种类型、格式，其撰写都要包括确定主题和观点，精选素材，拟订提纲，起草报告和修改定稿五个步骤。

一、确定主题和观点

确定主题并形成观点是调查报告的首要问题。写文章讲究"以意为主""意在笔先"，"意"即指主题和观点，它们在全文中起统帅、主导和制约其他内容的作用。同样，主题和观点是否明确、是否有价值，对调查报告也具有根本性意义。如果一篇调查报告的主题选择不当，观点偏颇、失误，即使文字表述再出色，也没有任何价值。

（一）确定主题

调查报告的主题一般来自三个途径：上级布置、他人委托、作者自定。一般来说，调查报告是调查研究的总结，因此，调查研究的主题也就是调查报告的主题。但是实际上并不一定都是如此。调查研究的主题是在调查之前根据对被调查者的了解拟定的，而调查报告的主题是在完成全部调查并对调查资料进行深入分析、综合之后才最终确定的。二者通常一致，但有时也不一致。这主要是因为：

第一，调查资料显示原来的调查主题不能成立，或者得不到足够的材料支持，就要重新确定主题。例如，有关部门收到大量来信，反映某地区撤并了一批乡镇，引发了许多严重问题，于是组织调查组，就撤并乡镇的问题进行调查。结果调查来的大量材料表明，撤并乡镇实际上是利国利民的大好事，所谓问题，只是一些被精简的干部在兴风作浪。因此，调查组将调查报告的主题重新确立为总结经验。

第二，调查主题比较单一，但调查资料内涵非常丰富，具有多方面的价值和重要意义，就有必要放大调查报告的主题。比如，如果调查的主题是总结某市不拘一格用人的经验，但通过对调查资料的分析，发现它们足以说明该市在人事制度的各个方面都有重要创新，极具普遍指导意义，就可以把调查报告的主题放大为对该市人事制度改革的全面介绍。

第三，调查主题涉及面广，调查得来的材料或问题太多，不适于或难以用一篇报告表达，就需要分写几篇报告，并重新确立每一篇报告的主题。这些主题即对调查主题的分解。

第四，在调查主题涉及的所有内容中，有些表现突出，价值较大；而有些则非常一般，价值很小；还有些材料不充分，无法形成观点。这就需要对调查报告的主题作"避轻就重"的调整。

总之，确立调查报告主题的过程，是对调查主题进一步确认或收缩、放大、分解、修正、提升的过程，是撰写调查报告的必经之路。

（二）确定观点

调查报告的观点，是调查者对调查对象提出的看法与评价，也是调查报告主题（中心论点）的发散。观点的证明与表达是撰写调查报告所要完成的主要任务，一切具体写作都要围绕观点来进行，并以让读者理解、信服观点为目的。

观点是在充分占有并深入分析、综合调查材料的基础上形成的。在对调查资料进行整理、分类和确立调查报告主题的阶段，观点即已逐渐产生并不断深化。通过对调查材料的"分析—综合—再分析—再综合"的反复过程，观点由散乱逐渐趋于凝聚，由模糊逐渐变为清晰，由肤浅逐渐转为深刻，并最终得到确定。这一过程也就是调查者的主观认识与客观调查材料不断碰撞与结合的思维过程。

确定后的观点应当符合如下要求：

第一，准确。观点必须由客观实际调查材料提炼而成，正确地反映客观实际。

第二，鲜明。观点必须直接、明确，不能似是而非，概念含混。

第三，新颖。观点要反映新事物、新事件、新问题、新视角、新主张，有突出的社会意义，不能是老生常谈，或无病呻吟。

第四，深刻。观点是反复认识客观实际的产物，必须透过现象指出本质，一针见血，不能就事论事，隔靴搔痒。

观点构成调查报告的论点，分为不同的层次：中心论点，即调查报告主题；中心论点下有若干说明主题的分论点；分论点之下，还可以视需要，设若干并立的基本论点。这些论点的有机结合，就构成了调查报告的骨架。

二、精选素材

调查报告必须言必有据。"据"就是资料，是支撑调查报告主题和观点的基础。如果说主题和观点是调查报告的"灵魂"及"骨架"，那么资料就是调查报告的"血肉"。只有达到资料与主题、观点的高度统一，调查报告才能充分说明问题。

通过对资料的整理与分析，可以说调查者已经筛选出了可供调查报告使用的素材，但这并不意味着将它们堆砌和罗列进调查报告即可了事，而是要根据主题和观点的需要，对所有素材进一步精心筛选，找出最有助于说明论点的论据。

在筛选素材时应把握以下原则：

第一，选取可靠资料。所谓可靠资料，一是指资料的来源可靠。应尽可能选用调查者亲自获得的原始资料（第一手资料）。如果确有必要使用次级资料（第二手资料），则应选用已被实践检验是可靠者。二是指资料的内容可靠。所选取的资料不但应是客观的，而且应是真实的和确凿无疑的。

第二，选取充分、完整而又适量的资料。这是从量的角度对调查资料进行选取。调查报告要用事实说话，只有充分展示客观、全面的真实材料，包括反映事物特征的正面和侧面乃至反面的材料，才能更好地说明调查报告的主题和观点。但是，这并不意味着资料能用即用，而是要以必须、够用为度，做到恰到好处，丰满而不臃肿。如果说明同一论点的有价值的论据较多，就要忍痛割爱，选取最优。

第三，选取有力的资料。选取有力的资料是指从质的角度，根据主题的需要，通过全面分析和反复比较，选取最适合和最典型的资料。与主题无关或关系不大以及可用可不用的资料要坚决舍弃。这样才能突出主题，加强调查报告的效果。

第四，选取新鲜的资料。新鲜的资料首先是指调查中发现的社会新事物、新行为、新思想、新事件和新问题；其次是指早已存在，但未被发现或未引起应有注意的问题；最后是指人们比较熟悉，但从新的角度可以显现新的特点的问题。只有努力出新，才能使调查报告具有旺盛的生命力。

第五，选取易于理解的资料。选取资料还要考虑其影响力与说服力。一般来说，资料越明白易懂，就越能说服人，影响面也就越大。因此，调查报告使用的素材一定要具体、翔实，而且应与多数人的理解能力相适应。

三、拟定提纲

经过确定主题和观点以及精选素材之后，调查报告的结构框架与大致写法实际上已在作者的头脑中初步形成。但是这些构思只要没有书面化，就往往是散乱不定、稍纵即逝的。拟定提纲正是要以书面形式对作者的初步构思加以梳理，使之系统化、完善化、定型化。人们常把写作提纲比作调查报告的"设计图"。正如建造大厦离不开设计图一样，调查报告的写作也是离不开写作提纲的。

写作提纲是调查报告内在逻辑关系视觉化的最好形式。它可以使调查报告中论点与论点、论点与材料、材料与材料之间的逻辑关系全部清楚地显现出来，便于作者全面把握调查报告的整体结构，认真考察每一部分和每一段落的地位及其相互之间的衔接是否恰当，部分与整体之间的关系是否合理，内容是否均衡，重点是否突出。

调查报告提纲的内容通常包括：①标题。②观点句，也叫中心论点句或主题句，概括全篇的基本观点的语句，作用是使作者牢记报告的中心之所在。③内容纲要，是提纲的主体部分，分条分项地反映正文的构成状况。它不是观点和资料的简单罗列，而是精心设计的逻辑框架，使观点和资料在其中能居于最恰当的位置。其详略可自定。略者一般由单句或标题组成；详者一般包括全部标题和论点、论据提要，乃至段落大意等。其形式大致为：

一、大的部分或层次的论点

（一）分论点

1. 段的论点或大意

（1）材料

（2）材料

……

二、三……皆以此类推。

示例：

新入园幼儿家庭饮食习惯的调查与分析
（写作提纲）

前言

一、调查的目的

二、调查对象、内容与方法

1. 调查对象

2. 调查内容与方法

主体

三、调查结果

1. 幼儿的饮食习惯（表1、表2）

2. 影响幼儿饮食习惯的因素

（1）幼儿餐前吃零食情况（表3，议论）；

（2）幼儿餐前运动量较小（表4，议论）；

（3）大多数家长没有科学地考虑幼儿的饮食质量（表5，议论）；

（4）大多数幼儿在饮食前缺乏愉快情绪（表6，议论）；

（5）不少家长对幼儿饮食习惯的教育方式不当（表7，表8，议论，表9，议论）。

四、调查结果分析

1. 家长的教育观念对孩子饮食习惯的影响

2. 家长的教育方式对幼儿饮食习惯的影响

3. 幼儿饮食习惯与幼儿活动的关系

五、改进措施

1. 适量的身体活动

2. 家庭和幼儿园要保证幼儿在最佳的生活和心理状态下进餐

3. 家庭和幼儿园要安排好幼儿一日生活作息时间

4. 合理的营养是孩子健康成长的物质基础

5. 培养幼儿良好的饮食习惯

结语

（略）

四、起草报告

拟定提纲之后，便可以着手起草调查报告。在写作过程中，不但要按照提纲推衍成文，还必须讲求具体的写作方法。后者除了前述格式方面的要求外，主要指采用恰当的表达方式和仔细推敲语言等。

（一）表达方式

调查报告的表达在形式和文体性质两方面，都有不同于其他类型文章的特点。

从形式上看，调查报告除了文字表达以外，要更多地采用非纯文字表达形式，即采用图表、数字等。

大量利用有力的数据是调查报告的突出特征。精确的数字能够直观地反映出事物的发展变化，大大增强报告结论的说服力以及提高读者对报告的信赖程度。但是，也不能把调查报告变成数字的堆砌，数字的用量和安排要恰到好处。同时，要防止出现数字文字化现象，尽量不出现大段或整段的数字，以免读者感到枯燥。为此，就需要合理地运用图表。例如：

"根据调查，××地区报刊媒体的知名度排名前20位的是：《××都市报》提及次数81，排名1；《××晚报》提及次数59，排名2；《体坛周报》提及次数42，排名3；《足球》提及次数39，排名4；《都市报》提及次数37，排名5；《参考消息》提及次数28，排名6；《声屏之友》提及次数25，排名7；《读者》提及次数24，排名8；《××青年报》提及次数20，排名9；《生活早报》提及次数19，排名10；《电脑报》提及次数14，排名11；《环球时报》提及次数13，排名12；《计算机世界》提及次数13，排名12；《青年文摘》提及次数12排名14；《南方周末》提及次数11，排名15；《女友》提及次数10，排名16；《精品购物指南》提及次数9，排名17；《知音》提及次数8，排名18；《法制报》提及次数6，排名19；《少男少女》提及次数5，排名20。"

这种叙述让人眼花缭乱、头晕脑涨，是典型的数字文字化。如果将它制成一个表，就会变得赏心悦目，如表12-1所示。

表12-1　　××地区报刊媒体的知名度排名

媒体名称	提及次数	排名	媒体名称	提及次数	排名
××都市报	81	1	电脑报	14	11
××晚报	59	2	环球时报	13	12
体坛周报	42	3	计算机世界	13	12
足球	39	5	青年文摘	12	14
都市报	37	4	南方周末	11	15
参考消息	28	6	女友	10	16
声屏之友	25	7	精品购物指南	9	17
读者	24	8	知音	8	18
××青年报	20	9	法制报	6	19
生活早报	19	10	少男少女	5	20

另外，还要讲究数字的使用技巧，以使之鲜明生动，增加表现力。首先，可以"以大化小"。有些数字过大，在非科技调查报告和非科技出版物中可以改换为"小数字＋大单位"的表达形式。比如，"共有45 000 095 650 054吨"，换算为约"45万亿吨"；"十年来培养出了大专毕业生269 492人，"换算为"每年培养出大专毕业生约27万人"。其次，可以"以小见大"。有的具体数字比较小，难以引起人们的重视，但按照整体比例推算，数字就非常惊人。这种数字推算表达法，能使读者看到报告提出问题的重要性和意义所在。比如，"据记者观察，该非法收费站对过往的大、小车辆每次收费10元，由此推算，每年下来

该站的非法收费就达 2 400 万元。"

在使用数字时，还必须符合中华人民共和国国家标准《出版物上数字用法的规定》（GB/T 15835—1995）：公历世纪、年代、年、月、日应当使用阿拉伯数字。例如，公元前 8 世纪，1986 年 10 月 1 日。物理量量值必须使用阿拉伯数字，并正确使用法定计量单位。例如，41 302；－125；1/16；4.5 倍；34%；3∶1；12.5 m^2（12.5 平方米）；17～34 ℃，等等。

从文体性质上看，调查报告是一种记叙性、说明性和议论性相结合的文体。但无论是普通调查报告还是学术调查报告，都以记叙和说明为主，只是后者议论的比重更大些。

"记叙"用于介绍工作过程、交代事件原委、叙述典型情况、转述材料数据等。但这种"记叙"只是采用记叙手法描述事物的概况，而不对事物作较多的描写。这一点和文学作品，包括报告文学，有根本的区别。

"说明"在调查报告中的主要作用是将研究对象及其存在的问题，产生的原因、程度以及解决问题的办法解释清楚，使读者了解、认识和信服。

"议论"与"议论文"不同。议论文是论点、论据和论证三要素完整的逻辑推理过程。而调查报告中的"议论"只是在陈述事实基础上的画龙点睛。即使是学术调查报告，也很少使用大段的逻辑推理。

（二）语言运用

调查报告作为一种应用性文体，在语言表达方面要掌握以下原则：

第一，朴实。调查报告不是文学作品，因此语言应该平易、直白，切忌堆砌华丽辞藻，避免使用生僻词语和滥用专用术语。

第二，准确。选词造句要恰当、贴切和严谨，应少用修饰词、形容词，尽可能使用含义单一的专业术语，排斥语义模糊、含混的字句，如"可能""也许""大概""由于各种原因"等。要注意把握表示程度的词语之间的差异，如"有所反应"与"较大反响""反应强烈"，"有所变化"与"有很大变化"等。还要注意含义相近的概念之间的区别，如"发展"与"增长"，"加强"与"增加"，"翻番"与"倍数"，"效率"与"效益"等。

第三，简明。无论是叙述事实、说明内容，还是发表议论，都要力求语言精练，以较少文字清楚地表达较多内容，杜绝一切不必要的重复和客套话之类的空话、废话。

第四，庄重。调查报告主要用于指导现实，文体以说明为主，兼及叙述、议论，这就决定了其语言表达要严肃、沉稳，防止花哨、轻佻的倾向，而且尽量使用书面语言，减少口语。

第五，修辞。调查报告的语言表达虽然以朴实、庄重为基调，但并不意味着不需文采。和其他类型的文章一样，调查报告也必须避免冷冰冰说教的所谓"零度风格"，通过一定的修辞方法，使之鲜活、生动。例如，应适当选用文言或成语，起点睛之妙用；调节句式的长短、繁简变化，使之灵动；调协字句的语音，使之和谐，等等。

五、修改定稿

调查报告的写作和其他文章一样，一般不能一蹴而就，要经过反复修改才能定稿。

修改调查报告须经过检查和修改两个阶段。检查的范围是格式、观点、资料、字句。其顺序一般是先整体，再局部；先格式，再观点，再内容，再字句。在检查中，要看格式是否符合要求，观点是否明确，表达是否恰当，引用资料是否合理无误，语言是否流畅，有无错别字和用错的标点符号，等等。检查的常用方法有三种：第一种是诵读法，即反复通读全文，从中发现问题；第二种是冷却法，即将初稿搁置一段时间再检查，以避免"灯下黑"① 现象的发生；第三种是请教法，即请有关的内行、专家审阅，提出修改意见。

许多人修改报告习惯于边检查边改，这实际上是事倍功半的做法。高效的做法应是在反复检查的基础上集中修改，统一修正格式和观点，调整结构和材料顺序，对不足部分拾遗补缺，对累赘部分进行删减，改换不恰当的资料、语言，改正错别字和标点符号，统一记数、计量单位等。这些工作完毕后，调查报告才能最后定稿。

🗂 本章小结

调查报告的撰写是社会调查研究总结阶段最重要的工作，常常作为调查研究的最后环节。调查报告是对某一事物、某一事件、某一方面或某一问题，进行充分的调查研究之后，根据调查资料所写出的真实反映情况的书面报告。

调查报告根据其性质不同，可分为两大类：一是普通调查报告，也叫社会调查报告或事务文书类调查报告；二是学术调查报告，也叫科研调查报告。这两类调查报告依据不同标准又可划分为多种类型。普通调查报告主要有：①描述式调查报告、论说式调查报告、合一式调查报告。②全面调查报告、专题调查报告、典型调查报告。③情况（概况）调查报告、事件调查报告、经验调查报告、问题调查报告、对策（理论）调查报告。学术调查报告分为三类：事物的调查报告、事实的调查报告和课题的调查报告。各类调查报告均有其特点及适用范围，但其总的特点是真实性、针对性、典型性、指导性和时效性。

目前最常见的调查报告的结构包括标题、署名、前言、主体和结尾几个部分。

调查报告的撰写包括确定主题、形成观点，精选素材，拟定提纲，起草报告和修改定稿五个步骤。各步骤的工作都有专门的要求。

调查报告的写作主要不是理论性问题，而是操作性、实践性问题。因此本章所涉及的内容，无论是调查报告的类型、特点，还是调查报告的格式、写作步骤和基本要求，都不应被

---

① 灯下黑，指人们对发生在身边很近的事物和事件反而不能察觉。

看作简单的知识介绍，而是为了使学生能够掌握调查报告的写作方法，用于今后的工作实践。学生应根据本章所述，反复训练，才能不断提高调查报告的写作技能。

思考题

1. 举例说明调查报告的类型。
2. 调查报告有哪些特点？
3. 调查报告是怎样构成的？
4. 简述调查报告的主体结构的基本类型及其特点。
5. 调查报告写作有哪些基本步骤？
6. 试述调查报告主题与调查研究主题之间的关系。
7. 形成调查报告的观点的基本要求是什么？
8. 应当如何选取调查报告的资料？
9. 调查报告写作的表达方式和语言运用有哪些基本要求？
10. 根据你熟悉的某一社会问题，拟定一个详细的调查提纲。

参考文献

［1］水延凯. 社会调查教程. 北京：中国人民大学出版社，2003.

［2］袁亚愚. 社会调查的理论与方法. 成都：成都科技大学出版社，1993.

［3］风笑天. 现代社会调查方法. 武汉：华中理工大学出版社，1996.

［4］徐经泽. 社会调查理论与方法. 北京：高等教育出版社，1994.

［5］袁方主. 社会研究方法教程. 北京：北京大学出版社，1997.

［6］彭发祥，刘守恒. 社会调查研究方法. 北京：中国人事出版社，1992.

［7］柯惠新. 调查研究中的统计分析法. 北京：北京广播学院出版社，1992.

［8］于忠智. 社会调查研究实用教程. 北京：东方出版社，1991.

［9］李沛良. 社会研究的统计应用. 北京：社会科学文献出版社，2001.

［10］王雪梅. 社会调查研究原理与方法. 北京：华文出版社，2002.

［11］费孝通. 江村经济：中国农民的生活. 戴可景，译. 南京：江苏人民出版社，1986.

［12］吴增基. 现代社会调查方法. 2 版. 上海：上海人民出版社，2003.

［13］李强，林克雷. 社会调查研究方法概论. 北京：国际文化出版集团，1988.

［14］高燕，王毅杰，社会研究方法，北京：中国物价出版社，2002.

［15］巴比. 社会研究方法基础. 邱泽奇，译. 北京：华夏出版社，2002.

［16］贝利. 社会研究的方法. 杭州：浙江人民出版社，1986.

［17］韦伯. 社会科学方法论. 北京：中国人民大学出版社，1992.

［18］林南. 社会研究方法. 北京：农村读物出版社，1987.

［19］科什. 抽样调查. 倪加勋，译. 北京：中国统计出版社，1997.

［20］罗斯. 当代社会学研究解析：社会学调查报告的系统分析. 林彬，时宪民，译. 银川：宁夏人民出版社，1988.

［21］默顿. 社会研究与社会政策. 林聚任，译. 北京：生活·读书·新知三联书店，2001.

［22］阿特斯兰德. 经验性社会研究方法. 李路路，林克雷，译. 北京：中央文献出版社，1995.

［23］米切尔. 新社会学辞典. 蔡振扬，谈谷铮，雪原，译. 上海：上海译文出版社，1987.

［24］ Sanders, W. B. *The Conduct of Social Research.* N. Y. : CBS, 1974.

［25］ Smith, Joel. *A Methodology for Twenty-First Century Sociology.* Social Forces, 1991, 70 (1): 1 – 17.

［26］ Kish, Leslie. *Survey Sampling.* New York: Wiley, 1965.

［27］ Goyder, John. *Face-to-Face Interviews and Mailed Questionnaires: The Net Difference in Response Rate.* Public Opinion Quaterly, 1985.

［28］ Converse, Jean M. *Survey Research in the United States: Roots and Emergence,* 1890 – 1960. Berkeley: university of California Press, 1987.

［29］ L. Baker, Doing Social Research, New York: McGraw—Hill, Inc. , 1994.

附录一　随机数码表（两位数）

```
03  47  43  73  86  36  96  47  36  61  46  93  63  71  62
97  74  24  67  62  42  81  14  57  20  42  53  32  37  32
16  76  62  27  66  56  50  26  71  07  32  90  79  78  53
12  56  85  99  26  96  96  63  27  31  05  03  72  93  15
55  59  56  35  64  38  54  82  46  22  31  62  43  09  90
33  26  18  80  45  60  11  14  10  95  16  22  77  94  39
27  07  36  07  51  24  51  79  89  73  84  42  17  53  31
13  55  38  58  59  88  97  54  14  10  63  01  63  78  59
57  12  10  14  21  23  83  01  30  30  57  60  86  32  44
49  54  43  54  82  17  37  93  23  78  87  35  20  96  43
57  24  55  06  88  77  04  74  47  67  21  76  33  50  25
16  95  55  67  19  98  10  50  71  75  12  86  73  58  07
33  21  12  34  29  78  64  56  07  82  52  42  07  44  38
09  47  27  96  54  49  17  46  09  62  90  52  84  77  27
84  26  34  91  64  18  18  07  92  45  44  17  16  58  09
83  92  12  06  76  26  62  38  97  75  84  16  07  44  99
44  39  52  38  79  23  42  40  64  74  82  97  77  77  81
99  66  02  79  54  52  36  28  19  95  50  92  26  11  97
08  02  73  43  28  37  85  94  35  12  83  39  50  08  30
79  83  86  19  62  06  76  50  03  10  55  23  64  05  05
83  11  46  32  24  20  14  85  88  45  10  93  72  88  71
07  45  32  14  08  32  98  94  07  72  93  85  79  10  75
00  56  76  31  38  80  22  02  53  53  86  60  42  04  53
42  34  07  96  88  54  42  06  87  98  35  85  29  48  39
70  29  17  12  13  40  33  20  38  26  13  89  51  03  74
56  62  18  37  35  96  83  50  87  75  97  12  25  93  47
99  49  57  22  77  88  42  95  45  72  16  64  36  16  00
```

16	08	15	04	72	33	27	14	34	09	45	59	34	68	49
31	16	93	32	43	50	27	89	87	19	20	15	37	00	49
17	76	37	13	04	07	74	21	19	30	68	34	30	13	70
70	33	24	03	54	97	77	46	44	80	14	57	25	65	76
04	43	18	66	79	94	77	24	21	90	27	42	37	86	53
12	72	07	34	45	99	27	72	95	14	00	39	68	29	61
52	85	66	60	44	38	68	88	11	80	29	94	98	94	24
55	74	30	77	40	44	22	78	84	26	04	33	40	09	52
59	29	97	68	60	71	9 1	38	67	54	13	58	18	24	76
48	55	90	65	72	96	57	69	36	10	96	46	92	42	45
66	37	32	20	30	77	84	57	03	29	10	45	65	04	26
68	49	69	10	82	53	75	91	93	30	34	25	20	57	27
45	07	31	66	49	68	07	97	06	57	16	90	82	66	59
53	94	13	38	47	15	54	55	95	52	11	27	94	75	06
35	80	39	94	88	97	60	49	04	91	35	24	10	16	20
16	04	61	67	87	11	04	96	67	24	38	23	16	86	38
90	89	00	76	33	40	48	73	51	29	31	96	25	91	47
83	62	64	11	12	67	19	00	71	74	60	47	21	29	68
06	09	19	74	66	02	94	37	34	02	76	70	90	30	86
33	32	51	26	38	79	78	45	04	91	16	92	53	56	16
42	38	97	01	50	87	75	66	81	41	40	01	74	91	62
96	44	33	49	13	34	86	82	53	91	00	52	43	48	85
02	02	37	03	31	66	67	40	67	14	64	05	71	95	86
38	45	94	30	38	14	90	84	45	11	75	73	88	05	90
02	75	50	95	98	68	05	51	18	00	33	96	02	75	J9
48	51	84	08	32	20	46	28	73	90	97	51	40	14	02
27	55	26	89	62	64	19	58	97	79	15	06	15	93	20
11	05	65	09	68	76	83	20	37	90	57	16	00	11	66
52	27	41	14	86	22	98	12	22	08	07	52	74	95	80
07	60	62	93	55	59	33	82	43	90	49	37	38	44	59
04	02	33	31	08	39	54	16	49	36	47	95	93	13	30
01	90	10	75	06	40	78	78	89	62	02	67	74	17	33
05	26	93	70	60	22	35	85	15	13	92	03	51	59	77
07	97	10	88	23	09	98	42	99	15	61	71	62	99	15
63	71	86	85	85	54	87	66	47	54	73	32	08	11	12

26	99	61	65	53	58	37	78	80	70	42	10	50	67	42
14	65	52	68	75	87	59	36	22	41	26	78	63	06	55
59	56	78	06	83	52	91	05	70	74	34	50	57	74	37
06	51	29	16	93	58	05	77	09	51	85	22	04	39	43
44	95	92	63	66	29	56	24	29	48	09	79	13	77	48
32	17	55	85	74	94	44	67	16	94	88	75	80	18	14
13	08	27	01	50	15	29	39	39	43	90	96	23	70	00
98	80	33	00	91	09	77	93	19	82	74	94	80	04	04
73	81	53	94	79	33	62	46	86	28	08	31	54	46	31
73	82	97	22	21	05	13	27	24	83	72	89	44	05	60
22	95	75	42	49	39	32	82	22	49	02	48	07	70	37
39	00	03	06	90	55	85	78	38	36	94	37	30	69	32

附录二　调查问卷示例

2004 年青少年阅读调查问卷

青少年朋友：

　　欢迎参加 2004 年青少年阅读调查。这个调查的目的是希望了解广大青少年的阅读基本情况，以及在阅读方面需要的服务。我们将对调查结果进行分析，提出对策建议，为共青团组织联合社会有关方面深入实施中国青少年新世纪读书计划，服务青少年读书学习提供参考。

　　此次调查委托中国青年政治学院社会工作与管理系具体实施，请您将问卷填好后于今年 6 月 20 日前邮寄至中国青年政治学院社会工作与管理系青少年阅读调查课题组收。（地址：北京市×××××××××。邮政编码：100089。电子信箱：×××××。电话：×××××××××）

　　我们将按照国家《统计法》的规定，对您提供的信息予以保密。

　　感谢您的大力支持。我们将随机抽取部分参与者给予一定的物质奖励。

中国青少年新世纪读书计划指导委员会办公室

填写说明：

请在问卷相应地方选择或填写，选项可单选或多选。如果您是学生，则阅读指对学习课程用书外读物的阅读。

一、个人情况

1. 性别：男　　女〔每一选项应有一编码标记，如 A. 男　B. 女，或（1）男（2）女——编者注〕

2. 年龄：

3. 民族：

4. 职业：

学生　工人/服务人员　农民　管理人员/职员　公务员　教师、医生等专业技术人员
军人　个体劳动者　其他：

5. 文化程度：

小学　初中　高中/中专/技校/职高　大专/高职　本科　硕士及以上

6. 所在地：

省（自治区、直辖市）

7. 您生活在：

大城市　中等城市　城镇　农村

8. 您的月收入（学生生活费）大约在：

300 元以内　300～500 元　500～1 500 元　1 500～3 000 元　3 000～5 000 元　5 000 元以上

9. 您的主要业余爱好是：

读书　上互联网　体育锻炼　旅游　文艺活动　看电视　交友　其他：

二、阅读状况

10. 您用在阅读上的时间一周中平均每天在：

1 小时以下　1～3 小时　3～5 小时　5 小时以上

11. 您周末读书的时间占全部读书时间的比例为：

15% 以下　15%～40%　40%～60%　60%～80%　80% 以上

12. 您每月平均读书多少本：

1～3 本　3～5 本　5 本以上

13. 您阅读费用占月收入（学生生活费）平均比例为：

5% 以下　5%～10%　10%～20%　20% 以上

14. 您阅读图书的主要途径是：

购买　找亲友借阅　到图书馆借阅　网上浏览　在书店看　其他：

15. 您主要通过何种媒体进行阅读：

书　杂志　报纸　网络　其他：

16. 各种阅读载体，您通常在什么地方进行阅读？

阅读载体：书　杂志　报纸　互联网　其他

阅读地点：单位学校　家　图书馆　书店　路上　网吧

17. 您目前较多阅读什么类别的书（多选）？

政治理论　哲学　经济学　法律　计算机　外语　历史 文学艺术　体育人物　传记 科普知识　其他：

18. 您目前较多阅读什么类别的杂志？

理论学习类　时事新闻类　财经类　文学类　体育类　科技类　旅游类　娱乐类 其他：

19. 您阅读的主要原因是：

工作、学习需要　主动学习新知识、新技能　提高修养　开阔视野，增长见识　满足家 长、学校的要求　休闲　其他：

20. 您读书过程中是否有计划？

都有计划　多数有计划　很少有计划　没有计划

21. 您是否加入相关阅读团体组织？

有（回答21.1）　没有（回答21.2）

21.1　参加相关阅读团体组织的主要原因是：

可以低成本看书、买书　方便得到图书信息　和别人一起相互促进　单位要求参加　结 识朋友　其他：

21.2　没有参加相关阅读团体组织的主要原因是：

没见到相关组织　不感兴趣　相关组织没有吸引力　没时间　其他：

22. 您有否参加相关阅读活动：

有（回答22.1）　没有（回答22.2）

22.1　参加相关阅读活动的主要原因是：

促进自己的读书学习　单位组织参加　看书、买书优惠　方便得到图书信息　结识朋友 其他：

22.2　没有参加相关阅读活动的主要原因是：

没见到相关活动　不感兴趣　相关活动缺乏吸引力　没时间参加

三、阅读评价

23. 您认为自己读书的数量：

很多　比较多　一般　比较少　很少

如果您认为自己读书不多的话，主要原因是：

没有钱买书　没有时间看书　找不到感兴趣的书　不爱看书　文化程度低　缺少读书氛围　其他：

24. 您认为读书对自己个人成长影响如何？

影响很大　有些影响　一般　影响很小

25. 对您影响最大的三本书是：

26. 您最喜爱的三本书是：

27. 您对自己阅读的情况总体上是否满意？

非常满意　比较满意　不满意　比较不满意　很不满意

28. 对您读书影响最大的人是：

父母/家人　老师　同学朋友　邻居　亲戚　同事　上级　其他：

29. 您认为您周围的人读书的数量：

读了很多书　读了比较多的书　一般　读了比较少的书　读了很少的书

如果您认为他们读书不多的话，主要原因是：

没有钱买书　没有时间看书　找不到感兴趣的书　不爱看书　文化程度低　缺少读书氛围　其他：

四、阅读需求

30. 您最喜欢的书籍是哪方面的？

哲学政治　经济法律　计算机和外语　生活知识　文学艺术　体育健康　历史史实和人物传记　科普知识　其他：

31. 您是否可以容易得到自己想看的书？

非常容易　比较容易　一般　不容易　很不容易

如果不容易得到您想要的书，是因为：

市面上没有　书价过高　相关的信息太少、太慢　其他：

32. 您是否关心特定类别书籍的书讯？

非常关心　比较关心　一般　不关心

33. 您在读书的过程中，是否需要专家的指导？

非常需要　需要　一般　不需要

34. 您在读书方面遇到的主要困难是？

书价过高　工作、学习、生活压力大　文化程度低　缺少读书氛围　不爱看书　不会选择书　找不到感兴趣的书　其他：

35. 您认为谁能帮您解决这些困难？

父母/家人　专家/老师　同学朋友　邻居　亲戚　同事　上级　相关组织　出版社/书店　其他：

五、阅读服务

36. 您对目前的图书市场的图书种类如何评价？

很丰富　比较丰富　一般　比较少　很少

37. 您对目前的图书市场的图书质量如何评价？

很高　比较高　一般　比较低　很低

38. 您对目前的图书市场的图书价格如何评价？

很高　比较高　一般　比较低　很低

39. 您对目前的图书市场秩序如何评价？

很好　比较好　一般　比较混乱　混乱

40. 您信任的出版社和互联网站是：

41. 您认为自己所在地图书馆的数量如何？

很多　比较多　一般　比较少　很少

42. 您认为您生活的地方的图书馆的质量如何？（1代表很好，5代表很不好）

藏书数量：1　2　3　4　5

新书更新：1　2　3　4　5

工作效率：1　2　3　4　5

服务态度：1　2　3　4　5

43. 您了解新书的主要途径是通过：

广告宣传　亲友介绍　组织推荐　书店　很随意　其他：

44. 您信任的推荐好书的媒介是：

45. 您对设立优秀图书推荐榜感兴趣吗？

很感兴趣　感兴趣　一般　没兴趣

46. 您是否了解中国青少年新世纪读书计划？

全面了解　知道一些　听说过　不了解

47. 您喜欢参加什么形式的读书活动？

读书论坛　主题读书　读书竞赛　新书推介　读书讲座　其他：

48. 您认为共青团对青少年在阅读方面的服务应该采取什么形式？

读书俱乐部　优秀图书榜　优惠购书　提供新书介绍　主题读书活动　其他：

您有什么想告诉我们的，请留言：

（资料来源：http//www.cycnet.com）

附录三　调查报告示例

商品房消费调查报告

（中国消费者协会、北京市消费者协会）

为配合中国消费者协会明明白白买住房的宣传咨询活动，了解和反映消费者对购买商品房相关政策、法规和知识的认知情况，以及消费者对商品房市场的意见、愿望和需求，促进我国住房商品化的健康发展，中国消费者协会与北京市消费者协会于 2000 年 7～8 月，在北京市 11 个区县联合开展了商品房消费调查。调查总样本量 2 099 份。调查针对有购房意愿的消费者，采取问卷定点调查的方法进行，并注意了样本均匀分布。调查结果如下：

一、对于购买商品房相关知识、政策、法规的知晓情况

1. 绝大多数消费者渴望获得有关商品房方面的知识。

调查显示：66% 的消费者认为自己在购买商品房时十分需要掌握一些相关的知识，30% 的消费者认为比较需要，两者合计达 96%，只有 4% 的消费者认为不需要或者无所谓。

2. 绝大多数消费者认为自己掌握的购房知识不足。

调查显示：对于购房相关政策、法规的了解程度，64.4% 的消费者认为自己了解一些，31.2% 的人回答不了解，而认为自己很了解的仅占 3.1%。对于购买商品房的专业技术知识的了解程度，51.9% 的消费者认为自己了解一些，44.9% 的人回答不了解，而认为自己很了解的比例仅占 3.1%。

3. 消费者对于商品房交易过程的一般知识及法规了解甚少，缺乏自我保护能力。

当问及您知道购买商品房时还需要支付下列哪些费用？（即房产税、保险费、产权证书工本费、印花税、律师费、评估费、契税等）。完全签对的仅占 0.2%；对于合法商品房所持有的五证、两书的内容［即国有土地使用证、建设用地规划许可证、建设工程规划许可证、商品房销售（预售）许可证、建设工程开工证、住房质量保证书和住宅使用说明书］，回答完全正确的消费者占 26.4%；当问及您知道由哪个部门来测定商品房销售面积（即房

296

地产主管部门），有47.6%的受访问者回答正确；对于"您知道购房合同中订金和定金有区别吗？"的问题，认为知道的仅占21.5%。

4. 消费者主要通过媒体、朋友介绍及售楼处的宣传了解购房知识。

当问及您主要通过什么途径了解购买商品房的相关知识？有23.8%的消费者回答媒体宣传，只有22.6%的人回答在售楼处了解，还有20.6%的人回答向朋友请教，回答专业咨询机构、专业书刊、消协和上网的比例分别为13.1%，9.4%，4.9%，4%；回答请律师陪伴的占37.6%，只有17.4%的人回答请中介机构代理，当问及"您对房地产中介机构的信任程度是怎样的?"回答信任程度一般的被访者占46.6%；回答较低的占23.8%；回答不信任的占16.4%；只有11.4%的人回答是比较信任，回答非常信任的仅占1.8%。

二、关于消费需求

1. 解决住房困难或者改善居住条件是购房最主要的目的。

当问及您购买商品房最主要是为了什么？绝大多数消费者回答是为了解决住房困难或者改善居住条件，这部分人数的比例分别为38.8%和54.1%。而回答投资、为他人购房、商品及其他比例，分别为3.7%，1.9%，0.6%，0.9%，另外，家庭月收入在8 000元以上的消费者中，把购买商品房作为投资的比例为12.2%，明显高于中、低收入家庭。

2. 消费者对于商品房的购买能力相对偏低。

在购买水平的决定因素——家庭收入问题上，有25.1%的家庭月收入在2 000元以下，有29.8%的家庭月收入在2 000～3 000元，有23.1%的家庭月收入在3 000～5 000元，有10.5%的家庭月收入在5 000～8 000元，有5.6%的家庭月收入在8 000～10 000元，有5.9%的家庭月收入在10 000元以上。调查表明，相对于目前商品房市场的价格而言，多数消费者的购买能力偏低。

3. 30万元以内的商品房最好卖。

被调查者中有42.3%的人可承受的商品房最高总价为20万元，26.9%的人选择20万～30万元，选择100万元以上的人只有5.9%。

4. 分期付款，选择首付10万元以下的消费者居多。

对于可承受的首期付款额这个问题，有62.4%的人选择是10万元以下，选择10万～20万元的占24.7%，能承受20万元以上首付款的人数占12.4%，当问及"您的全家每月用多少钱归还贷款?"，有34.1%的人回答是1 000元以下，有33%的人回答是1 000～2 000元，有16%的人回答是2 000～3 000元，回答能承受3 000元以上的人数占16.9%。

5. 付款方式中，分期付款、银行按揭引人注目。

有75%的人选择分期付款方式和银行按揭，其中，选择分期付款的占50.1%；选择银行按揭的占24.9%，另外，23.5%的人选择一次性付款。由此可见贷款买房的概念已经被越来越多的消费者所接受。

6. 新建房屋装修与否，消费者各有所好。

当问及您希望（所购商品房）交房时的装修情况，有 38.2% 的人选择不需要任何装修；有 28.9% 的人选择仅提供厨、卫装修；19.9% 的人选择开发商提供方案，并按照消费者选择装修；12.9% 的人选择全面的室内装修。其中，家庭月收入在 8 000 元以上的消费者中，选择不需要任何装修的 27.5%，选择仅提供厨、卫装修的占 21.6%，选择开发商提供方案，并按照消费者选择装修的占 33.1%，选择全面的室内装修的占 17.8%。家庭月收入在 8 000 元以下的消费者中选择不需要任何装修的占 39.4%，选择仅提供厨、卫装修的占 29.9%，选择开发商提供方案，并按照消费者选择装修的占 18.4%，选择全面的室内装修的占 12.396%。

由此可见，由于收入水平的影响，中、低家庭收入者在装修问题上更趋向于节约开支。而高收入者人群则比较倾向于购买装修以后的商品房。

7. 多层房型受青睐，平层及复式占的比例高，房间布局更重要。

在回答对楼型的选择时，有 34.9% 的人选择多层无电梯，有 30.8% 的人选择多层带电梯，有 18.1% 的人选择小高层，而选择高层塔楼的人只有 12.4%，其余还有 3.1% 的人选择高层板楼。业内人士分析认为：目前在高收入家庭群体中，多层带电梯的楼型需求逐步增加，而多层无电梯的楼型则受到中低家庭收入群体的喜爱。在回答对房型的选择时，有 49.3% 的人选择平层房，有 33.1% 的人选择复式房，有 13.4% 的人选择跃层房，有 4.1% 的人选择了其他。

在对房间位置及布局的回答中，有 39.2% 的人认为房间布局最重要，另外，有 28.2% 的人认为朝向最重要，认为楼层和使用率最重要的分别占 15.4%，17.3%。业内人士分析认为：不论收入水平是高还是低，人们现在普遍更看重户型设计是否合理。

8. 环境景观好、子女上学方便、上班近成了挑选商品房地点的重要依据。

对于所购商品房的地点，有 24.4% 的人选择了环境景观好：其次选方便子女就学的占到 23%；占第三位的是距工作单位近，比例为 22.8%，选择距父母居住地近和距繁华商业区近的分别为 14.1% 和 10.3%。选择环境景观好的比例居高，表明消费者对生活质量的追求日益提高。

9. 公共配套及物业管理受重视。

当问及选择商品房时，您更看中的因素，消费者明显对于公共配套及物业管理给予了较高的重视，选择这两个因素的比例分别为 20.8% 和 17.2%，选择价格因素的占 16.4%，另外交通、小区环境景观和安全分别以 13.1%，12.3%，8% 的比例排在四、五、六位。

三、结 论

1. 政府部门应加强对商品房市场的监督管理、为消费者营造放心的消费环境。

调查表明，绝大多数消费者对商品房市场相关政策、法规及专业知识不够了解或知之甚少，更缺乏购买商品房的实际经验。因此，消费者很难抵御来自各方面的损害消费者合法权益的购房交易行为。相关监督、管理部门应尽快制定和完善相应政策、法规,并提高监管力度,以保证商品房市场的正常秩序,保护消费者的合法权益。

2. 商品房中介市场集多种专业技术、法律知识、金融知识、合同知识于一体,消费者购买商品房的支出巨大,消费者个人做到完全把握、公平购买比较困难,因此,房地产中介代理机构是商品房市场发展的必然产物,选择专业中介代理机构买房将形成趋势。

国家准备在房地产购销过程中,逐步推行中介代理制度。然而,调查结果表明,消费者对于商品房中介代理机构的信任程度普遍偏低,不利于中介市场的发展。相关部门应加强对房地产业中介组织的规范和管理;宣传、引导消费者在购房时转变托朋友、找熟人等习惯做法和传统观念。

3. 消费者求知若渴,宣教市场潜力巨大。

消费者对于商品房交易过程的一般知识及法规了解甚少,调查表明,96% 的消费者认为购房需要相关知识,96.9% 的消费者认为自己缺乏相关知识。

因此,如何以消费者进行保护自己权益和购房专业知识的宣传,应引起相关部门、机构及社会团体的高度重视。同时我们认为,对商品房消费方面的宣教工作任务还很重,社会各有关部门应在这方面多做些工作。希望新闻媒体发挥自己的优势加强宣传。

4. 适应大多数的消费需求,多开发中、低收入者买得起的经济适用住房。

调查表明:目前尽管消费者的总体购房消费水平参差不齐,但绝大多数消费者对住房的消费能力仍处于中、低水平。商品房开发企业应根据这部分消费群体的不同需求,侧重研究、设计和建设经济适用住房。同时,政府有关部门应采取行之有效的保护、优惠政策;金融机构亦应积极推出切实可行的又方便快捷的购房信贷方式,从而,推动我国住宅商品化的顺利进行。

(资料来源:http//www.iy315.com)

社会调查研究课程组

课程组组长 王朝中

主　　编 周孝正　王朝中

主 持 教 师 王朝中

社会调查研究与方法

形成性考核册

文法教学部　编

学校名称：＿＿＿＿＿＿＿＿＿＿

学生姓名：＿＿＿＿＿＿＿＿＿＿

学生学号：＿＿＿＿＿＿＿＿＿＿

班　　级：＿＿＿＿＿＿＿＿＿＿

形成性考核是学习测量和评价的重要组成部分。在教学过程中，对学生的学习行为和成果进行考核是教与学测评改革的重要举措。

　　《形成性考核册》是根据课程教学大纲和考核说明的要求，结合学生的学习进度而设计的测评任务与要求的汇集。

　　为了便于学生使用，现将《形成性考核册》作为主教材的附赠资源提供给学生，采用纸质形考的学生可将各次作业按需撕下，完成后自行装订交给老师。若采用**网上形考**或有其他疑问请咨询课程教师。

社会调查研究与方法
作业 1

姓　　名：＿＿＿＿＿＿

学　　号：＿＿＿＿＿＿

得　　分：＿＿＿＿＿＿

教师签名：＿＿＿＿＿＿

（导论～第 3 章）

一、填空题（每空 1 分，共 10 分）

1. 社会调查研究是人们有计划、有目的地运用一定的手段和方法，对有关社会事实进行＿＿＿＿＿＿和＿＿＿＿＿＿，进而做出描述、解释和提出对策的社会实践活动和认识活动。

2. 社会的三个基本要素是＿＿＿＿＿＿、人口和＿＿＿＿＿＿。

3. 社会调查研究依据调查对象的范围可分为＿＿＿＿＿＿和＿＿＿＿＿＿两大类。

4. 变量间的相互关系主要有两种类型：＿＿＿＿＿＿和＿＿＿＿＿＿。

5. 有效的测量规则必须符合三个条件：准确性、＿＿＿＿＿＿和＿＿＿＿＿＿。

二、选择题（共 15 分）

（一）单项选择题（每题 1 分，共 5 分）

1. 现代社会调查研究的重心是（　　）。
   - A. 英国
   - B. 苏联
   - C. 德国
   - D. 美国

2. 描述性研究是指（　　）。
   - A. 探求社会状况之间的逻辑关系
   - B. 对社会事实的状况、外部特征、发展过程进行客观描述
   - C. 推断社会某一现象的发展趋势
   - D. 通过了解事物的过去预测未来

3. 只反映质的区别，而不反映量的差异的变量是（　　）。
   - A. 离散变量
   - B. 自变量
   - C. 连续变量
   - D. 因变量

4. 对测量所得到的数据既能进行加减运算，又能进行乘除运算的测量类型是（　　）。
   - A. 定类测量
   - B. 定序测量
   - C. 定距测量
   - D. 定比测量

5. 一项测量的结论在普遍应用时的有效性是（　　）。
   - A. 建构效度
   - B. 表面效度

C. 外在效度
D. 实证效度

(二) 多项选择题 (每题 2 分, 共 10 分)

1. 以下属于社会调查研究中的社会群体的有 (　　)。
   A. 家庭
   B. 社会组织
   C. 村落
   D. 阶层
   E. 非正式组织
   F. 企事业单位

2. 社会调查研究的基本原则有 (　　)。
   A. 理论与实践相结合原则
   B. 客观性原则
   C. 伦理与道德原则
   D. 科学性原则
   E. 系统性原则
   F. 互斥性原则

3. 社会调查研究按照目的来划分, 可分为 (　　)。
   A. 描述格研究
   B. 定性研究
   C. 定量研究
   D. 横剖研究
   E. 解释性研究
   F. 纵贯研究

4. 检验、评价调查方法和所得资料效度的方法的形式有 (　　)。
   A. 再测法
   B. 表面效度
   C. 准则效度
   D. 结构效度
   E. 复本法
   F. 对分法

5. 探索性研究的一般方法有 (　　)。
   A. 查阅文献
   B. 咨询活动
   C. 实地考察
   D. 确定课题
   E. 概念操作化
   F. 理论建构

三、简答题 (每题 10 分, 共 20 分)

1. 社会调查研究的前期工作主要包括哪些内容?

2. 抽样调查和个案调查的主要区别是什么？

四、论述及应用题（共 55 分）

1. 操作化的定义和作用是什么？如何对概念进行操作化？任选一个概念完成操作化。（25 分）

要求：所选概念应与下一题所定调查课题相关或一致。操作化的最终结果须有 3 个以上层次，15 个以上调查指标。

2. 根据本人的兴趣或条件，选择和确定一个社会调查研究课题，并设计出调查总体方案。(30 分)

要求：内容完整，条目清晰。

社会调查研究与方法
作业2

姓　　名:＿＿＿＿＿＿

学　　号:＿＿＿＿＿＿

得　　分:＿＿＿＿＿＿

教师签名:＿＿＿＿＿＿

(第4章~第6章)

一、填空题（每空1分，共10分）

1. 抽样存在的必要性缘于＿＿＿＿＿本身所具有的＿＿＿＿＿。

2. 常用的简单随机抽样方法有＿＿＿＿＿、抽签法和＿＿＿＿＿。

3. 检索公开发表的文献的方法主要有＿＿＿＿＿和＿＿＿＿＿。

4. 文献分析有两大类，即文献＿＿＿＿＿和文献＿＿＿＿＿。

5. 根据问卷分发和回收形式的异同，问卷法分为＿＿＿＿＿和＿＿＿＿＿。

二、选择题（共15分）

（一）单项选择题（每题1分，共5分）

1. 分类抽样主要解决的是（　　　）。

  A. 总体异质性程度较高的问题

  B. 总体同质性程度较高的问题

  C. 总体内所含个体单位数量过大的问题

  D. 总体内所含个体单位数量不足的问题

2. 按一定的间隔距离抽取样本的方法是指（　　　）。

  A. 分类抽样　　　　　　　　　　B. 多阶段抽样

  C. 整群抽样　　　　　　　　　　D. 系统抽样

3. 综述、评论、述评、进展、动态、年鉴、专著、指南等属于（　　　）。

  A. 零次文献　　　　　　　　　　B. 一次文献

  C. 二次文献　　　　　　　　　　D. 三次文献

4. 文献法与其他调查方法之间最显著的区别为（　　　）。

  A. 它是最基础和用途最广泛的收集资料的方法

  B. 它是一种独特的和专门的研究方法

  C. 它是一种直接的调查方法

  D. 它是一种间接的调查方法

5. 有一种专门用于主观性指标的问卷，它是（　　　）。

    A. 访谈问卷　　　　　　　　　　B. 自填式问卷

    C. 量表　　　　　　　　　　　　D. 开放式问卷

（二）多项选择题（每题 2 分，共 10 分）

1. 抽样的一般步骤有（　　　）。

    A. 界定总体　　　　　　　　　　B. 决定抽样方法

    C. 设计抽样方案　　　　　　　　D. 制定抽样框

    E. 样本评估　　　　　　　　　　F. 实际抽取样本

2. 每一个社会调查研究究竟应当选择多大规模的样本，主要取决于（　　　）。

    A. 总体的规模

    B. 总体的异质性程度

    C. 抽样单位的规模

    D. 抽样过程的控制

    E. 调查者所拥有的经费、人力、物力和时间因素

    F. 样本精确度要求

3. 摘取信息一般有以下步骤（　　　）。

    A. 浏览　　　　　　　　　　　　B. 筛选

    C. 精读　　　　　　　　　　　　D. 记录

    E. 编制纲要　　　　　　　　　　F. 撰写札记

4. 问卷的基本结构主要包括（　　　）。

    A. 封面信　　　　　　　　　　　B. 编码

    C. 问题及答案　　　　　　　　　D. 问卷名称

    E. 指导语　　　　　　　　　　　F. 问卷统计

5. 问卷中的问题从内容看基本可分为（　　　）。

    A. 背景性问题　　　　　　　　　B. 客观性问题

    C. 主观性问题　　　　　　　　　D. 检验性问题

    E. 开放性问题　　　　　　　　　F. 封闭性问题

三、简答题（每题 10 分，共 20 分）

1. 抽样和抽样调查是不是一回事？为什么？

2. 怎样才能检索到所需的文献？

四、论述及应用题（共 55 分）

1. 什么是简单随机抽样和分类抽样？分别举例说明它们都适用于什么样的调查总体。（25 分）

2. 在上次作业所完成的概念操作化的基础上，设计一份调查问卷。(30 分)

要求：结构完整，问答不得少于 20 组，以封闭式问答为主。

答　题　纸

答 题 纸

社会调查研究与方法
作业 3

姓　　名:＿＿＿＿＿＿

学　　号:＿＿＿＿＿＿

得　　分:＿＿＿＿＿＿

教师签名:＿＿＿＿＿＿

（第 7 章 ~ 第 9 章）

一、填空题（每空 1 分，共 10 分）

1. 访谈法按照操作方式和内容可以分为＿＿＿＿＿＿访谈和＿＿＿＿＿＿访谈。

2. 按照被访者发表意见的形式不同，集体访谈可分为两类：一类是各抒己见式的访谈，以＿＿＿＿＿＿为代表；一类是讨论式的访谈，其代表是＿＿＿＿＿＿。

3. 观察记录的方式主要有两种：一种是＿＿＿＿＿＿，一种是＿＿＿＿＿＿。

4. 为了收集到真实可信的资料，采用观察法时应遵循客观性原则、＿＿＿＿＿＿原则、求真务本原则和＿＿＿＿＿＿原则。

5. 实验法有几个基本要素：一是实验主体，二是实验对象和实验环境，三是＿＿＿＿＿＿，四是＿＿＿＿＿＿。

二、选择题（共 15 分）

（一）单项选择题（每题 1 分，共 5 分）

1. 访谈法最基本和最常用的类型是（　　）。
   A. 深度访谈
   B. 自由访谈
   C. 重点访谈
   D. 个别访谈

2. 一般的访谈时间最好为（　　）。
   A. 4 ~ 5 小时
   B. 3 ~ 4 小时
   C. 1 ~ 2 小时
   D. 0.5 ~ 1 小时

3. 观察法与其他调查方法之间最根本的区别是（　　）。
   A. 以人的感觉器官为主要调查工具
   B. 收集社会初级信息或原始资料
   C. 它是有目的、有计划的自觉活动
   D. 观察的是保持自然状态的客观事物

4. 既有实验组又有控制组或对照组的实验方法是（　　）。
   A. 平行实验
   B. 连续实验
   C. 单盲实验
   D. 双盲实验

5. 检验多个自变量的引入顺序对因变量的影响的设计是（　　　）。

    A. 因子设计　　　　　　　　　　　　　B. 重复测量设计

    C. 拉丁方格设计　　　　　　　　　　　D. 多因素实验设计

（二）多项选择题（每题 2 分，共 10 分）

1. 不同性质、不同内容的访谈对于访谈者的不同要求主要有（　　　）。

    A. 性别　　　　　　　　　　　　　　　B. 年龄

    C. 籍贯　　　　　　　　　　　　　　　D. 品质

    E. 形象气质　　　　　　　　　　　　　F. 知识结构

2. 在观察对象方面，产生观察误差的因素主要有（　　　）。

    A. 观察手段　　　　　　　　　　　　　B. 观察内容

    C. 被观察者的反应　　　　　　　　　　D. 人为的假象

    E. 事物本质的显现程度　　　　　　　　F. 事物的发展变化

3. 观察法的局限性主要有（　　　）。

    A. 资料整理和分析难度大　　　　　　　B. 受时间和空间条件的限制

    C. 获得合作有一定的难度　　　　　　　D. 易受观察者主观因素的影响

    E. 难以进行定性分析　　　　　　　　　F. 难以进行定量分析

4. 经典实验设计也叫（　　　）。

    A. 两组无前测实验设计　　　　　　　　B. 单组前后测实验设计

    C. 两组前后测实验设计　　　　　　　　D. 四组无前测实验设计

    E. 四组前后测实验设计　　　　　　　　F. 单组无前测实验设计

5. 排除与实验无关的社会环境因素对实验过程的干扰的主要方法有（　　　）。

    A. 排除法　　　　　　　　　　　　　　B. 纳入法

    C. 比较法　　　　　　　　　　　　　　D. 平衡法

    E. 统计分析法　　　　　　　　　　　　F. 分类法

三、简答题（每题 10 分，共 20 分）

1. 如何顺利进入实地观察现场？

2. 什么是个别访谈？保证个别访谈成功的关键是什么？

四、论述及应用题（共 55 分）

1. 什么是对照组实验和单一组实验？举例说明为什么要设置对照组。（25 分）

2. 如果让你对某居民小区的文化生活进行调查，你将怎样收集资料？（30 分）

提示：应考虑综合运用所学到的各种调查方法进行调查；对如何调查要结合调查对象、调查类型、调查方法等要素具体说明。

答 题 纸

答 题 纸

社会调查研究与方法
作业 4

姓　　名:_____

学　　号:_____

得　　分:_____

教师签名:_____

（第 10 章 ~ 第 12 章）

一、填空题（每空 1 分，共 10 分）

1. 文字资料一般有两个来源，一是_____，一是_____。

2. 对资料进行分类的方法有两种，即_____和_____。

3. 当今世界上公认的名气最大、流行最广的统计分析软件是_____，与其功能类似的是_____。

4. _____和_____是对变量间相关关系进行研究的两个阶段。

5. 依据调查对象的范围和方式，调查报告可分为全面调查报告、_____和_____。

二、选择题（共 15 分）

（一）单选题（每题 1 分，共 5 分）

1. 文字资料的真实性审查是指（　　　）。

    A. 信度审查　　　　　　　　　　　　B. 效度审查

    C. 资料校正　　　　　　　　　　　　D. 资料分类

2. 数字资料检验主要是指（　　　）。

    A. 对数字资料的完整性和正确性进行检验

    B. 对资料是否符合实际和计算是否正确进行检验

    C. 对数据之间是否合乎逻辑进行检验

    D. 对分类标准是否选择得当和科学进行检验

3. 离中量数是反映（　　　）。

    A. 数据的集中趋势　　　　　　　　　B. 各单位标志值的差异性

    C. 事物之间的依存关系　　　　　　　D. 事物之间的因果关系

4. 微软公司推出的办公软件 Office 系统中用于统计的最有名的一款软件是（　　　）。

    A. AMOS 4.0　　　　　　　　　　　　B. LISREL

    C. EXCEL　　　　　　　　　　　　　D. AIDA

5. 调查报告的"纲"是指（　　　）。

    A. 标题　　　　　　　　　　　　　　B. 前言

C. 主体   D. 结尾

（二）多选题（每题 2 分，共 10 分）

1. 在对资料进行分类的时候，应当注意（   ）。

    A. 按照调查要求分类

    B. 不重复不遗漏

    C. 必须对变量进行完整的定义，语言必须准确

    D. 对分类后的资料汇总

    E. 资料整理的结果的显示

    F. 对分类划分的详细程度要把握得当

2. 资料分析中属于推论性分析的有（   ）。

    A. 相关分析   B. 回归分析

    C. 抽样推断分析   D. 预测分析

    E. 综合评价分析   F. 相对指标分析

3. 在社会调查研究中常用的逻辑思维方法有（   ）。

    A. 因果分析法   B. 辨证分析法

    C. 比较法   D. 逻辑证明法

    E. 要素分析法   F. 内容分析法

4. 调查报告的特点主要有（   ）。

    A. 真实性   B. 客观性

    C. 针对性   D. 典型性

    E. 指导性   F. 时效性

5. 撰写调查报告的一般程序是（   ）。

    A. 确定主题和观点   B. 审核资料

    C. 精选素材   D. 拟订提纲

    E. 起草报告   F. 修改定稿

三、简答题（每题 10 分，共 20 分）

1. 简述资料整理。

2. 调查报告在语言运用方面应注意哪些问题?

四、论述及应用题（共 55 分）

1. 调查资料分析综述。（25 分）

2. 在前面作业的基础上，拟订一份较详细的调查报告提纲，并另外写一个完整的导语。
(30分)

要求：格式、内容完整，而且符合教材所述要求。

答　题　纸

答 题 纸